KB047957

헌법소송법

憲 / 法 / 訴 / 訟 / 法

홍성방 저

박영사

머 리 말

　이 책은 헌법소송법에 대한 교과서로 집필되었다. 이 책을 집필하는 과정에서 가장 염두에 둔 것은 법학적 관점이다. 일반적으로 법학이라고 할 때 그것은 '실정법질서의 객관적 의미에 관한 과학'(라드브루흐 G. Radbruch)인 협의의 법학, 곧 법해석학을 가리킨다. 그리고 법학의 본령은 법해석학에 있다. 만일 법학이 체계적·법해석학적 방법에 의한 규범과학으로서의 고유한 영역을 포기한다면 법학의 고유성과 독자성은 상실되고 말 것이다. 따라서 다른 법분야와 관련된 교과서나 논문들에 비해 특히 헌법소송과 관련된 교과서와 논문들에서 더 자주 발견되는 입법론적 또는 정책론적 언급들은 가능한 한 제외시켰다. 그리고 이 책은 헌법소송법을 개관하는 것을 목표로 했다. 따라서 특별히 언급할 필요가 없는 한 가능하면 짧고 명확하게 서술하는 방법을 택하였다. 이 책을 읽어가는 과정에서 부족하다고 생각되는 부분은 각주에 제시된 관련문헌들을 검토하면 될 것이다. 이러한 한정으로 해서 언급할 수 없는 사항들과 평소에 헌법재판에 대하여 가지고 있던 개인적인 생각들을 아래에서 짧게 언급한다.

　역대 헌법 중에서 1987년 헌법은 법전 속에만 있던 헌법, 국가시험을 위해서만 존재하던 헌법을 살아 있는 헌법, 국가생활과 국민생활을 규율하는 규범적 헌법으로 만든 헌법으로 판단된다. 1987년 헌법은 제111조-제113조에서 헌법재판소에게 위헌법률심판, 탄핵심판, 정당해산심판, 권한쟁의심판, 헌법소원심판을 관장하게 함으로써 헌법과 관련된 거의 모든 분쟁을 헌법재판에 의하여 판단할 수 있게 하였기 때문이다. 그리고 우리의 급한 성격을 입증이라도 하려는 듯이 또는 모든 종류의 헌법재판을 한 번씩 시험해보지 않으면 안 되기나 하는 것처럼 헌법재판소가 출범한 지 4반세기만에 헌법재판과 관련해서 지구상의 어떤 나라에서도 일어나지 않았던 일이 우리나라에서는 모두 일어났다. 이를 달리 표현하면 우리나라 사람들은 헌법에의 의지가 다른 어떤 국민들보다 강력한 반면, 국가작용의 담당자들, 이른바 권력을 가진 자들(과 또는 권력을 추구하는 자들)은 아직도 헌법 위에

군림한다는 1987년 이전의 권위주의적 사고에 머물러 있는 것으로 판단된다. 예외는 있겠지만 그러한 한에서 우리나라에는 민주화된 국민과 아직도 민주화되어야 할 정치인(과 국가작용담당자)이 있다고 거칠게 표현하더라도 이를 전혀 잘못된 것이라고 말할 수는 없을 것이다.

　　1989년 9월 출범한 이후 헌법재판소가 이제까지 내려온 판단들은 살아 있는 헌법이 되어 있고 국민들의 헌법재판소에 대한 신뢰는 그 어떤 국가기관에 대한 신뢰보다 강하다. 그리고 그 점에서 우리는 헌법재판소의 노고를 치하하지 않으면 안 된다. 그렇다고 민주화되어야 할 국가작용담당자 또는 국가기관이라는 이야기가 헌법재판소에 대하여는 예외가 될 수 있다고 이야기할 수는 없다. 일찍이 (외교정책과 관련하여) 치체로 Cicero는 다음과 같은 이야기를 한 적이 있다. "결정을 내리는 방법에는 두 가지가 있다. 하나는 토론을 통한 방법이고 다른 하나는 폭력을 통한 방법이다. 전자는 인간다운 방법이고 후자는 동물적인 방법이기 때문에, 첫 번째 방법을 사용하는 것이 불가능한 경우에 비로소 사람들은 두 번째 방법에 호소해도 된다." 민주주의는 토론에 의한 정치이고 폭력이나 권위에 의한 일방적인 상대방의 굴복을 요구하는 것이 아니라 논증을 통하여 상대방을 설득하여 자발적인 인정을 유도한다는 점에서 치체로가 말하는 인간적인 방법에 해당된다. 그런데 헌법재판소는 어떤 이유에서인지는 모르겠으나 지금까지의 많은 결정에서 논증에 대하여 대단히 인색하여 왔다. 그러나 논증의 인색은 결국 권위에 의한 결정으로 이어지므로 앞으로 지양되어야 할 것이다. 또 헌법재판소는 적지 않은 결정에서 결론은 옳으나 논증과정에서 이해하기 힘든 태도를 보인 바 있다. 그에는 여러 가지 원인이 있을 것이다. 그러나 개인적으로는 특히 그 원인을 하나의 문제에 대하여 여러 이론이 있는 경우 그러한 이론들에 대한 충분한 검토 없이 하나의 이론을 채택한 데, 서로 결합시키기 곤란한 이론을 결합시킨 데 그리고 우리 실정헌법에는 적용하기 힘든 이론을 도입한 데 있다고 여기고 있다. 그밖에도 헌법재판소는 몇몇 중요한 헌법이론상의 개념과 관련하여 정확하게는 구별해야 될 개념들을 구별하지 않고 사용하는가 하면, 개념요소에 대한 이론적 검토 없이 성급한 단정을 내림으로써 논증과정에서 설득력을 잃은 경우도 있었다. 고인 물은 썩게 마련이다. 앞으로 헌법재판소는 이러한 점들에 주의하여 자신이 이전에 내린 결정에서 취한 논거들을 자동기계처럼 반복하는 데 그치지 말고 철저한 논증을 통하여 헌법분쟁의 모든 당사자들을 설득함으로써 더욱 민주화되어야 할 것이고, (헌)법학자들도 헌법재판소의 논증에 대하여 그것이 헌법의 최종유권해석기관이 내린 결정이라는 이유로 그것을 수동적으로 받아들이는 태도보다는 건설적으로 비판하는 능동적 태도를 견지하여야 할 것으로 생각된다.

정치적으로 이해관계를 달리하는 민감한 사안과 관련해서, 특히 '신행정수도 건설을 위한 특별조치법' 위헌확인사건, 대통령(노무현) 탄핵심판사건과 통합진보당 해산심판사건에서 그러하였는데, 헌법재판소의 민주적 정당성이 문제된 바 있다. 국회에서 결정한 법률에 대하여, 국민에 의하여 선출된, 즉 민주적으로 정당화된 대통령에 대하여 그리고 국민의 정치적 의사를 대변하는 정당에 대하여 국민이 선출하지 않은 헌법재판관들이 위헌 여부를 결정하거나 탄핵결정을 내리거나 또는 해산결정을 내리는 것이 민주적으로 정당화되는가 하는 것이 문제가 되어 왔다. 그리고 논자에 따라서는 이를 민주주의와 법치주의의 대립의 문제, 입헌주의와 민주주의의 모순 또는 자유민주주의와 헌정주의간의 갈등의 문제로 표현하기도 한다. 그럴 때마다 표현은 하지 않으나 헌법재판소로서는 당혹감에 빠지거나 또는 진퇴양난에 처할 수밖에 없지 않은가 한다. 그러나 오늘날의 민주주의는 법치주의를 포함하며, 법치주의는 헌법과 법률, 특히 헌법의 우위를 내용으로 한다. 그리고 민주적 정당성과 헌법적 정당성이 대립 또는 모순되는 것으로 보일 때에는 헌법적 정당성이 우선한다. 그러한 한에서 국회의원 과반수 또는 대통령의 발의로 제안되고 국회 재적의원 3분의 2 이상의 찬성으로 의결되어 국회의원선거권자 과반수의 투표와 투표자 과반수의 찬성을 얻어 확정된 헌법에 의하여 정당화된 헌법재판소의 관장사항에 대하여 헌법재판소가 결정을 내리는 데 대해서 헌법재판관들이 국민에 의해서 선출되지 않았다는 이유로 민주적 정당성이 결여되어 있다고 이야기하는 것은 많은 경우 Demokratie와 Demokratismus를 구별하지 않는 데서 오는 커다란 잘못이다. 헌법적 정당성은 민주적(demokratische) 정당성을 포함하고 있고 헌법적 정당성에 포함되어 있는 민주적 정당성은 그때그때 민주적(demokratistitsche) 정당성을 주장하는 자들의 민주적 정당성보다 질적, 양적으로 더 큰 정당성이기 때문이다. 중요한 것은 국회에서 선출하는 재판관들이나 대법원장이 지명하는 재판관들이나 대통령이 임명하는 재판관들을 선출, 지명, 임명하는 기관들이 선출, 지명, 임명권을 행사함에 있어 (다른 맥락에서 한 이야기이긴 하지만) '자제(自制)야말로 가장 위대한 거장(巨匠)의 증표'라는 괴테 J. W. Goethe의 이야기에 귀 기울여 소인배적 이기심을 자제하고 공적 책임감을 최대화하여 가장 적임자를 선출, 지명, 임명하도록 주의를 다하여야 한다는 것이다. 그리고 헌법재판소의 결정에서 부분적인 논증의 해태 또는 이해하기 힘든 논증과정을 보완할 수 있도록 헌법재판소 재판관의 자격을 법관자격 소지자에 국한시킨 현행법제 또한 재고되어야 할 것이다.

　　마지막으로, 오늘날 헌법의 핵심은 인권이 성문화된 기본권의 보호에 있다. 그리고 헌법재판과 관련하여 국민의 가장 커다란 관심사는 공권력에 의하여 침해된 자신의 기본권을 구제받는 데 있고, 이는 헌법소원심판에 의하여 이루어진다. 그러나 우리 헌법소원제도는 사법작용에 의한 기본권침해에 대한 특수한 권리보호라는 헌법소원의 본질적 측면보다는 (대)법원의 위상을 더 고려하여 법원의 재판을 헌법소원심판대상에서 제외한 데 그 근본적인 문제점이 있다. 헌법의 존재이유 중 가장 중요한 부분 중의 하나가 국민의 기본권을 보호하는 것이고, 기본권보호가 헌법소원의 존재이유라면 재판작용을 헌법소원의 대상에서 제외한 헌법재판소법은 재고되어야 하고, 헌법재판소도 재판작용과 관련된 헌법소원과 관련하여 타협재판의 문제점, 곧 헌법소원제도의 구조적 문제를 간과하거나 대법원과의 충돌을 축소하기 위해서 의도적으로 이를 회피하는 태도는 지양해야 할 것이다. 재판과 관련된 헌법소원과 관련하여 앞에서 언급한 괴테의 자제(自制)는 대법원에는 그대로 적용될 것이나 헌법재판소에는 그 반대가 타당할 것으로 생각된다.

2015년 2월

홍 성 방

차   례

제 1 장   헌법재판일반론

제 4 장   위헌법률심판

제 5 장　탄핵심판

제 6 장　정당해산심판

제 8 장　헌법소원심판

제 1 장
헌법재판일반론

제1장 헌법재판일반론

제1절 헌법재판의 의의

1. 헌법재판의 개념

(1) 헌법재판의 개념

1803년의 *Marbury v. Madison* 사건에 대한 판결에서 마샬 *John Marshall* 대법원장은 "헌법은 통상적인 방법으로는 개정할 수 없는 최고의 법이거나, 다른 법률처럼 입법권자가 원하면 언제든지 개정할 수 있는 법이거나 둘 중의 하나인데, 만일 전자가 진실이라면 헌법에 어긋나는 법률은 법이 아니고, 후자가 진실이라면 무제한한 권력을 제한하려고 성문헌법을 만든 국민의 시도는 어리석은 일이다"라고 하였다. 국민과 권력 및 헌법과 법률의 기능적인 상호관계를 상징적으로 잘 표현하고 있는 마샬의 이 말 속에는 법률의 위헌심사 내지 헌법재판의 불가피성이 잘 함축되어 있다.[1]

'헌법재판'(Verfassungsgerichtsbarkeit)[2]은 경성헌법의 최고규범성을 전제로 하여[3] 헌법적 분쟁, 곧 헌법의 규범내용 또는 그 밖의 헌법문제에 관한 분쟁이 발생하는

---

1) 허영, 헌법소송법론, 박영사, 2011, 4쪽.
2) 독일에서 그 이전에 일반적이었던 '국사재판'(Staatsgerichtsbarkeit)이란 용어 대신 오스트리아의 용어를 인용하여 '헌법재판'(Verfassungsgerichtsbarkeit)이라는 표현을 1928년 이후 일반화시킨 것은 H. Triepel, Wesen und Entwicklung der Staatsgerichtsbarkeit, VVDStRL Heft 5(1929), S. 2ff.(4)로 알려져 있다(Schlaich/Korioth, *Das Bundesverfassungsgercht-Stellung, Verfahren, Entscheidungen*, 8. Aufl.(2010), (정태호 역, 독일헌법재판론, 미리, 2001), Rdnr. 11. 정종섭, 헌법소송법, 박영사, 2004, 4쪽은 1929년이라고 하고 있는 바, 이는 인쇄가 잘못된 것으로 보인다.
3) 헌법재판의 전제에 대하여는 견해가 일치되어 있지 않다. 권영성, 헌법학원론, 법문사, 2009, 1115·1116쪽은 위헌법률심사제의 이론적 근거로서 헌법의 최고법규성의 보장, 의회에 대한 불신, 권력분립의 원리를 들고 있고, 허영, 한국헌법론, 박영사, 2011, 844쪽은 헌법재판의 이념적 기초로서 헌법의 성문성과 경성헌법의 최고법규성, 기본권의 직접적 효력성, 헌법개념의 포괄성을 들고 있다.

경우 분쟁의 당사자 중 일방 당사자 또는 국가기관의 청구에 따라 독립된 지위를
가진 기관이 제3자적 입장에서 이를 유권적으로 해석하여 헌법의 규범력을 유지하
는 작용이다.

헌법재판에는 협의의 헌법재판과 광의의 헌법재판이 있다.

(2) 협의의 헌법재판

1) 위헌법률심사제

좁은 의미에서 헌법재판이라 함은 법원이나 헌법재판소와 같은 특정의 국가기
관이 의회가 제정한 법률의 헌법위반 여부를 심사하고, 그것이 헌법에 위반된다고
판단하는 경우에는 그 법률의 효력을 상실하게 하든가 그 적용을 거부하는 제도, 곧
위헌법률심사제를 말한다.

2) 위헌법률심사제의 유형

위헌법률심사제에는 구체적 규범통제와 추상적 규범통제가 있다.[1] 구체적 규
범통제는 법률의 위헌 여부가 재판의 전제가 된 경우에 소송당사자의 신청 또는 법
원의 직권에 의해서 규범심사를 하는 제도이며, 추상적 규범통제는 법률의 위헌 여
부가 재판의 전제가 되지 않은 경우라도 법률의 위헌 여부에 다툼이 생긴 경우에
일정한 국가기관의 신청에 의해서 독립한 헌법재판기관이 그를 심사·사정하는 제
도이다.

우리 헌법은 제107조 제1항에서 "법률이 헌법에 위반되는 여부가 재판의 전제
가 된 경우에는 법원은 헌법재판소에 제청하여 그 심판에 의하여 재판한다"고 하여
구체적 규범통제만을 채택하고 있다.

3) 위헌법률심사제의 기원

위헌법률심사제의 사상적 배경은 일반적으로 중세의 자연법사상과 근본법사상
이라고 한다.[2] 그러나 오늘날과 같은 형태의 위헌법률심사제(구체적 규범통제)는 미국

---

1) 좀 더 정확하게 말하자면 위헌법률심판의 유형은 심판시기에 따라 사전예방형과 사후교정형으로
   나눌 수 있다. 사전예방형이란 일정한 법률에 관하여 그것이 공포되기 이전에 합헌성을 심사하고,
   위헌으로 판정되면 그 공포와 시행을 유보하는 경우로 프랑스 제5공화국, 포르투갈, 폴란드 등이
   그 예에 속한다. 사후교정형을 채택하고 있는 독일에서도 조약의 비준동의법에 대해서만은 연방
   헌법재판소가 사전적·예방적 규범통제를 한다. 이는 조약 발효 후의 위헌결정으로 말미암은 국가
   간의 신뢰손상을 미리 방지하기 위한 제도적 배려로 이해된다. 사후교정형은 다시 추상적 규범통
   제와 구체적 규범통제로 분류된다.
2) 사법심사제의 사상적 배경으로는 서구의 고차법(高次法) 사상을 들 수 있다. 즉 아테네인들은 도
   시공동사회의 질서를 바로잡기 위한 신성불가침의 관습으로서 보편적인 구속력이 인정되는 nomos

에서 시작된 것으로 알려져 있다.

　　1787년 소집된 '헌법제정회의'(Constitutional Convention)에서는 연방헌법에 법원의 사법심사권에 관한 사항을 규정하는 문제에 대하여는 논의가 없었다. 그러나 헌법재판의 이론은 이미 해밀턴 *Alexander Hamilton*에 의하여 개진된 바 있고, 후일 사법심사에 대하여 부정적인 입장을 취한 제퍼슨 *Thomas Jefferson*도 처음에는 집행부뿐만 아니라 입법부로부터도 자유를 수호해야 할 필요성을 역설한 바 있다. 그리고 그 이론적 근거는 이미 1610년의 본함 박사사건(Dr. Bonham's Case)[1]에서 당시 보통법법원의 수석재판관이었던 코크 *E. Coke*에 의하여 전개되었다. 그 논거는 다음과 같다. ① 법관의 기능은 구체적 사건에 법을 적용하기 위하여 법을 해석하는 데 있다. ② 두 가지 법이 서로 모순될 때 법관은 그 중 우위에 있는 법을 적용해야 한다. ③ 두 가지 법이 동등한 규범력이 있는 경우, 신법우선의 원칙과 특별법우선의 원칙에 따른다. ④ 두 가지 법이 서로 다른 규범력을 가지고 있는 경우, 상위법이 우선하며, (법률보다 개정절차가 어려운) 경성헌법은 그것과 모순되는 모든 법률보다 우위에 선다. ⑤ 따라서 일반법률이 헌법과 모순될 때 법관은 일반법률을 무시하고 헌법을 적용해야 한다.[2]

　　불문헌법국가인 영국에서는 이러한 이론이 확고한 선례로서 뿌리를 내려 헌법재판이 활성화되는 데 크게 기여하지 못하였지만, 미대륙으로 넘어가서는 거의 절대적인 영향력을 행사하게 된다.[3] 즉 1803년 마샬 대법원장은 *Marbury v. Madison*

와 민회에서 제정되며 nomos에 부합되는 한도 내에서만 효력을 가지는 psephismata라고 하는 상위법규범과 하위법규범을 인정하였다. 중세에는 비록 상위규범을 근거로 실정법과 군권(君權)행사의 효력 및 타당성을 심판할 수 있는 제도적 장치는 없었지만, 군주의 권한을 상회하는 불가침의 자연법과 이에 적합하지 않으면 안 되는 실정법 규범이 구별되었다(김운룡, 위헌심사론, 삼지원, 1998, 36·37쪽 참조).

1) 이 사건의 개요와 그 후의 반응에 대해서는 김운룡, 위헌심사론, 39-46쪽 참조.
2) 손용근, "미국의 헌법재판제도와 재판에 관한 근본이론", 헌법논총 제1집, 헌법재판소, 1990, 217쪽 이하(236·237쪽)에서 발췌.
3) 김운룡, 위헌심사론, 39쪽은 미국에서 코크의 이론이 가지는 의미를 다음과 같이 설명하고 있다. 「영국에서와는 대조적으로 미국에서는 이 판결이유는 사법심사에 관한 법이론적 근거로 받아들여지고 있다. 그리고 그 나름대로의 정치사적 의의 때문에 이를 각별하게 취급하는 데에 이론이 거의 없는 것으로 보인다. 왜냐하면 이 판결이유 속에 담겨진 취지는 비록 영국 내에서는 수용되지 못하였을지라도 미국에서는 영본국의회가 제정한 법률의 지배를 거부하고, 결과적으로 영국으로부터의 독립을 쟁취함에 있어 법이론적 뒷받침을 제공하여 준 것으로 인정되었기 때문이다. 그런 뜻에서 1915년 뉴욕주 변호사회의 연보는 좀 과장된 표현이 없지 않지만, "요컨대 미국의 독립혁명은 영국인의 보편적 권리와 기타 여러 권리를 침해하는 의회제정법률의 무효를 주장한 코크의 이론을 실천에 옮기기 위한 법률가들의 혁명이었다"는 주장을 펴기도 했다.」

사건1)에서 위헌법률이 무효이며, 무엇이 법인가를 선언하는 일은 연방헌법에 따라 분명히 사법부의 권한이자 임무라고 선언하였으며, 이로부터 오늘날과 같은 형태의 위헌법률심사제(구체적 규범통제)가 비롯되었다.

　서구에서는 현대에 이르러 대중적 정당제도의 발달로 의회주의가 쇠퇴하면서 의회에 대한 불신이 커져갔다. 의회주의의 개별적 원리들, 그 중에서도 특히 다수결원리가 이념대로 기능하지 않고 다수결의 횡포가 잦아지면서 의회가 다수결로 제정한 법률의 정당성에 대한 의심이 확산되기 시작하였고,2) 법률에 대한 정당성의 검증수단으로 1920년 오스트리아헌법이 위헌법률심판제도를 채택하였다. 그리고 제2차 세계대전이 종료된 후 당시의 서독과 이탈리아가 각기 새로운 헌법을 제정하면서 역시 위헌법률심판제도를 채택하였다.

---

1) Marbury v. Madison, 5. U. S. 137(1803). 이 사건의 전말은 다음과 같다. 원고인 마베리 *William Marbury*는 1801. 3. 1. 연방주의자인 미국의 제2대 대통령 애덤즈 *John Adams*에 의하여 콜럼비아 *Columbia*지구의 치안판사로 임명되었고, 그 임명장은 서명되고 봉인되었다. 그러나 그것은 민주공화당 출신인 제3대 제퍼슨 *Thomas Jefferson* 대통령이 취임하기 전에 곧 대법원장 취임이 예정되어 있던 당시의 국무장관 마샬 *John Marshall*의 실수로 교부되지 않았고, 신임 국무장관 매디슨 *James Madison*은 제퍼슨 대통령의 명령에 따라 임명장의 교부를 거부하였다. 원고인 마베리는 매디슨에게 임명장의 교부를 강제하도록 하는 직무이행의 소를 제1심 관할법원인 연방대법원에 제기하였다. 왜냐하면 1789년의 '법원법'(Judiciary Act)은 연방대법원에게 직무이행장을 교부하는 권한을 부여하였기 때문이다. 그러면서 마베리는 매디슨이 직무명령을 발부하지 않는 이유를 제시할 것을 요구하였다. 자신의 실수로 초래된 이 소송의 재판장을 맡은 마샬은 진퇴양난에 빠지게 되었다. 임명장 교부를 명하는 판결을 하는 경우에는 매디슨이 이를 무시하고 불이행할 것이 예견되는 반면, 임명장 불교부가 위법임에도 불구하고 그것을 적법하다고 판결한다면 법원의 정치적 굴복을 의미할 것이기 때문이었다. 법적 의무와 헌법해석에 관한 문제에서 사법부가 입법부와 행정부에 우월하다는 원칙을 유지하면서 현실적으로는 정치적으로 적용하기 위해서 마샬은 직무이행영장을 발부하지 않으면서 그 이유를 다음과 같이 제시하였다. 성문헌법을 기초하는 사람들은 헌법을 국가의 최고기본법으로 생각하였다. 따라서 그러한 헌법 하에서는 헌법에 위반하는 모든 의회제정법(즉 법률)은 무효라고 하지 않을 수 없다. 또한 무엇이 법인가를 선언하는 것은 명확히 사법부의 권한이며 의무이다. 그런데 이 사건과 같은 경우 헌법에 따르면 연방대법원은 오직 상소심만 관할할 수 있는데, 이 사건에 적용된 법률에 의하면 연방대법원이 제1심을 관할하도록 하였다. 따라서 이처럼 헌법과 법률이 충돌하는 경우에는 법원은 당연히 법률을 무효로 하지 않으면 안 된다. 이 판결에 대하여는 당시 마샬 대법원장이 원고의 청구를 인용하면 행정부가 이를 무시하여 대법원의 권위가 실추될 수 있고, 청구를 기각하면 공화주의자의 교만에 굴복하는 결과가 되어 공화주의자가 마샬의 직무를 방해하리란 것을 고민한 끝에 연방대법원의 권위를 고양시킬 묘수를 고안해 낸 것으로 평가되고 있다(Erwin Chemerinsky, *Constitutional Law*, Aspen Law & Business(1997), p. 38 참조. 이 판결에 대하여 더 자세한 것은 L. W. Levy, Marbury v. Madison, *Encyclopedia of the American Constitution*, Vol. 4, 2nd. ed.(2000), pp. 1667－1670 참조. 국내문헌으로는 김운룡, 위헌심사론, 51－55쪽 참조.

2) 의회주의에 대하여 더 자세한 것은 홍성방, 헌법학(하), 박영사, 2014, 91－104쪽 참조.

(3) 광의의 헌법재판

이에 대해서 넓은 의미의 헌법재판이라 함은 헌법에 대한 쟁의나 이의를 사법
절차에 따라 해결하는 작용 일체를 말한다. 이에는 우리 헌법 제111조 제1항에 규
정된 사항, 곧 위헌법률심판·탄핵심판·정당해산심판·권한쟁의심판·헌법소원심판
과 그밖에도 선거소송이 속한다.

여기에서는 헌법재판을 우리 헌법에 맞추어 선거소송을 제외한 광의의 의미로
이해하기로 한다.

2. 헌법재판의 기능

헌법재판 일반의 기능을 한 마디로 말한다면 헌법보호기능 또는 헌법질서 수호
기능이란 말로 표현할 수 있다. 그러나 더 이상의 헌법재판 일반의 기능을 말하는
것은 어려운 일이다. 왜냐하면 광의의 헌법재판에는 여러 가지가 포함되고, 개별 헌
법재판은 각각 그 기능이 다르기 때문이다.[1]

---

1) 헌법재판의 기능을 설명하는 데는 견해가 일치되어 있지 않다. 허영, 헌법소송법론, 12-14쪽은 헌
   법재판의 기능으로 헌법보호기능, 헌법의 유권적 해석기능, 기능적 권력통제기능, 기본권보호기
   능, 사회안정 및 정치적 평화보장기능을 들고 있고, 허영, 한국헌법론, 850쪽 이하는 헌법재판의
   일반적 기능을 사회통합의 견인차적인 의의와 기능으로 보고, 헌법재판의 종류에 따라 그 각 기
   능은 그 중점만이 다르게 나타난다고 하면서 헌법재판의 기능을 헌법보호기능·권력통제기능·자
   유보호기능·정치적 평화보호기능으로 보고 있으며, 헌법재판의 역기능 내지는 부정적 측면에 대
   해서는 설명하지 않고 있다.
   그리고 이러한 태도는 헌법재판의 기능을 사회통합이라는 순기능에 한정시키는 한 논리일관적
   인 태도이기는 하다. 왜냐하면 헌법재판의 부정적 측면을 설명하는 경우 헌법재판은 경우에 따라
   서는 사회통합에 기여하기 보다는 사회통합을 저해하는 것으로 나타나게 될 것이고, 그렇게 되면
   헌법재판의 기능은 사회통합의 기능 아닌 다른 것이 되어야 하기 때문이다. 그러나 헌법재판에
   부정적 측면이 있는 이상 어떠한 형태로든 그에 대한 설명은 있어야 된다고 생각한다.
   권영성, 헌법학원론, 1108쪽은 헌법재판의 기능을 개별적인 헌법재판에 따라 나누지 않고 긍정
   적 측면(민주주의 이념구현, 헌법질서수호, 개인의 자유와 권리보호, 소수의 보호, 연방제 유지)과
   부정적 측면(일반법원의 경우 사법부의 정치기관화, 보수적 사법부로 인한 사회발전 지연)으로
   설명하고 있다. 헌법재판소, 헌법재판실무제요, 2008, 1-3쪽은 헌법재판의 기능으로 헌법보호기
   능, 권력통제기능, 기본권보호기능, 정치적 평화보장기능, 교육적 기능을 들고 있다. 그런가 하면
   성낙인 외, 헌법소송론, 법문사, 2012, 5·6쪽은 기본권보장기능, 권력통제기능, 헌법수호기능을 들
   고 있다.

〈헌법의 수호자 논쟁〉

　헌법의 수호자 문제는 헌법의 위기적 상황에서는 언제나 제기되는 그 자체가 커다란 문제이다. 근대헌법사에서 헌법수호가 문제가 된 것은 영국의 크롬웰 *Oliver Cromwell*의 공화정 시대로 알려져 있다. 곧, 1658년 크롬웰이 사망하자 스투어트왕가가 부활하면서 공화정은 붕괴하였고, 이러한 왕정복고로부터 공화정적 정치질서를 유지하는 것이 헌법수호의 목적이었다. 이러한 생각은 프랑스의 시이예스 *E. J. Sieyés*에 의하여 프랑스혁명헌법의 이념으로 나타났다.1)

　바이마르헌법 하에서는 바이마르헌법 제48조의 국가긴급권결정을 둘러싸고 켈젠 *Hans Kelsen*과 트리펠 *Heinrich Triepel*, 슈미트 *C. Schmitt*와 켈젠 사이에 누가 헌법의 수호자인가에 대하여 논쟁이 있었다.

　켈젠은 ‘헌법이 군주’(Verfassungs-Monarchie)가 되는 데서 규범통제를 비롯한 헌법재판은 자명한 것이라 본다. 그는 그의 순수법학에 입각한 법단계설의 입장에서 ‘헌법보장이란 위헌법률을 저지하기 위한 수단’으로 본다. 즉 그는 ‘헌법보장’(Garantie der Verfassung)이란 헌법 바로 다음 단계에 위치하는 규범 등 국가행위의 적법성 보장을 의미하는데, 여기에서 법률의 헌법합치성 보장이 중요한 의의를 지니고 있으며, 헌법재판이란 헌법문제를·다루는 재판으로서 법원에 의한 헌법보장을 의미한다고 하였다. 또한, 당시 의회주권 및 권력분립의 관점에서 위헌법률심판 등 헌법재판에 반대하는 견해에 대하여는, 헌법제정권자가 위헌법률심사권한을 헌법재판소에 위임하면 의회도 이에 따라야 할 것이고, 민주공화국에서 권력분립의 원칙이란 국가기관기능의 적법성 보장을 목적으로 한 상호통제를 위하여 권력을 분산시키는 것을 의미하므로 헌법재판제도는 권력분립의 원칙에 반하는 것이 아니라 이에 봉사하는 것이라고 주장하였다.2)

　그는 헌법보장유형을 사전적·예방적 보장, 사후적·교정적 예방, 인적 보장, 물적 보장으로 분류하고, 특히 헌법보장의 목적은 사후적·교정적 보장형식에 의하여 달성된다고 한다. 그러한 한에서 켈젠은 헌법의 수호자로서 ‘국사재판소’(Staatsgerichtshof)를 지적한다.3)

　이에 대하여 트리펠은 헌법분쟁의 본질을 정치적 분쟁으로 파악하고, 헌법재판은 본질적으로 사법적 형식으로 판단할 수 없는 분쟁과 관련되어 있다고 한다.4)

　트리펠은 자주 헌법을 명시적으로 “정치적” 법으로 특징지었다. 그러나 이 다면적인 개념은 그에게서, 다른 어떤 저자에게서와는 달리, 명시적인 정의에 의하여 또는 최소한 맥락에 의하여 (상대적으로) 명확하게 규정된다.

　우선 헌법을 “정치적” 법으로 해석하는 것은 바로 헌법은 “정치적인 것을 위한 법”이라는 것, 즉 헌법은 “실제로는 정치적인 것 이외의 다른 것을 대상으로” 하지 않는다는 것을 말하고자 하는 것이다. 헌법의 규범력은 그와 같은 것에 의하여 어떻든 침해되지 않는다. 오히려 그와는 반대이다. 국법의 본래의 대상을 명백히 함으로써 바로 법의 내용도 적당하게 파악되어야 한다. 그러므로 국법의 대상으로서 정치적인 것

---

1) 홍성방, 헌법학(상), 박영사, 2013, 78쪽.

2) W. Antoniolli, Verfassungsgerichtsbarkeit im Wandel der Zeit, Österreichische Zeitschrift für Öffentliches Recht 25(1974), S. 198ff. 참조.

3) H. Kelsen, Wesen und Entwicklung der Staatsgerichtsbarkeit, VVDStRL Heft 5(1929), S. 30ff.(39f.)

4) H. Triepel, Wesen und Entwicklung der Staatsgerichtsbarkeit, S. 3ff., 8.

을 이렇게 강조하는 것은 게르버 *Gerber*-라반트 *Laband*-켈젠 노선의 국법상의 형식
주의와 구성주의에 반대하고 순 논리적인 것에 대하여 목적론적 방법의 법을 대변하
는 것이다. 논리적 순수주의, 즉 모든 목적에 대한 설명을 배제하고 단순히 형식적인
것에 헌법을 한정하는 것은 결국 반드시 "국법이론과 법이론을 메마르게 하는" 결과
에 이를 수밖에 없다. "국법규범의 전면적인 이해"는 "정치적인 것" 없이는 거의 가능
하지 않다. "반정치적 노선"이 평가적인, 즉 "정치적인 것"과 관련된 판단을 하지 않
더라도 국법을 이론적으로 능수능란하게 다룰 수 있다고 생각한다면 그것은 자기기
만에 굴복하는 것이다.

　이러한 의미에서 트리펠은 유명해진 그의 연설 "국법과 정치"(1927)에서 국법의 규
범들은 "규범을 창조하고 형성하는 정치세력과 매우 밀접한 관계에" 놓여져야 할 것
을 요구하였다. 그러나 "정치적" 법은 이곳에서 아직은 (의식적이든 또는 무의식적이
든) 오늘날 이 카멜레온과 같은 개념의 특색을 이루는 불명료한, 논쟁적인, 규범완화
적인 또는 바로 규범적대적인 의미를 갖는 것은 아니다. 트리펠은 "천박한 상대주의"
와 "조야한 공리주의" 측의 모든 목적법학과 마찬가지로 "정치적" 법을 위협하는 위
험들을 오인하지 않고 모든 "정치적 경향"에 대하여 단호하게 반대한다. 그러므로 이
곳에서 "정치적" 법은 단지 "논리적·형식적 개념작업에 정치적 고려"를 결합하라는
요구를 의미할 뿐이다(목적론적 방법). 그렇게 함으로써 규범적인 것이 약화되거나
변조되어서는 안 되고 내용적인 것("정치적인 것")과 관련을 맺음으로써 비로소 참으
로 완전한 의미에서 발현되어야 한다. "정치적인 것"은 자의나 객관적 평가에 대한
위임이 아니라, 목적론적 방법은 자신이 고집하는 척도를 "객관적인 것의 영역에서
추구할" 과제를 제시한다. 그와 동시에 법률에, 특히 헌법률에 표현된 평가는 구속적
이다. 또한 이러한 "정치적 법"(또는 더 훌륭하게 표현하면 정치적인 것을 위한 법)의
의미는 어떠한 경우에도 "당위위지, 존재"가 아니거나 양자의 불명료한 "혼합"이다.
트리펠은 이러한 규범적 의미를 많은 경우에 고도의 법이상주의로써 방어하였다.

　트리펠은 그가 헌법재판의 한계를 규정하려고 시도한 다른 곳에서 "정치적" 법의
개념에 다른 확장된 의미를 부여하였다. 트리펠에 따르면 우선 광의의 "정치적인 것"
은 "국가목적과 관련되는 모든 것"임에 반하여, 협의의 그리고 특수한 의미에서 "정
치적인 것"은 오직 "최고의, 최상의, 최종적인 국가목적과 관련되는 것, 국가적 '통합'
과 관련되는 것, 창조적 권력으로서의 국가와 관련되는 것"만이다. "정치적인 것"의
일부는 처음부터 법적인, 최소한 법률에 의한 규범화의 대상이 아니다. 그러나 또한
규범화된 영역도-그리고 이는 바로 헌법의 영역이다-"정치적" 법의 영역으로서 그
특성을 보유한다. 그러므로 모든 헌법적 분쟁은 정치적 분쟁이다. 그리고 이러한 의
미에서 마지막으로 트리펠은-좀 *Rudolf Sohm*의 유명한 교회법적 기본명제와 유사
하게-다음과 같은 명제를 공식으로 표현한다. "헌법의 본질은 어느 정도까지는 헌법
재판의 본질과 모순된다."

　트리펠은 역사적 예를 근거로 "정치적인 것", 특히 "고도로 정치적인 것"이 소송형
식의 절차에서 법관에 의한 판단의 대상에서 제외된다는 것을 입증하였다. 또한 그는
헌법재판의 한계와 헌법재판에 특유한 절차에 대해서도 중요한 견해를 표명하였다.
그러나 "정치적 법"의 본질로부터 이러한 견해를 근거지은 것은 문제가 있는 것으로
남아 있다. 이 공식은 그 불확정성 때문에 두 가지 측면에서 실패할 수밖에 없다. 즉
그것은 헌법재판으로 심사할 수 없는 행위의 영역과 심사할 수 있는 행위의 영역을

적절하게 구획할 수 없을 뿐만 아니라 또한 매우 다양한 오해를 불러일으킬 수밖에 없을 것이다. 본질적으로 부정적인, 즉 바로 헌법재판을 배제하는 것을 지향하는 공식은 거의 필연적으로 "정치적" 법은 더 이상 객관적으로 적용할 수 있는 법이 아니며, 바로 정치적 법의 특성은 "정치권력"은 최종적이고 독점적으로 그러한 것을 결정한다는 견해에 도달할 수밖에 없다.[1]

또한 슈미트는 당시의 바이마르공화국의 헌법상태를 정치적 다원주의라 명하고, 이러한 현실에서는 헌법상태의 통일에 성공할 수 있는 것은 국사재판소도 아니며 정당의 각축장인 국회도 아니라고 한다. 더 나아가서 슈미트는 법원도 궁극적으로는 각 정당의 자의적인 헌법해석의 대변자에 불과하다고 본다. 따라서 슈미트는 꽁스땅 Benjamin Constant의 '중립적 권력'(povoir neutre)의 사고를 빌려 국민에 의하여 직선되고 국가긴급권을 보유하는 대통령만이 헌법의 수호자로서 최적의 위치에 있다고 한다.

이러한 슈미트의 견해에 대하여 켈젠은 다시금 헌법의 수호자란 헌법침해행위로부터 헌법을 보호하는 기관이라고 하고, 특히 헌법침해는 많은 경우 법률제정과 법률집행에서 나타나기 때문에 정부나 의회에 헌법수호 책임을 맡길 수 없고 헌법의 수호자의 역할은 사법의 영역에 기대할 수밖에 없다고 하면서, 군주(*여기서는 대통령을 의미함)를 의회와 행정부라는 양대 권력대립의 중개적 권력으로 보려는 태도는 어디까지나 '정치적 이데올로기'(politische Ideologie)이지 과학적인 인식태도, 곧 법학적·정치학적 인식태도는 아니라고 한다.[2]

개별헌법재판의 기능이 다르다는 전제하에 헌법재판의 기능은 순기능과 역기능으로 나눌 수 있다. 헌법재판의 순기능으로는 다음과 같은 여섯 가지를 들 수 있다. 첫째, 헌법질서를 수호하는 기능을 한다(모든 헌법재판, 특히 탄핵심판, 위헌정당해산심판). 둘째, 민주주의이념을 구현하는 기능을 한다(헌법소원심판, 위헌정당해산심판). 셋째, 권력을 통제하고 개인의 자유와 권리를 보호하는 기능을 한다(헌법소원심판, 위헌법률심판: 다수당의 의사가 번복되고 소수의 의사가 국가의사에 반영되는 결과를 가져온다는 점에서). 넷째, 정당국가에서 법률의 합헌성을 보호함으로써 원내의 소수자를 보호하는 기능을 한다(위헌법률심판).[3] 다섯째, 정치적 투쟁의 해결을 중립기관에 일임함으로써 정치적 평화를 정착시키는 기능을 한다(위헌법률심판, 권한쟁의심판).[4] 여섯째, 연방국가의 경우

---

1) 이상 W. Kägi, Die Verfassung als rechtliche Grundordnung des Staates, 1945(Nachdr. 1971)(홍성방 역, 국가의 법적 기본질서로서의 헌법, 유로, 2011). 위 내용은 번역서 193-196쪽에 있다.

2) 홍성방, 헌법학(상), 79·80쪽.

3) P. Häberle, Die Verfassungsbeschwerde im System der bundesdeutschen Verfassungsgerichtsbarkeit, JöR n. F. 45(1997), S. 89ff.(계희열 역, "독일의 헌법소원제도", 헌법논총 제11집, 헌법재판소, 2000, 481쪽 이하)는 기관쟁송(*우리의 권한쟁의심판에 해당-저자)은 개별의원이나 교섭단체가 이 제도를 이용할 수 있기 때문에 무엇보다 소수보호에 기여한다고 한다(494쪽).

4) 정치적 평화를 정착시키는 기능을 한 결정례: ① 「신행정수도의 건설을 위한 특별조치법」사건(헌재 2004. 10. 21. 2004헌마554 결정, 위헌), ② 노무현대통령 탄핵사건(헌재 2004. 5. 14. 2004헌나1

에는 연방과 지방간의 분쟁을 조정하여 연방제를 유지하는 기능을 한다.

그러나 헌법재판에는 역기능도 있다. 사법의 정치화라든지 보수적 사법 때문에 사회발전이 지연되는 경우가 헌법재판의 부정적 측면이다.

제 2 절   헌법재판의 본질

스위스의 헌법학자 캐기 *W. Kägi*는 헌법재판에 대하여 다음과 같이 말하고 있다. "사람들은 널리 알려진 말에 의존하여 다음과 같이 말할 수 있다. '나에게 헌법재판에 대한 너의 입장을 말하라. 그러면 나는 너에게 네가 어떤 종류의 헌법개념을 가지고 있는지를 말해주마.' 또한 이 말의 역(逆)도 효력이 있다는 것은 자명하다."[1]

헌법재판의 본질(또는 법적 성격)과 관련해서는 정치작용설, 입법작용설, 사법작용설, 정치적 사법작용설, 제4종국가작용설 등 견해가 나누어져 있다.[2]

1. 정치작용설

(1) 내   용

칼 슈미트 *Carl Schmitt*는 헌법재판의 본질을 정치작용으로 이해한다. 곧 그는 헌법과 헌법률의 구별을 전제로 헌법조항의 의미에 관한 모든 분쟁이 헌법분쟁은 아니기 때문에,[3] 헌법재판소가 관할권을 갖는 모든 것을 '헌법분쟁'(Verfassungsstreitigkeit)으로 부르는 것은 이론적으로도 실제적으로도 올바르지 못하다고 하면서[4] 헌법률적 규정의 내용과 그의 올바른 적용에 관한 의문을 결정하는 것은 일반적인 의미에

결정, 기각), ③ 이명박특검법 사건(헌재 2008. 1. 10. 2007헌마1468 결정, 일부위헌), ④ 노무현대통령 헌법소원사건(헌재 2008. 1. 17. 2007헌마700 결정, 기각), ⑤ 미디어법 변칙처리 사건(헌재 2009. 10. 29. 2009헌라8 결정, 인용·기각·각하).

1) W. Kägi, *Die Verfassung als rechtliche Grundordnung des Staates*, S. 147, FN 65(번역서, 207쪽, 각주 65). 그러한 한에서 "헌법재판도 그 본질은 재판이므로 넓은 의미의 사법작용이다. 그러나 헌법재판은 헌법적인 문제를 해결하기 위한 재판이라는 점에서, 구체적 사건의 분쟁해결을 목적으로 하는 일반사법작용과는 다르다"고 하면서 이로부터 헌법재판의 법적 성격에 대한 다양한 견해가 나온다는 성낙인, 헌법학, 법문사, 2009, 1159쪽의 설명은 문제가 있어 보인다.

2) 헌법재판의 본질에 대한 국내문헌으로는 특히 박승호, 헌법재판의 본질과 한계, 고려대학교 대학원 박사학위청구논문, 1991 참조.

3) C. Schmitt, *Verfassungslehre*, 1971(1. Aufl. 1928), S. 283(김기범 역, 헌법이론, 교문사 1976).

4) C. Schmitt, *Der Hüter der Verfassung*(김효전 역, 칼 슈미트-한스 켈젠, 헌법의 수호자 논쟁, 교육과학사, 1991), 2. Aufl.(1969), S. 48.

서의 '법적 분쟁'(Rechtsstreitigkeit)에 대한 결정도 아니고, 특별한 의미에서의 '헌법분쟁'도 아니며, 매우 문제성 있는 의미에서의 '사법'(Justiz)일 뿐이라고 하여 헌법률에 대한 분쟁을 헌법재판의 대상에서 제외시킨다.[1] 따라서 칼 슈미트에 있어 헌법재판은 '실존하는 정치적 통일체의 종류와 형식에 관한 근본결단'[2]인 '헌법'문제에 대한 다툼, 곧 '헌법분쟁'을 전제로 하고 있으며, 진정한 헌법분쟁은 항상 정치적 분쟁일 수밖에 없기 때문에[3] 그 해결방법은 사법작용이 아니라 정치적 결단에 따른 정치적 작용이 될 수밖에 없다.

(2) 검   토

따라서 헌법재판을 정치작용으로 이해하는 것은 칼 슈미트의 결단주의적 헌법이론, 그의 엄격한 주의주의적인 법률관과 사법적 결정(결단)의 토대 위에서만 가능하기 때문에,[4] 오늘날 이 견해를 그대로 채택하고 있는 학자는 거의 없다.[5]

---

1) C. Schmit, Das Reichsgericht als Hüter der Verfassung, in: ders., *Verfassungsrechtliche Aufsätze*, 2. Aufl.(1973), S. 63ff.(75).

2) C. Schmitt, *Verfassungslehre*, S. 20ff.

3) C. Schmitt, *Verfassungslehre*, S. 136.

4) U. Scheuner, Probleme und Verantwortung der Verfassungsgerichtsbarkeit in der Bundesrepublik, in: P. Häberle(Hg.), *Verfassungsgerichtsbarkeit*, 1976, S. 194ff.(196). 허영, 한국헌법론, 848쪽은 정치작용설에 대하여 "헌법의 정치결단적 성격만을 지나치게 강조한 나머지 규범으로서의 성격을 완전히 도외시하는 데에서 출발하는 정치작용설은 헌법재판의 법적 성격을 바르게 이해하고 있다고 보기 어렵다"고 평가하고 있다.

5) 그러나 다음과 같은 내용으로 볼 때 국내에서는 한태연, 헌법학, 법문사, 1985, 780·781쪽이 원칙적으로 정치작용설의 입장에 있는 것으로 보인다. "*R. Thoma*에 의하면 사법이란 국가적 권력에 의한, 개별적 사건에 있어서 구체적인 사실에 해당법규를 적용하여 내리는 독립적 판결이라 하고 있다. 이러한 사법의 실질적 개념을 표준으로 할 때, 헌법재판에 있어서는 사법의 실질적 개념의 핵이라고 할 수 있는 구체적 사실과, 그리고 그 사실에 법규를 적용하여 제3자적 입장에서 판결한다는 그 요소가 결여되고 있다. 따라서 헌법재판은 그것이 지위의 독립을 가진 기관이 사법적 절차에 따라서 독자적으로 판결한다는 의미에 있어서는 하나의 사법(형식적 사법)을 의미하지만, 그러나 그것이 이해의 대립을 가진 원고, 피고의 대립과, 그리고 구체적인 사실에 법규를 적용하여 판결한다는 그 요소를 결여하고 있다는 의미에서 그것은 입법과 집행과 구별되는 사법은 아니라고 할 수 있다. 그것은 헌법재판에 있어서 법률의 심사의 경우에 법률의 적용에만 그치지 않고 그 법률을 무효로 하게 한다는 것은 바로 법률의 제정과 같은 일반적 성격을, 또한 그러한 까닭에 그것은 결국 사법적 절차의 외피에 의한 '하나의 정치적 결단'을 의미하지 않을 수 없다. 따라서 헌법재판에 있어서의 그 사법성은 다만 형식적 규준에 의한 사법성 즉 그 재판이 독립적이며 중립적 기관에 의하여 그리고 그 절차가 사법적이며 그 판결이 권위적인 구속력을 가진다는 의미에 있어서만, 그것은 하나의 사법을 의미한다고 할 수 있다."

2. 입법작용설

(1) 내   용

입법작용설은 헌법재판, 특히 그 중에서도 규범통제는 헌법을 보충하고 그 내용을 형성하는 기능이기 때문에 입법이지 사법이 아니라고 한다. 곧 헌법재판에서는 구체적인 경우에 법이 형성되는 것이 아니라, 입법자가 하듯이 구체적 사건을 도외시한 일반적 고려가 행해진다는 것이다.[1] 따라서 이러한 입장에 있는 학자들은 미국연방대법원을 '입법부의 제3원'(dritte Kammer der Gesetzgebung)[2] 또는 '진정으로 유일한 제2원'(wahre und einzige zweite Kammer)[3]으로 부르거나 독일연방헌법재판소를 '제3원'(Dritte Kammer)[4]으로 부르고 있다. 세부적인 내용에 있어서는 차이가 있으나,[5] 적지 않은 학자들이 입법작용설의 입장을 취하고 있다.[6] 우리 헌법재판소도 제한적이기는 하나 헌법재판의 입법적 기능을 인정하고 있다.

> **판례** 〈국회의원선거법 제55조의3 등에 대한 헌법소원(일부위헌=조건부위헌, 일부기각)〉
> "일반법률을 해석하는 경우에 법률의 헌법합치적 해석은 법문의 의미와 입법자가 이에 부여코자 한 입법목적의 범위를 넘을 수 없는 것이 일반원칙이기 때문에 입법자의 입법목적과 그에 따른 법문의 의미를 법률 자체에 표현된 객관화된 문언을 기반으로 하여 이를 해석하고 판단하는 것이다. 그러나 한편 입법자가 입법 당시에 법문에 부여코자 했던 정책적인 고려는 헌법의 기본원리와 헌법해석상 당연히 설정되는 합헌적인 범위 내에서만 참작될 수 있고 이에 맞추어 입법권을 행사하여야 한다. 따라서 헌법재판은 일반법률을 해석하는 순수한 사법적 기능이라기보다 고도의 재량적 상황

---

1) K. Stern, *Das Staatsrecht der Bundesrepublik Deutschland*, Bd. Ⅱ, 1980, S. 949.
2) K. Loewenstein, *Verfassungslehre*, 3. Aufl.(1975)(김기범 역, 현대헌법론－정치권력과 통치과정, 교문사, 1973), S. 249.
3) W. Haller, *Supreme Court und Politik in den USA*, 1972, S. 323ff.(331).
4) R. Zuck, Das Bundesverfassungsgericht als Dritte Kammer, ZRP 1978, S. 189.
5) 이욱한, "헌법재판과 법과 정치", 헌법논총 제3집, 헌법재판소, 1992, 445쪽 이하, 특히 463-466쪽에 따르면 크뤼거 *H. Krüger*는 사법의 가장 전통적인 특징인 삼단논법적 추론은 헌법재판이 그 전제를 충족할 수 없다는 이유에서, 헨케 *W. Henke*는 헌법재판이 사법의 특징인 구체적 사안관련성을 결여하기 때문에, 마르치스 *R. Marcic*는 헌법재판의 판결이 일반적인 효력을 갖는 한에서 헌법재판은 입법작용이라고 한다고 한다.
6) W. Henke, Verfassung, Gesetz und Richter, Der Staat 1964, S. 449ff.; Chr. Böckenförde, *Die sogenannte Nichtigkeit verfassungswidriger Gesetze*, 1944, S. 64ff.; E.－W. Böckenförde, Die Methoden der Verfassungsinterpretation, NJW 1976, S. 2089ff.(2099); D. Grimm, Verfassungsgerichtsbarkeit－Funktion und Funktionsinterpretation im demokratischen Staat, in: W. Hoffmann－Riem(Hg.), *Sozialwissenschaften im Studium des Rechts* Bd. Ⅱ., 1977, S. 83ff.(93ff.); Chr. Starck, Die Bindung des Richters an Gesetz und Verfassung, *VVDStRL* Heft 34(1976), S. 43ff.(74).

판단을 종종 요구하는 입법적 기능이라고 표현되기도 하는 것이다."(헌재 1992. 3. 13.
92헌마37 등 병합결정)

(2) 검　　토

입법작용설은 특히 헌법규범의 구조적 특성 때문에 헌법해석은 일반법률의 해
석과는 그 방법과 내용면에서 본질적인 차이가 있다는 것을 전제로 하고 있다는 점
에서는 이론적으로 타당하다고 할 수 있다. 그러나 헌법뿐만 아니라 일반법률의 해
석에 있어서도 법률의 보충 내지 형성적 기능이 있다는 것은 부인할 수 없고, 헌법
해석에서 그러한 기능이 더 두드러진다고 해서 그것을 일반사법과 구별되는 헌법재
판의 본질이라고 할 수는 없을 것이다. 왜냐하면 헌법재판에 내재하는 입법기능은
헌법재판의 효과에 지나지 않기 때문이다.1)

더 나아가서 입법작용설은 헌법재판 중 규범통제만을 그 대상으로 삼았다는 점
에서도 문제가 있다. 왜냐하면 규범통제가 헌법재판의 핵심적이고 중요한 부분이기
는 하지만 결코 규범통제와 헌법재판은 동일시될 수 없기 때문이다.

입법작용설은 과거와는 달리 오늘날에는 헌법재판에서 헌법소원이 차지하는
비중이 상대적으로 커져가고 있다는 점을 간과하지 않았나 하는 생각이 든다.2)

3. 사법작용설

(1) 내　　용

사법작용설은 헌법재판을 헌법규범에 대한 법해석작용이라고 한다. 이 견해의
확고한 주장자인 한스 켈젠 *Hans Kelsen*은 헌법재판에 대하여 다음과 같이 말하고
있다. "헌법재판소의 기능은 본질적으로 헌법에 규정되어 있다. 바로 이 점에서 헌
법재판소의 기능은 일반법원들의 기능과 일반적으로 같다. 헌법재판소의 기능은 한

---

1) 허영, 한국헌법론, 849·850쪽.
2) 예컨대 이러한 사정은 우리 헌법재판에서도 입증된다. 1988년 9월 15일 헌법재판소 출범 이후 2014
　년 12월 31일까지 헌법재판소에 접수된 사건은 총 26,781건으로, 이 중 위헌법률심판사건이 848
　건, 탄핵심판사건이 1건, 정당해산심판사건이 1건, 권한쟁의심판사건이 83건, 헌법소원심판사건이
　25,848건(권리구제형 헌법소원이 21,030건, 위헌심사형 헌법소원이 4,818건)이다. 위헌법률심판사
　건의 경우 접수된 사건 중 798건이 처리되었으며, 그 내용은 위헌결정 240건, 헌법불합치결정 56
　건, 한정위헌결정 18건, 한정합헌결정 7건, 합헌결정 296건, 각하 62건, 취하 119건 등이다. 헌법
　소원심판사건의 경우 접수된 사건 중 25,077건이 처리되었으며, 그 내용은 인용결정 483건, 합헌
　결정 1,664건, 기각 6,676건, 각하 15,155건, 취하 657건, 기타 6건 등이다(자료출처: 헌법재판소공
　보 제219호(2015. 1. 30.), 75쪽).

층 더 중요한 법적용이고, 따라서 이러한 의미에서 '진정한 사법'(echte Gerichtsbarkeit)
이다."[1]

사법작용설을 주장하는 학자들의 견해를 살펴보면 ① 법을 기준으로 한 판단,
② 사법의 3가지 주요기능인 분쟁해결, 권리보호 보장, 법적 통제, ③ 3단논법, ④
법형성적 요소, ⑤ 심판청구에 기초한 활동, ⑥ 유권적 결정을 사법의 특징적 징표
로 보고 헌법재판도 그러한 징표를 충족하는 것으로 보고 있다.[2]

사법작용설은 국내[3]와 독일[4]에서 압도적 다수설이 되어 있다. 뿐만 아니라 독
일연방헌법재판소도 자신의 기능은 사법임을 역설하고 있다. 곧 독일연방헌법재판
소는 초기부터 규범통제는 그 방어적 기능상 본질적으로 입법자의 법정립기능과 다
른 것이기 때문에 헌법재판에서는 정치가 문제될 수 없다고 하고,[5] 다시금 동서독
기본조약에 대한 판결에서 대외정책적인 결정을 심사하는 경우에는 '헌법질서의 관
철'(Durchsetzung der Verfassungsordnung)이 문제되는 것이지, 헌법에 의하여 창출된 자
유로운 정치적 형성의 여지가 문제되는 것이 아니라는 점을 확인하고 있다.[6]

(2) 검 토

우선, 국내의 경우 우리헌법은 헌법재판소를 '제5장 법원'과 다른 제6장에 독립
하여 규정하고 있으므로 헌법재판을 사법으로 볼 수 없다거나[7] 일반적인 의미에서
의 사법과 헌법재판이 구별된다[8]는 견해가 있다.

---

1) H. Kelsen, Wesen und Entwicklung der Staatsgerichtsbarkeit, in: P. Häberle(Hg.), *Verfassungsgerichtsbarkeit*, 1976, S. 77ff.(82).
2) 박승호, 헌법재판연구(I), 경인문화사, 1998, 17쪽 이하.
3) 김철수, 헌법학개론, 박영사, 2001, 1293쪽; 김운룡, 위헌법률심사의 한계, 일신사, 1976, 49쪽 이하; 계희열, "헌법재판의 제도적 고찰", 월간고시(1989. 12.), 69쪽; 박승호, 헌법재판의 본질과 한계, 36·37쪽; 이욱한, "헌법재판의 성격과 재판관선출", 사법행정(1992. 5.), 33쪽 이하; 장영수, "현행헌법체계상 헌법재판소의 헌법상의 지위", 법학논집 제30집(고려대 법학연구소, 1994. 12.), 31쪽 이하 등.
4) 헌법재판을 "헌법생활의 문제에 대한 재판으로 진정한 사법작용인 동시에 헌법문제에 대한 재판이 중점을 이루는 재판절차들만을 포함한다"고 정의하는 U. Scheuner, Die Überlieferung der deutschen Staatsgerichtsbarkeit im 19. und 20. Jahrhundert, in: *Bundesverfassungsgericht und Grundgesetz* I, 1976, S. 1ff.(5), "헌법문제에 대한 독립된 재판"으로 규정하는 Friesenhahn, *Die Verfassungsgerchtsbarkeit in der Bundesrepublik Deutschland*, 1963, S. 7, 그리고 Mosler(Hrsg.), *Verfassungsgerichtsbarkeit in Gegenwart, Länderberichte und Rechtsvergleichung*, 1962, S. XII 이후 일반적으로 사용되는 "헌법사항을 대상으로 하는 사법작용"이라는 표현이 그 예에 속한다.
5) BVerfGE 3, 225(236).
6) BVerfGE 36, 1(13f.).
7) 정종섭, 헌법소송법, 89쪽.
8) 성낙인, 헌법학, 1160쪽.

그러나 이는 지극히 형식논리적인 것으로서 설득력이 없다고 할 것이다. 그렇지 않다면 헌법재판소가 일반법원과 함께 '제9장 사법'에 규정되어 있는 독일기본법의 경우에는 헌법재판이 사법 이외의 다른 작용이라는 주장은 성립될 수 없을 것이며, 반대로 이탈리아(동 헌법 제134조 이하)나 오스트리아(동 헌법 제137조 이하)와 같이 독립된 장에 규정하고 있는 경우에는 헌법재판이 사법이라는 주장은 성립될 수 없을 것이다. 그러나 이런 식의 논리전개는 헌법재판의 핵심을 파악하는 것이 아니라 형식적으로만 파악하는 것일 것이다. 헌법재판의 본질에 대해서는 그것이 일반법원과 함께 규정되어 있는지 아닌지 여부와 관계없이 독자적으로 그것이 과연 사법인지 아니면 그 이외의 어떤 것인지가 파헤쳐져야 하는 것이다.[1]

다음으로, 사법기능을 비정치적인 법인식기능을 말한다고 하면서,[2] "사법기능은 국가의 통치기능 중에서도 합법성이 가장 중요시되는 기능으로서 일체의 정치적인 고려나 합목적성의 판단으로부터 해방되어야 하는 정치적인 무풍지대의 국가작용"이기 때문에,[3] 정치적인 사법작용은 사법작용이 아니라고 한다. 이 견해의 주장자는 정치적인 사법작용이라는 용어가 무엇을 의미하는지를 명확하게 밝히고 있지는 않다. 그러나 이 견해의 주장자가 헌법재판의 특성의 하나로서 정치형성재판으로서의 특성을 들고 있고,[4] 헌법재판의 법적 성격을 제4의 국가작용으로 이해하고 있는[5] 점으로 보아, 이 견해의 주장자는 정치적인 사법작용이라는 용어로써 헌법재판을 말하는 것으로 이해된다.

그러나 이 견해에 대해서는 다음과 같은 몇 가지 점에서 의문을 제기할 수 있다고 생각한다. 첫째, 고도의 정치성을 가지는 통치행위에 대해서도 그것이 통치행위인가의 여부에 대한 판단은 사법에 맡겨져야 한다면, 헌법재판이 정치성을 띠었다 하여 이를 사법의 범위에서 제외시킬 이유가 없다. 둘째, 헌법재판은 그 대상이 정치적인 것일 뿐 나머지 것은 모두 사법의 본질을 그대로 가지고 있다. 셋째, 이 견해의 주장자는 "사법권은 법관으로 구성된 법원에 속한다"(헌법 제101조 제1항)라는 말은 적어도 (정치적인 사법작용을 제외한) 고유한 사법기능만은 법관으로 구성된 독립된 법원이 맡아야 한다는 뜻이라고 하면서, 이 헌법규정은 법원 이외의 국가기관이 헌

---

1) 박승호, 헌법재판의 본질과 한계, 37쪽.
2) 허영, 한국헌법론, 1025쪽.
3) 허영, 한국헌법론, 1024쪽.
4) 허영, 한국헌법론, 845쪽.
5) 허영, 한국헌법론, 849쪽.

법에 따라 예외적으로 사법유사의 기능을 맡게 되는 것을 금지하는 내용도 아니라
고 한다.[1] 그러나 현행헌법상 자격과 임기와 독립성과 신분보장의 측면에서 법원을
구성하는 법관과 헌법재판소를 구성하는 헌법재판소의 재판관은 동일하기 때문에
헌법재판소의 기능을 법원 이외의 국가기관이 헌법에 따라 예외적으로 사법유사의
기능을 맡은 것이라고 할 수는 없을 것이다. 곧 사법기능은 고유한 기능과 사법유사
의 기능으로 양분되는 것이 아니라 고유한 기능과 첨가된 기능이 있는 것이며, 첨가
된 기능을 사법의 기능에서 제외시켜 그것을 사법작용의 범위에서 제외시킬 수는
없다 할 것이다. 이는 자유권적 기본권이 원래의 기본권이고 여타의 기본권들이 후
에 기본권목록에 첨가되었다 하여 그를 기본권과 유사한 권리로 치부할 수 없는 것
과 마찬가지 이유라고 생각한다. 우리 헌법은 헌법재판의 대상이 정치적인 색채를
띠기 때문에, 그 특성을 감안하여 법원이 아닌 헌법재판소에 맡긴 것뿐이라고 생각
한다. 더 나아가서 현행헌법과 달리 헌법재판을 헌법재판소가 아닌 법원의 권한사
항으로 하는 경우를 가정할 때, 그러한 경우에도 이 견해의 주장자는 헌법재판을 사
법유사의 기능이라고 하여 사법작용에서 제외시킬지 의심스럽다 아니할 수 없다.[2]

또한 사법작용설에 대해서는 다음과 같은 비판도 가해지고 있다. "이 입장은
헌법과 일반법률이 규범구조적으로 동일하다는 생각을 가지고, 헌법해석이 일반법
률의 해석과 크게 다를 것이 없다는 전제 밑에서 출발 … 그러나 … 헌법은 일반법률
과는 다른 많은 구조적 특질을 가지고 있기 때문에 헌법과 일반법률을 구조적으로
동일시하려는 그 출발점부터가 일종의 의제에 불과하다고 할 것이다."[3]

4. 정치적 사법작용설

(1) 내   용

사법작용설과 정치작용설을 절충해서 헌법재판을 정치적 사법작용이라고 이해
하는 입장이다. 사법작용설과 정치작용설의 이론적인 문제점을 극복하기 위해서 두
학설을 조합하려는 노력으로 볼 수 있다.

구체적으로 그 내용은 다음과 같다. "사법작용의 최소한의 개념적 징표를 재결
행위가 사법적 절차에 따라 행해지고, 재결이 결정적인 것이며, 재결이 중립적 기관

---

1) 허영, 한국헌법론, 1025쪽.
2) 홍성방, 헌법학(하), 21·22쪽.
3) 허영, 한국헌법론, 848쪽.

에 의하여 행해진다는 점 등에서 구한다면, 헌법재판도 일종의 사법작용이라 할 수 있다. 하지만 헌법재판은 순수한 사법작용이 아니라 정치적 성격을 아울러 가지고 있다는 정치적 사법작용이라는 데 그 특징이 있다. 그러한 의미에서 헌법재판은 헌법이 정치성이 강한 법규범이므로 그 재판도 정치형성적이라는 점, 그 판결이나 결정의 내용을 국가가 강제로 집행하기가 곤란하다는 점 등을 특성으로 하는 정치적 사법작용이라 할 수 있다."[1]

(2) 검   토

그러나 정치적 사법작용설은 헌법재판의 본질을 매우 모호하게 하고 있다는 비난을 면하기 어렵다. 사법작용은 그 본질상 정치적일 수 없는 것을 그 특징으로 하기 때문에 정치적인 요소가 개입된 사법작용은 이미 사법작용으로 평가하기 어렵다. 정치적 사법작용설의 취지가 헌법재판은 정치적인 요소가 개입할 수밖에 없으므로 순수한 사법작용으로 볼 수 없다는 점을 강조하려는 것이라면 애당초 사법작용이라는 명칭을 사용하지 말아야 한다. 상충하는 두 학설의 절충이 갖는 한계이다.[2]

5. 제4종국가작용설

(1) 내   용

제4종국가작용설은 헌법재판은 국가의 통치권행사가 언제나 헌법정신에 따라 행해질 수 있도록 입법·행정·사법 등의 국가작용을 통제하는 기능이기 때문에 사법작용일 수도 없고 입법작용일 수도 없을 뿐만 아니라 그렇다고 행정작용일 수도 없는 독특한 성격을 갖는 제4의 국가작용이라고 한다.[3] 이 견해는 국내외에서 극소

---

1) 권영성, 헌법학원론, 1109·1110쪽. 입장은 분명치 않지만, 헌법재판을 '특수한 사법작용'(전광석, 한국헌법론, 법문사, 2004, 529쪽)이라고 하거나 "헌법재판은 그 본질에 있어서는 어디까지나 사법작용이라고 보아야 할 것이지만, '헌법'재판이므로 헌법이 갖는 특성에 입각하여 일련의 정치작용·입법작용 내지 권력통제작용을 포괄하는 것으로 이해하여야 한다"는 입장(성낙인, 헌법학, 1160쪽)도 정치적 사법작용설의 범주에 속한다고 이해하여야 할 것이다.

2) 허영, 헌법소송법론, 19쪽.

3) H. Säcker, Die Rechtsmacht des Bundesverfassungsgerichts gegenüber dem Gesetzgeber, BayVBl. 1979, S. 197ff.(197); W. -R. Schenke, Der Umfang der bundesverfassungsgerichtlichen Überprüfung, NJW 1979, S. 1321ff.(1322f.). 이러한 작용을 '중립적 권력'(pouvoir neutre)이라고 부르는 K. Doehring, Staatsrecht der Bundesrepublik Deutschland, 3. Aufl., 1984, S. 236과 기존의 3권 사이에 존재하는 필연적인 충돌을 무마하고 완화시키기 위해서 제4의 권력이 필요하다고 하면서, 이러한 제4의 권력으로서 헌법재판소를 들고 있는 G. Roellecke, Verfassungsgerichtsbarkeit, Gesetzgebung und politische Führung, in: Verfassungsgerichtsbarkeit, Gesetzgebung und politische Führung. Ein Cappenberger Gespräch, Bd. 15, 1980, S. 28ff.(S. 42)도 이에 속한다.

수설의 입장이다.

국내에서 이 견해를 주장하는 학자는 이 학설을 헌법재판의 본질에 관한 다른 학설의 이론적인 취약점을 극복해서 헌법재판의 본질을 헌법재판의 기능과 목적에서 찾으려는 시도로 평가하면서 "헌법재판을 통해서 달성하려는 헌법실현의 목적에 비추어 볼 때 헌법재판이 비록 사법적인 형태로 이루어진다고 하더라도 그것은 하나의 수단에 불과할 뿐 헌법재판의 본질은 아니라고 할 것이다. 헌법재판은 헌법해석을 통해서 이루어지고 헌법해석은 법인식기능이지만, 헌법재판을 위한 헌법해석은 그 자체가 목적이 아니라 헌법실현을 위한 수단에 불과하므로 헌법재판의 본질은 수단이 아닌 목적에서 찾아야 한다고 생각한다. 그렇기 때문에 헌법재판의 수단인 헌법해석에 주안점을 두고 주장되는 헌법재판의 본질론에는 동의할 수 없다"[1]고 한다. 즉 헌법재판은 일반재판과 달라서 오로지 법인식을 통한 합법성의 판단만으로 행해지는 것도 아니며, 법인식과는 무관한 합목적성의 판단도 헌법재판에서는 간과하기 어려운 중요한 수단이라는 것이다.[2] 따라서 이 학설의 주장자는 다음과 같이 이 학설을 논거지운다. "사법적인 법인식기능과 정치작용적인 합목적성의 판단기능이 함께 공존하는 헌법재판에서는 법리적인 설득력과 정치적인 타당성이 적절한 균형관계를 유지함으로써 법적인 관점에서나 정치적인 관점에서나 수긍될 수 있는 해결책이 모색되어야 한다. 헌법재판을 사법작용이 아닌 제4의 국가작용이라고 이해하려는 이유도 바로 여기에 있다. 결론적으로 말해서, 헌법재판은 정치적인 관점뿐 아니라 법적인 관점을 함께 존중함으로써 정치적인 사고의 영역에서 흔히 강조되는 철학(목적이 모든 수단을 정당화시킨다)의 법리적 한계를 명시하고 정치라는 위성이 이탈하지 못하도록 그 궤도를 그려주는 제4의 국가작용이라고 생각한다."[3]

(2) 검   토

제4종국가작용설은 그 실체가 분명하지 않다.[4] 그렇기 때문에 제4국가작용은

---

1) 허영, 헌법소송법론, 20쪽.
2) 허영, 헌법소송법론, 21쪽.
3) 허영, 한국헌법론, 849쪽. 다음과 같은 견해도 이 입장과 근본적으로 생각을 같이 하는 것으로 판단된다. "헌법은 제6장에서 헌법재판기관으로서 헌법재판소를 설치하고 헌법재판소에 대하여 정하고 있다. 이는 제3장에서 국회, 제4장에서 정부, 제5장에서 법원을 정한 것과 구별되는 것으로 헌법재판소가 국회, 정부, 법원이 아닌 독립된 헌법기관임을 정하고 있는 것이다(정종섭, 헌법소송법, 89쪽) … 헌법재판소는 그 기능과 권한에 있어서도 국회, 행정부, 법원과 따로 존재하는 독립적인 지위를 가지므로 우리나라의 권력분립에서 4권분립이라고 할 수 있다(동 91쪽)."
4) 박승호, 헌법재판연구(Ⅰ), 32쪽.

그 주장자 스스로도 우려하듯이 '또 다른 정치작용' 또는 '각색된 정치작용'으로 변질될 가능성이 있다.[1] 결국 이 견해는 헌법재판소의 기능을 전통적인 3권 중 어느 하나에 정서(整序)시키기 어렵기 때문에, 문제를 정면에서 해결하는 대신 문제를 회피하는 방식으로, 곧 "헌법재판소가 전통적인 3권의 어느 것에도 속할 수 없는 독특한 기능을 수행한다는 것을 인정한다면 모든 어려움은 사라진다"[2]는 식으로 비켜간 것이 아닌가 한다.

6. 사   견

앞에서 이미 헌법재판도 사법작용이라는 것을 확인한 바 있다.

따라서 이곳에서는 사법작용설에 대한 비판, 곧 사법작용설은 '헌법과 일반법률을 구조적으로 동일시하는 데서 출발'하고 있다는 지적에 대해서 그것은 오늘날의 사법작용설은 헌법과 일반법률의 구조적 차이를 인정하는 데서 출발하고 있다는 것을 오인하고 있거나 의도적으로 모른 체하려는 것이라는 점만을 확인해 두기로 한다. 따라서 사법의 특징에 대한 다음과 같은 헤세 K. Hesse의 이야기는 헌법재판에도 그대로 타당하다 하겠다. 사법은 "그 기본유형상 법에 관한 다툼이 있거나 또는 법이 침해된 경우에 특별한 절차에 따라 유권적으로 그리고 이와 함께 구속적이고 자주적으로 결정을 내리는 과제에 의하여 특징지어진다."[3]

제 3 절   헌법재판의 한계

1. 일 반 론

모든 헌법문제는 헌법재판의 대상이 될 수 있다. 곧 모든 진정한 헌법문제는

---

1) 허영, 헌법이론과 헌법, 박영사, 1995, 1049쪽.
2) G. Azzariti, Die Stellung des Verfassungsgerichtshofs in der italienischen Staatsordnung, JöR 8 (1959), S. 13ff.(19).
3) K. Hesse, *Grundzüge des Verfassungsrechts der Bundesrepublik Deutschland*(계희열 역, 통일독일 헌법원론, 박영사, 2001), 18. Aufl.(1991), S. 222(Rdnr. 548). 또한 헌법재판은 "헌법이 다투어지거나 침해된 경우에 헌법재판소의 규범통제권의 테두리 내에서 제소에 의해서만 재판하며 이로써 그 활동은 입법자의 활동과 구별된다. 헌법재판소의 결정은 실질적인 사법작용이다"라고 말하고 있는 P. Häberle, Grundprobleme der Verfassungsgerichtsbarkeit, in: ders.(Hg.), *Verfassungsgerichtsbarkeit*, 1976, 1ff.(8f.)도 참조.

사법적으로 결정될 수 있다.[1] 그러나 이 말은 헌법재판의 한계를 헌법재판의 제도 본질적인 내용이 아니라 오로지 헌법재판의 기능과 실효성을 높이기 위한 정책적 고려의 산물에 지나지 않는다고 하면서 헌법재판의 대상에서 제외되어야 하는 국가 작용의 분야는 있을 수 없다는 말[2]과는 다르다. 이 말은 헌법재판이 그 한계를 지키는 한 모든 헌법문제를 결정할 수 있고, 또 한계를 지키면서 모든 진정한 헌법문제를 결정해야 된다는 뜻으로 이해된다.

헌법재판도 사법작용인 이상 헌법재판에도 규범적 한계, 본질적 한계, 정책적·이론적 한계가 있다.

2. 헌법재판의 규범적 한계

우선, 헌법재판이 규범적 한계를 가진다는 이야기는 우리 헌법이 헌법재판소의 관할사항으로 규정하고 있는 사항만을 헌법재판은 대상으로 삼을 수 있다는 이야기이다. 따라서 헌법재판소가 재판권을 행사할 수 있는 사항은 법원의 제청에 의한 법률의 위헌여부심판, 탄핵의 심판, 정당의 해산심판, 국가기관 상호간·국가기관과 지방자치단체간 및 지방자치단체 상호간의 권한쟁의심판, 법률이 정하는 헌법소원에 관한 심판의 5가지에 한정된다.

3. 헌법재판의 본질적 한계

다음으로, 헌법재판은 사법작용이기 때문에 심판의 청구가 있고, 구체적 사건성·당사자적격·소의 이익·사건의 성숙성 등 요건을 갖추어야만 심사할 수 있다.

여기에서 통치행위가 헌법재판의 한계에 해당되는지가 문제된다. 통치행위란 실체법적으로는 국가의 최고정치기관의 행위로서 특히 정치성이 강한 행위를 말하며, 절차법적으로는 고도의 정치성을 가졌기 때문에 그 성질상 사법심사로부터 제외되는 행위를 말한다. 통치행위에 대하여 사법심사를 거부하는 이론적 근거에 대하여는 법논리적 측면에서 볼 때 통치행위부정설이 간단·명료하고 국민의 기본권 보장을 위해서도 적당하다고 할 수 있다. 그러나 통치행위를 부정하는 경우 실제로 발생하는 정책적·합목적적·현실적인 필요성을 해결할 수 없다. 이러한 필요성을

---

1) E. Kaufmann, Die Grenzen der Verfassungsgerichtsbarkeit, in: P. Häberle(Hg.), *Verfassungsgerichtsbarkeit*, 1976, S. 143ff.(144).

2) 허영, 한국헌법론, 860쪽.

해결하기 위하여 통치행위를 인정하여야 할 이유가 있다. 그러나 통치행위가 통치행위로서 받아들여지기 위해서는 그것이 어디까지나 헌법의 테두리 안에서 이루어져야 하는 것이고, 헌법을 떠나서 통치행위를 인정할 수는 없다.

이와 같이 볼 때, 통치행위를 인정함에는 다음과 같은 몇 가지 한계가 필요하다. 첫째, 어떤 행위가 통치행위에 속하는가에 대한 판단은 법원의 권한에 속한다고 보아야 한다. 법원(헌법재판소)은 독립성을 가진 유권적 법해석기관이므로 그 권한으로서 모든 행위에 대한 사법심사여부를 판단하지 않으면 안 되는 까닭이다. 따라서 통치행위는 헌법재판의 한계에 해당되지 않는다.[1]

헌법재판소는 이른바 "국제그룹해체에 대한 위헌결정"[2] 이후 통치행위를 부인해오고 있으며, 통치행위가 헌법재판의 대상이 된다는 것을 확인한 바 있다.

> **판례** 〈긴급재정명령 등 위헌확인(일부각하, 일부기각)〉 "통치행위란 고도의 정치적 결단에 의한 국가행위로서 사법적 심사의 대상으로 삼기에 적절하지 못한 행위라고 일반적으로 정의되고 있는바, 이 사건 긴급명령이 통치행위로서 헌법재판소의 심사대상에서 제외되는지에 관하여 살피건대, 고도의 정치적 결단에 의한 행위로서 그 결단을 존중하여야 할 필요성이 있는 행위라는 의미에서 이른바 통치행위의 개념을 인정할 수 있고, 대통령의 긴급재정경제명령은 중대한 재정경제상의 위기에 처하여 국회의 집회를 기다릴 여유가 없을 때에 국가의 안전보장 또는 공공의 안녕질서를 유지하기 위하여 필요한 경우에 발동되는 일종의 국가긴급권으로서 대통령의 고도의 정치적 결단을 요하고 가급적 그 결단이 존중되어야 할 것임은 법무부장관의 의견과 같다.
> 그러나 이른바 통치행위를 포함하여 모든 국가작용은 국민의 기본권적 가치를 실현하기 위한 수단이라는 한계를 반드시 지켜야 하는 것이고, 헌법재판소는 헌법의 수호와 국민의 기본권보장을 사명으로 하는 국가기관이므로 비록 고도의 정치적 결단에 의하여 행해지는 국가작용이라고 할지라도 그것이 국민의 기본권침해와 직접 관련되는 경우에는 당연히 헌법재판소의 심판대상이 된다."(헌재 1996. 2. 29. 93헌마186 결정)

그러나 헌법재판소는 헌법재판상 통치행위를 부인한다는 취지의 일반적 표현은 하지 않고 있다. 이는 만일의 경우에 사법적 자제에 근거한 정치문제의 이론을 원용할 가능성을 전면 배제하지는 않으려는 의도로 해석된다. 이를 입증하듯 헌법재판소는 2004년에 통치행위라는 용어 대신 '고도의 정치적 결단이 요구되는 사안'

---

1) 권영성, 헌법학원론, 1113쪽은 헌법이 엄격한 요건을 규정하고 있지 아니한 고도의 정치성을 띤 절대적 통치행위는 헌법재판의 대상이 될 수 없다고 하나, 절대적 통치행위가 정작 어떤 것인지에 대하여는 침묵하고 있다.

2) 헌재 1993. 7. 29. 89헌마31 결정. 헌재 1992. 3. 13. 92헌마37 등 병합결정〈국회의원선거법 제55조의3 등에 대한 헌법소원(일부위헌＝조건부위헌, 일부기각)〉도 참조.

이라는 용어를 사용하면서 그에 대한 판단을 회피하였다.

> 판례 〈일반사병 이라크파병 위헌확인(각하)〉 "1. 외국에의 국군의 파견결정은 파견군인의 생명과 신체의 안전뿐만 아니라 국제사회에서의 우리나라의 지위와 역할, 동맹국과의 관계, 국가안보문제 등 궁극적으로 국민 내지 국익에 영향을 미치는 복잡하고도 중요한 문제로서 국내 및 국제정치관계 등 제반상황을 고려하여 미래를 예측하고 목표를 설정하는 등 고도의 정치적 결단이 요구되는 사안이다. 따라서 그와 같은 결정은 그 문제에 대해 정치적 책임을 질 수 있는 국민의 대의기관이 관계분야의 전문가들과 광범위하고 심도 있는 논의를 거쳐 신중히 결정하는 것이 바람직하며 우리 헌법도 그 권한을 국민으로부터 직접 선출되고 국민에게 직접 책임을 지는 대통령에게 부여하고 그 권한행사에 신중을 기하도록 하기 위해 국회로 하여금 파병에 대한 동의여부를 결정할 수 있도록 하고 있는 바, 현행 헌법이 채택하고 있는 대의민주제 통치구조 하에서 대의기관인 대통령과 국회의 그와 같은 고도의 정치적 결단은 가급적 존중되어야 한다.
>
> 2. 이 사건 파견결정이 헌법에 위반되는지의 여부 즉 국가안보에 보탬이 됨으로써 궁극적으로는 국민과 국익에 이로운 것이 될 것인지 여부 및 이른바 이라크전쟁이 국제규범에 어긋나는 침략전쟁인지 여부 등에 대한 판단은 대의기관인 대통령과 국회의 몫이고, 성질상 한정된 자료만을 가지고 있는 우리 재판소가 판단하는 것은 바람직하지 않다고 할 것이며, 우리 재판소의 판단이 대통령과 국회의 그것보다 더 옳다거나 정확하다고 단정짓기 어려움은 물론 재판결과에 대하여 국민들의 신뢰를 확보하기도 어렵다고 하지 않을 수 없다.
>
> 3. 이 사건 파병결정은 대통령이 파병의 정당성뿐만 아니라 북한 핵 사태의 원만한 해결을 위한 동맹국과의 관계, 우리나라의 안보문제, 국·내외 정치관계 등 국익과 관련한 여러 가지 사정을 고려하여 파병부대의 성격과 규모, 파병기간을 국가안전보장회의의 자문을 거쳐 결정한 것으로, 그 후 국무회의의 심의·의결을 거쳐 국회의 동의를 얻음으로써 헌법과 법률에 따른 절차적 정당성을 확보했음을 알 수 있다. 그렇다면 이 사건 파견결정은 그 성격상 국방 및 외교에 관련된 고도의 정치적 결단을 요하는 문제로서, 헌법과 법률이 정한 절차를 지켜 이루어진 것임이 명백하므로, 대통령과 국회의 판단은 존중되어야 하고 헌법재판소가 사법적 기준만으로 이를 심판하는 것은 자제되어야 한다. 이에 대하여는 설혹 사법적 심사의 회피로 자의적 결정이 방치될 수도 있다는 우려가 있을 수 있으나 그러한 대통령과 국회의 판단은 궁극적으로는 선거를 통해 국민에 의한 평가와 심판을 받게 될 것이다."(헌재 2004. 4. 29. 2003헌마814 결정)

이에 대하여 대법원은 비상계엄의 선포나 확대행위와 같은 통치행위가 사법심사의 대상이 되는지 여부에 대하여 한정적 긍정론을 펴고 있다.

> 판례 "대통령의 비상계엄의 선포나 확대행위는 고도의 정치적·군사적 성격을 지니고 있는 행위라 할 것이므로, 그것이 누구에게도 일견하여 헌법이나 법률에 위반되

는 것으로서 명백하게 인정될 수 있는 등 특별한 사정이 있는 경우라면 몰라도, 그러
하지 아니한 이상 그 계엄선포의 요건구비 여부나 선포의 당·부당을 판단할 권한이
사법부에는 없다고 할 것이나, 비상계엄의 선포나 확대가 국헌문란의 목적을 달성하
기 위하여 행하여진 경우에는 법원은 그 자체가 범죄행위에 해당되는지의 여부에 관
하여 심사할 수 있다."(대법원 1997. 4. 17. 96도3376 판결)

판례 "입헌적 민주국가의 기본원칙은 어떠한 국가행위나 국가작용도 헌법과 법률
에 근거하여 그 테두리 안에서 합헌적 합법적으로 행하여질 것을 요구하며, 이러한
합헌성과 합법성의 판단은 본질적으로 사법의 권능에 속하는 것이고, 다만 국가행위
중에는 고도의 정치성을 띤 것이 있고, 그러한 고도의 정치행위에 대하여 정치적 책
임을 지지 않는 법원이 정치의 합목적성이나 정당성을 도외시한 채 합법성의 심사를
감행함으로써 정책결정이 좌우되는 일은 결코 바람직한 일이 아니며, 법원이 정치문
제에 개입되어 그 중립성과 독립성을 침해당할 위험성도 부인할 수 없으므로, 고도의
정치성을 띤 국가행위에 대하여는 이른바 통치행위라 하여 법원 스스로 사법심사권
의 행사를 억제하여 그 심사대상에서 제외하는 영역이 있으나, 이와 같이 통치행위의
개념을 인정한다고 하더라도 과도한 사법심사의 자제가 기본권을 보장하고 법치주의
이념을 구현하여야 할 법원의 책무를 태만히 하거나 포기하는 것이 되지 않도록 그
인정을 지극히 신중하게 하여야 하며, 그 판단은 오로지 사법부만에 의하여 이루어져
야 한다."(대법원 2004. 3. 26. 2003도7878 판결)

둘째, 법원이 어떤 국가행위를 판례로써 통치행위로 확정함에 있어서는 여러
학설(특히 사법자제설과 내재적 제약설)을 근거로 하여 통치행위의 효과성과 사법권의 독
립에 필요한 최소한의 범위에서 이를 인정해야 할 것이다. 통치행위의 확대는 그만
큼 법치주의의 희생을 초래하는 것이기 때문이다.

끝으로, 통치행위를 인정한다는 것은 그 통치행위를 행한 자에게 책임을 묻지
않는다는 것이지, 통치행위의 결과 행해진 국민의 기본권침해에 대해서도 면책되는
것은 아니라는 것을 분명히 할 필요가 있다. 곧 법원은 통치행위에 의하여 국민의
기본권이 침해되었으면 침해된 기본권을 회복시켜야 하는 것이지, 그것을 통치행위
라고 하여 처음부터 심사하지 말아야 하고 심지어는 처음부터 심사하지 않아도 되
는 것은 아니라는 것이다.[1]

그러나 예컨대 우리 정부가 아프리카의 어떤 국가와 수교를 맺음에 있어 처분
할 수 있는 예산의 범위 내에서 일정액의 개발원조를 하는 것이 합목적적인가라는
문제와 같이 개별적 쟁점에 관하여 어떤 관련법규도 제시할 수 없는 경우는 '사법판

---

1) 통치행위에 대하여 더 자세한 것은 홍성방, 헌법상 통치행위의 법리에 관한 연구, 고려대학교 대
   학원 석사학위 청구논문, 1976. 11. 참조.

단적격성'(Justiziabilität)이 없는 경우로서 헌법재판소는 재판할 수 없다. 곧 헌법재판
은 정치적 기준만이 주어져 있고 법적 기준이 주어져 있지 않은 문제는 결정해서도
안 되고 결정할 수도 없다.[1]

4. 헌법재판의 정책적·이론적 한계 또는 기능적 한계

마지막으로, 헌법재판에는 정책적·이론적 한계가 있다. 이 한계를 헌법재판의
기능적 한계라고도 한다. 헌법재판의 정책적·이론적 한계는 일반적으로는 다음과
같이 표현된다. 헌법재판소는 다른 국가기관을 통제하는 경우에 다른 국가기관의
기능까지 행사해서는 안 된다. 곧 헌법재판소 스스로가 입법자가 되거나 정부 대신
에 정치적 결정을 내리거나 또는 스스로 일반법원을 대신하여 일반재판을 대신해서
는 안 된다.[2] 곧 헌법재판소는 자신의 과제를 행사함에 있어서 권력분립원리의 요
청을 지켜야 한다.[3]

> **판례** 〈교통사고처리특례법 제4조 등에 대한 헌법소원(일부각하, 일부기각)〉 "헌법에 따른
> 입법자의 평등실현의무는 헌법재판소에 대하여는 단지 자의금지원칙으로 그 의미가
> 한정축소된다. 따라서 헌법재판소가 행하는 규범에 대한 심사는 그것이 가장 합리적
> 이고 타당한 수단인가에 있지 아니하고 단지 입법자의 정치적 형성이 헌법적 한계 내
> 에 머물고 있는가 하는 것에 국한시켜야 하며, 그럼으로써 입법자의 형성의 자유와
> 민주국가의 권력분립적 기능질서가 보장될 수 있다."(헌재 1997. 1. 16. 90헌마110 등
> 병합결정)

> **판례** 〈국회의장과 국회의원간의 권한쟁의(각하)〉 "국회는 국민의 대표기관이자 입법기
> 관으로서 의사(議事)와 내부규율 등 국회운영에 관하여 폭넓은 자율권을 가지므로 국
> 회의 의사절차나 입법절차에 헌법이나 법률의 규정을 명백히 위반한 흠이 있는 경우
> 가 아닌 한 그 자율권은 권력분립의 원칙이나 국회의 위상과 기능에 비추어 존중되어
> 야 한다(헌재 1997. 7. 16. 96헌라2, 판례집 9-2, 154), 따라서 그 자율권의 범위 내에
> 속하는 사항에 관한 국회의 판단에 대하여 다른 국가기관이 개입하여 그 정당성을 가
> 리는 것은 바람직하지 않고, 헌법재판소도 그 예외는 아니다."(헌재 1998. 7. 14. 98헌
> 라3 결정)

---

1) P. Wittig, Politische Rückseiten in der Rechtsprechung des Bundesverfassungsgerichts? Der Staat
   8(1969), S. 137ff.(142).
2) K. Hesse, Funktionelle Grenzen der *Verfassungsgerichtsbarkeit, in: Recht als Prozeß und Gefüge.*
   Festschrift für Hans Huber zum 80. Geburtstag, 1981, S. 261ff. 여기서는 계희열 역, 헌법의 기초
   이론, 삼영사, 1985, 240쪽 이하(242쪽)에서 재인용.
3) 헌법재판의 한계에 대하여 더 자세한 것은 박승호, 헌법재판의 본질과 한계, 56쪽 이하 참조.

> **판례** 〈국회의장과 국회의원간의 권한쟁의(기각)〉 "국회의 자율권을 존중하여야 하는 헌법재판소로서는 이 사건 법률안 가결·선포행위와 관련된 사실인정은 국회본회의 회의록의 기재내용에 의존할 수밖에 없고 그밖에 이를 뒤집을 만한 다른 증거는 없다."(헌재 2000. 2. 24. 99헌라1 결정)

> **판례** 〈국회의원과 국회의장간의 권한쟁의(기각)〉 "국회법 제10조는 국회의장으로 하여금 국회를 대표하고 의사를 정리하며 질서를 유지하고 사무를 감독하도록 하고 있고, 국회법 제6장의 여러 규정들은 개의, 의사일정의 작성, 의안의 상임위원회 회부와 본회의 상정, 발언과 토론, 표결 등 회의절차 전반에 관하여 국회의장에게 폭넓은 권한을 부여하고 있어 국회의 의사진행에 관한 한 원칙적으로 의장에게 그 권한과 책임이 귀속된다(헌재 1998. 7. 14. 98헌라3, 판례집 10-2, 74, 80). 따라서 개별적인 수정안에 대한 평가와 그 처리에 대한 피청구인의 판단은 명백히 법에 위반되지 않는 한 존중되어야 한다."(헌재 2006. 2. 23. 2005헌라6 결정)

제 4 절   헌법재판기관의 유형

1. 헌법재판기관의 유형

불문헌법국가에서는 헌법재판이 부정되며, 대부분의 성문헌법국가는 헌법재판에 대하여 긍정적이다.

헌법재판제도를 채택하고 있는 나라들에서도 헌법재판을 담당하는 기관은 일정하지 않다. 독립된 헌법재판소를 두고 있는 경우(집중형, 헌법재판소형, 오스트리아형1)), 일반법원에서 헌법재판을 하는 경우(비집중형, 일반법원형,2) 미국형3)), 정치적 기관으로

---

1) 켈젠 *H. Kelsen*이 기초한 오스트리아 연방헌법에 의하여 1920. 10. 1. 설립된 오스트리아 헌법재판제도가 원형이기 때문에 오스트리아형이라고 한다.
2) 이 유형을 취하는 경우 모든 법원이 위헌법률심사권을 갖는데 심급제도에 의하여 최고법원이 최종적인 판단권을 가지기 때문에 최고법원형으로 부르기도 한다. 그러나 독일처럼 헌법재판소가 최고법원인 국가도 있고 집중형을 헌법재판소형으로 부르는 것에 대응해서 일반법원형 또는 사법재판소형으로 부르는 것이 더 적절할 것으로 생각된다.
3) 미국의 사법심사는 법원이 모든 소송사건의 재판과정에서 당해 사건에 적용되는 법령의 위헌 여부를 부수적으로 판단하기 때문에 각급 연방법원과 주법원이 모두 사법심사권을 갖는다. 다만, 연방대법원이 최종적으로 유권적인 헌법해석을 하는 것에 불과하다. 즉 미국의 법원은 구체적인 통상소송의 진행 중에 합헌성이 다투어지는 법령이나 조약의 위헌 여부가 재판에 영향을 미치는 경우에 한하여 그 위헌 여부를 심사하되, 헌법판단은 주문이 아니라 이유 중에 나타나는 데 그친다(부수적 사법심사형). 이와 같이 미국의 법원은 부수적으로만 법령이나 조약 등에 대하여 사법심사를 할 수 있지만, 사법심사권 행사의 적법요건과 관련하여 당사자의 피해가 구제되어서 당사자

하여금 헌법재판을 담당하게 하는 3가지로 유형화할 수 있다.[1]

독립된 헌법재판소를 두고 있는 경우는 대체로 광의의 헌법재판을 하고 있으며, 위헌법률심판도 추상적 규범통제까지를 포함하고 있고 법률의 위헌성을 인정하는 경우에는 그 효력을 전면적으로 상실하게 하고 있다. 독일, 오스트리아, 이탈리아, 포르투갈, 스페인, 터키, 러시아 등이 그 예이다.

일반법원에서 헌법재판을 담당하고 있는 경우는 관할사항을 협의의 헌법재판, 특히 구체적 규범통제에 한정시키고 있으며, 법률에 위헌성을 인정하는 경우에도 당해사건에서만 법률의 적용을 거부하고 있다. 미국, 중남미제국, 호주, 캐나다, 일본, 인도 등이 그 예이다.[2]

그런가 하면 1958년 프랑스헌법의 '헌법평의회'(Conseil Constitutionell)[3]와 같이 정치적 기관에 헌법재판을 담당하게 하는 경우도 있다.[4]

2. 우리 헌법상 위헌법률심사기관의 변천

우리나라의 경우 위헌법률심사는 건국헌법에서는 부통령을 위원장으로 하고, 대법관 5인·국회의원 5인 등 11인으로 구성된 헌법위원회에서 관할하였다. 헌법위

사이에 현실적인 분쟁이 없고, 법원의 판단이 당사자에게 무용하더라도, 즉 소의 이익이 없더라도 정책적인 고려에서 사법적 판단을 할 필요가 있는 경우에는 재판하고 있다(Erwin Chemerinsky, *Constitutional Law*, p. 105 이하).

1) 권영성, 헌법학원론, 1113쪽 이하는 헌법법원형, 일반법원형, 특수기관형으로 3분하고, 허영, 한국헌법론, 852쪽 이하는 헌법재판기관으로서의 사법부(사법형)와 독립한 헌법재판기관(독립기관형)으로 2분하며, 김운룡, 위헌심사론, 23~27쪽은 사법심사제도, 헌법재판제도, 헌법위원회제도, 프랑스의 헌법평의회제도로 4분하고 있다.

2) 비집중형과 집중형의 차이점은 대개 ① 비집중형에서는 일반법원이 일반소송과 헌법소송을 모두 담당하지만, 집중형에서는 일반법원은 일반소송을, 헌법재판소라는 특수한 법원만이 헌법소송을 담당하고, ② 비집중형에서는 일반법원이 법률해석권과 헌법해석권을 모두 갖지만, 집중형에서는 일반법원은 구체적인 사건을 해결하기 위한 법률해석권을, 헌법재판소는 구체적인 사건을 떠나서 추상적으로 법령의 위헌 여부를 판단하기 위하여 추상적인 헌법해석권을 분리하여 갖고, ③ 비집중형에서는 대법원이 일반법원의 최고법원이지만, 집중형에서는 독일의 경우를 제외한다면 헌법재판소가 일반법원과는 별개의 독립된 기관이고, ④ 비집중형에서는 개인의 주장에 의하여 법령의 위헌 여부가 다투어지지만, 집중형에서는 정부, 일반법원 또는 개인의 청구에 의하여 법령에 대한 위헌 여부가 다투어진다는 점 등을 들 수 있다(박홍우, "헌법재판제도의 유형", 헌법재판제도의 이해(재판자료 제92집), 법원도서관, 2001, 97쪽 이하(141·142쪽).

3) 1958년 프랑스헌법상의 '헌법평의회'(Conseil Constitutionell)는 대통령, 하원(국민회의)의장, 상원(원로원)의장에 의하여 각 3명씩 임명되는 9인의 평의원과 종신평의원인 모든 전직대통령으로 구성되었다.

4) 권영성, 헌법학원론, 1113·1114쪽은 프랑스의 헌법평의회를 헌법재판소형으로 분류하고, 그 대신 그리스의 특별최고법원과 이란의 헌법수호위원회를 특수기관형으로 분류하고 있다.

원회는 10여 년간 6건의 위헌심사를 하였고, 그 중 농지개혁법과 「비상사태하의 범 죄처벌에 관한 특별조치령」[1] 등 2건의 위헌결정을 하였다.

> **판례** 〈농지개혁법 위헌결정〉 "법률에 정한 법관에 의하여 법률에 의한 심판을 받을 권리는 헌법 제22조에 명시된 국민의 기본권이고, 헌법 제76조 제2항의 최고법원과 하급법원의 조직을 규정한 법원조직법은 삼심제의 대원칙을 확립하여 무릇 소송이 최종심으로서 대법원의 심판을 받는 권리를 인정하고 있으며, 2심제인 행정소송은 물 론이고 단심제인 선거소송까지도 최고법원인 대법원의 심판을 받게 한 각 법률규정 에 비추어 볼 때 최종심은 최고법원인 대법원에 통합귀일케 함이 헌법 제22조 및 제 76조 제2항의 대정신이다, 그런데 농지개혁법 제18조 제1항 및 제24조 제1항이 최종 심을 2심 상급법원인 고등법원까지로 한 것은 무릇 국민이 최고법원인 대법원의 심 판을 받을 수 있는 기본권을 박탈한 것으로서 헌법 제22조, 제76조의 정신에 위반된 다."(헌법위원회 1952. 9. 9. 헌위 1 결정)

1960년 헌법에서는 대통령·법원·참의원이 각 3인씩 선출한 심판관들로 구성 된 헌법재판소에서 하였다. 그러나 1961. 4. 17. 헌법재판소법이 제정된 지 1개월 만 에 5·16 군사쿠데타가 발생하여 헌법재판소는 구성되지 못하였으므로, 1960년의 헌법재판제도는 미실현의 제도에 그쳤다.

1962년 헌법은 법원에 위헌법률심판권을 부여하였다. 당시 법원은 위헌심사권 의 행사에 전반적으로 소극적이었다는 평가를 받고 있다. 대법원은 군인 등의 국가 배상청구권을 제한하던 국가배상법조항과, 이 사건에 대한 재판을 앞두고 법률 등 에 대한 헌법위반을 인정함에 필요한 정족수를 가중시킨 법원조직법 개정조항에 대 해 위헌판결을 하였다. 이 판결 후 1972년 개정된 유신헌법에 위 국가배상법 조항 이 그대로 규정되었고, 이 헌법규정은 현행헌법 제29조 제2항에 이르기까지 동일하 게 유지되고 있다.

> **판례** 〈국가배상법에 대한 대법원의 위헌판결〉 "국가배상법 제2조 제1항 단행의 입법 이유의 하나는 군인 군속이 공무수행 중에 신체 또는 생명에 피해를 입은 경우에는 군사원호보상법, 군사원호보상급여금법, 군인연금법, 군인재해보상규정, 군인사망급 여금규정 등에 의하여 재해보상금, 유족일시금, 또는 유족연금 등을 지급받게 되어 있음으로 불법행위로 인한 손해배상도 받게 하면 이중이 된다는 것이나, 위 법들의 규정에 의한 재해보상금 등은 군인 군속 등의 복무 중의 봉사 및 희생에 대하여 이를 보상하고 퇴직 후의 생활 또는 유족의 생활을 부조함에 그 사회보장적 목적이 있고

---

1) 헌법위원회 1952. 9. 9. 헌위 2 결정.

손해배상제도는 불법행위로 인한 손해를 전보하는데 그 목적이 있으므로 양자는 그 제도의 목적이 다르며, 군인연금법 제41조 등에는 타 법령에 의하여 국고 또는 지방자치단체의 부담으로 같은 법에 의한 급여와 같은 류의 급여를 받는 자에게는 그 급여금에 상당하는 액에 대하여는 같은 법에 의한 급여를 지급하지 않도록 규정하여 불법행위로 인한 손해배상과 같은 성질의 급여가 손해배상과 이중으로 지급되지 않게 하고 있으며 판례도 양 청구권은 경합할 수 있고 같은 성질의 손해전보는 어느 한 쪽의 행사에 의하여 만족되면 다른 청구권은 그 범위 안에서 소멸한다는 전제 아래에서 재해보상금, 유족일시금 또는 유족연금이 이미 지급된 경우에는 손해배상을 명함에 있어서는 같은 성질의 손해액에서 이를 공제하여 손해액을 산정하여야 한다고 하여 같은 성질의 돈이 이중으로 지급되지 않도록 하고 있고 또 이러한 재해보상 등은 군인 군속뿐 아니라 경찰관(상이 또는 전몰경찰관)에 대하여도 지급되며 일반 공무원에 대하여도 공무원연금법(군속인사법 21조에 의하여 군속에도 이 법이 준용된다) 등에 의하여 같은 보상제도가 마련되어 있으며 심지어 사기업의 피용자에게도 근로기준법 등에 의하여 같은 제도가 마련되어 있음으로 위와 같은 이유로써는 군인 군속에 대하여서만 별도로 다루어 손해배상청구권을 제한할 이유가 되지 못하고, 다음 위 입법이유의 또 하나는 군인 군속이 피해자가 된 불법행위 사고가 많아서 국고손실이 많으므로 이를 최소한으로 감소 내지 방지함에 있다는 것인바 그러한 불법행위가 많다는 이유만으로는 군인 군속에 대하여서만 배상청구권을 부인하여 그들의 희생 위에 국고 손실을 방지하여야 할 이유가 되지 못한다 할 것이며, 또 군인 군속은 국가에 대하여 무정량의 위험근무임무를 부담하는 이른바 특별권력관계에 있음으로 그러한 근무임무의 성질상 공무 중의 피해에 대하여는 일반국민과는 달리 이를 자담수인할 의무가 있다고 주장하나 그것은 어디까지나 군인 또는 군속으로 근무함에 있어서 전투 또는 훈련 등의 각 그 직무상 불가피하고 정당한 것으로 인정되는 행위로 인한 피해로서 불법행위의 결과가 아닌 경우의 희생에 한하여 수긍할 수 있는 이론이라 할 수 있을 뿐이고, 다른 공무원의 고의 또는 과실 있는 직무상의 위법행위로 인하여 군인 또는 군속이 공무 중에 입은 손해는 군인 또는 군속이 복종하는 특별권력관계의 내용이나 근무임무에 당연히 포함되는 희생은 아니므로 특별권력관계를 이유로 그 배상청구권을 부인할 수 없을 뿐 아니라 위험 근무임무에 당하거나 특별권력관계에 있음은 비단 군인 또는 군속에 국한되지 않고 경찰공무원이나 다른 위험근무에 당하는 기타 공무원도 다를 바 없다 할 것이므로 유독 군인 또는 군속에 대하여서만 차별을 할 하등의 합리적 이유도 없다 할 것이니, 군인 또는 군속이 공무원의 직무상 불법행위의 피해자인 경우에 그 군인 또는 군속에게 이로 인한 손해배상청구권을 제한 또는 부인하는 국가배상법 제2조 제1항 단행은 헌법 제26조에서 보장된 국민의 기본권인 손해배상청구권을 헌법 제32조 제2항의 질서유지 또는 공공복리를 위하여 제한할 필요성이 없이 제한한 것이고 또 헌법 제9조의 평등의 원칙에 반하여 군인 또는 군속인 피해자에 대하여서만 그 권리를 부인함으로써 그 권리 자체의 본질적 내용을 침해하였으며 기본권제한의 범주를 넘어 권리 자체를 박탈하는 규정이므로 이는 헌법 제26조, 같은 법 제8조, 같은 법 제9조 및 같은 법 제32조 제2항에 위반한다 할 것이나 원심이 이 점에 관하여 이와 같은 취지로 판단하여 피해자가 군인인 이 사건에 국가배상법 제2조 제1항 단행을 적용하지 아니한 것은 정당하고 이를 논란하는 상고논지는 채용할 수 없다."(대법원 1971. 6. 22. 70다1010 판결)

　　1972년 헌법은 헌법위원회에서 위헌법률심판을 관할하게 하였다. 그러나 1972
년 헌법은 대법원에 실질적인 합헌판단권을 부여하였을 뿐만 아니라 대법원에 불송
부결정권까지 부여하였기 때문에 대법원이 위헌심사제청을 회피하여 위헌법률심사
가 단 한 번도 이루어지지 못하였다.

　　1980년의 헌법에서도 헌법위원회에 위헌법률심판권을 부여하였다.[1]

　　현행 1987년 헌법에서는 헌법재판소가 위헌법률심판을 담당하고 있다. 1988년
9월에 설립된 헌법재판소는 과거 대법원, 헌법위원회에서 헌법재판을 담당할 때의
역사적 경험에 비추어 신설 헌법재판소가 그 역할을 다할 수 있을지에 대한 염려스
러운 전망과는 달리 창립 초기부터 적극적으로 헌법재판 기능을 수행하였고, 이에
따라 헌법의 규범력이 급속히 되살아나기 시작하였다.

　　창립 이래 2014년 12월 31일까지 헌법재판소는 25,957건의 사건을 처리하였는
데, 그 중 위헌법률심판에서 단순위헌이나 헌법불합치 등 위헌결정이 내려진 사건
만 해도 321건에 이르고, 권리구제형 헌법소원심판에서 인용된 사건도 483건에 이
른다. 이제 헌법재판 없이는 한국의 법치주의와 헌정생활을 운위할 수 없을 정도로
헌법은 각종 입법활동이나 공권력의 행사에 있어서 실질적인 기준으로 기능하는 국
가 최고규범으로 자리잡았고, 국민 가까이에서 일상생활을 함께 하는 생활규범으로
뿌리내렸다.

---

1) 우리 헌법상 위헌법률심사기관의 변천에 대하여는 이인복, "우리나라 헌법재판제도의 연혁과 전
　개", 헌법재판제도의 이해(재판자료 제92집), 법원도서관, 2001, 277쪽 이하(282-305쪽)도 참조.

제 2 장
헌법재판소

제 2 장   헌법재판소

제 1 절   헌법재판소의 헌법상 지위

1. 헌법재판소의 기본적 지위

헌법재판소는 헌법재판을 전담하는 기관이므로 헌법재판소는 일차적으로는 헌법재판기관이다. 그런데 헌법재판은 헌법문제에 관한 분쟁을 유권적으로 해석하여 헌법의 규범력을 유지하는 작용이므로 헌법재판소는 헌법의 최종적 해석기관으로서의 지위와 헌법수호기관으로서의 지위를 아울러 갖는다. 대통령의 헌법수호자로서의 지위가 비상시에 국가긴급권을 발동하여 헌법을 보호하는 기능을 하는 것이라면, 헌법재판소의 헌법수호작용은 평상시에 작용하는 점에서 차이가 있다.[1]

2. 헌법재판소의 파생적 지위

우리 헌법상 헌법재판기관으로서의 헌법재판소에게는 법원의 제청에 의한 법률의 위헌여부심판권, 탄핵심판권, 정당해산심판권, 권한쟁의심판권, 헌법소원심판권이 부여되어 있다. 이러한 권한을 행사하는 중에 헌법재판은 헌법질서를 수호하는 기능, 민주주의이념을 구현하는 기능, 권력을 통제하고 개인의 자유와 권리를 보호하는 기능, 정치적 평화를 정착시키는 기능을 한다. 이러한 헌법재판소의 권한과 기능으로부터 헌법재판소는 부차적으로 기본권보장기관으로서의 지위, 권력의 통제·순화기관으로서의 지위, 정치적 평화보장기관으로서의 지위를 갖는다.[2]

---

1) 따라서 우리 헌법 하에서는 바이마르헌법 하에서와 같이 누가 헌법수호자인가에 대한 논쟁은 불필요한 것으로 보인다. 독일연방헌법재판소는 스스로를 '헌법의 수호자로 임명된 최고재판소' (BVerfGE 6, 300, 304)라 천명하기도 하고, 자신의 기능이 '헌법의 규준적 해석자이자 수호자' (BVerfGE 40, 88, 93)로서 행하는 것임을 지적하기도 한다.

2) 헌법재판소의 헌법상 지위를 김철수, 학설판례 헌법학, 박영사, 2008, 2038-2042쪽은 헌법보장기관, 주권행사기관·최고기관, 최종심판기관, 기본권보장기관으로서의 지위로 4분하며, 권영성, 헌법학원론, 1121-1123쪽은 헌법재판기관으로서의 지위, 헌법수호기관으로서의 지위, 기본권보장기

3. 헌법재판소와 대법원의 관계

(1) 원칙적인 관계

사법작용을 담당하는 두 국가기관, 곧 헌법재판소와 대법원의 상호관계가 문제된다. 이 두 기관의 기본적 관계에 대해서는 헌법재판의 본질을 사법작용이라 보든 제4종국가작용이라 보든 별 차이가 있을 수 없다. 사법작용설의 입장에서는 우리 헌법은 두 기관을 상호 독립된 기관으로 구성하면서 대법원에게는 민사·형사·행정 등에 대한 재판권을 부여하고 있고, 헌법재판소에게는 일정한 사항에 대한 헌법재판권을 부여하고 있기 때문에, 원칙적으로 독립적이고 동등한 관계라고 하고,[1] 제4종국가작용설의 입장에서는 "헌법재판을 제4의 국가작용이라고 이해하는 관점에서 볼 때 헌법재판소는 입법·행정·사법기관과 병렬적인 제4의 국가기관이라고도 평가할 수 있다"[2]고 하여 양자의 관계를 독립적이고 동등한 관계라고 하고 있기 때문이다. 따라서 두 기관이 기능적 한계를 지키는 한, 곧 헌법재판소가 일반재판을 하지 않고 대법원이 헌법재판을 하지 않는 한, 두 기관 사이에 마찰이 있을 수 없다.

그러나 이를 다음과 같이 설명할 수는 없다. "미국 또는 스위스처럼 일반 최고

관으로서의 지위, 권력의 통제·순화기관으로서의 지위로 4분하고, 허영, 한국헌법론, 862쪽은 일차적으로는 헌법재판기관이자 헌법보호기관으로 보고 헌법재판소의 기능에 상응하여 자유보호기관으로서의 지위, 권력통제기관으로서의 지위, 정치적 평화보장기관으로서의 지위를 갖는다고 한다. 특히 허영, 한국헌법론, 862쪽은 "따라서 헌법재판소의 헌법상 지위는 헌법재판소의 기능과 불가분의 상관관계가 있다고 할 것이다. 기능을 떠난 맹목적인 지위란 있을 수 없기 때문이다"라고 하면서 헌법재판소의 기능에서부터 헌법재판소의 지위를 이끌어내고 있다. 또한 헌법재판실무제요, 5쪽도 "헌법재판소는 그 기능에 상응하여 헌법보호기관으로서의 지위, 기본권보호기관으로서의 지위, 권력통제기관으로서의 지위, 정치적 평화보장기관으로서의 지위 등을 갖는다. 따라서 헌법재판소의 헌법상 지위는 헌법재판소의 기능과 불가분의 관계가 있다"고 한다. 그러나 사회학적인 관점에서는 어떨지 모르겠으나, 법학적인 관점에서는 기능으로부터 지위를 이끌어내기는 어려울 것으로 생각된다. 오히려 법학적으로는 지위와 권한은 불가분의 관계에 있고, 권한이 없는 맹목적인 지위란 있을 수 없다고 이야기하는 것이 옳을 것으로 생각된다. 그런가 하면, 정종섭, 헌법학원론, 박영사, 2010, 1406·1407쪽은 헌법재판소의 헌법상 지위를 헌법재판기관, 헌법수호기관, 기본권보장기관, 권력통제기관으로 4분하면서, 헌법재판기관으로서의 헌법재판소는 재판작용·입법작용·정치작용의 복합적 성질을 가지는 제4의 국가작용을 하면서, 국회, 대통령, 대법원과 동열의 지위에 있는 최고의 헌법기관이라고 한다. 그런가 하면 성낙인, 헌법학, 1172쪽은 헌법재판소는 대법원과 더불어 헌법상 최고사법기관의 하나로서, 국민의 자유와 권리를 보장하는 기관임과 동시에 정치적 통제기관으로서의 기능을 가진다고 한다(참고로 성낙인 외, 헌법소송론, 49쪽에서는 헌법재판소는 헌법보장기관, 헌법수호기관, 기본권보장기관, 권력통제기관으로서의 지위를 각각 가진다고 하면서도 49-53쪽에서는 헌법재판소의 지위로서 헌법보장기관, 최종적인 헌법해석기관, 기본권보장기관, 권력통제기관, 최고사법기관을 들고 있다).

[1] 김철수, 학설판례 헌법학, 2042쪽; 권영성, 헌법학원론, 1123쪽 참조.
[2] 허영, 한국헌법론, 862쪽.

심 법원이 헌법재판을 담당하거나 프랑스처럼 정치적인 성격의 헌법위원회를 설치해서 헌법재판을 맡기는 경우에는 헌법재판과 일반재판 사이에 특별히 긴장관계는 생기지 않는다. 그러나 우리나라를 비롯해서 오스트리아 또는 독일처럼 일반법원과 별도로 사법부 형태의 헌법재판소를 따로 설치해서 헌법재판을 관할하게 하는 경우에는 헌법재판소와 일반법원 사이에 긴장·갈등이 생길 수 있다."[1]

헌법재판과 일반재판 사이의 갈등은 헌법재판기관의 유형이 문제가 아니라, 양 기관의 권한과 위상을 헌법외적 이유 때문에 헌법에서 명확하게 정하지 않은 경우에 발생한다.

(2) 양 기관의 갈등을 불러일으킬 수 있는 조항과 그 실제
1) 양 기관의 갈등을 불러일으킬 수 있는 조항

그러나 우리 헌법은 이 두 기관 사이에 갈등을 일으킬 수 있는 조항을 가지고 있다. 그 첫째는 위헌법률심판권을 헌법재판소에 부여하면서(제111조 제1항 제1호) 명령·규칙·처분에 대한 최종심판권을 대법원에 부여하여(제107조 제2항) 규범통제권을 이원화시켜 놓은 것이고, 그 둘째는 헌법재판소에 헌법소원심판권을 부여하면서(제111조 제1항 제5호) 법원의 재판은 그 대상에서 제외시킨 것이다(헌법재판소법 제68조 제1항 본문).[2]

---

1) 허영, 헌법소송법론, 37쪽.
2) 성낙인 외, 헌법소송론, 55쪽 이하는 양자의 관계가 문제되는 구체적인 경우로서 ① 법원이 위헌법률심판제청한 사건에 대하여 합헌결정을 하는 경우, ② 변형결정의 기속력문제, ③ 명령·규칙심사권의 소재, ④ 법원의 재판에 대한 헌법소원가부, ⑤ (원)행정처분에 대한 헌법소원, ⑥ 대법원장의 법관에 대한 불리한 인사처분에 대한 헌법소원, ⑦ 법관에 대한 탄핵소추의결, ⑧ 법령의 해석·적용의 문제, ⑨ 무효인 법률에 근거한 행정행위의 효력을 들고 있다. 김하열, 헌법소송법, 박영사, 2014은 헌법재판소와 대법원 사이의 사법권한의 배분을 둘러싸고 벌어진 논란을 ① 명령·규칙에 대한 위헌심사권의 귀속, ② 한정위헌결정과 법률해석 권한, ③ 헌법불합치규정의 경과규율로 정리하고(34-38쪽), 권한배분의 총론적 기준으로서 원리에 기초한 배분과 정책에 기초한 배분을 제시하고 있다(38-43쪽). 그 중에서 원리에 기초한 배분에서 제시하는 다음과 같은 제안은 설득력 있는 것으로 생각된다. ① 헌법문제와 법률문제의 구분-헌법이 직접적이고 1차적인 재판규범이 되거나, 헌법에 기한 심사로 집약되는 재판은 헌법전문 재판기관인 헌법재판소가 1차적 관할권을 갖는 것이 바람직하다. ② 민주주의와 헌정주의 간의 갈등-민주주의와 헌정주의, 혹은 정치와 사법 간의 갈등 영역은 헌법재판소가 담당함이 적절하다. ③ 권력통제-권력에 대한 개별적 통제, 일반국가작용과 집행권력에 대한 통제, 사후적 통제(행정재판, 형사재판 등을 통한 권력통제)는 법원에, 권력에 대한 제도적 통제, 정치권력 및 최고권력작용에 대한 통제, 사전적 통제(다수당의 권력남용 제어, 대통령과 의회 등의 고도의 권력작용통제)는 헌법재판소에 배분하는 것이 바람직하다.

2) 헌법재판소와 대법원의 마찰의 실제

그리고 이러한 조항들을 둘러싸고 사실상 헌법재판소와 대법원 사이에는 여러 차례나 커다란 마찰이 있었다. 한 번은 1990년 10월 15일 헌법재판소가 법무사법시행규칙 제3조 제1항에 대한 헌법소원을 받아들여 위헌결정을 한 때이고,[1] 다른 한 번은 헌법재판소가 1997년 12월 24일에 구 소득세법 제23조 제4항 단서 등에 대한 헌법재판소의 위헌결정에 따르지 아니한 대법원의 판결[2]을 취소하고 헌법소원청구인에 대한 동작세무서장의 7억여 원 상당의 양도소득세 등 부과처분도 함께 취소한 때였다.[3] 두 번째의 경우는 대법원은 1998년 9월 25일에 헌법재판소가 취소한 위 판결을 인용하여 구소득세법 제23조 제4항 단서 등에 의거한 양도소득세부과처분을 적법하다고 판시하여 헌법재판소의 결정을 무시하였다.[4] 그리고 세 번째는 2005년 11월 24일 같은 법 조항에 대하여 헌법재판소의 위헌결정과 대법원의 합헌판결이 같은 날 선고되어 최고사법기관 사이에 상이한 결론이 내려진 사건이었다. 즉 자동차를 이용한 범죄행위를 한 때에는 반드시 운전면허를 취소하여야 한다는 도로교통법 조항에 대하여 헌법재판소는 "명확성의 원칙과 직업의 자유 등에 위반된다"라고 판시한 반면,[5] 대법원은 "처분청의 재량의 여지가 없음이 명백"하다고 판시한 것[6]이 그것이다.[7]

3) 이 문제에 대한 학계의 입장

첫 번째 문제에 대하여는 사법작용설의 입장에서는 두 기관 사이에 헌법해석을 둘러싸고 문제가 있을 수 있다는 것을 지적하는 반면에,[8] 제4종국가작용설의 입장

---

1) 헌재 1990. 10. 15. 89헌마178 결정〈법무사법 시행규칙에 대한 헌법소원(위헌)〉.
2) 대법원 1996. 4. 9. 95누11405 판결은 "법령의 해석·적용권한은 전적으로 대법원을 최고법원으로 하는 법원에 전속하는 것이므로, 한정위헌결정에 표현되어 있는 헌법재판소의 법률해석에 대한 견해는 헌법재판소의 견해를 일응 표명한 데 불과하여 법원에 전속되어 있는 법령의 해석·적용권한에 대하여 어떠한 영향을 미치거나 기속력도 가질 수 없다"고 하여 한정위헌결정의 기속력을 부인하였고, 헌법재판소가 한정적이라고 판단한(헌재 1995. 11. 30. 94헌바40 등 병합결정) 구 소득세법 조항들이 유효하다고 하면서 이를 적용하여 판결하였다.
3) 헌재 1997. 12. 24. 96헌마172 등 병합결정〈헌법재판소법 제68조 제1항 위헌확인 등(한정위헌, 인용＝취소)〉.
4) 대법원 1998. 9. 25. 96누4572, 96누8352, 96누8369 판결.
5) 헌재 2005. 11. 24. 2004헌가28 결정〈도로교통법 제1항 단서 제5호 위헌제청(위헌)〉.
6) 대법원 2005. 11. 24. 2005두8061 판결.
7) 이 세 번째 경우에 대해서는 제4장 위헌법률심판 부분에서 다루기로 한다.
8) 김철수, 학설판례 헌법학, 1441쪽; 권영성, 헌법학원론, 1123쪽 참조. 그러나 구체적으로는 견해의 차이를 보이고 있다. 곧 위헌명령·규칙심사가 대법원의 전속관할사항인가 여부에 대하여 김철수, 헌법재판의 활성화방안, 서울대법학연구소, 1988, 194쪽은 명령·규칙이 재판의 전제가 된 경우의

에서는 "우리 헌법이 이처럼 법률에 대한 규범통제와 명령·규칙에 대한 규범통제를 다르게 규정하고 있는 이유는 규범의 단계구조에 입각해서 대의민주주의원칙도 존중하면서 3권분립이 요구하는 권력간의 견제·균형의 정신도 충분히 살리려는 취지 때문이라고 볼 수 있다"[1]라고 하면서, 이러한 문제점을 인식조차 하지 않고 있다가, 최근에는 "헌법이론적으로 볼 때 법률에 대한 규범통제와 명령·규칙에 대한 규범통제가 언제나 동일하게 규율되어야 하는 것은 아니다. 그러나 적어도 법률에 대한 규범통제가 허용된다면 명령·규칙에 대한 규범통제는 그에 준하는 것으로 보는 것이 옳다. 법단계이론에 비추어 볼 때 상위규범인 법률에 대한 규범통제는 당연히 하위규범인 명령·규칙에 대한 규범통제를 수반하는 것으로 보아야 하기 때문이다"[2]라고 하면서, "생각건대 우리 헌법 제107조 제2항의 정신은 대법원의 생각처럼 명령·규칙에 대한 헌법재판소의 위헌심사·결정권을 배제하기 위한 것이 아니고, 명령·규칙의 위헌 여부가 재판의 전제가 되었을 때 법령의 통일적인 해석·적용이라는 법치주의 요청 때문에 반드시 대법원의 최종적인 검증을 받도록(필요적 상고사유)하려는 데 있다고 보아야 한다. 따라서 이 헌법규정은 명령·규칙에 대한 대법원의 독점적인 위헌심사권을 주장하기 위한 논거가 될 수 없다"[3]고 하고 있다.

두 번째 문제에 대하여는 사법작용설의 입장에서는 직접적인 언급을 하지 않고 있는 반면,[4] 제4종국가작용설의 입장에서는 헌법재판소법 제68조 제1항 중에서

합헌성문제와 명령·규칙이 직접 국민의 기본권을 침해하는 경우의 합헌성문제를 양분하여 전자의 경우에는 헌법소원의 대상이 된다고 함에 반하여, 권영성, 헌법재판의 활성화방안, 서울대법학연구소, 1988, 50쪽은 헌법 제107조 제2항의 명문규정상 명령·규칙은 헌법재판소의 관할에서 제외되어야 한다고 한다.

1) 허영, 한국헌법론, 박영사, 2001, 959쪽.

2) 허영, 헌법소송법론, 46쪽.

3) 허영, 헌법소송법론, 47쪽.

4) 김철수, 헌법학개론, 1354·1355쪽은 "현행헌법 제68조 제1항은 법원의 재판에 대해서는 소원할 수 없도록 명문으로 금지하고 있다. 그러나 이는 문제가 많은 것으로 학자들에 의해 비판되어 왔다"고 하다가, 학설판례 헌법학, 2043쪽에서는 "비록 법원의 재판에 대한 헌법소원이 금지되어 있으나 대법원이 판결한 행정사건에 있어서 헌법재판소가 대법원판결이 아니라 그 사건의 행정처분(원행정처분)을 대상으로 하는 헌법소원을 받아들인다면, 실질적으로 대법원재판에 대한 헌법소원이 이루어지게 되는 결과가 될 것이기에 역시 문제가 될 수 있다"고 한다. 권영성, 헌법학원론, 1119쪽은 "아무튼 헌법재판소법 제68조 제1항이 법원의 재판을 헌법소원심판대상에서 제외하고 있고 또한 다른 법률에 구제절차가 있는 경우에는 그 절차를 모두 거친 경우라야 헌법소원심판을 청구할 수 있도록 규정하고 있는 것은 헌법소원사항을 지나치게 제한한 규정으로서 헌법소원제도의 기능을 반감시킨 것이라는 비판이 없지 아니하다. 현행헌법상 다른 법률에 그 구제절차가 규정되어 있는 사항은 대법원을 최종심으로 하고 있고 법원의 재판은 헌법소원의 대상에서 제외되고 있기 때문이다"라고 적고 있다.

"법원의 재판을 제외하고는"이라는 11글자를 삭제하는 것이 가장 좋은 방법이라는
입법론을 제시하고 있다.[1]

어떻든 이러한 양 기관의 지위와 위상에 대하여 결론적으로 사법작용설의 입장
에서는 양 기관이 헌법상의 역할과 기능을 존중하고 상호 협력함으로써 사법부로서
의 조화를 이룩하고 사법부의 위상을 제고하는 것이 바람직하다는 덕담(德談)식의
중재안을 내놓고 있다.[2]

4) 사   견

일반론적·원칙론적으로 말한다면 이 문제는 궁극적으로는 (헌)법개정을 통하여
규범통제의 권한을 일원화시키고, 헌법재판소법 제68조 제1항 중에서 "법원의 재판
을 제외하고는"이라는 표현을 삭제하는 것이 가장 바람직하다고 할 수 있다. 그러나
문제는 그 때까지 현행헌법질서 내에서 헌법재판소와 대법원의 관계를 어떻게 해석
하여야 할 것인가 하는 것이다. 이 문제는 매우 복잡한 문제이기 때문에 여기서는
간단하게 결론만 말하기로 한다.

우선, 헌법 제107조 제2항과 관련해서는 다음과 같은 이야기를 할 수 있다. 우
리 헌법질서 내에서 재판작용은 사실심과 법률심 그리고 헌법심으로 분류할 수 있
으며, 사실심과 법률심에 있어서는 분명히 3심제를 원칙으로 하고 사실심과 법률심
에 관한 법인식작용에서는 대법원을 최고법원으로 하고 있다. 그러나 헌법심을 본
질로 하는 헌법재판은 심급의 문제와는 다른 목적을 추구하는 헌법인식기능이며,
또 헌법재판소의 지위는 대법원을 정점으로 하는 사법부의 조직과는 다른 차원에서
이해되어야 한다.[3] 따라서 '최고법원인 대법원'(제101조 제2항)과 '최종적'(제107조 제2항)
이라는 규정의 뜻은 사법부 내에서의 대법원의 위상을 명확히 한 것이지("생각건대 우
리 헌법 제107조 제2항의 정신은 대법원의 생각처럼 명령·규칙에 대한 헌법재판소의 위헌심사·결정권
을 배제하기 위한 것이 아니고, 명령·규칙의 위헌 여부가 재판의 전제가 되었을 때 법령의 통일적인 해

---

1) 허영, "헌법소원제도의 이론과 우리 제도의 문제점", 고시연구(1989. 4.), 51쪽 이하(58쪽). 허영, 헌
   법소송법론, 40·41쪽은 "입법적으로는 헌재법 제68조 제1항의 '법원의 재판을 제외하고는'이라는
   문구를 삭제해서 재판소원을 전면 허용하는 방향으로 입법개선을 하는 것이 필요하다. 그 대신 규
   범소원제도(헌재법 제68조 제2항)는 폐지하는 것이 바람직하다. 그리고 검찰의 공소권 행사에 관
   한 통제는 헌법소원의 대상에서 제외해서 재정신청제도의 확충을 통한 법원의 통제에 맡기는 것이
   바람직하다. 이러한 방향의 입법개선이 이루어질 때까지는 헌법재판소가 판례를 통해 재판소원의
   범위를 넓혀가야 할 것이다. 지금처럼 헌법재판소가 위헌으로 결정한 법률을 적용해서 기본권을
   침해한 재판에 대해서만 재판소원을 인정하는 소극적인 자세를 탈피할 필요가 있다"고 한다.
2) 김철수, 학설판례 헌법학, 2044쪽; 권영성, 헌법학원론, 1126쪽.
3) 허영, "헌법소원제도의 이론과 우리 제도의 문제점", 58쪽.

석·적용이라는 법치주의 요청 때문에 반드시 대법원의 최종적인 검증을 받도록(필요적 상고사유) 하려는 데 있다고 보아야 한다. 따라서 이 헌법규정은 명령·규칙에 대한 대법원의 독점적인 위헌심사권을 주장하기 위한 논거가 될 수 없다고 할 것이다"),[1] 헌법보호적인 헌법인식기능을 하는 헌법재판을 포함하는 모든 재판작용에 있어서의 대법원의 지위를 분명히 한 것이라고 볼 수는 없다. 곧 과거의 헌법들에서와 같이 대법원에 법률에 대한 실질적 합헌성판단권이 부여되어 있어서 사실심, 법률심 및 헌법심에 대한 사실상의 모든 권한을 대법원이 가지고 있었던 때의 대법원의 지위를 현행헌법질서 내에서 고집할 수는 없는 일이다. 현행헌법은 헌법인식기능과 헌법을 제외한 법인식작용을 구별하고 있으며, 전자의 기능은 원칙적으로 헌법재판소에, 후자의 기능은 대법원을 정점으로 하는 사법부에 부여하고 있는 것이다. 이렇게 해석한다면 위헌명령·규칙심사권은 원칙적으로 헌법재판소의 권한에 속하나, 예외적으로 위헌명령·규칙이 재판의 전제가 되는 경우에 한하여 대법원이 사법부 내에서 최종적으로 심사할 권한을 가진다고 헌법 제107조 제2항을 해석할 수 있다. 따라서 이러한 예외적인 경우를 제외하고는 위헌명령·규칙에 대한 심판권은 헌법재판소에 있으며, 그 결과 명령·규칙이 직접 국민의 기본권을 침해하는 경우에는 헌법소원의 대상이 될 수 있음은 당연하다 하겠다.[2]

　　다음으로, 법원의 재판을 헌법소원심판의 대상에서 제외하고 있는 헌법재판소법 제68조 제1항 본문은 위헌이다. 그 이유는 다음과 같다. 첫째, 동조항은 행정쟁송제도와 규범통제제도가 각각 행정권에 의한 기본권침해와 입법권침해에 대한 방어수단으로 발전되어온 것임에 반하여, 헌법소원제도는 사법권에 의한 기본권침해에 대한 방어수단으로 고안된 것이라는 헌법소원의 유래와 본질을 무시 또는 간과한 규정이다. 둘째, 헌법소원의 제기는 어떤 의미에서는 법원의 기판력 있는 최종심판결을 대상으로 하는 것일 수밖에 없음에도 불구하고,[3] 동조항이 법원의 재판을 헌법소원의 대상에서 제외함으로써 입법작용에 의한 기본권침해의 경우와 예컨대 재판을 거부하거나 재판을 지지부진하게 하여 국민의 신속한 재판을 받을 권리(제27조 제3항)를 침해한 때 그리고 법률의 위헌여부심판의 제청신청이 기각된 때(헌법재판소법 제68조 제2항)를 제외하고는 사법작용과 행정작용에 의한 기본권침해에 대한 구

---

1) 허영, 헌법소송법론, 47쪽.
2) 더 자세한 것은 홍성방, "헌법 제107조와 헌법소원", 한국공법학회 제12회 월례발표회(1990. 11. 24.), 13쪽 이하 참조.
3) Schlaich/Korioth, *Das Bundesverfassungsgercht - Stellung, Verfabren, Entscheidungen*, Rdnr. 244.

제가 불가능하게 되었다. 그 결과 헌법재판소법 제68조 제1항 본문은 헌법 제27조 제1항에 의하여 보장된 재판청구권을 합리적 이유 없이 과도하게 침해하고 있다.[1]

제 2 절   헌법재판소의 구성과 조직

1. 헌법재판소의 구성과 조직 일반

헌법은 헌법재판소의 구성과 관련하여 제111조에 3개 항을 두고 있다. "헌법재판소는 법관의 자격을 가진 9인의 재판관으로 구성하며, 재판관은 대통령이 임명한다."(제111조 제2항) "제2항의 재판관 중 3인은 국회에서 선임하는 자를, 3인은 대법원장이 지명하는 자를 임명한다."(제111조 제3항) 국회에서 선출하는 자나 대법원장이 지명하는 자에 대한 대통령의 임명은 형식적인 것에 불과하고 대통령이 임명을 거부할 수 없다. 대통령이 고유의 권한으로 임명할 수 있는 재판관은 3명이다. "헌법재판소의 장은 국회의 동의를 얻어 재판관 중에서 대통령이 임명한다."(제111조 제4항) 헌법재판소장은 재판부의 재판장이 되지만(법 제22조 제2항), 평의에 있어서는 다른 재판관과 동등하게 재판부 구성원의 1인일 뿐이다.

헌법은 헌법재판소의 재판관의 자격·임명·임기·신분보장에 관하여 직접 규정을 두고 있다(제111조, 제112조). 또 헌법재판소의 조직과 운영 기타 필요한 사항은 법률로 정하도록 하고 있다(제113조 제3항). 이 헌법규정의 위임을 받아 헌법재판소법이 제정되어 1988년 9월 1일부터 효력을 발생하였다. 동법에 따르면 헌법재판소는 헌법재판소장, 헌법재판소재판관, 재판관회의 및 보조기관으로 조직되어 있다.

또 헌법재판소는 법률에 저촉되지 아니하는 범위 안에서 심판에 관한 절차, 내부규율과 사무처리에 관한 규칙을 제정할 수 있다(제113조 제2항). 헌법재판소규칙은 관보에 게재하여 이를 공포한다(법 제10조 제2항). 규칙사항으로는 헌법재판소장 유고시 대리할 재판관의 순서, 재판관회의의 운영에 관한 사항, 사무처의 조직, 직무범위, 공무원의 정수, 헌법재판소장 비서실의 조직과 운영에 관한 사항, 헌법소원지정재판부의 구성과 운영에 관한 사항, 증거조사와 비용, 공탁금 등이 있다.

---

1) 이 문제에 대하여 더 자세한 것은 홍성방, "헌법 제107조와 헌법소원", 12쪽 이하 참조.

2. 헌법재판소의 장

(1) 헌법재판소장의 임명

헌법재판소의 장은 국회의 동의를 얻어 재판관 중에서 대통령이 임명한다(제111조 제4항, 법 제12조 제2항).

헌법 제111조 제4항의 '재판관 중에서'라는 문구를 어떻게 해석하여야 할까가 문제된다. 이에 대해서는 헌법의 개방성과 과거의 관행을 근거로 하여 또 엄격한 논리해석을 고집할 때 헌법재판소장 부재가 가능할 수 있기 때문에 '재판관 중에서'를 유연하게 해석하자는 견해가 있을 수 있다.[1]

그러나 이러한 견해는 우선, 헌법의 구조적 개방성을 오해하고 있는 것으로 보인다. 보통 헌법은 구조적 개방성을 특징으로 한다고 한다. 그러나 헌법의 구조적 개방성은 절대적인 것은 아니고 예외가 있다. 왜냐하면 헌법이 모든 사항을 개방적으로 남겨둔다면 국가와 헌법은 해체되어버릴 위험이 있기 때문이다. 그렇기 때문에 국가 내에서 정치적 세력이나 노선들 사이에 끊임없는 투쟁의 대상이 되거나 갈등의 소지가 될 수 있는 부분들은 구속력 있게 확정되어야 한다. 헌법이 개방된 채로 남겨두어서는 안 되는 것으로는 특히 국가의 구성원리, 국가의 권력구조, 개방되어 있는 문제들을 결정할 절차를 들 수 있다.[2] 그렇다면 통치조직을 정하고 있는 헌법규정 중의 하나인 우리 헌법 제114조 제4항은 "재판관 중에서"라는 문구로써 헌법재판소장으로 임명될 수 있는 자의 범위를 구속력 있게 확정하였고, 굳이 조직법과 행위법, 강행규정과 임의규정을 구별하는 실익을 말할 필요도 없이 이 문구를 엄격히 해석하여 적용할 것을 명령하고 있는 것으로 보아야 한다.

다음으로, 이 견해는 "재판관 중에서"를 엄격하게 해석하는 것은 우리 헌정사상의 헌법재판소장 임명의 실제, 즉 제1대부터 제3대까지의 헌법재판소장이 현직 재판관 가운데서 임명되지 않아온 관행에 의하여 부정된다고 한다. 이러한 주장은

---

[1] 예컨대 김종철, "헌재소장은 '재판관 중에서' 임명되어야 하는가?", 헌법과 미래, 인간사랑, 2007, 317쪽 이하; 김하열, 헌법소송법, 74쪽: "헌법 제111조 제4항은 '재판관 중에서' 헌법재판소장을 임명하도록 규정하고 있지만, 이 규정이 헌법재판소장의 자격을 현직 재판관으로 제약하는 것으로 보아서는 곤란하다. '재판관 중에서'라는 규정의 뜻은 '헌법재판소장도 재판관의 1인'이라는 뜻으로 풀이해야 한다. 헌법소장으로 임명되면 재판관의 신분을 취득하게 되고, 재판관에 관한 헌법규정은 특별한 규정이 없는 한 헌법재판소장에게도 적용된다는 것이 '재판관 중에서'의 의미이다. 그러므로 재판관의 자격요건을 갖춘 사람이라면 현직 재판관이 아니더라도 헌법재판소장으로 임명될 수 있고, 우리 헌정사상 헌법재판소장 임명의 실제도 그러하였다."

[2] 홍성방, 헌법학(상), 21쪽.

헌법규범과 헌법현실의 모순을 이야기하면서 헌법현실에 헌법을 맞추어야 한다는 주장과 다르지 않다. 그러나 헌법규범에 반하여 실현되는 내용은 '헌법현실', 즉 실현된 헌법일 수는 없다.[1] 또한 헌법에 반하는 헌법현실이라고 하는 것은 존재하지 않으며, 존재해서도 안 된다. 헌법에 반하는 현실을 헌법현실이라고 하는 것은 헌법에 반하는 선택을 포함하고 있기 때문에, 헌법적 고찰에서 지양되어야 한다. 오히려 중요한 것은 그러한 현실에 주목하고, 헌법에 반하는 현실의 발생을 방지하거나 헌법에 반하는 현실을 다시금 헌법과 일치시키기 위하여 필요한 것을 행하는 것이다.[2]

마지막으로, 엄격해석에 의할 경우 헌법재판소장 부재의 가능성의 문제는 법해석문제가 아닌 법운용의 문제로서 헌법재판소장이 부재하는 경우가 발생하지 않도록 충분하고 적절한 시기에 차기 헌법재판소장의 임명절차를 시작함으로써 간단히 해결될 수 있을 것으로 생각한다.

이러한 이유에서 개인적으로는 헌법 제111조 제4항의 "재판관 중에서"라는 문구는 엄격하게 문리해석을 해서 헌법재판소장은 현직 헌법재판관 중에서 선출해야 하고, 그러한 한에서 현직 헌법재판관이 아닌 자를 헌법재판소장으로 임명하기 위해서는 국회에서 선출하는 후보자는 국회인사청문특별위원회에서, 그 밖의 재판관 후보자는 해당 국회상임위원회에서 인사청문을 거쳐 헌법재판관으로 임명한 후, 다시 그를 인사청문특별위원회의 심사를 거친 후 국회의 동의를 얻어 헌법재판소장으로 임명하여야 한다고 해석하여야 한다고 생각한다.[3]

이렇게 해석했을 때 현직 헌법재판관이 아닌 자를 헌법재판소장으로 임명하는 경우는 그 임기가 문제되지 않지만, 하루 이상 재직한 현직 재판관을 헌법재판소장으로 임명했을 때 그의 임기가 문제될 수 있다. 이에 관해서는 잔여임기설과 신임기설, 절충설이 있을 수 있다. 잔여임기설에 의하면 재판관직은 그대로 유지되면서 헌법재판소장에 임명하는 것이고, 재판관의 임기는 6년이므로 재판관 재직기간은 헌법재판소장의 임기에서 제외된다는 것이다. 신임기설에 의하면 헌법재판소장 임명

---

1) K. Hesse, *Grundzüge des Verfassungsrechts der Bundesrepublik Deutschland*, S. 18.
2) 홍성방, 헌법학(하), 45·46쪽. K. Hesse, *Grundzüge des Verfassungsrechts der Bundesrepublik Deutschland*, S. 19(Rdnr. 47f.)도 참조.
3) 그러한 한에서 헌법재판관 후보자는 헌법재판관이 아니기 때문에 "헌법재판소 재판관 후보자가 헌법재판소장 후보자를 겸하는 경우 제2항 제1호의 규정에 불구하고 제1항의 규정에 따른 인사청문특별위원회의 인사청문회를 연다. 이 경우 제2항의 규정에 따른 소관상임위원회의 인사청문회를 겸하는 것으로 본다"는 국회법 제65조의2 제5항은 헌법 제111조 제4항에 위배되는 것으로 보아야 할 것이다.

은 재판관으로 새로 임명하는 것(연임)이므로 6년의 임기가 새로 시작되며, 헌법재판
소장으로 임명되기 전에 기존의 재판관직을 사임해야 한다는 것이다. 절충설에 의
하면 재판관직을 사직하고 헌법재판소장으로 임명되면 6년의 임기가, 그렇지 않으
면 잔여임기만 보장된다는 것이다.

이 문제와 관련하여 "재판관 중에서"를 유연하게 해석하자는 견해는 다음과 같
이 적극적인 해석론 대신 입법론적 해결책을 제시한다. "헌법재판소의 위상에 걸맞
고 헌법재판의 독립성을 지킬 수 있는 해석론을 취해야 할 것이나, 어느 견해에 의
하더라도 대통령이 헌법재판소장 임명을 수단으로 재판관들에게 정치적 영향을 미
칠 수 있는 남용의 소지가 남는다. 헌법재판소장 임기에 관련된 이러한 문제점은 근
본적으로 재판관의 연임을 허용함으로써 비롯되기 때문에 연임을 허용하는 헌법규
정은 재고되어야 한다."[1]

그러나 "재판관 중에서"라는 문구를 둘러싼 논쟁은 제4대 헌법재판소장 임명과
정에서 대통령이 헌법재판소장 임명을 수단으로 재판관들에게 정치적 영향, 특히
대통령의 진정한 의도가 어떤 것인가 여하를 불문하고 대통령이 임기 후까지 자신
이 임명한 헌법재판소장을 통하여 헌법재판소에 영향력을 미치려 한다는 야당의 의
혹과 불신에서 비롯되었다는 점을 감안한다면, 개인적으로는 잔여임기설이 현행법
하에서 헌법재판의 독립성을 지키면서 대통령이 헌법재판소장 임명을 수단으로 재
판관들에게 정치적 영향을 미칠 수 있는 남용의 소지를 최소화할 수 있는 해석론이
라고 생각한다. 물론 잔여임기설에 따르더라도 "소장 임기의 과도한 유동화를 피할
수는 없다. 재판관임기가 채 1년도 남지 않은 소장도 탄생할 수 있기 때문이다. 혹
은 한 대통령이 짧은 임기의 소장을 계속 임명한다면 5년의 재임 중 한 명 이상의
소장을 임명할 수도 있기 때문이다. 이러한 과도한 소장 임기의 유동화는 독립성을
생명으로 하는 헌법재판소의 대표성과 행정조직의 안정이라는 측면에서 바람직스럽
지 못한 것"[2]이라는 걱정을 완전히 떨쳐버릴 수는 없다. 개인적으로는 역사를 진보
의 역사로 이해하기 때문에 그러한 일은 없을 것으로 판단하지만, 그러한 걱정까지
일소할 수 있는 최선의 방법은 헌법재판소법을 개정하여 헌법재판소장의 임기를 명
확히 하는 것이다.

---

1) 김하열, 헌법소송법, 74쪽.
2) 김종철, '헌재소장의 임기는 재판관직의 임기에 종속되는가?', 헌법과 미래, 2007, 328쪽 이하
(330·331쪽).

(2) 헌법재판소장의 직무

헌법재판소장은 헌법재판소를 대표하고, 사무를 통리하며, 소속공무원을 지휘·감독한다(법 제12조 제3항). 헌법재판소장이 궐위되거나 사고로 인하여 직무를 수행할 수 없을 때에는 다른 재판관이 헌법재판소규칙이 정하는 순서에 의하여 그 권한을 대행한다(법 제12조 제4항). 「헌법재판소장의 권한대행에 관한 규칙」 제3조 제1항에 따르면 궐위나 1개월 이상 직무를 수행할 수 없는 경우에는 재판관회의에서 대행자를 선출하며, 그 선출 시까지와 일시적인 직무수행불능일 경우 재판관 임명일자 순으로 권한대행을 하며, 임명일자가 같은 경우 연장자가 수행한다(규칙 제2조, 제3조 제1항 단서).

(3) 헌법재판소장의 정년과 대우

헌법재판소장의 정년은 70세이며(법 제7조 제2항 단서), 대우와 보수는 대법원장의 예에 따른다(법 제15조).

3. 헌법재판소재판관

(1) 헌법재판관의 수

헌법재판소의 재판관은 헌법재판소장을 포함하여 9인으로 한다(제111조 제2항).

(2) 재판관 임명의 절차

재판관은 국회의 인사청문을 거쳐 임명·선출 또는 지명된다. 대통령이 고유의 권한으로 임명하는 재판관 3인의 경우 임명하기 전에, 대법원장이 지명하는 3인의 경우에도 지명하기 전에 국회에 인사청문을 요청해야 한다(법 제6조 제1항).

국회에서 선출하는 재판관후보자나 헌법재판소장 후보자에 대한 인사청문은 국회인사청문특별위원회에서 실시하고(국회법 제46조의3 제1항, 제65조의2 제1항), 그 밖의 재판관 후보자에 대한 인사청문은 상임위원회에서 실시한다(국회법 제65조의2 제2항). 헌법재판소 재판관후보자가 소장을 겸하는 경우에는 소장후보자에 대한 인사청문특별위원회만 개최한다(국회법 제65조의2 제5항).

(3) 임용자격

헌법재판소 재판관으로 임용되려면 법관의 자격을 가진 사람으로서(제111조 제2항) 15년 이상 다음의 직에 있었던 40세 이상인 사람이어야 한다. ① 판사·검사·변호사, ② 변호사의 자격이 있는 사람으로서 국가기관·국공영기업체·「공공기관의 운영에 관한 법률」 제4조에 따른 공공기관 또는 그 밖의 법인에서 법률에 관한 사무에 종사한 사람, ③ 변호사의 자격이 있는 사람으로서 공인된 대학의 법률학 조교수 이상의 직에 있던 사람(법 제5조 제1항). 이상의 자격요건을 갖추었어도 ① 다른 법령에 의하여 공무원으로 임용하지 못하는 사람, ② 금고 이상의 형을 선고받은 사람, ③ 탄핵에 의하여 파면된 후 5년을 경과하지 아니한 사람은 재판관으로 임용할 수 없다(법 제5조 제2항)(임용제척사유). 이렇게 재판관의 자격은 법정되어 있으므로 법정자격을 갖추지 못한 사람을 임명권자가 임명하더라도 그 임명행위는 무효로 보는 것이 재판관의 자격법정주의의 취지에 부합한다 할 것이다.

(4) 직무·임기·신분보장·보수 등

재판관은 헌법과 법률 그리고 양심에 따라 독립하여 심판한다(법 제4조). 헌법재판소재판관의 임기는 6년으로 연임할 수 있다(제112조 제1항, 동법 제7조 제1항).[1] 재판관의 임기가 만료되거나 정년이 도래하는 경우에는 임기만료일 또는 정년 도래일까지 후임자를 임명해야 하고, 재판관이 임기 중 결원된 경우에는 결원된 날로부터 30일 이내에 후임자를 임명해야 한다(법 제6조 제3항, 제4항). 다만, 국회에서 선출한 재판관이 국회의 폐회 또는 휴회 중에 그 임기가 만료되거나 결원이 된 때에는 국회는 다음 국회가 개시된 후 30일 이내에 후임자를 선출하여야 한다(법 제64조 제3항). 인사청문회법(2000. 6. 23. 법률 제6271호)이 제정됨에 따라 국회의 동의를 요하는 헌법재판소장과 국회가 선출하는 재판관에 대하여 청문회가 실시되었고, 이후 법률개정으로 모든 재판관에 대하여 청문회가 실시되고 있다. 다만 헌법재판소장과 국회에서 선출하는 재판관에 대하여는 인사청문특별위원회에서 청문회를 실시하는 반면(국회법 제46조의3 제1항), 다른 재판관은 상임위원회에서 청문회를 실시하도록 이원화되어 있어(법 제65조의2 제2항 제3호) 2006년 전효숙 재판관 파동을 겪은 바 있다. 이 문제는 재판관이 소장을 겸하는 경우 인사청문특별위원회를 거치도록 규정함으로써 해결되었다(법 제65조의2 제5항).[2]

헌법재판소재판관은 정당에 가입하거나 정치에 관여할 수 없고(제112조 제2항, 법

---

1) 독일연방헌법재판소법 제4조 제2항은 연임 또는 중임할 수 없게 하고 있는 바, K. Schlaich/Korioth, *Das Bundesverfassungsgercht-Stellung, Verfahren, Entscheidungen*, Rdnr. 42에 따르면 이는 재판관의 독립성을 보장하기 위한 것이라고 한다.
2) 42쪽 (주 3) 참조.

제9조), 각급의회의 의원직 그 밖의 공무원직·법인과 단체의 고문·임원 및 지방자치 단체의 장의 직을 겸하거나 영리를 목적으로 하는 사업을 영위할 수 없는 대신(법 제 14조, 지방자치법 제35조 제1항 제2호, 제96조 제1항 제1호), 탄핵 또는 금고 이상의 형의 선고 에 의하지 아니하고는 파면되지 아니한다(제112조 제3항, 법 제8조). 또한 헌법은 법관에 대하여는 중대한 심신상의 장해로 직무를 수행할 수 없을 때에는 강제로 퇴직할 수 있도록 규정하고 있으나(제106조 제2항), 헌법재판관에 대하여는 강제퇴직의 경우를 규정하고 있지 않다.

헌법재판소재판관의 정년은 65세이며(법 제7조 제2항), 보수와 대우는 대법관의 예에 따른다(법 제15조).

4. 재판관회의

(1) 구성 및 의사

헌법재판소는 기본적으로 합의제기관이므로 어떤 결정을 할 때 회의로써 결정 한다. 행정적인 사항에 대해서는 재판관회의에서, 사건심리와 관련해서는 재판부에 서 담당한다.

재판관회의는 재판관전원으로 구성하며, 의장은 헌법재판소장이 된다(법 제16조 제1항). 재판관회의는 7명 이상의 출석과 출석인원 과반수의 찬성으로 의결한다(법 제 16조 제2항). 의장은 의결에서 표결권을 가진다(법 제16조 제3항).

재판관회의는 정례재판관회의와 임시재판관회의로 구분하되, 정례재판관회의 는 매월 첫째 주 목요일에, 임시재판관회의는 필요에 따라 헌법재판소장 또는 재판 관 3인 이상의 요구에 의하여 헌법재판소장이 소집한다(규칙 제2조).

(2) 필수적 의결사항

다음 사항은 반드시 재판관회의의 의결을 거쳐야 한다. ① 헌법재판소규칙의 제정 과 개정 등에 관한 사항. ② 예산요구, 예비금지출과 결산에 관한 사항. ③ 사무처장, 사무차장, 헌법재판연구원장, 헌법연구관 및 3급 이상 공무원의 임면에 관한 사항. ④ 특히 중요하다고 인정되는 사항으로서 헌법재판소장이 부의하는 사항(법 제16조 제4항).

5. 보조기관

헌법재판소의 보조기관으로 헌법재판소의 행정사무를 처리하는 사무처와 헌법재판소장의 명을 받아 사건의 심리와 심판에 관한 조사·연구에 종사하는 헌법연구관과 헌법연구관보가 있다.

사무처에 정무직인 사무처장과 정무직이면서 헌법연구관을 겸할 수 있는 사무차장을 비롯하여 필요한 공무원을 두는데, 사무처 공무원은 헌법재판소장이 임면하되, 3급 이상의 공무원의 임면은 재판관회의의 의결을 거쳐야 한다(법 제18조 제4항). 헌법재판소장은 다른 국가기관에 대하여 그 소속공무원을 헌법재판소에 파견 근무하게 해줄 것을 요청할 수 있다(법 제18조 제5항).

헌법연구관은 특정직공무원으로 하며, 헌법연구관보는 별정직공무원으로 한다(법 제19조, 제19조의2). 또한 사건의 심리 및 심의에 관한 전문적인 조사·연구에 종사하는 헌법연구위원을 둘 수 있으며, 헌법연구위원은 2급 또는 3급 상당의 별정직 또는 계약직 공무원으로 한다(법 제19조의3).

또 헌법재판소에는 헌법 및 헌법재판연구와 헌법연구관, 사무처 공무원 등의 교육을 위해서 원장 1명을 포함해서 40명 이내의 정원으로 구성하는 헌법재판연구원을 둔다. 헌법재판연구원장은 헌법연구관, 1급인 일반직 국가공무원으로 보한다. 헌법재판연구원의 조직과 운영에 필요한 사항은 헌법재판소규칙으로 정한다(법 제19조의4).

제 3 절   헌법재판소의 권한

헌법재판소는 재판권과 규칙제정권을 가진다.

헌법재판소가 재판기관으로서 관장하는 심판사항은 ① 법원의 제청에 의한 법률의 위헌심판, ② 탄핵의 심판, ③ 정당의 해산심판, ④ 국가기관 상호간, 국가기관과 지방자치단체간 및 지방자치단체 상호간의 권한쟁의에 관한 심판, ⑤ 법률이 정하는 헌법소원의 심판이다(제111조 제1항, 법 제2조).

헌법재판소는 법률에 저촉되지 아니하는 범위 안에서 심판에 관한 절차, 내부규율과 사무처리에 관한 규칙을 제정할 수 있다(제113조 제2항). 따라서 헌법재판소는 법률에 정함이 없더라도 필요한 범위 안에서 규칙을 제정할 수 있다.[1]

---

1) 헌법재판실무제요, 12·13쪽.

제3장
일반심판절차

제3장 일반심판절차

제1절 개 관

헌법은 헌법재판소의 심판절차에 대해서는 "헌법재판소에서 법률의 위헌결정, 탄핵의 결정, 정당해산의 결정 또는 헌법소원에 관한 인용결정을 할 때에는 재판관 6인 이상의 찬성이 있어야 한다"(제113조 제1항)고만 규정하고 있을 뿐, 나머지 사항에 대해서는 법률에 위임하고 있다. 이에 따라 헌법재판소법이 제정되어 있다.

헌법재판소법은 심판절차를 일반심판절차와 특별심판절차로 나누고 있다. 특별심판절차에는 위헌법률심판절차, 탄핵심판절차, 정당해산심판절차, 권한쟁의심판절차 및 헌법소원심판절차가 있다. 헌법재판소의 헌법심판절차에 관해서는 헌법재판소법에 규정이 없는 경우에는 헌법재판의 성질에 반하지 아니하는 한도 내에서 민사소송에 관한 법령을 준용하며, 여기에 탄핵심판의 경우에는 형사소송에 관한 법령을, 권한쟁의심판과 헌법소원심판의 경우에는 행정소송법을 함께 준용하도록 하고 있다(법 제40조 제1항). 이 때 형사소송에 관한 법령 또는 행정소송법이 민사소송에 관한 법령과 저촉될 때에는 민사소송에 관한 법령은 준용하지 아니한다(법 제40조 제2항). 심판절차의 보다 구체적·세부적 사항에 관하여는 심판규칙이 적용된다. 심판규칙에 특별한 규정이 없으면 다시 법 제40조의 규정에 따라 관련 법령이 준용된다.

> **판례** 〈불기소처분취소(심판절차종료선언)〉 "헌법재판소법이나 행정소송법에 헌법소원심판청구의 취하와 이에 대한 피청구인의 동의나 그 효력에 관하여 특별한 규정이 없으므로, 소의 취하에 관한 민사소송법 제239조는 검사가 한 불기소처분의 취소를 구하는 헌법소원심판절차에 준용된다고 보아야 한다. 따라서 청구인들이 헌법소원심판청구를 취하하면 헌법소원심판절차는 종료되며, 헌법재판소로서는 헌법소원심판청구가 적법한 것인지 여부와 이유가 있는 것인지 여부에 대하여 판단할 수 없게 된다." (헌재 1995. 12. 15. 95헌마221 등 병합결정)

제 2 절   심판주체

1. 재 판 부

헌법재판은 재판관으로 구성되는 재판부에서 행한다. 헌법재판은 원칙적으로 재판관 전원으로 구성되는 전원재판부에서 관장하며, 재판장은 헌법재판소장이 된다(법 제22조). 재판장은 심판정의 질서와 변론의 지휘 및 평의의 정리를 담당한다. 재판장도 평의에 있어서는 다른 재판관과 동등하게 합의체 구성원의 1인일 뿐이다. 일반적으로 헌법재판소의 재판부는 전원재판부를 가리킨다.

그러나 헌법소원의 경우 사전심사를 위하여 재판관 3인으로 구성되는 지정재판부를 둘 수 있다(법 제72조 제1항). 이는 남소를 예방하고, 기본권보장에 신속·철저를 기하기 위한 것이다. 헌법재판소에는 3개의 지정재판부가 구성되어 있다. 지정재판부의 재판장은 「지정재판부의 구성과 운영에 관한 규칙」이 정하는 지정재판부 편성표(규칙 제2조, 제3조)에 따라 재판관 중에서 맡고, 제1지정재판부의 재판장은 헌법재판소장이 된다(규칙 제4조).

헌법재판의 독립성과 공정성을 보장하기 위해 재판관이 헌법재판소법 제24조에 규정된 제척·기피·회피사유에 해당되는 경우에는 당해 직무집행에서 배제된다.

2. 재판관의 제척·기피·회피

(1) 헌법재판에서의 특성·의의

헌법재판은 대체로 개별적·구체적 이해관계를 다루는 것이 아니라 규범에 대한 추상적 헌법판단을 하는 재판이다. 또한 헌법재판소는 지정재판부가 아닌 한, 단일의 재판부를 구성하므로 재판부의 교체가능성이 없으며, 예비재판관제도도 없다. 이런 특성에도 불구하고 민사소송법상의 제척·기피·회피에 관한 규정을 그대로 적용하는 것은 헌법재판의 특성과 기능에 부합하지 않을 수 있다. 제척·기피·회피로 인해 재판관이 재판에서 배제될 경우 위헌판단이나 인용판단에 있어 재판관 6인 이상의 찬성을 필요로 하는 현행제도 하에서는 위헌판단의 확률은 그만큼 낮아질 수 있으며, 헌법재판소 구성의 균형[1]이 깨어질 수도 있다. 따라서 헌법재판에서 재판

---

1) 이를 정종섭, 헌법소송법, 118·119쪽은 9인의 재판관 중에서 한 사람이라도 재판에 관여하지 않는 경우에는 헌법의 해석을 놓고 발생하는 의견의 차이에 심각한 불균형을 초래할 수 있다고 설명한다.

관에 대한 제척·기피·회피의 사유는 일반재판의 경우에 비해 보다 좁은 것으로 보아야 할 것이다.[1]

그러나 이 제도는 공정한 헌법재판을 위해서 그리고 헌법재판의 공신력을 제고하기 위해서 반드시 필요한 제도로 생각된다. 왜냐하면 헌법재판소의 결정은 법적으로 더 이상 다툴 방법이 없을 뿐 아니라 그 결정의 파급효과가 다른 소송의 판결·결정보다 훨씬 크기 때문이다.[2]

(2) 제 척

'제척'(Ausschließung)이라 함은 재판관이 구체적인 사건에 관하여 법률이 정하는 특수한 관계가 있는 경우 법률상 당연히 그 사건에 관한 직무집행으로부터 제외되는 제도를 말한다.

제척사유는 ① 재판관이 당사자[3]이거나 당사자의 배우자 또는 배우자이었던 경우, ② 재판관과 당사자 간에 친족관계이거나 친족관계였던 경우, ③ 재판관이 사건에 관하여 증언이나 감정을 하는 경우, ④ 재판관이 사건에 관하여 당사자의 대리인이 되거나 되었던 경우, ⑤ 그밖에 재판관이 헌법재판소 외에서 직무상 또는 직업상의 이유로 사건에 관여한 경우[4] 등이다(법 제24조 제1항).

이러한 제척에 해당하는 경우 헌법재판소(실무상 전원재판부)는 직권 또는 당사자의 신청(보조참가인은 제외된다)에 의하여 제척의 결정을 한다(법 제24조 제2항). 신청의 경우 재판부의 재판관은 당해 재판부에, 수명재판관에 대한 제척은 당해 재판관에게 그 원인을 명시하여 신청하여야 하며, 제척의 원인과 소명방법은 신청한 날로부터 3일 이내에 서면으로 제출하여야 한다.

제척·기피신청이 있는 경우에는 그 신청에 대한 재판이 확정될 때까지 소송절차를 정지하여야 한다(법 제24조 제6항). 다만 제척·기피신청이 각하될 경우와 가처분결정과 같이 긴급을 요하는 행위와 종국결정을 선고하는 경우에는 소송절차가 정지

---

1) 헌법재판실무제요, 21쪽.
2) 허영, 헌법소송법론, 127쪽.
3) 허영, 헌법소송법론, 128쪽은 이때의 당사자를 넓게 해석하여 분쟁의 해결에 관하여 실질적인 이해관계가 있는 사람, 예컨대 보조참가인, 선정당사자, 파산관재인이 당사자인 경우에 파산자 본인도 포함된다고 한다. 동지: 성낙인 외, 헌법소송론, 86쪽.
4) 허영, 헌법소송법론, 128쪽은 '직무상 또는 직업상의 이유로 사건에 관여한 경우'는 좁게 해석하여야 할 것이라고 하고, 따라서 재판관이 되기 전에 국회의원으로서 규범통제의 대상이 된 법률의 입법에 관여하였다거나, 학술논문을 통해서 사건과 관련된 법률문제에 관한 견해를 밝힌 일이 있다는 사정 등은 제척사유가 되지 않을 것이라고 한다. 동지: 성낙인 외, 헌법소송론, 86쪽.

되지 아니한다(법 제24조).

(3) 기   피

'기피'(Ablehnung)라 함은 위 제척사유에 해당되지 않으나 심판의 공정을 기하기
어려운 사정이 있는 경우에 당사자의 신청을 기다려 그 재판관을 당해 사건의 직무
집행으로부터 제외시키는 제도이다(법 제24조 제3항).[1] 기피사유는 통상인의 판단으로
재판과 사건과의 관계로 보아 불공정한 재판을 할 것이라는 의혹을 갖는 것이 합리
적이라고 인정될 만큼 공정한 심판을 기대하기 어려운 객관적 사정만을 의미하며
당사자의 주관적인 의혹만으로는 기피사유에 해당하지 않는다.[2]

헌법재판소는 불기소처분취소 헌법소원과 관련하여 검사 출신 재판관에 대한
기피신청,[3] 신청인이 이전에 제기한 헌법소원 사건을 기각한 재판관에 대한 기피신
청,[4] 재판에 대한 헌법소원을 청구하여 그 결정이 있은 후 다시 동일한 사안을 기
초로 하여 입법부작위 위헌확인심판청구(본안사건)를 하면서 앞의 사건에 관여한 재
판관에 대한 기피신청[5]을 모두 기각하면서 위 사유들은 심판의 공정을 기대하기
어려운 사유라고 보기 어렵다고 하였다.

신청절차는 제척신청과 같으나 당사자가 변론기일에 출석하여 본안에 대한 진
술을 한 경우 신청권을 상실하며(법 제24조 제3항 단서), 동일한 사건에 대하여 2인 이
상의 재판관을 기피할 수 없다(법 제24조 제4항). 여기서 당사자는 한쪽 당사자만을 말
한다고 할 것이므로 양 당사자는 각각 1명의 재판관만을 기피할 수 있다. 이는 재판
부의 심리정족수를 충족시키기 위하여 불가피한 규정이다.[6]

---

1) 예컨대 오스트리아 헌법재판소법 제12조 제1항은 재판관에 대한 기피신청을 허용하고 있지 않다.
2) 대법원 1992. 12. 30. 92마783 결정 참조.
3) 헌재 2001. 8. 23. 2001헌사309 결정〈기피신청(기각)〉.
4) 헌재 2001. 8. 30. 2001헌사287 결정〈기피신청(기각)〉.
5) 헌재 1994. 2. 24. 94헌사10 결정〈기피신청(기각)〉.
6) 독일의 경우 동서독 기본조약과 관련하여 1973. 5. 28. 바이에른 주정부가 제기한 추상적 규범통제
   에 대한 본안소송에 앞서 바이에른 주정부는 연방헌법재판관 로트만 Rottmann에 대하여 기피
   신청을 한 바 있다. 이와 관련해서는 독일연방헌법재판소의 제1차 결정(BVerfGE 32, 171ff. 기
   각)과 제2차 결정(BVerfGE 35, 246ff. 인용) 및 그에 대하여 '헌법소송법의 독자성'에 대한 실마
   리를 제공함으로써(Die Eigenständigkeit des Verfassungsprzeßrechts, JZ 1973, S. 451ff.) 헌법소
   송법을 두 가지 측면에서, 즉 헌법소송법 자체가 구체화된 헌법인 동시에 헌법재판소법이 헌법구체
   화의 수단이라는 점에서 헌법소송법을 '구체화된 헌법'(Verfassungsprozeßrecht als konkretisiertes
   Verrfassungsrecht, JZ 1976, S. 378)으로 이해하는 이론의 발전에 자극을 주었다고 평가하는 해벌
   레 P. Häberle와 그에 대한 비판(특히 모든 소송법은 독자성을 갖는다는 프뢸링거 M. Fröhlinger
   와 소송법의 독립성과 '봉사적 기능'에 비추어볼 때 소송법의 실체법으로의 완전한 흡수는 설득력
   이 없다고 하는 슈만 E. Schumann의 비판)을 소개하고, 우리 현행의 규율체계 하에서 제척사유

(4) 회　　피

'회피'(Selbstablehnung)라 함은 재판관이 제척 또는 기피의 사유가 있음을 이유로 스스로 특정 사건의 직무집행을 피하는 제도이다. 이 경우 별도의 심판을 요하지는 않으며, 다만 재판장의 허가를 얻어야 한다(법 제24조 제5항).

그런데 재판관 7인 이상의 출석이 있어야 사건을 심리할 수 있으므로, 제척의 경우와 마찬가지로 한 사건에서 3인 이상의 재판관이 회피하는 경우에는 문제가 생길 수 있다. 따라서 제척사유가 있는 경우를 제외하고는 재판부를 구성할 수 없을 경우에는 회피는 허용되지 않는다고 볼 것이다.[1]

헌법재판소는 헌법재판소 사무관 등에 대해서도 제척·기피·회피제도가 준용된다고 한다.

> **판례** 〈기피신청(각하)〉 "헌법재판소 사무관 등이 기피신청의 대상이 되는지 살피건대, 헌법재판소법 제40조 제1항 전문은 헌법재판소의 심판절차에 관하여 이 법에 특별한 규정이 있는 경우를 제외하고는 민사소송에 관한 법령의 규정을 준용한다고 규정하고 있고, 민사소송법 제50조는 법원사무관 등에 대하여 제척·기피 및 회피제도를 인정하고 있으며, 위 법원사무관 등이란, 법원서기관, 법원사무관, 법원주사(보), 법원서기(보) 등 직급에 관계없이 독자적으로 재판에 관하여 직무집행을 하는 법관 외의 법원공무원을 의미한다. 따라서 위 각 법조문에 따라 직급에 관계없이 독자적으로 헌법재판에 관하여 직무집행을 하는 재판관 외의 헌법재판소 공무원인 헌법재판소 사무관 등은 기피신청의 대상이 된다고 봄이 상당하다."(헌재 2003. 12. 2. 2003헌사536 결정)

제 3 절　당사자와 소송대리인

1. 당사자의 지위와 권리

헌법재판의 당사자는 헌법과 법률에 규정된 심판절차에 의하여 확정된다. 헌법재판의 당사자에는 청구인과 피청구인이 있다. 헌법재판절차에서 자기 이름으로 심판을 청구하는 자를 청구인이라 하고, 그 상대방을 피청구인이라 한다.

나 기피사유를 엄격히 해석할 것을 제안하고 있는 정태호, "헌법재판관의 기피와 헌법소송법의 독자성", 헌법논총 제7집, 헌법재판소, 1996, 255쪽(특히 261~286쪽) 이하 참조.
[1] 헌법재판실무제요, 24쪽.

헌법재판소가 관장하는 심판 중 위헌법률심판과 헌법소원심판은 직권서면심리
의 방식에 의하고, 탄핵심판, 정당해산심판, 권한쟁의심판은 당사자 구두변론에 의
한 심리구조로 되어 있다. 그러므로 헌법재판의 당사자도 위헌법률심판과 헌법소원
심판의 경우에는 청구인을 기본으로 심판하게 된다. 즉 위헌법률심판과 헌법소원심
판에서는 원칙적으로 심판청구인은 있으나 피청구인은 없다.[1][2] 따라서 위헌법률심
판사건에서 당사자의 신청에 의한 결정으로 위헌법률심판을 제청하는 경우에는 제
청법원과 제청신청인을, 직권에 의한 결정으로 위헌법률심판을 청구하는 경우에는
제청법원만을 당사자로 확정하여 표시하고, 헌법소원심판사건에서는 심판청구의 당
사자를 청구인이라고 표시한다. 반면에 탄핵심판, 정당해산심판, 권한쟁의심판에서
는 대립당사자인 청구인과 피청구인을 확정하고, 그에 따라 구두변론에 의하여 심
리하여야 하고 심판결정문에 대립당사자를 명시하여야 한다.

헌법재판의 당사자는 심판절차에 참여할 권리(절차적 권리)와 심판내용에 관한
권리(실체적 권리)를 가진다. 즉 심판절차에서 청구서 또는 답변서를 제출하고, 심판결
정의 송달을 받을 권리, 기일의 소환을 받을 권리, 기일지정의 신청권, 제척·기피신
청권, 변론권, 질문권 등을 가진다. 또한 심판의 내용에 관하여 자기의견과 이를 뒷
받침하는 자료를 제출하고, 심판청구의 취하·포기 등의 권리와 변론·증거조사 등
에 참여할 권리를 가진다.

특히 헌법소원의 경우 청구인이 피청구인을 기재하지 않거나 잘못 기재하였을
경우 그 청구가 부적법한지(즉 각하의 대상이 되는지)의 여부가 문제된다. 그러나 피청구
인의 기재흠결이나 적정여부는 적법요건이 아니다. 즉 심판청구서에 기재된 피청구

---

1) 헌법소원심판에서는 실무상의 필요에 따라 피고인을 확정하여 표시하기도 한다. 그러나 헌법소원
    심판에는 원칙적으로 피청구인이 없다고 보아야 한다(법 71조 제1항). 그러므로 피청구인을 특정
    하지 않는 경우에는 이해관계가 있는 당사자격인 국가기관(공공기관)과 법무부장관에게 그 제청
    서의 등본을 송달하고 그에 따른 의견서를 제출할 수 있게 하고 있다(법 제27조 제2항, 제44조,
    제74조 제1항, 제2항).
2) 그러나 위헌법률심판에는 당사자라는 개념은 특별히 존재하지 않는다고 하면서 위헌심판에는 피
    청구인은 물론 청구인도 존재하지 않는다는 견해도 있다. "위헌법률심판은 법원의 제청으로 개시
    되므로, 제청법원을 청구인으로 볼 여지가 있다. 하지만 위헌법률심판의 '청구'라 하지 않고 '제청'
    이라고 한 점, 법원은 위헌법률심판제청서를 제출하고 난 이후에는 별도로 헌법재판소의 심판절
    차에 참여하지 않는다는 점 등을 고려할 때 제청법원을 당사자라고 보기는 어렵다. 또한 위헌법
    률심판제청인은 헌법재판소에 자신의 이름으로 위헌법률심판을 직접 청구한 것은 아니므로, 위헌
    법률심판의 계기가 된 당해 사건의 당사자일 뿐 위헌법률심판의 당사자가 될 수는 없다."(성낙인
    외, 헌법소송론, 89쪽), 김하열, 헌법소송법, 99·100쪽도 같은 취지의 이야기를 하면서 독일에서도
    제청법원을 당사자로 보고 있지 않음을 부기하고 있다.

인이나 청구취지에 구애됨이 없이 청구인의 주장요지를 종합적으로 판단하여야 하며 청구인이 주장하는 침해된 기본권과 침해의 원인이 되는 공권력을 직권으로 조사하여 피청구인과 심판대상을 확정하여 판단하여야 한다.

> 판례 〈교수재임용추천거부 등에 대한 헌법소원(기각)〉 "헌법소원심판은 그 특성상 청구서와 결정문에 반드시 피청구인을 특정하거나 청구취지를 기재할 필요가 없으며 청구서에 피청구인을 잘못 특정하고 있더라도 피청구인의 잘못된 표시는 헌법소원심판청구를 부적법하다고 각하할 사유가 되는 것이 아니며 소원심판대상은 어디까지나 공권력의 행사 또는 불행사인 처분 자체이다. 그러므로 심판청구서에서 청구인이 처분청인 피청구인이나 청구취지를 잘못 지정한 경우에도 권리구제절차의 적법요건에 흠결이 있는 것이 아니어서 직권으로 불복한 처분(공권력)에 대하여 정당하게 책임져야 할 처분청(피청구인)을 지정하여 정정할 수도 있고 처분청을 기재하지 아니할 수도 있다. 따라서 헌법재판소는 청구인의 주장요지를 종합적으로 판단해야 하며, 청구인이 주장하는 침해된 기본권과 침해의 원인이 되는 공권력을 직권으로 조사하여 피청구인과 심판대상을 확정하여 판단해야 한다."(헌재 1993. 5. 13. 91헌마190 결정)[1]

그러나 헌법재판소심판규칙 제70조는 법령에 대한 헌법소원의 경우를 제외하고는 피청구인의 기재를 반드시 요구하고 있고, 그 기재가 누락되거나 명확하지 아니함에도 불구하고 보정명령에 불응한 경우에는 심판청구를 각하할 수 있도록 하고 있다.

2. 당사자의 변경

당사자의 변경에 관해서는 법에 명문의 규정이 없기 때문에 준용규정인 헌법재판소법 제40조에 의하여 행정소송법과 민사소송법의 규정을 준용하여 판단할 수밖에 없다. 민사소송법 제260조는 피고의 경정을, 제68조는 필요적 공동소송인의 추가를 인정하고 있으며, 행정소송법 제14조는 피고의 경정을 인정하고 있다. 헌법재판소는 권한쟁의심판에서 피청구인의 경정을 허가한 바 있다(피청구인 정부를 정부 및 국회로 경정,[2] 피청구인 정부를 대통령으로 경정[3]).

---

1) 헌재 2001. 7. 19. 2000헌마546 결정〈유치장 내 화장실 설치 및 관리행위 위헌확인(인용)〉도 참조.
2) 이 사건에서 청구인(서울특별시)은 처음에 정부의 개정법률안 제출행위가 청구인의 권한을 침해하는 것이라고 주장하며 권한쟁의심판을 청구하였다가 위 개정법률안이 국회에서 통과되어 공포되자 위 권한쟁의심판청구의 대상에는 피청구인 정부의 위 개정법률안 제출행위뿐만 아니라 그로 인하여 개정된 위 개정법률들도 포함되어 있다면서 '피청구인' 정부를 '피청구인 및 국회'로 경정하여 달라는 신청을 하였고, 헌법재판소는 이를 허가하였다(헌재 2005. 12. 22. 2004헌라3 결정).
3) 헌재 2007. 7. 26. 2005헌라8 결정〈국회의원과 정부간의 권한쟁의(각하)〉.

그러나 당사자변경을 자유롭게 허용한다면 심판절차의 진행에 혼란을 초래하고 또 상대방의 방어권행사에도 지장을 줄 우려가 있기 때문에 당사자의 동일성을 해치는 임의적 당사자변경, 특히 청구인의 변경은 헌법소원심판에서도 원칙적으로 인정되지 않는다고 보아야 할 것이다.[1]

> **판례** 〈방송법 제17조 제3항 등 위헌확인(각하)〉 "청구인들은 1997. 11. 26.자 청구인변경신청서에서 "당사자 표시 변경신청"이라는 제목을 붙여 청구인 표시를 청구인들이 소속되어 있는 주식회사 ○○프로덕션으로 변경하여 달라는 신청을 하고 있는데, 주식회사와 그 소속 직원 사이에는 법적인 동일성이 존재하지 아니하므로 위 신청은 단순히 당사자표시의 정정신청으로 볼 수는 없고(설사 당사자표시정정신청의 취지라 하더라도 이를 받아들일 수 없다), 임의적 당사자변경의 신청이라고 보아야 할 것이다.
> 그러므로 헌법소원심판절차에서 임의적 당사자변경을 인정할 것인지가 문제된다. 이 점에 관해서는 헌법재판소법에 명문의 규정이 없기 때문에 준용규정인 같은 법 제40조에 의거하여 행정소송법과 민사소송법의 규정을 준용하여 판단할 수밖에 없다 할 것이다. 행정소송법 제14조가 피고의 경정을 인정하고 있고, 1990. 1. 13. 개정된 민사소송법 제234조의2가 피고의 경정을, 같은 법 제63조의2가 필요적 공동소송인의 추가를 인정하는 외에는 이 사건에서 문제되는 원고의 임의적 변경을 인정하는 규정을 두고 있지 아니하여 원칙적으로 임의적 당사자변경을 인정하지 않고 있다. 당사자변경을 자유로이 허용한다면 심판절차의 진행에 혼란을 초래하고 또 상대방의 방어권 행사에도 지장을 줄 우려가 있기 때문에 당사자의 동일성을 해치는 임의적 당사자변경(특히 청구인의 변경)은 헌법소원심판에서도 원칙적으로 허용되지 않는다고 보아야 할 것이다. 그러므로 이 사건 청구인변경신청은 허용되지 않는 것이어서 이를 받아들이지 아니한다."(헌재 1998. 11. 26. 94헌마207 결정)

3. 참가인과 이해관계인

계속 중인 다른 사람 사이의 소송에 당사자가 아닌 제3자가 자기의 이익을 옹호하기 위해 관여하는 것을 소송참가라 한다. 소송참가에는 보조참가와 당사자참가가 있고, 당사자참가에는 독립당사자참가와 공동소송참가가 있다.

헌법재판소법 제25조는 참가인을 당사자에 포함시키고 있고, 동법 제40조는 소송참가에 관한 다른 법령들을 준용하고 있으므로 헌법재판의 성질에 반하지 않는 심판참가는 헌법재판에서도 허용된다. 심판참가를 하려면 참가의 형태별로 요구되는 참가사유가 있어야 하고, 원칙적으로 제3자의 참가신청이 있어야 한다.

헌법재판소는 소송결과에 이해관계가 있는 제3자가 한 쪽 당사자를 돕기 위해

---

[1] 헌재 1998. 11. 26. 94헌마207 결정〈방송법 제17조 제3항 등 위헌확인(각하)〉.

하는 보조참가(민사소송법 제71조),[1] 소송의 목적이 당사자의 일방과 제3자에 대하여
합일적으로 확정될 경우에 그 제3자에 대하여 별도의 소송을 제기하는 대신에 계속
중의 소송에 공동소송인으로 참가하는 공동소송참가(민사소송법 제83조)는 물론 소송계
속 중에 소송목적인 권리·의무의 전부나 일부를 승계한 제3자가 독립당사자참가
신청의 규정에 따라 소송에 참가하는 승계참가(민사소송법 제81조)[2]도 인정하고 있다.

공동심판참가 신청이 적법하기 위해서는 참가신청인도 청구인적격을 가져야
하고, 청구기간 준수 등 적법요건을 갖추어야 한다. 공동심판참가의 요건이 구비되
어 있지 않더라도 보조참가의 요건을 갖추고 있으면 보조참가로 볼 수 있다.

> 판례 〈「게임산업 진흥에 관한 법률」 제21조 제1항 본문 등 위헌확인(각하·기각)〉 "「게임
> 산업진흥에 관한 법률」 제21조와 관련하여 경품용상품권제도를 폐지한 고시에 대하
> 여 일반게임장업으로 유통관련업자등록을 하고 게임제공업에 종사하여 온 자들이 제
> 기한 헌법소원심판청구사건에서 같은 업종에 종사하는 자들이 제출한 '소변경(청구인
> 추가)신청서'는 공동심판참가신청으로 본다."(헌재 2009. 4. 30. 2007헌마106 결정)

이해관계인은 자기 이름으로 결정을 구하거나 재판을 청구하는 것이 아니므로
진정한 의미의 당사자는 아니다. 그러나 재판에 참가하는 절차에 있어 헌법재판소
가 요청하거나 허용하는 경우 의견을 제출할 수 있다(법 제30조 제2항, 제44조, 제74조).
즉 민사소송법이 준용되어(법 제40조), 이해관계인은 보조참가 등 소송참가를 할 수
있으며(민사소송법 제62조, 제70조), 권한쟁의심판과 헌법소원심판의 경우 제3자 또는 다
른 행정청의 소송참가도 가능하다(법 제40조 제2문).

4. 대표자와 대리인

각종심판절차에서 정부가 당사자인 경우 법무부장관이 정부를 대표하고(법 제25
조 제1항), 각종심판절차에서 당사자인 국가기관 또는 지방자치단체는 변호사 또는
변호사의 자격이 있는 소속 직원을 대리인으로 선임하여 심판을 수행하게 할 수 있
다(법 제25조 제2항).

그러나 사인의 경우에는 변호사강제주의를 채택하고 있다(법 제25조 제3항). 따라

---

1) 보조참가를 인정한 결정으로는 헌재 1991. 9. 16. 89헌마163 결정; 헌재 2000. 12. 14. 2000헌마308
   결정; 헌재 2003. 9. 25. 2001헌마143 결정; 헌재 2006. 3. 30. 2005헌마598 결정 등 다수 존재한다.
2) 예컨대 헌재 2003. 4. 24. 2001헌마386 결정〈헌법재판소법 제68조 제1항 위헌확인 등(심판절차종료
   선언)〉.

서 변호사강제주의가 적용되는 것은 사인이 당사자가 되는 탄핵심판과 헌법소원심
판이라 할 수 있다. 그러나 사인을 단순한 사인과 공적 직무를 수행하는 사인으로
구별한다면 후자에게는 변호사강제주의가 적용되지 않는다 할 것이며, 그러한 한에
서 변호사강제주의는 헌법소원심판에만 적용된다 할 것이다.[1] 헌법재판소는 초기
부터 계속해서 변호사강제주의를 합헌으로 보고 있다.[2]

> **판례** 〈헌법재판소법 제25조 제3항에 관한 헌법소원(기각)〉 "변호사강제주의는 재판업무
> 에 분업화원리의 도입이라는 긍정적 측면 외에도, 재판을 통한 기본권의 실질적 보
> 장, 사법의 원활한 운영과 헌법재판의 질적 개선, 재판심리의 부담경감 및 효율화, 사
> 법운영의 민주화 등 공공복리에 그 기여도가 크다 하겠고, 그 이익은 변호사선임 비
> 용지출을 하지 않는 이익보다는 크다고 할 것이며, 더욱이 무자력자에 대한 국선대리
> 인제도라는 대상조치가 별도로 마련되어 있는 이상 헌법에 위배된다고 할 수 없다"
> (헌재 1990. 9. 3. 89헌마120 등 병합결정).

> **판례** 〈불기소처분취소(기각)〉 "변호사강제주의를 채택하고 있는 것은 재판을 통한
> 기본권의 실질적 보장, 사법의 원활한 운영과 헌법재판의 질적 개선, 재판심리의 부
> 담 경감 및 효율화, 그리고 사법운영의 민주화를 도모하기 위한 것이다."(헌재 1996.
> 10. 4. 95헌마70 결정)

---

1) 김하열, 헌법소송법, 117쪽.
2) 그러나 이러한 합헌결정에도 불구하고 비판의 목소리가 있다. 예컨대 "헌법재판소의 이 판시내용
   은 매우 견강부회적인 논증이라고 할 것이다. 변호사강제주의의 정당성을 강조하는 그러한 이유
   가 왜 하필 헌법소송에서만 강조되어야 하는 것인지에 대한 합리적인 설명이 어렵기 때문이다.
   더욱이 헌법재판소가 강조하는 국선대리인제도는 헌법소원심판에 관해서만 규정하고 있기 때문에
   탄핵심판과 위헌정당심판에서는 대상조치가 마련되어 있지 않다. 헌법소송에서의 변호사강제주의
   는 국내 실정법은 말할 것도 없고 비교법적으로도 그 예를 비교법적으로도 그 예를 찾기 어렵다
   는 점을 유의해서 입법개선을 추진해야 한다"는 허영, 헌법소송법론, 136·137쪽과 "변호사강제주
   의는 헌법소송의 무료원칙에 위반되며 독일에서는 민사사건은 변호사강제주의를 채택하고 있으나
   헌법재판소의 헌법소원에는 적용하지 않는 것을 보더라도 무방하다. 헌법재판소가 국선대리인신
   청을 받아들이는 경우가 적은 것을 보더라도 이 판례는 설득력이 없다"는 김철수, 학설판례 헌법
   학, 2051쪽 및 "생각건대 권리구제의 최후보루인 헌법재판소에의 제소가 변호사선임비용문제로
   인하여 차단당하는 것은 결코 바람직하지 않다. 더구나 현실적으로 소수의 변호사에 의해 과점되
   어 있는 과다한 수임료체제에서 결과적으로 국민의 사법접근이 봉쇄될 우려가 있다. 독일에서도
   민사소송은 변호사강제주의를 채택하면서 헌법소원에는 이를 적용하지 않는 점을 참고할 필요가
   있다"는 성낙인, 헌법학, 1176쪽이 그것이다.
       그러나 이러한 비판 중 독일에서는 헌법소송에 대하여 변호사강제주의가 인정되지 않는다는 지
   적과 관련해서 이는 독일연방헌법재판소법에 대한 무지 또는 오해에서 비롯된 것으로 보인다는 점
   을 지적해둔다. K. Schlaich/Korioth, *Das Bundesverfassungsgercht- Stellung, Verfahren, Entsche-
   idungen*, S. 37(Rdnr. 59)에 따르면 "연방헌법재판소의 재판절차에서는 원칙적으로 변호사선임의무
   는 없다. 구두변론의 경우에만 당사자들은 변호사나 법학교수를 대리인으로 선임하여야 한다. 그
   밖에는 당사자들은 자발적으로 대리인을 선임할 수 있다(독일연방헌법재판소법 제22조)."

> **판례** 〈헌법재판소법 제25조 제3항 등 위헌확인(기각)〉 "변호사강제주의 아래에서는 국
> 민은 변호사에게 보수를 지급하여야 하는 경제적 부담을 지고, 자신의 재판청구권을
> 혼자서는 행사할 수 없게 되는 제약을 받는다. 그러나 이러한 부담과 제약은 개인의
> 사적 이익에 대한 제한임에 반하여 변호사가 헌법재판에서 수행하는 앞에서 본 기능
> 은 모두 국가와 사회의 공공복리에 기여하는 것이다. 양자를 비교할 때 변호사의 강
> 제를 통하여 얻게 되는 공공의 복리는 그로 인하여 제한되는 개인의 사익에 비하여
> 훨씬 크다고 하지 않을 수 없다."(헌재 2004. 4. 29. 2003헌마783 결정)

변호사의 자격이 없는 사인인 청구인이 한 헌법소원심판청구나 주장은 변호사
인 대리인이 추인한 경우에 한하여 적법한 헌법소원심판청구와 심판수행으로서 효
력이 있다.[1] 그러므로 변호사인 대리인이 제출한 심판청구서에 청구인이 한 심판청
구와 주장을 묵시적으로라도 추인하고 있다고 볼 내용이 없다면, 대리인의 심판청
구서에 기재되어 있지 아니한 청구인의 그 전의 심판청구내용과 대리인의 심판청구
이후에 청구인이 제출한 추가된 별개의 심판청구와 주장은 당해 사건의 심판대상이
되지 아니한다.[2] 한편 법 제25조 제3항의 취지는 헌법소원심판청구인의 헌법재판
청구권을 제한하려는 데 그 목적이 있는 것이 아니므로 변호사인 대리인에 의한 헌
법소원심판청구가 있었다면 그 이후 심리과정에서 대리인이 사임하고 다른 대리인
을 선임하지 않았더라도 청구인이 그 후 자기에게 유리한 진술을 할 기회를 스스로
포기한 것에 불과할 뿐, 헌법소원심판청구를 비롯하여 기왕의 대리인의 소송행위가
무효로 되는 것은 아니다.[3]

헌법재판소의 실무는, 대리인의 선임 없이 헌법소원심판을 청구한 경우 지정재
판부의 사전심사 단계에서 상당한 기간(일반적으로 7일 내지 10일)을 정하여 대리인을
선임하도록 보정명령을 발하고 있다. 그럼에도 불구하고 보정명령에 응하지 않으면
그 심판청구는 부적법하여 각하된다.

---

1) 헌재 1992. 6. 26. 89헌마132 결정〈재판청구권의 침해에 대한 헌법소원(각하)〉.
2) 헌재 1995. 2. 23. 94헌마105 결정〈청원불수리 위헌확인 등(각하)〉.
3) 헌재 1992. 4. 14. 91헌마156 결정〈불기소처분에 대한 헌법소원(기각)〉.

제 4 절 심판청구

1. 심판청구

헌법재판의 심판청구는 헌법재판절차를 개시하는 소송행위이다. 심판청구는 심판청구서가 헌법재판소에 현실로 도달한 때에 있게 된다(도달주의). 심판청구가 있으면 헌법재판소에는 청구된 소송사건이 계속되어 헌법재판소의 심판의무가 발생한다.

헌법재판소에 심판청구를 하려면 심판청구서를 제출하여야 한다(서면주의). 단, 위헌법률심판의 경우에는 법원의 제청서, 탄핵심판의 경우에는 국회의 소추의결서의 정본으로 이를 갈음한다(법 제26조 제1항). 청구서에는 필요한 증거서류 또는 참고자료를 첨부할 수 있다(법 제26조 제2항).

2. 심판청구의 송달

헌법재판소가 청구서를 접수한 때에는 지체없이 그 등본을 피청구기관 또는 피청구인에게 송달하여야 한다(법 제27조 제1항). 위헌법률심판의 경우 법무부장관 및 당해 소송사건의 당사자에게 그 제청서의 등본을 송달한다(법 제27조 제2항). 송달은 당사자나 관계인의 동의를 얻어 전자적 송달이 가능하다. 즉 전자정보처리조직에 입력하여 등재한 후 전자적 방식으로 당사자나 관계인에게 알리는 것으로 송달받을 자가 확인한 때에 송달된 것으로 보며, 계속 확인하지 않으면 2주가 지난 날에 송달된 것으로 본다(법 제78조).

청구서의 송달을 받은 피청구인은 그에 대응하는 답변서를 제출할 수 있으며, 답변서에는 심판청구의 취지와 이유에 대응하는 답변만을 기재하여야 한다(법 제29조 제1항).

3. 심판청구의 보정

재판장은 심판청구가 부적법하거나 보정할 수 있다고 인정하는 경우에는 상당한 기간(통상 2주일 정도)을 정하여 보정을 요구하여야 한다(법 제28조 제1항). 이에 따라 보정이 있는 때에는 처음부터 적법한 심판청구가 있는 것으로 본다(법 제28조 제3항).

보정명령에 대하여 결과가 미흡하면 보정명령을 재차 내릴 수도 있다.

4. 심판청구의 소송법적 효과

(1) 중복제소 금지

헌법재판소에 심판이 청구되면 헌법재판소에 '소송계속'(Rechtshängigkeit), 즉 그 사건에 관하여 헌법재판소에 심판절차가 현실적으로 존재하는 상태가 발생한다. 소송계속의 효과로 중복제소가 금지되며(민사소송법 제259조), 중복제소의 금지는 헌법재판에도 준용된다. 중복제소의 금지는 동일한 당사자가 동일한 심판청구를 다시 할 수 없다는 것을 뜻하므로, 당사자가 동일하고 위헌여부가 문제되는 법률조항이 동일하다 하더라도 심판의 유형이 다르다면 동일한 청구라 할 수 없어 중복제소에 해당하지 않는다. 중복제소금지에 위반한 심판청구는 부적법하므로 각하된다.

> **판례》** 〈정부조직법 제14조 제1항, 국가안전기획부법 제4조, 제6조, 제15조, 제16조의 위헌 여부에 관한 헌법소원(합헌, 각하)〉 "법 제68조 제1항과 같은 조 제2항에 규정된 헌법소원 심판청구들은 그 심판청구의 요건과 그 대상이 각기 다른 것임이 명백하다. 그런데 위 89헌마86 소원심판사건은 법 제68조 제1항에 의하여 침해된 권리를 신체의 자유 (헌법 제12조)로 하고, 침해의 원인이 된 공권력의 행사를 "국가안전기획부 소속 사법경찰관 수사관 김○이 1989. 5. 6. 23 : 00 청구인 성○대를 군사기밀보호법위반 등 혐의로 서울중부경찰서에 구금조치한 행위"로 하여 청구인 성○대가 청구한 것이고, 이 사건 소원심판청구는 법 제68조 제2항에 의하여, 위헌이라고 해석되는 법률의 조항을 "정부조직법 제14조 제1항 등"으로 하여 청구인 성○대, 동 원○묵이 공동으로 청구한 것으로서 설사 이미 계속 중인 89헌마86 사건의 "청구원인"과 이 사건의 "위헌이라고 해석되는 이유"의 내용이 기본적으로 동일하다고 하더라도 위와 같은 제소의 요건이 상이하고, 청구인도 동일하지 않을 뿐 아니라, 89헌마86 사건에서는 정부조직법 제14조에 대하여서만 부수적 위헌심판을 구함에 대하여 이 사건에서는 국가안전기획부법 제4조 및 제6조의 위헌 여부도 함께 심판을 구함에 비추어 두 사건의 심판청구 요건이나 그 대상이 반드시 동일하다고 단정할 수 없다 할 것이므로 이 사건 헌법소원은 중복제소로서 부적법하다는 법무부장관의 주장은 이유 없다."(헌재 1994. 4. 28. 89헌마221 결정)

(2) 심판대상의 특정

또한 심판청구는 심판대상을 일차적으로 특정한다. 이는 심판절차의 개시에 있어 처분권주의가 발현된 것이다. 따라서 위헌법률심판에서는 원칙적으로 제청법원에 의하여 위헌제청된 법률조항이 심판대상이고, 법 제68조 제1항에 의한 헌법소원심판에서 심판의 대상은 원칙적으로 청구인의 청구취지에 의해서 정해진다.

그러나 헌법재판에서는 처분권주의의 예외가 인정되고, 헌법재판소는 직권으로 심판대상을 제한·확장·변경한다. 이는 한편으로 헌법질서의 수호, 헌법문제의 해명이라는 헌법재판의 객관적 과제를 달성하기 위한 것이기도 하고, 다른 한편으로는 법적 명확성, 법적 통일성, 소송경제 등의 관점에서 심판절차의 효율성을 제고하기 위한 것이기도 하다. 이러한 심판대상의 제한·확정·변경은 심판대상이 법률조항의 위헌 여부(기본권침해 여부)인 경우에 주로 행해진다.

> **판례** 〈교수재임용 추천거부 등에 대한 헌법소원(기각)〉 "헌법재판소법 제25조, 제26조, 제30조, 제31조, 제32조, 제37조, 제68조, 제71조 등에 의하면 헌법소원심판제도는 변호사강제주의, 서면심리주의, 직권심리주의, 국가비용부담 등의 소송구조로 되어 있어서 민사재판과 같이 대립적 당사자 간의 변론주의 구조에 의하여 당사자의 청구취지 및 주장과 답변만을 판단하면 되는 것이 아니고, 헌법상 보장된 기본권을 침해받은 자가 변호사의 필요적 조력을 받아 그 침해된 권리의 구제를 청구하는 것이므로 소송비용과 청구양식에 구애되지 않고 청구인의 침해된 권리와 침해의 원인이 되는 공권력의 행사 또는 불행사에 대하여 직권으로 조사 판단하는 것을 원칙으로 하고 있다 … 따라서 헌법재판소는 청구인의 심판청구서에 기재된 피청구인이나 청구취지에 구애됨이 없이 청구인의 주장요지를 종합적으로 판단하여야 하며 청구인이 주장하는 침해된 기본권과 침해의 원인이 되는 공권력을 직권으로 조사하여 피청구인과 심판대상을 확정하여 판단하여야 하는 것이다."(헌재 1993. 5. 13. 91헌마190 결정)

5. 심판청구의 변경

민사소송에서는 소송이 계속된 후에 법원과 당사자의 동일성을 유지하면서 오로지 청구, 즉 소송물을 변경시키는 청구의 변경이 인정된다. 청구의 변경에는 교환적 변경과 추가적 변경이 있다. 청구의 변경은 청구의 기초가 바뀌지 않는 한도 내에서 허용된다. 청구의 변경은 행정소송에서도 준용될 수 있다(민사소송법 제62조, 행정소송법 제8조 제2항).

헌법재판에서도 그 성질에 반하지 않는 한도 내에서 민사소송법상의 청구의 변경이 준용될 수 있다. 심판청구의 변경으로 인한 신 청구는 신 청구의 시점을 기준으로 청구기간을 준수해야 한다.

> 판례 ▶ 〈상속세법시행령 부칙 제2항 위헌확인(각하)〉 "이 사건 과세처분은 1996. 6. 17. 행해진 반면 청구인들의 예비적 청구서는 1997. 5. 16. 비로소 헌법재판소에 접수되었다. 헌법소원심판청구에 대한 청구취지 변경이 이루어진 경우 청구기간의 준수여부는 헌법재판소법 제40조 제1항 및 민사소송법 제238조에 의하여 예비적으로 추가된 청구서가 제출된 시점을 기준으로 하여 판단하여야 한다. 이 사건의 경우 예비적 청구는 이미 과세처분이 이루어진지 180일이 훨씬 지나서 제출되었으므로 청구기간 또한 경과하였다."(헌재 1998. 5. 28. 96헌마151 결정)

6. 심판청구의 취하

청구의 취하란 청구인이 헌법재판소에 대하여 한 심판청구의 전부 또는 일부를 철회하는 의사표시를 말한다. 청구의 취하가 항상 재판절차를 종료시키는지, 아니면 재판소가 공익을 위하여 재판절차를 속행할 수 있는지에 대하여 의견이 갈리어 있다.[1] 헌법재판의 각종 심판절차에 대하여 심판청구의 취하가 허용되는지 여부에 대하여는 개별심판별로 판단되어야 한다.

(1) 위헌법률심판은 객관소송이므로 법원의 제청은 원칙적으로 철회할 수 없고 당해 사건의 전제가 된 법률의 개정 또는 폐지와 형사재판에서의 공소취소 등 예외적인 경우에 한하여 철회할 수 있다.

(2) 탄핵심판에서 국회는 제1심판결의 선고 전까지 공소를 취하할 수 있다는 형사소송법 제255조를 준용해서 헌법재판소가 탄핵소추에 대한 종국결정을 할 때까지는 탄핵소추를 취하할 수 있다.[2]

(3) 정당해산심판절차에서 취하를 금지하는 특별규정이 없으므로 취하할 수 있는 것으로 보아야 할 것이다.

(4) 권한쟁의심판절차는 청구인과 피청구인이 대립하는 대립당사자의 구조를 취하므로 기본적으로 당사자의 처분권주의가 인정된다. 헌법재판소도 청구의 취하에 민사소송법의 규정이 준용된다고 하여 권한쟁의심판에서 청구의 취하를 인정하고, 이 경우 심판절차종료선언의 주문을 표시하고 있다.[3]

---

1) K. Schlaich/Korioth, *Das Bundesverfassungsgercht-Stellung, Verfahren, Entscheidungen*, S. 37(Rdnr. 58) 참조.
2) 다른 이유에서 철회의 가능성을 인정하는 견해도 있다. "탄핵소추의 발동권한을 대의기관인 국회의 재량적 판단에 맡기고 있는 이상 탄핵소추를 종료시킬 권한 또한 국회에게 있다고 보는 것이 타당하다. 또한 탄핵이 비록 법적 절차이긴 하지만 고도의 정치적 기능을 아울러 지니고 있으므로 탄핵이 초래한 정치적 갈등과 대립을 정치적으로 해결하는 것이 바람직한 경우도 있을 것이므로 철회의 가능성을 열어두는 것이 상당하다."(김하열, 헌법소송법, 137쪽)
3) 헌재 2001. 6. 28. 2000헌라1 결정〈국회의장 등과 국회의원 간의 권한쟁의(심판절차종료선언)〉.

그러나 권한쟁의심판제도는 민사소송과 달리 객관소송으로서의 성격을 지니고 있으므로 국가의 이익이나 헌법질서 또는 국가질서의 유지를 위해 필요한 경우에는 청구의 취하가 제한된다.

(5) 헌법소원심판절차에서는 원칙적으로 처분권주의가 인정되므로 청구인은 심판청구를 취하할 수 있다.

청구의 취하요건에 피청구인의 동의가 필요한지, 취하의 효과로 소송이 종료되는지에 대하여는 긍정설과 부정설이 대립되고 있다. 헌법재판소는 긍정설의 입장을 취하고 있다. 즉 헌법재판소는 검사의 불기소처분에 대한 헌법소원심판절차에서 민사소송법 제226조가 준용된다고 하면서 심판청구의 취하가 있는 경우에는 심판절차가 종료한다는 입장을 취하고 있다.

> **판례** 〈불기소처분취소(심판절차종료선언)〉 "헌법재판소법 제40조는 제1항에서 '헌법재판소의 심판절차에 관하여는 이 법에 특별한 규정이 있는 경우를 제외하고는 민사소송에 관한 법령의 규정을 적용한다. 이 경우 탄핵심판의 경우에는 형사소송에 관한 법령을, 권한쟁의심판 및 헌법소원심판의 경우에는 행정소송법을 함께 준용한다'고 규정하고, 제2항에서 '제1항 후단의 경우에 형사소송에 관한 법령 또는 행정소송법이 민사소송에 관한 법령과 저촉될 때에는 민사소송에 관한 법령은 준용하지 아니한다'고 규정하고 있는 바, 헌법재판소법이나 행정소송법에 헌법소원심판청구의 취하와 이에 대한 피청구인의 동의나 그 효력에 관하여 특별한 규정이 없으므로, 소의 취하에 관한 민사소송법 제239조는 이 사건과 같이 검사가 한 불기소처분의 취소를 구하는 헌법소원심판절차에 준용되어야 한다고 보아야 한다. 기록에 의하면 청구인들이 1995. 11. 29. 서면으로 이 사건 헌법소원심판청구를 모두 취하하였고, 이미 본안에 관한 답변서를 제출한 피청구인에게 취하의 서면이 그 날 송달되었는 바, 피청구인이 그 날로부터 2주일 내에 이의를 하지 아니하였음이 분명하므로, 민사소송법 제239조에 따라 피청구인이 청구인들의 심판청구의 취하에 동의한 것으로 본다. 그렇다면 이 사건 헌법소원심판절차는 청구인들의 심판청구의 취하로 1995. 12. 14. 종료되었음이 명백하므로, 헌법재판소로서는 이 사건 헌법소원심판청구가 적법한 것인지 여부와 이유가 있는 것인지 여부에 대하여 판단할 수 없게 되었다."(헌재 1995. 12. 15. 95헌마221 등 병합결정)

제 5 절   심리와 평의

1. 심   리

소송의 심리는 소(청구)에 대하여 판결(결정)하기 위하여 그 기초가 될 소송자료를 조사하는 것으로 각종 소송절차의 가장 중핵적인 것이다.

(1) 심리정족수

헌법재판사건을 심리하기 위해서 필요한 정족수를 심리정족수라고 한다. 재판부는 재판관 7인 이상의 출석으로 사건을 심리한다(법 제23조 제1항). 따라서 재판관 3인 이상이 제척 등에 의하여 심리에서 배제되면 심리가 불가능하다.

(2) 심리의 방식

탄핵심판, 정당해산심판, 권한쟁의심판은 구두변론에 의하고(법 제30조 제1항), 위헌법률심판, 헌법소원심판은 서면심리에 의한다(법 제30조 제2항 본문). 다만 재판부는 필요하다고 인정하는 경우에는 변론을 열어 당사자·이해관계인 기타 참고인의 진술을 들을 수 있다(법 제30조 제2항 단서). 전자를 필요적(필수적) 구두변론, 후자를 임의적(선택적) 구두변론이라 한다.

필요적 구두변론사건의 경우 구두변론을 생략한 채 서면심리로 심판하면 위법한 것이 된다. 그리고 헌법재판소는 구술로 제출된 것만을 재판의 자료로 참작하여야 한다.[1] 그에 반하여 임의적 구두변론은 어디까지나 재판부의 필요에 따른 것이므로 당사자의 구두변론 신청은 불필요하고 기속력도 없다.[2] 임의적 구두변론의 경우에 구두변론은 신청에 의해 행해질 수도 있고, 헌법재판소가 스스로 구두변론을 열기로 결정하기도 한다. 당사자가 구두변론을 열 것을 신청하여도 헌법재판소는 이 신청에 기속되지 않는다.[3] 소송당사자를 출석시켜 진술을 듣는 방식으로 심리하는 구두변론주의는 진술보 인한 선명한 인상과 즉각적인 반문에 의하여 진상파악과 모순발견이 쉽고, 여기에 증거조사를 집중시켜 신속하고 적정한 재판을 할 수 있다. 또 당사자는 변론의 진행상황을 알 수 있다[4]는 장점이 있다. 소송당사자의 진술 없

---

1) 정종섭, 헌법소송법, 142쪽.
2) 허영, 헌법소송법론, 145쪽.
3) 정종섭, 헌법소송법, 143쪽.
4) 헌법재판실무제요, 57쪽.

이 소송기록과 증거자료를 검토하는 방식으로 심리하는 서면심리는 합목적성심사가
아닌 합법성여부만을 심사한다. 곧 법률의 형식적 합법성(성립·발효절차)과 실질적 합
법성(내용)만을 심사한다.

헌법재판소법 제68조 제1항의 헌법소원심판의 경우 구두변론이 필요한 경우도
있으나 헌법재판소의 과중한 업무를 고려하여 필요한 경우에 한하여 구두변론이 이
루어지고 있다.[1] 이러한 임의적 구두변론은 사회적 관심이 지대한 사건에서 여론의
추이를 살피거나 헌법재판소활동의 홍보효과를 목적으로 이루어지는 것으로 보인
다.[2] 즉 사회적으로 중요한 의미를 가지는 사건이나 헌법적 쟁점에 대한 논의가 공
개적으로 전개되어 국민의 다양한 의견을 청취하거나 국민으로 하여금 헌법재판의
내용을 알게 할 필요가 있는 경우 또는 사건에 관하여 전문지식을 가지고 있는 참
고인의 의견을 청취할 필요가 있는 경우에 구두변론이 행해진다.[3]

(3) 심리의 원칙

1) 공개주의

구두변론의 경우 심판의 변론과 결정의 선고는 공개한다. 그러나 서면심리와
평의는 공개하지 아니한다(법 제34조 제1항). 또한 심리는 국가의 안전보장 또는 안녕
질서나 선량한 풍속을 해할 염려가 있을 때에는 헌법재판소의 결정으로 공개하지
아니할 수 있다(법 제34조 제2항, 법원조직법 제57조 제1항). 비공개결정을 한 경우에도 재
판장은 적당하다고 인정하는 자의 재정을 허가할 수 있다.

2) 일사부재리의 원칙

헌법재판소는 이미 심판을 거친 동일사건에 대하여는 다시 심판할 수 없다(법
제39조). 이를 일사부재리의 원칙이라 하며, 헌법재판소결정의 기판력에서 나오는 원
칙이다.

헌법재판에서 일사부재리 규정을 두고 있는 것은 헌법의 해석을 주된 임무로
하고 그 결정의 효력이 당사자뿐만 아니라 국가기관과 일반 국민에까지 미치는 헌
법재판에서 법적 분쟁을 조기에 종결시켜 법적 안정 상태를 조속히 회복하고 동일
분쟁에 대해 반복적으로 소송이 제기되는 것을 미연에 방지하여 소송경제를 이루기
위함에 있다.

---

1) 허영, 헌법소송법론, 145쪽; 헌법재판실무제요, 57쪽.
2) 오호택, 헌법소송법, 동방문화사, 2010, 52쪽.
3) 정종섭, 헌법소송법, 142·143쪽.

따라서 심급제가 마련되어 있지 않은 헌법재판은 단심제이며, 불복절차가 사실상 마련되어 있지 않다. 다만, 스스로 인정하는 재심이 있을 뿐이다. 물론 재심은 판례의 변경 등 제한적인 경우에만 허용된다. 헌법재판소가 스스로 판례를 변경한 사례는 다수 존재한다.

> **판례 ▣** 〈국가보안법 제19조 위헌제청(합헌)〉 "전소의 심판대상인 법률조항과 중복되는 후소도 심판청구의 유형이 상이하면 일사부재리원칙의 위반이 아니다."(헌재 1997. 6. 26. 96헌가8 등 병합결정)

> **판례 ▣** 〈헌법재판소법 제24조 제3항 등 위헌확인(각하, 기각)〉 "헌법재판에서의 일사부재리를 규정한 헌법재판소법 제39조는 재판청구권을 침해하지 아니한다."(헌재 2007. 6. 28. 2006헌마1482 결정)

헌법재판소가 변호사인 대리인 미선임, 다른 법률에 의한 권리구제절차 미경유 등 형식요건의 흠결을 이유로 각하한 사건의 경우에 대리인을 선임하거나 권리구제절차를 거치는 등 그 흠결을 보정하여 헌법소원의 심판을 다시 청구한 때에는 일사부재리의 원칙이 적용되지 않는다.

그러나 적법요건에 관한 흠결의 보정이 가능한데도 흠결의 보정 없이 동일한 내용의 심판청구를 반복하거나[1] 흠결의 보정이 불가능한 심판청구를 반복하는 경우에는[2] 일사부재리의 원칙이 적용된다.

반면 헌법재판소가 종전에 심판한 사건의 심판대상 법률조항과 중복은 되지만, 종전 사건의 심판에서 위헌판단한 사실이 없는 법률조항을 대상으로 다른 청구인이 위헌심사형 헌법소원을 청구했다면 동일한 사건의 중복청구는 아니므로 일사부재리의 원칙은 적용되지 않는다.[3]

(4) 의견서의 제출

위헌법률심판(법 제68조 제2항의 헌법소원심판 포함)과 헌법소원심판에서 당해 소송사건의 당사자와 국가기관 또는 공공단체·법무부장관 등은 헌법재판소에 그 심판에 관한 의견서를 제출할 수 있다(법 제44조, 제74조 제1항, 제2항).[4] 여기서 말하는 당사자

---

1) 헌재 1995. 2. 23. 94헌마105 결정〈청원불수리 위헌확인 등(각하)〉.
2) 헌재 2001. 6. 28. 98헌마485 결정〈상속세법시행령 부칙 제2항 위헌확인 등(각하)〉.
3) 헌재 1997. 8. 21. 96헌마48 결정〈국가보안법 제19조 위헌확인(기각)〉.
4) 허영, 헌법소송법론, 145쪽은 의견서를 제출할 수 있는 이해관계인은 구두변론에 참여해서 진술할

는 위헌법률심판절차의 당사자가 아니라 제청법원에 계속된 소송사건의 당사자를
말한다.

　또한 국가인권위원회도 인권이 문제되는 한, 자발적으로 또는 헌법재판소의 요
청에 의해서 헌법재판소에 의견을 제출할 수 있다. 그러나 그 의견은 기속력이 없고
참고자료에 불과하다.[1]

　누가 이해관계인인가는 구체적 사건에 따라 개별적으로 판단될 문제지만 일반
적으로 법령에 대한 위헌여부심판의 경우 법령시행의 주무관청, 당해 법령이 재판
또는 처분의 전제가 된 경우 처분청의 감독기관 및 공권력행사 주체의 최상급관청
도 이해관계인으로 볼 수 있다.[2]

(5) 증거조사와 자료제출

　헌법재판은 일반재판과는 달리 객관적인 헌법질서의 보장이 중요한 기능이고,
따라서 헌법재판소의 직권에 의한 심리가 요구되는 경우가 많다. 그러므로 당사자
의 주장은 직권탐지를 촉구하고 보완하는 것에 그치고, 당사자가 주장하지 않은 사
실도 직권으로 조사하여 재판의 기초로 삼아야 한다.

　재판부는 사건의 심리를 위하여 다음의 증거를 조사할 수 있다. ① 당사자 본
인 또는 증인을 신문하는 일, ② 당사자 또는 관계인이 소지하는 문서·장부·물건
기타 증거자료의 제출을 요구하고 이를 영치하는 일, ③ 특별한 학식과 경험을 가진
자에게 감정을 명하는 일, ④ 필요한 물건·장소·기타 사물의 성상 또는 상황을 검
증하는 일 등(법 제31조 제1항).

　이때 재판장은 필요한 경우 재판관 중 1인을 지정하여 이러한 증거조사를 하게
할 수 있다(법 제31조 제2항). 이를 수명재판관이라 한다.[3]

　재판부는 결정으로 다른 국가기관 또는 공공단체의 기관에 대하여 심판에 필요
한 사실을 조회하거나, 기록의 송부 또는 자료의 제출을 요구할 수 있다. 다만, 재판
소추 또는 범죄수사가 진행 중인 사건의 기록에 대해서는 송부를 요구할 수 없다(법
제32조).

　　수 있는 기회도 갖는다고 한다.
　1) 허영, 헌법소송법론, 147쪽.
　2) 헌법재판실무제요, 58쪽.
　3) 민사소송법에서는 수명법관이라 한다. 민사소송법 제139조.

(6) 심판의 지휘와 심판정의 질서유지

재판장은 심판정의 질서와 변론의 지휘 그리고 평의의 정리를 담당한다(동법 제 35조 제2항).

(7) 심판비용

심판비용이란 헌법재판의 소송당사자가 소송에서 지출한 비용 중에서 법령에 정한 범위에 속하는 비용을 말한다. 민사소송법, 「변호사보수의 소송비용 산입에 관한 규칙」,[1] 민사소송규칙 등을 준용한다.

심판비용에는 재판비용과 당사자비용이 있다. 재판비용이란 재판수수료인 인지액과 헌법재판소가 심판 등을 위해 지출하는 비용이다. 인지첩부액·송달료·공고비(민사소송비용법 제8조), 증인·감정인·통역인·번역인·참고인 등에 지급되는 여비·일당·숙박료, 재판관·참여사무관 등이 검증 등을 위해 출장할 경우의 여비·일당·숙박료 등이 여기에 속한다.

그에 반하여 당사자비용이란 당사자가 소송수행을 위해 자신이 지출하는 비용이다. 소송서류의 작성료, 당사자·대리인이 기일에 출석하기 위한 여비·일당·숙박료, 변호사비용 등이 여기에 속한다.

심판비용은 국가가 부담함을 원칙으로 한다(법 제37조 제1항). 따라서 청구서나 준비서면 등에 인지를 첩부하지 않는다. 이에 대하여는 헌법재판소 증인 등 비용지급에 관한 규칙, 헌법재판소 참고인 비용지급에 관한 규칙이 규정하고 있다.

그러나 당사자의 신청에 따른 증거조사의 비용은 신청인에게 부담시킬 수 있으며(법 제37조 제1항), 헌법소원의 경우에는 신청인에게 공탁금 납부를 명할 수 있다(법 제37조 제2항). 이는 남소를 예방하기 위한 제도적 장치이다. 헌법재판소는 1) 헌법소원의 심판청구를 각하할 경우와 2) 헌법소원의 심판청구를 기각하는 경우에 그 심판청구가 권리남용이라고 인정되는 경우 등에는 공탁금의 전부 또는 일부의 국고귀속을 명할 수 있다(법 제37조 제3항).

2. 평   의

재판부의 사건심리가 끝나면 결정을 하기 위해 재판관회의에서 재판관들이 모

---

1) 동 규칙 별표에 따르면 변호사비용 100만원까지는 10%, 100-200만원 부분은 9%, … 1000-3000 만원 부분은 4%, … 1억원 초과부분은 0.5% 등을 소송비용에 산입하도록 되어 있다.

여 사건을 논의하는 절차가 필요하다. 이를 평의라 한다. 평의는 공개하지 않는다(법 제34조 제1항 단서). 평의의 결론에 찬성하지 않는 재판관이 평의의 결론에 영향을 주기 위하여 평의의 내용을 선고하기 전에 미리 언론이나 외부에 알리는 것은 금지되며, 재판관의 이러한 행위는 위법행위로서 탄핵사유가 된다. 형사적인 책임도 면할 수 없다.[1]

주심재판관이 사건을 평의에 회부하고자 하는 경우 평의요청서와 그에 관한 검토보고서를 각 재판관에게 배부한다. 재판장은 재판관들과 협의하여 평의일정을 확정하여 각 재판관에게 통보한다.

평의에서는 주심재판관이 사건에 대한 검토내용을 요약 발표하고, 최종적으로 표결한다. 이를 평결이라 한다. 평결에 들어가면 먼저 주심재판관이 의견을 내고 그 다음은 맨 나중에 임명된 재판관부터 후임 순으로 차례로 의견을 제시한 후 재판장이 마지막으로 의견을 내는 방법으로 평결이 이루어진다.

평결을 하는 방법에는 '쟁점별 평결방식'(Stufenabstimmung, 쟁점별합의제)과 '주문별 평결방식'(Tenorabstimmnung, 주문합의제)이 있다.[2] 전자는 적법요건에 관한 판단(본안전 판단)과 실체적 요건에 관한 판단(본안판단)을 구별해서 쟁점별로 단계별로 표결해서 결론을 이끌어내는 방법을 말하고, 후자는 두 가지 쟁점을 구별하지 않고 주문에 초점을 맞추어 함께 표결해서 주문을 결정하는 방법을 말한다.

우리 헌법재판소는 주문별 평결방식에 따르고 있다. 독일연방헌법재판소는 일반적인 헌법소송사건인 위헌법률심판, 헌법소원심판, 권한쟁의심판에서는 쟁점별표결방식을, 형사소송과 유사한 성격을 가지는 기본권의 실효, 정당해산심판, 탄핵심판에서는 주문별 평결양식에 따르고 있다.[3]

두 평결방법의 핵심적인 차이는 심판청구가 부적법하다고 각하의견을 낸 재판관이 본안판단에서 별도로 실체적 문제에 대한 의견을 내야 하느냐 내지 않아도 되느냐 하는 데 있다. 쟁점별 평결방식에서는 사건이 일단 본안판단에 넘어가면 비록 심판청구의 적법성이 없다고 각하의견을 낸 재판관도 본안판단에 참여해서 본안에 대한 의견을 따로 개진해야 한다. 반대로 주문별 평결방식에서는 적법성에 대해서 각하의견을 낸 재판관은 본안판단에서 따로 의견을 낼 필요가 없게 된다.

---

1) 정종섭, 헌법소송법, 153쪽.
2) 정종섭, 헌법소송법, 151쪽은 전자를 순차표결의 방식, 후자를 동시표결의 방식이라 한다.
3) 최갑선, "한국헌법재판에서의 평결방식에 관한 고찰", 헌법논총 제8집, 헌법재판소, 1997, 243쪽 이하(258·259쪽).

헌법심판사건의 적법요건사항과 본안사항을 통합하여 일괄적으로 최종적 결정 주문을 내는 주문별 평결방식은 (1) 적법요건사항은 소송법적인 문제가 관련되고 본안사항은 실체법적적인 문제가 관련되므로 양자가 근본적으로 다른 성격을 가지고 있다는 것을 무시하고 있고, (2) 각하의견을 낸 소수재판관이 본안문제 평결에 불참하는 것은 헌법질서유지와 기본권보장을 추구하는 헌법재판의 목적 달성에 어긋날 소지가 크고 헌법재판소의 권한강화에도 부정적인 영향을 주며, (3) 침해된 기본권을 특정하는 데 또는 결정이유를 제시하는데 곤란한 경우가 있을 수 있다는 문제점이 있다.[1] 이러한 문제점을 개선하기 위해서는 독일처럼 헌법소송별 다양한 표결방식을 선택하는 것이 바람직할 것으로 생각된다.[2]

판례 〈주문별 평결방식의 채택〉[재판관 5인의 위헌의견] "소수의견은 이 사건 헌법소원에 있어서 재판의 전제성을 인정할 수 없어서 부적법하다고 각하의견을 제시하고 있을 뿐, 이 사건 심판대상규정의 위헌 여부에 대한 의견을 개진하지 않고 있다. … 따라서 이 사건에 있어서 재판관 5인이 '재판의 전제성'을 인정하였다면 이 사건 헌법소원은 일응 적법하다고 할 것이고 이 사건 헌법소원이 적법한 이상, 재판의 전제성을 부인하는 재판관 4인도 본안결정에 참여하는 것이 마땅하며 만일 본안에 대해 다수와 견해를 같이하는 경우 그 참여는 큰 의미를 갖는 것이라 할 것이다. … 재판관의 의견이 과반수이면서도 정족수 미달이어서 위헌선언할 수 없었던 사례가 과거에도 몇 건 있었다. 그 중 88헌가13 국토이용관리법 제31조의2에 대한 위헌심판의 경우는 소수의견이 각하의견이 아닌 합헌의견이었고, 90헌바22, 91헌바12,13, 92헌바3,4(병합) 1980년해직공무원의보상등에관한특별조치법 제2조, 제5조에 대한 경우는 소수의견이 각하의견이었지만 본안에 대하여서도 위헌의견이 아니었던 경우이다. 그리고 92헌가18 국가보위에관한특별조치법 제5조 제4항의 경우는 다수의견이 위헌결정 정족수에 이르러 소수의견의 향배가 문제되지 않았던 것이다. 이 사건에서 소수의견의 본안 참여를 특히 기대하는 것은 이 사건 심판대상규정과 밀접한 관련이 있는 저당권 또는 가등기담보와 국세의 우선순위, 저당권과 지방세의 우선순위에 관한 관계규정 중 "… 으로부터 1년"이라는 부분이 위(3.나)에서 살펴본 바와 같이 이미 헌법재판소에서 위헌선고되어 소수의견도 본안에 관하여서는 위헌의견을 갖고 있음이 분명하기 때문이다."

[재판관 4인의 각하의견] "위헌의견은 헌법재판의 합의방법에 관하여 쟁점별 합의를 하여야 한다는 이론을 펴고 있다. 그러나 우리 재판소는 발족 이래 오늘에 이르기까지 예외 없이 주문합의제를 취해 왔다(헌법재판소 1993. 5. 13. 선고, 90헌바22, 91헌바12, 13, 92헌바3,4(병합) 결정 및 헌법재판소 1994. 6. 30. 선고, 92헌가18 결정 참조). 우리는 위헌의견이 유독 이 사건에서 주문합의제에서 쟁점별 합의제로 변경하여야 한다

---

1) 최갑선, "한국헌법재판에서의 평결방식에 관한 고찰", 266·267쪽.
2) 최갑선, "한국헌법재판에서의 평결방식에 관한 고찰", 271쪽. 허영, 헌법소송법론, 154·155쪽은 평결의 정확성의 관점에서는 쟁점별 평결방식이 보다 합리적인 방식이라 할 것이라고 한다.

는 이유를 이해할 수 없고, 새삼 판례를 변경하여야 할 다른 사정이 생겼다고 판단되
지 아니한다."(헌재 1994. 6. 30. 92헌바23 결정)

평결이 이루어지면 주심재판관이 다수의견을 기초로 결정문 초안을 작성한다.
주심재판관이 소수의견을 낼 경우는 다수의견을 내는 재판관 중에서 결정문 작성자
가 지정된다. 소수의견을 내는 재판관은 재판부에 알리고 다수의견의 결정문 초안
을 참고로 소수의견을 작성한다.
재판관은 선고 전까지는 자기의 의견을 변경하기 위하여 재평의를 요청할 수
있다.

제 6 절   종국결정

1. 심판기간과 심판장소

(1) 심판기간

헌법재판소는 청구서를 접수한 날로부터 180일 이내에 종국결정을 선고하여야
한다. 그러나 재판관의 궐위로 7인의 출석이 불가능한 때에는 그 궐위된 기간은 심
판기간에 산입하지 아니한다(법 제38조). 그리고 재판장의 보정명령이 있을 경우 그
보정기간은 위 심판기간에 이를 산입하지 아니한다(법 제28조 제4항, 제72조 제5항).
그러나 헌법재판소는 이 규정들을 훈시규정으로 보고 있다. 그 이유는 위 기간
의 위반에 대한 제재규정이 없으며, 독일 등 외국의 입법례에도 심판기간의 제한이
없고, 헌법재판사건의 성격상 위 기간 내에 모두 처리하는 것은 사실상 불가능하기
때문이다.[1] 또한 종국판결 선고기간에 대한 민사소송법 제184조도 훈시규정으로
보고 있는[2] 점도 그 이유의 하나라 할 수 있다.

(2) 심판장소

헌법재판소의 결정은 선고에 의하여 비로소 대외적으로 성립하여 효력을 발생
한다. 선고는 원칙적으로 공개된 심판정에서 재판장이 결정원본에 의하여 주문을
읽어 선고한다(법 제40조 제1항, 민사소송법 제206조). 이유는 낭독하지 않아도 무방하다.

---

1) 오호택, 헌법소송법, 62쪽.
2) 정동윤·유병현, 민사소송법, 법문사, 2007, 675쪽.

그러나 통상 이유를 낭독한다. 이유를 소리내어 읽는 경우에도 이유를 모두 낭독할 필요가 없고, 간략히 설명하여도 된다.[1]

심판의 변론과 종국결정의 선고는 헌법재판소의 심판정에서 행한다. 다만, 헌법재판소장이 필요하다고 인정하는 경우에는 심판정 외의 장소에서 이를 행할 수 있다(법 제33조). 이 경우 심판의 변론은 심판정 외에서도 할 수 있지만, 종국결정의 선고는 국가비상사태가 아닌 한 언제나 심판정에서 하여야 한다.[2] 헌법재판소에는 전원재판부의 심판정과 지정재판부의 심판정이 따로 마련되어 있다.

2. 결정정족수

헌법재판사건을 결정하기 위해서 필요한 정족수를 결정정족수라고 한다. 재판부는 종국심리에 관여한 재판관과반수의 찬성으로 결정한다. 다만 법률의 위헌결정, 탄핵결정, 정당해산결정, 헌법소원에 관한 인용결정, 헌법재판소의 판례변경을 위해서는 재판관 6인 이상의 찬성이 있어야 한다(제113조 제1항, 법 제23조 제2항 단서). 따라서 헌법재판사건 중에서 재판관 과반수의 찬성으로 결정할 수 있는 사항은 권한쟁의심판사건, 헌법재판의 적법성 요건의 구비 여부에 관한 결정, 가처분결정, 재판관에 대한 제척·기피신청의 결정이다.

따라서 법률의 위헌여부에 관한 심판에 있어 위헌의견이 종국심리에 관여한 재판관의 과반수가 되지만 위헌결정정족수인 6인에 미달한 때에도 주문은 " … 는 헌법에 위반되지 아니한다"라는 합헌결정을 내리게 된다. 종래 헌법재판소는 토지거래허가제에 관련된 국토이용관리법 제31조의2에 대한 결정,[3] 해직된 정부산하기관 임직원의 보상과 관련한 「1980년 해직공무원의 보상 등에 관한 특별조치법」 제2조에 대한 결정[4] 및 양도담보에 있어 국세우선을 규정한 조항인 국세기본법 제42조 제1항 단서에 관한 결정[5] 등에서 위헌결정을 위한 정족수인 6인에 미달하지만 위헌의견이 과반수를 넘었다는 이유로 주문에 "헌법에 위반된다고 선언할 수 없다"고 선고함으로써 이른바 위헌불선언결정 또는 위헌선언불가결정을 내린 적도 있다.

---

1) 정종섭, 헌법소송법, 155쪽.
2) 허영, 헌법소송법론, 157쪽.
3) 헌재 1989. 12. 12. 88헌가13 결정〈국토이용관리법 제31조의2 제1호 및 제21조의3의 위헌심판제청(합헌)〉.
4) 헌재 1993. 5. 13. 90헌바22 등 병합결정〈「1980년 해직공무원의 보상 등에 관한 특별조치법」 제2조 제1항 및 제5조에 대한 헌법소원(합헌)〉.
5) 헌재 1994. 6. 30. 92헌바23 결정〈구 국세기본법 제42조 제1항 단서에 대한 헌법소원(합헌)〉.

그러나 헌정질서파괴범죄행위에 대하여 국가의 소추권행사에 장애사유가 존재한 기간에 대해 공소시효의 진행을 정지시키는 「5·18 민주화운동 등에 관한 특별법」 제2조에 대한 결정1)부터는 위헌의견이 6인에 미달하는 경우에는 합헌주문을 내기 시작해, 그 후 노동쟁의조정법 제4조 등에 대한 헌법소원사건,2) 교통사고처리특례법 제4조에 대한 헌법소원사건,3) 직권중재제도에 대한 헌법소원사건,4) 수산업법 제81조 제1항 등 위헌소원사건5)에서 위헌의견이 5인이었음에도 불구하고 합헌결정을 하였고 그 이후 일관되게 합헌으로 주문을 내고 있다.

이와 같은 경우에 다른 일반정족수보다 가중하여 재판관 6인 이상의 찬성을 요구하도록 규정한 것은 헌법재판의 인용결정의 중요성으로 인해 사회에 미치는 파급효과와 법적 안정성을 고려한 것이라고 할 것이다.6) 그러나 재판관 과반수가 위헌의견인데도 위헌으로 결정할 수 없는 것은 다수결원리에 비추어 문제가 있다고 할 것이다.7)

한편 헌법소원심판의 경우 지정재판부에 의한 사전심사에 있어서는 심판청구 각하결정을 위해서 재판관 전원일치가 필요하다. 즉 지정재판부에서는 1인의 반대의견이 있어도 전원재판부에 심판을 회부하는 결정을 하여야 한다(법 제72조 제3항).

3. 결 정 서

결정서에는 사건번호와 사건명, 당사자와 심판수행자 또는 대리인, 주문, 이유, 결정일자를 기재한 후 심판에 관여한 재판관 전원이 서명·날인하여야 한다(법 제36조 제2항).

> **판례** 〈국회의원선거법 제33조, 제34조의 위헌심판(위헌=헌법불합치)〉 "재판주문을 어떻게 내느냐의 주문의 방식문제는 민사소송에서 그러하듯 헌법재판에 대하여서도 아무런 명문의 규정이 없으며, 따라서 재판의 본질상 주문을 어떻게 표시할 것인지는 재

---

1) 헌재 1996. 2. 16. 96헌바7 등 병합결정〈「5.18 민주화운동 등에 관한 특별법」 제2조 제1항 등 위헌제청(합헌)〉.
2) 헌재 1996. 12. 26. 90헌바19 등 병합결정〈노동쟁의조정법 제31조, 제47조에 대한 헌법소원(합헌)〉.
3) 헌재 1997. 1. 16. 90헌마110 등 병합결정〈교통사고처리특례법 제4조 등에 대한 헌법소원(기각, 각하)〉.
4) 헌재 1996. 12. 26. 90헌바19 등 병합결정〈노동쟁의조정법 제31조, 제47조에 대한 헌법소원(합헌)〉.
5) 헌재 2001. 3. 21. 99헌바81 등 병합결정〈수산업법 제81조 제1항 등 위헌소원(합헌, 각하)〉
6) 헌법재판실무제요, 19쪽.
7) 오호택, 헌법소송법, 63쪽.

판관의 재량에 일임된 사항이라 할 것이다"(헌재 1989. 9. 8. 88헌가6 결정)

심판에 관여한 재판관은 결정서에 의견을 표시하여야 한다(법 제36조 제3항).

주문에 찬성하는 의견을 '다수의견'(법정의견 court opinon), 주문에 반대하는 '반대의견'(dissenting opinion)과 주문에는 찬성하지만 이유나 논증에서 의견이 다른 의견(별개의견, 보충의견 concurring opinion)은 소수의견이라 한다. 우리 제도상 절대다수결이 적용되는 경우에는 재판관들의 다수의견이라고 할지라도 헌법재판소의 의견, 즉 법정의견이 되지 못하는 경우가 존재한다. 따라서 헌법재판소의 의견은 재판관들의 다수의견인 경우도 있고, 소수의견인 경우도 있다.[1] 따라서 의견표시를 하는 재판관은 자신의 이름을 당연히 밝혀야 하며, 재판관의 의견표시는 의무사항이기 때문에 생략하는 것은 위법이다.[2] 소수의견도 결정이유서에 이를 표시할 수 있으며, 선고법정에서 공개발표할 수 있다.[3] 반대의견은 반드시 표현하여야 하지만, 보충의견은 표시하여도 되고 하지 않아도 된다.[4]

소수의견은 재판관 개개인이 각자 표시하여도 되고, 같은 의견을 가지는 여러 재판관이 합동하여 표시하여도 된다. 동일한 의견은 합동하여 표시하는 것이 통례이다. 보충의견 가운데서도 결론은 동일하지만 논증에서 차이가 있는 경우에는 해당 재판관이 각자의 보충의견을 표시한다. 헌법재판소는 동일한 의견은 그에 해당하는 의견을 가진 재판관들이 합동하여 표시하는 방식을 취하고 있다.

헌법재판소의 결정이 가지는 규범력은 법정의견으로 되는 것에 한정된다.

4. 결정의 유형

심판청구가 적법하고 이유가 있을 경우에는 인용결정을 하고, 심판청구가 부적법할 경우에는 각하결정을 하며, 심판청구가 적법하지만 이유가 없을 경우에는 기각결정을 한다. 그러나 위헌법률심판의 경우에는 합헌결정과 위헌결정 그리고 변형결정을 한다.[5]

---

1) 정종섭, 헌법소송법, 162쪽.
2) 허영, 헌법소송법론, 167쪽.
3) 오호택, 헌법소송법, 65쪽.
4) 정종섭, 헌법소송법, 164쪽.
5) 우리 헌법소에서 사용하고 있는 사건부호는 다음과 같다. ① 헌가-위헌법률심판 ② 헌나-탄핵심판사건 ③ 헌다-정당해산심판사건 ④ 헌라-권한쟁의심판사건 ⑤ 헌마-헌법재판소법 제68조 제1항에 의한 헌법소원심판사건(권리구제형헌법소원사건) ⑥ 헌바-헌법재판소법 제68조 제2항에

5. 결정서의 송달

종국결정이 선고되면 서기는 지체없이 결정서정본을 작성하여 이를 당사자에게 송달하여야 한다(법 제36조 제4항). 당사자가 동의하면 결정서 등을 전자정보처리조직과 그와 연계된 정보통신망을 이용하여 송달할 수 있다(법 제78조). 종국결정이 법률의 제정 또는 개정과 관련이 있으면 그 결정서 등본을 국회 및 이해관계가 있는 국가기관에 송부하여야 한다(심판규칙 제49조). 그 외에도 심판사건에 관여한 국가 내지 공공단체기관이나 이해관계인에게도 결정서등본을 송부하는 것이 헌법재판소의 실무관행이다.[1]

6. 결정의 공시

종국결정은 관보에 게재함으로써 이를 공시한다(법 제36조 제5항). 종국결정의 효력은 선고에 의해서 발생하기 때문에 관보게재는 종국결정의 효력발생요건이 아니라 단순한 법정의 공시절차에 불과하다.[2] 관보를 통한 공시는 초기에는 정부의 관보를 통해서 이루어졌으나, 1993년 5월 1일 제1호 헌법재판소 공보가 나온 이래 공보를 통해 이루어지고 있다.

7. 결정의 경정

(1) 의   의

결정의 경정이란 결정서에 잘못된 계산이나 기재, 그밖에 이와 비슷한 잘못이 있음이 분명한 때에 그 오류를 정정하는 것을 말하고(법 제40조, 민사소송법 제211조), 이러한 결정을 경정결정이라 한다. 경정결정은 원결정과 일체가 되어 결정선고 시에 소급하여 그 효력이 발생한다.[3]

(2) 요   건

결정서에 잘못된 계산이나 기재, 그밖에 이와 비슷한 잘못이 있고, 또 그러한 잘못이 분명한 경우여야 한다. 따라서 결정에 표현상의 분명한 오류가 아니고, 판단

의한 헌법소원심판사건(위헌심사형헌법소원사건) ⑦ 헌사―각종신청사건(국선대리인선임신청, 가처분신청, 기피신청 등) ⑧ 헌아―각종 특별사건(재심 등).
1) 허영, 헌법소송법론, 168쪽.
2) 허영, 헌법소송법론, 168쪽.
3) 대법원 1962. 1. 25. 4294민재항674 결정.

내용의 오류나 판단유탈은 경정사유로 되지 않는다. 결정경정이 가능한 오류에는 그것이 헌법재판소의 과실로 인하여 생긴 경우뿐만 아니라 당사자의 청구에 잘못이 있어 생긴 경우도 포함된다.[1]

(3) 절   차

결정경정은 직권 또는 당사자의 신청에 의하여 어느 때라도 할 수 있다(법 제40조, 민사소송법 제211조 제1항). 당사자의 결정경정신청에 의한 경우[2]는 물론 직권에 의한 경우[3] 그리고 당사자가 아닌 제3자의 신청에 의한 경우[4]에도 인정한 사례가 있다.

경정결정은 원결정의 원본과 부본에 부기하여야 하고, 다만 정본이 이미 당사자에게 송달되어 정본에 부기할 수 없을 때에는 따로 경정결정의 정본을 송달한다(법 제40조, 민사소송법 제211조 제1항).

8. 심판확정기록의 열람·복사

누구든지 권리구제, 학술연구 또는 공익 목적으로 심판이 확정된 사건의 열람 또는 복사를 신청할 수 있다. 다만 (1) 변론이 비공개로 진행된 경우, (2) 국가의 안전보장, 선량한 풍속, 공공의 안녕질서나 공공복리를 현저히 침해할 우려가 있는 경우, (3) 관계인의 명예, 사생활의 비밀 등을 현저히 침해할 우려가 있는 경우에는 열람과 복사가 제한될 수 있다(법 제39조의2 제1항).

사건기록의 열람 또는 복사 등에 관하여 필요한 사항은 헌법재판소규칙으로 정한다(동조 제3항). 사건기록을 열람하거나 복사한 자는 열람 또는 복사에 의하여 알게 된 사항을 이용하여 공공의 질서 또는 선량한 풍속을 침해하거나 관계인의 명예 또는 생활의 평온을 훼손하는 행위를 하여서는 안 된다(동조 제4항).

---

1) 대법원 1970. 3. 31. 70다104 판결.
2) 헌재 1999. 11. 17. 99헌사350 결정〈결정경정신청(인용)〉.
3) 헌재 2007. 8. 21. 2005헌사717 결정〈효력정지 가처분신청(기각)〉.
4) 헌재 2000. 11. 23. 2000헌사464 결정〈결정경정신청(인용)〉.

제 7 절   가 처 분

1. 가처분의 의의

'가처분'(Einstweilige Anordnung)이란 본안소송(종국결정)의 실효성을 확보하고 잠정적인 권리보호를 위해서 일정한 사전조치가 필요한 경우 재판부가 행하는 잠정적인 조치로서, 일종의 가구제제도이다. 가처분을 인정하는 것은 본안결정 이전에 회복하기 어려운 손해가 발생함으로써 본안결정이 내려지더라도 실효성을 갖지 못하게 되는 사태를 방지하려는 취지이다.

가처분제도는 본안결정까지 상당히 많은 시간이 소요되는 것이 보통인(법 제38조가 정하는 180일의 심판규정을 훈시규정으로 보는 헌법재판의 실무를 감안할 때) 헌법재판의 특성상 헌법재판의 청구인의 목적을 달성하기 위해서 필수적인 제도라 할 수 있다. 특히 긴급한 헌정상황에서의 가처분은 헌법질서에 대한 응급조치 또는 정치적 충돌을 완화하는 역할을 한다고 할 수 있다.[1]

본안소송과의 관계에서 가처분은 원칙적으로 적법한 본안소송을 전제로 하므로 종속성을, 본안소송의 종국결정에 앞서 행해지므로 선행성을, 그 효력이 본안결정 때까지만 미치므로 잠정성을, 본안소송의 승패와는 무관하게 가처분의 필요성 유무에 따라 이루어지므로 독자성을 갖는다.[2]

2. 가처분의 허용여부

헌법재판소법은 정당해산심판(법 제57조)과 권한쟁의심판(법 제65조)에 대해서만 가처분에 관한 규정을 두고 있다.

한편 법원이 위헌법률심판을 제청하는 경우 당해 소송사건의 재판은 헌법재판소의 위헌여부의 결정이 있을 때까지 정지되는 것(법 제42조 제1항)과 탄핵소추의 의결을 받은 사람은 헌법재판소의 심판이 있을 때까지 그 권한행사가 정지되는 것(법 제50조)은 사전적인 보전조치로서 법률에 그 내용이 규정되어 있다는 점에서 가처분과는 구별된다.

가처분의 허용 여부에 대하여 가처분이 정당해산심판과 권한쟁의심판 두 경우

---

1) 헌법재판실무제요, 65쪽.
2) 허영, 헌법소송법론, 180쪽.

에만 해당된다는 열거설과 다른 심판에도 준용된다는 예시설이 있다. 다른 심판의
경우에도 효과적인 권리구제 내지는 헌법질서의 보호를 위하여 가처분의 필요성이
인정되며, 거꾸로 가처분을 금지할 정당한 사유가 발견되지 않는다. 그러므로 다른
심판의 경우에도 가처분이 인정되는 것으로 보아야 한다.[1] 따라서 헌법재판소법 제
40조에 의하여 민사소송법상의 가처분규정(민사소송법 제714조 이하)과 행정소송법상의
집행정지규정(행정소송법 제23조)은 성질에 반하지 않는 한 헌법재판에도 준용되어야
할 것이다.[2] 물론 구체적인 필요성은 사안에 따라 헌법재판소가 판단하여야 한다.
헌법재판소는 헌법소원심판[3]과 위헌법률심판에서도 가처분을 인정하고 있다.

---

1) 오호택, 헌법소송법, 55쪽.
2) 오호택, 헌법소송법, 56쪽.
3) 헌법소원심판절차에서 가처분을 인정할 수 있다는 헌법재판소의 입장에 대하여는 다음과 같은 찬
  성론과 비판론이 있다. 찬성론의 논지는 다음과 같다. ① 일반심판절차에서 가처분에 관한 명시적
  인 규정을 두지 않았으나 헌법재판도 재판의 형식을 취하고 있는 이상, 가처분제도는 헌법재판에
  내재되어 있는 제도라고 볼 수 있고, 본안결정의 실효성을 확보할 실제적 필요성이 있는 한, 헌법
  재판소법 제40조의 준용규정에 따라 민사소송법상의 가처분을 준용할 수 있다. ② 준용근거규범
  인 헌법재판소법 제40조는 준용대상규범인 민사소송에 관한 법령과의 관계에서 '포괄준용' 형식을
  띠고 있으므로 가처분의 절차에 관한 규정만 준용된다고 한정할 수 없다. 정당해산심판이나 권한
  쟁의심판에 있어서도 가처분의 요건이나 효력에 관하여 헌법재판소법 제57조나 제65조가 명확하
  게 규정하고 있지 않기 때문에 이 경우에도 일반적 준용규정에 의하여 민사소송법이나 행정소송
  법을 준용할 수밖에 없고, 따라서 위 두 경우에만 가처분의 절차규정에 따라 가처분을 할 수 있다
  는 주장은 성립하기 어렵다. ③ 위헌법률심판과 헌법소원심판도 재판부가 필요하다고 인정하는
  경우에는 변론을 열 수 있고(법 제30조 제2항 단서, 제25조 제1항, 제27조 제2항), 특히 헌법소원
  에 있어서 대심적 구조를 이루는 것이 일반적이다. ④ 행정소송법의 집행정지규정을 준용한다는
  핵심적인 의미는 행정소송에서의 처분의 효력정지에 대응하여 이를 적절히 변경을 가하여 헌법재
  판의 특수성을 고려해서 헌법소원에서 법령을 심판대상으로 하는 경우 법령의 효력정지의 가처분
  을 할 수 있다는 의미이다. ⑤ 헌법재판소법 제68조 제2항의 헌법소원 사건에서 사후적으로 재심
  에 의하여 구제를 받는다는 것과 사전적인 보전조치로서의 가처분을 구별하여야 하고, 다만 재심
  에 의한 구제가능성은 가처분결정에서 형량판단의 요소로 고려할 수 있고, 이로써 가처분제도 자
  체를 부인할 수는 없다(이상 황치연, "헌법재판에서의 가처분", 헌법실무연구 제3권, 박영사, 2000,
  265쪽 이하, 특히 271-276쪽 참조). ⑥ 헌법소원심판 등에서 가처분에 관한 명시적인 규정이 없
  는 것은 절차규정의 흠결로 보아 헌법재판소가 가지고 있는 헌법재판절차를 창설할 수 있는 힘에
  의해 가처분을 선고할 수 있다(정종섭, 헌법소송법, 203쪽). ⑦ 헌법재판소법 제40조에 의하여 헌
  법소원심판에 있어서의 민사소송법과 행정소송법을 함께 준용하도록 하고 있으므로 가처분을 인
  정할 수 있다(김철용·김문현·정재황, "헌법재판절차의 개선을 위한 입법론적 연구", 헌법재판연
  구 4, 헌법재판소, 1993, 54쪽.
     이에 대하여 반대론의 논거는 다음과 같이 간추릴 수 있다. ① 헌법소원에서 가처분의 필요성이
  있다는 것은 입법론의 근거가 될 뿐 해석론의 논거가 될 수는 없다. ② 현행 헌법재판소법상 가처
  분이 정당해산심판 및 권한쟁의심판에만 허용되고, 헌법재판소법이 두 가지 심판절차에만 가처분
  규정을 둔 것은 특별한 이유가 있다. ③ 행정처분의 취소를 구하는 행정소송에서 처분의 효력정
  지를 명하는 것과 법령의 위헌확인을 구하는 헌법소원에서 법령의 효력정지를 명하는 것은 그 성
  질을 달리 하므로, 행정소송법의 집행정지규정은 헌법소원의 가처분에 관한 근거규정이 될 수 없
  다. ④ 헌법재판소가 민사소송법을 준용할 수 있는 '심판절차'에 관한 규정은 가처분절차에 관한

판례 〈직접처분 효력정지 가처분신청(인용)〉 "권한쟁의심판에서의 가처분결정은 피청구기관의 처분 등이나 그 집행 또는 절차의 속행으로 인하여 생길 회복하기 어려운 손해를 예방할 필요가 있거나 기타 공공복리상의 중대한 사유가 있어야 하고 그 처분의 효력을 정지시켜야 할 긴급한 필요가 있는 경우 등이 그 요건이 되고, 본안사건이 부적합하거나 이유 없음이 명백하지 않는 한, 가처분을 인용한 뒤 종국결정에서 청구가 기각되었을 때 발생하게 될 불이익과 가처분을 기각한 뒤 청구가 인용되었을 때 발생하게 될 불이익에 대한 비교형량을 하여 행한다."(헌재 1999. 3. 25. 98헌사98 결정)

판례 〈효력정지 가처분 신청(인용)〉 "헌법재판소법은 정당해산심판과 권한쟁의심판에 관해서만 가처분에 관한 규정(같은 법 제57조 및 제65조)을 두고 있을 뿐, 다른 헌법재판절차에 있어서도 가처분이 허용되는가에 관하여는 명문의 규정을 두고 있지 않다. 그러나 위 두 심판절차 이외에 같은 법 제68조 제1항 헌법소원심판절차에 있어서도 가처분의 필요성이 있을 수 있고, 달리 가처분을 허용하지 아니할 상당한 이유를 찾아볼 수 없으므로 위 헌법소원심판청구사건에서도 가처분이 허용된다고 할 것이다. 그러므로 헌법재판소법 제40조 제1항에 따라 준용되는 행정소송법 제23조 제2항의 집행정지규정과 민사소송법 제714조의 가처분규정에 비추어 볼 때, 이와 같은 가처분결정은 헌법소원심판에서 다투어지는 '공권력 행사 또는 불행사'의 현상을 그대로 유지시킴으로 인하여 생길 회복하기 어려운 손해를 예방할 필요가 있어야 하고 그 효력을 정지시켜야 할 긴급한 필요가 있어야 한다는 것 등이 그 요건이 된다 할 것이므로, 본안심판이 부적법하거나 이유없음이 명백하지 않는 한, 위와 같은 가처분의 요건을 갖춘 것으로 인정되고, 이에 덧붙여 가처분을 인용한 뒤 종국결정에서 청구가 기각되었을 때 발생하게 될 불이익과 가처분을 기각한 뒤 청구가 인용되었을 때 발생하게 될 불이익에 대한 비교형량을 하여 후자의 불이익이 전자의 이익보다 크다면 가처분을 인용할 수 있는 것이다."(헌재 2000. 12. 8. 2000헌사471 결정)[1]

규정만이 해당하고, 가처분의 근거규정 자체는 헌법재판소법에 마련되어 있어야 한다. ⑤ 헌법재판소법은 법원이 위헌제청을 한 경우에는 법원의 재판을 정지함으로써, 법원이 위헌제청신청을 기각하고 재판을 진행하여 재판이 확정된 경우에는 재심을 허용함으로써 어느 경우에나 헌법재판소의 결정의 기속력을 따를 수 있도록 하고 있으므로, 대상법률의 효력정지를 명하는 가처분을 할 필요는 없다(이상 박상훈, "헌법재판소법상 가처분 일반조항의 신설필요성에 관하여", 헌법재판제도의 이해(재판자료 제92집), 법원도서관, 2001, 671쪽 이하, 특히 686-690쪽 참조) ⑥ 대립당사자의 대심적 구조를 취하는 민사소송법의 가처분 규정은 대심적 구조를 취하지 않는 헌법소원에서는 성질상 준용될 수 없다(강현중, "헌법소원심판에 가처분이 허용되는가", 법률신문 2001. 3. 26., 14쪽. ⑦ 헌법소원심판에서 명문규정이 없이 가처분절차를 수용하고 있는 것은 위헌이고, 즉 명문규정이 없이 재판소가 절차를 창설하는 것은 법치국가에서 그 목적이 권리보호라고 하여도 헌법에 위배된다(김상겸, "헌법재판소법의 문제점과 개선방안", 공법학연구 제6권 제1호(2005. 12.), 145쪽).

1) 권리구제형 헌법소원 사건에서 가처분 인용사례: (가) 헌재 2000. 12. 8. 2000헌사471 결정에서 사법시험 제1차 시험을 4회 응시한 후 마지막 응시 이후 4년간 제1차 시험을 응시할 수 없도록 한 사법시험령 제4조 제3항 본문에 대하여 효력정지결정을 하였으나, 헌재 2001. 4. 26. 2000헌마263 결정에서 심판청구 이후 위 사법시험령 규정이 2001. 3. 31. 폐지되어 응시제한이 철폐되자 심판을

> **판례** 〈효력정지 가처분신청(인용, 기각)〉 "가처분은 위헌이라고 다투어지는 법령의 효력을 그대로 유지시킬 경우 회복하기 어려운 손해가 발생할 우려가 있어 가처분에 의하여 임시로 그 법령의 효력을 정지시키지 아니하면 안 될 필요가 있을 때 허용되고 다만 현재 시행되고 있는 법령의 효력을 정지시키는 것일 때에는 그 효력의 정지로 인하여 파급적으로 발생 되는 효과가 클 수 있으므로 비록 일반적인 보전의 필요성이 인정된다고 하더라도 공공복리에 중대한 영향을 미칠 우려가 있을 때에는 인용되어서는 안 될 것이다."(헌재 2002. 4. 25. 2002헌사129 결정)

> **판례** 〈법률의 위헌확인에서 가처분신청(인용)〉 "기간임용제 교원 재임용탈락의 당부에 대하여 다시 심사할 수 있도록 하면서, 재임용 탈락이 부당하였다는 결정에 대하여 청구인(학교법인)은 소송으로 다투지 못하도록 하고 있는 대학교원 기간임용제 탈락자 구제를 위한 특별법 제9조 제1항의 효력을 가처분으로 정지시켜야 할 필요성이 있다."(헌재 2006. 2. 23. 2005헌사754 결정)

3. 가처분의 신청

계속 중이거나 계속될 본안소송의 청구인적격이 있는 자는 가처분신청을 할 수 있으며, 헌법재판소는 본안절차가 계속 중인 경우 직권으로 가처분을 명할 수 있다(법 제57조, 제65조, 제40조 등). 가처분 사건에도 일사부재리의 원칙이 적용된다(법 제39조). 즉 가처분사건이 각하되거나 기각된 후에 아무런 사정변경이 없음에도 동일한 사유로 가처분신청을 하는 것은 허용되지 아니한다.

가처분신청은 신청취지와 이유를 기재한 가처분신청서를 작성·제출함으로써 이루어진다. 다만 가처분신청의 취하는 변론기일 또는 심문기일에서 구두로 할 수 있다(심판규칙 제50조 제1항). 가처분신청에 특별한 기간의 제한은 없다. 변호사강제주의(법 제25조)는 가처분절차에도 적용된다. 다만 재판부가 직권으로 가처분절차를 개

이익이 없다하여 심판청구를 각하. (나) 헌재 2002. 4. 25. 2002헌사129 결정에서 일반미결수들의 접견횟수가 매일 1회임에 반하여 군인의 신분인 미결수용자의 면회횟수를 주2회로 제한한 군행형법시행령 세43조 제2항 본문 중 전단부분에 대하여 효력정지결정을 하였고, 헌재 2003. 11. 27. 2002헌마193 결정에서 위 시행령규정이 헌법상 법률유보규정과 과잉금지원칙, 평등권에 위배된다고 하여 위헌결정하였음. (다) 헌재 2006. 2. 23. 2005헌사754 결정에서 교원소청심사위원회로 하여금 기간임용제 교원을 재임용하지 아니한 신청인(학교법인)의 결정의 당부를 재심사할 수 있도록 하면서 위 특별위원회의 결정에 대한 제소를 금지하는 대학교원기간임용제탈락자구제를 위한 특별법 제9조 제1항에 대하여 행정소송법상 제소기간 경과 전에 위 조항의 적용중지 여부가 임시적으로 결정될 필요가 있다는 이유로 효력정지결정을 하였고, 헌재 2006. 4. 27. 2005헌마1119 결정에서 위 특별법규정이 학교법인의 재판청구권을 침해하고, 평등원칙에 위배된다는 등의 이유로 위헌결정하였음.

시하는 경우에는 변호사강제주의가 적용되지 아니한다.[1]

가처분신청은 별건의 사건으로 접수되며, 사건부호는 헌사이다.

4. 가처분의 요건

(1) 가처분의 적법요건

가처분을 신청하기 위해서는 당사자능력이 있어야 한다. 본안재판의 소송참가
인은 포함되지만, 의견진술권만을 가진 이해관계인은 포함되지 아니한다. 본안의 피
청구인과 가처분의 피신청인은 다를 수 있다.

> **판례** 〈국선대리인 선임신청(선정)〉 "국무총리서리 임명행위의 효력정지 및 직무집행
> 정지 가처분사건의 경우 본안의 피청구인은 대통령인데 비해서 가처분의 피신청인은
> 김종필씨이다."(헌재 1998. 7. 14. 98헌사31 결정)

가처분을 신청하기 위해서는 본안사건이 헌법재판소의 관할에 속하여야 하며,
본안심판이 계속 중이면 종국결정이 있을 때까지 기간의 제한 없이 신청할 수 있다.
물론 이 경우에도 본안사건의 심리가 성숙되어 종국결정의 선고가 임박한 때에는
가처분신청의 실효성이 없기 때문에 신청을 할 수 없는 것으로 보아야 할 것이다.[2]
정확하게는 신청은 할 수 있으나 신청이 인용될 확률이 거의 없다 할 것이다.

그러나 본안사건의 계속 전에 가처분 신청을 할 수 있는가(이른바 '고립적 가처분신
청' isolierter Antrag)가 문제된다. 이에는 독일의 학설과 판례를 근거로 하여 본안심판
계속 중에만 가처분을 신청할 수 있다고 한다면 가처분제도의 실효성을 감소시킬
우려가 있다는 원칙적 찬성론[3]과 "고립적 신청은 가처분제도의 종속성에 어긋나는
일이므로 원칙적으로 허용되지 않지만, 다만 가처분신청을 미리 하지 않으면 막대
한 불이익을 예방할 수 없거나 공권력의 목전의 위험에서 도저히 벗어날 수 없는
등 특별히 정당한 예외적인 사유가 있는 경우에 한하여 본안소송을 전제로 한 고립
적인 가처분신청이 허용된다"는 원칙적 반대론[4]이 있다. 결국 그 내용은 거의 같은

---

1) 허영, 헌법소송법론, 183쪽.
2) 허영, 헌법소송법론, 183쪽; 헌법재판실무제요, 68쪽.
3) 오호택, 헌법소송법, 57쪽; 헌법재판실무제요, 70쪽.
4) 허영, 헌법소송법론, 183·184쪽. 물론 이 경우에도 가처분신청을 미리 하지 않으면 막대한 불이익
   을 도저히 예방할 수 없거나 공권력의 목전의 위험에서 도저히 벗어날 수 없는 등 특별히 정당한
   예외적인 사유가 있는 경우에 한하여 본안소송을 전제로 한 가처분신청이 허용된다고 한다(184쪽).

것으로 되겠지만, 가처분신청이 본안소송에 대해서 종속적이라는 점을 염두에 둔다면, 원칙적 반대론의 논거가 논리상 더 타당한 것으로 보인다.

가처분의 신청이 본안심판의 소송물범위를 초과하는 것은 허용되지 아니한다.[1] 또한 권리보호의 이익이 있어야 한다. 즉 본안심판이 적시에 선고될 수 있거나, 다른 방법으로 가처분의 목적이 달성될 수 있는 경우 등은 권리보호의 이익이 없다. 따라서 본안소송의 종국결정을 미리 앞당기기 위한 가처분신청은 허용되지 않는다.[2]

(2) 가처분의 실체적 요건

본안심판의 승소가능성은 원칙적으로 고려대상이 아니다. 그러나 본안심판이 명백히 부적법하거나 명백히 이유 없는 경우에는 가처분을 명할 수 없다.[3]

가처분을 신청하기 위해서는 ① 중대한 불이익의 방지, 즉 침해행위가 위헌으로 판명될 경우 발생하게 될 회복하기 어려운 손해 또는 회복 가능하지만 중대한 손해 등이 있어야 한다. ② 또한 긴급성, 즉 중대한 손실을 방지하기 위하여 본안심판이 적절한 시간 내에 결정될 것이 기대하기 어려운 경우라야 한다.[4]

한편 가처분신청이 인용되고 본안심판이 기각될 경우와 가처분신청이 기각되고 본안심판이 인용될 경우를 비교하여 그 불이익이 적은 쪽을 선택하여야 한다(헌재 1999. 3. 25. 98헌사98 결정에서도 인정된 이른바 '이중가설이론' Doppelhypothese).[5]

가처분결정은 어디까지나 잠정적이고 예외적인 조치이기 때문에 이익형량에 있어 가처분사유를 엄격하고 제한적으로 해석·적용하여야 할 것이다. 특히 법규범의 효력을 정지시키거나 헌법재판소가 통치기능의 영역으로 개입하게 되는 경우 가처분결정은 더욱 더 신중하여야 할 것이다. 또한 이익형량은 청구인의 이해관계뿐

---

1) 그러나 가처분의 결정에 있어서는 이에 대한 예외가 인정된다. 즉 "가처분이 본안사건에 대하여 종속적이라고 하여 가처분결정이 언제나 본안에서 명하는 것을 넘어선 내용을 담을 수 없는 것은 아니다. 헌법재판에서는 사안의 특성에 따라 본안의 내용을 상회하는 내용을 가처분으로 명할 수 있다. 예컨대 권한쟁의심판에 있어서 본안에서 권한의 존부나 범위를 확인하는 경우에도 가처분에서는 권한의 침해가 나투어지는 특성한 조지의 집행이나 처분의 효력을 정지시킬 수 있다."(정종섭, 헌법소송법, 200쪽) 이처럼 본안결정으로 해결되어야 할 것들이 사실상 가처분단계에서 해결되는 경우가 많은데, 이러한 것을 가처분의 본안소송화결정이라 한다(정종섭, 헌법학원론, 1449쪽).
2) 허영, 헌법소송법론, 185쪽.
3) 헌재 1999. 3. 25. 98헌사98 결정〈직접처분 효력정지 가처분신청(인용)〉
4) 김하열, 헌법소송법, 152쪽은 이밖에도 공공복리에 중대한 영향을 미칠 우려가 있을 것이라는 요건을 더 들고 있다.
5) 본안소송의 성공과 실패를 동일한 비중으로 중요하거나 중요하지 않다고 보기 때문에 이중가설이라 한다. 허영, 헌법소송법론, 189쪽.

아니라 문제가 될 수 있는 모든 이해관계를 대상으로 행해져야 한다.[1]

> **판례** 〈직접처분 효력정지 가처분 신청(인용)〉 "헌법재판소가 직권 또는 청구인의 신청
> 에 따라 심판대상이 된 피청구기관의 처분의 효력을 정지하는 가처분신청은 본안사
> 건이 부적법하거나 이유 없음이 명백하지 않는 한, 가처분을 인용한 뒤 종국결정에서
> 청구가 기각되었을 때 발생하게 될 불이익과 가처분을 기각한 뒤 청구가 인용되었을
> 때 발생하게 될 불이익에 대한 비교형량을 하는 것이 가장 중요한 요건이 될 수밖에
> 없고 이 비교형량의 결과 후자의 불이익이 전자의 불이익보다 큰 때에 한하여 가처분
> 결정을 허용할 수 있는 것이다."
> "이 사건 진입도로에 관한 피신청인의 도시계획입안과 지정·인가처분의 효력을 정
> 지시키는 가처분결정을 하였다가 신청인에게 불리한 종국결정을 하였을 경우, 처분의
> 상대방에게는 공사지연으로 인한 손해가 발생하고 또 골프연습장을 이용하려는 잠재
> 적 수요자의 불편이 예상된다는 점 외에 다른 불이익은 없는 반면, 가처분신청을 기
> 각하였다가 신청인의 청구를 인용하는 종국결정을 하였을 경우, 피신청인의 직접처분
> 에 따른 처분의 상대방의 공사진행으로 교통불편을 초래하고 공공공지를 훼손함과
> 동시에 이의 원상회복을 위한 비용이 소요되는 등의 불이익이 생기게 되므로, 종국결
> 정이 기각되었을 경우의 불이익과 가처분신청을 기각한 뒤 결정이 인용되었을 경우
> 의 불이익을 비교형량할 때 이 사건 가처분신청은 허용함이 상당하다."(헌재 1999. 3.
> 25. 98헌사98 결정)

5. 가처분심판의 절차와 효력

(1) 가처분심판의 심리

구두변론을 하게 되어 있는 탄핵심판·정당해산심판·권한쟁의심판의 경우에도 가처분의 신속성·잠정성을 고려하여 구두변론 없이도 할 수 있다. 헌법재판소는 국무총리서리 임명행위의 효력정지 및 직무집행정지 가처분신청 사건[2]과 감사원장서리 임명행위의 효력정지 및 직무집행정지 가처분신청 사건[3]에서 변론절차를 연 바 있다.

특별히 긴급을 요하는 경우에는 당사자나 기타 이해관계인의 의견진술의 기회를 주지 않고 곧바로 결정할 수 있다. 물론 재판부는 가처분의 심리를 위하여 필요하다고 인정하는 경우 당사자의 신청 또는 직권에 의하여 증거조사를 할 수 있다(법

---

1) 헌법재판실무제요, 72쪽.
2) 헌재 1998. 7. 14. 98헌사31 결정〈국무총리서리 임명행위의 효력정지 및 직무집행정지 가처분신청
   (기각)〉.
3) 헌재 1998. 7. 14. 98헌사43 결정〈감사원장서리 임명행위의 효력정지 및 직무집행정지 가처분신청
   (기각)〉.

제31조 제1항).

또한 재판부는 결정으로 다른 국가기관 또는 공공단체의 기관에 대하여 필요한 사실을 조회하거나, 기록의 송부나 자료의 제출을 요구할 수 있다(법 제32조).

재판부는 재판관 7인 이상의 출석으로 사건을 심리하고, 종국심리에 관여한 재판관 과반수의 찬성으로 결정한다(법 제23조 제1항, 제2항). 그러나 헌법소원심판사건에서 3인의 재판관의 일치된 의견으로 각하결정을 할 수 있으므로(법 제72조 제1항), 가처분에 대한 인용결정은 할 수 없으나 각하결정은 할 수 있는 것으로 보아야 한다. 지정재판부가 가처분신청을 기각한 사례도 많다.[1]

(2) 가처분결정과 효력

헌법재판소는 가처분신청의 목적을 달성함에 필요한 처분을 할 수 있다(법 제40조, 민사소송법 제719조 제1항). 현재의 법상태를 규율하는 가처분뿐만 아니라 새로운 법적 상태를 형성하는 가처분도 허용된다. 가처분에는 적극적 행위의 가처분과 소극적 행위의 가처분이 있을 수 있다. 전자의 예로는 입학허가명령(독일연방헌법재판소 결정례)을 들 수 있고, 후자의 예로는 효력발생금지·행위금지·방해금지·절차정지 등이 있을 수 있다.

가처분결정도 각하, 기각, 인용의 종류가 있으며, 이유를 기재하여야 한다. 원칙적으로는 "종국결정 선고시까지", "본안재판 결정시까지"라는 문구가 들어가야 한다.

가처분결정도 확정력·형성력 등이 인정되며, 주문에 달리 정하지 않는 한 본안사건에 대한 결정이 있을 때까지 기속력이 인정된다.

가처분결정이 선고되면 결정서정본이 작성되어 당사자에게 송달된다(법 제36조 제4항). 이의신청이 가능한지에 대하여는 우리 헌법재판소법에는 명문의 규정이 없다. 따라서 민사집행법의 규정을 준용할 수 있다고 볼 수 있다. 그러나 민사집행법 제283조 제3항에 따르더라도 이의신청이 가처분의 집행정지의 효력을 갖지 않기 때문에 긴급한 필요성에 의해서 행해진 가처분결정에 대한 이의시청이 제대로 심리되어 실효성을 갖기를 기대하기는 어렵다.[2][3]

---

1) 헌재 1997. 12. 16. 97헌사189 결정〈가처분신청(기각)〉, 헌재 2004. 10. 5. 2004헌사516 결정〈효력정지 가처분신청(각하)〉, 헌재 2005. 10. 25. 2005헌사657 결정〈효력정지 가처분신청(기각)〉, 헌재 2006. 4. 25. 2006헌사299 결정〈효력정지 가처분신청(기각)〉 등 참조.
2) 허영, 헌법소송법론, 192쪽.
3) 독일연방헌법재판소법 제32조 제3항은 가처분이 변론을 거치지 아니하고 명하여지거나 기각된 경

가처분 인용결정 이후 본안심판 결정 전에 가처분 사유가 소멸되었다고 인정될 경우에는 이해관계인의 신청이나 직권으로 가처분을 취소할 수 있다(민사소송법 제706조 제1항, 제715조, 제720조, 형소법 제24조 제1항).[1]

제 8 절　재　심

재심이란 확정된 종국결정에 재심사유에 해당하는 중대한 하자가 있는 경우에 그 결정의 취소와 이미 종결된 사건의 재심판을 구하는 비상의 불복신청방법이다.

헌법재판소 결정에 대한 재심의 허용여부에 관하여 헌법재판소법은 명시적 규정을 두고 있지 않다. 헌법재판소는 재심의 허용 여부 내지 허용 정도는 심판절차의 종류에 따라 개별적으로 판단되어야 한다고 한다.[2] 그에 따라 헌법재판소는 헌법재판소법 제68조 제2항의 위헌심사형 헌법소원의 경우에는 재심을 부정하였다.

> **판례** 〈민사소송법 제118조에 대한 헌법소원(각하)〉 "만약 법 제68조 제2항에 의한 헌법소원사건에서 선고된 헌법재판소의 결정에 대하여 재심에 의한 불복방법이 허용된다면, 종전에 헌법재판소의 위헌결정으로 효력이 상실된 법률 또는 법률조항이 재심절차에 의하여 그 결정이 취소되고 새로이 합헌결정이 선고되어 그 효력이 되살아날 수 있다거나 종래의 합헌결정이 후일 재심절차에 의하여 취소되고 새로이 위헌결정이 선고될 수 있는바, 이러한 결과는 그 문제된 법률 또는 법률조항과 관련되는 모든 국민의 법률관계에 이루 말할 수 없는 커다란 혼란을 초래하거나 그 법적 생활에 대한 불안을 가져오게 할 수도 있다. 결국 위헌법률심판을 구하는 헌법소원에 대한 헌법재판소의 결정에 대하여는 재심을 허용하지 아니함으로써 얻을 수 있는 법적 안정성의 이익이 재심을 허용함으로써 얻을 수 있는 구체적 타당성의 이익보다 훨씬 높을 것으로 쉽사리 예상할 수 있고, 따라서 헌법재판소의 이러한 결정에는 재심에 의한 불복방법이 그 성질상 허용될 수 없다고 보는 것이 상당하다."(헌재 1992. 6. 26. 90헌아1 결정)

헌법재판소법 제68조 제1항의 권리구제형 헌법소원의 경우에 일반론적으로는 재판부의 구성이 위법한 경우 등 절차상 중대하고도 명백한 위법이 있어서 재심을

우 이의신청할 수 있고(헌법소원의 청구인은 제외), 연방헌법재판소는 이에 대하여 변론을 거쳐 재판하도록 규정하고 있다.

[1] 독일연방헌법재판소법 제32조 제6항은 가처분은 6개월이 지나면 효력을 상실하고, 연방헌법재판소는 투표수 3분의 2 이상의 다수로 가처분을 반복할 수 있다고 규정하고 있다.

[2] 헌재 1995. 1. 20 93헌아1 결정〈불기소처분취소(각하)〉.

허용하지 아니하면 현저히 정의에 반하는 경우에는 허용될 수 있을 것이라고 할 수 있다.[1] 따라서 헌법재판소는 초기에는 판단유탈은 재심사유가 되지 않는다고 하였으나, 이내 판례를 변경하여 판단유탈도 재심사유로 인정하였다.[2] 그러나 사실인정의 오류가 재심사유가 되는지 여부에 대해서는 그때그때 견해가 일정치 않다.[3]

> **판례** 〈민사소송법 제118조에 대한 헌법소원(각하)〉 "재심을 허용하지 아니함으로써 얻을 수 있는 법적 안정성의 이익이 재심을 허용함으로써 얻을 수 있는 구체적 타당성의 이익보다 훨씬 높을 것으로 쉽사리 예상할 수 있고, 따라서 헌법재판소의 이러한 결정에는 재심에 의한 불복방법이 그 성질상 허용될 수 없다고 보는 것이 상당하다."(헌재 1992. 6. 26. 90헌아1 결정)

> **판례** 〈불기소처분취소(각하)〉 "헌법재판소법 제68조 제1항에 의한 헌법소원 중 행정작용에 속하는 공권력작용을 대상으로 하는 권리구제형 헌법소원에 있어서는 사안의 성질상 헌법재판소의 결정에 대한 재심은 재판부의 구성이 위법한 경우 등 절차상 중대하고도 명백한 위법이 있어서 재심을 허용하지 아니하면 현저히 정의에 반하는 경우에 한하여 제한적으로 허용될 수 있을 뿐이고 … 판단유탈은 재심사유가 되지 아니한다."(헌재 1995. 1. 20. 93헌아1 결정)

　헌법재판소법은 재심에 관하여 아무것도 명시적으로 정하고 있지 않으므로 재심기간에 대해서도 정하고 있는 바가 없다. 따라서 헌법재판에서 재심을 인정하는 경우에는 헌법재판의 각종심판의 성질에 반하지 않는 범위에서 민사소송법이 준용된다고 할 것이므로 헌법재판에서의 재심기간에도 민사소송법의 규정이 준용된다고 할 것이다. 따라서 재심청구는 당사자가 결정이 확정된 후에 재심의 사유를 안 날로부터 30일 이내에 제기하여야 한다. 이 기간은 불변기간이다. 결정이 확정된 후 5년을 경과한 때에는 재심을 청구하지 못한다. 재심의 사유가 결정확정 후에 생긴 때에는 위 5년의 기간은 그 사유가 발생한 날로부터 기산한다(법 제40조 제1항, 민사소송법 제456조).

---

1) 헌재 1995. 1. 20. 93헌아1 결정.
2) 헌재 2001. 9. 27. 2001헌아3 결정〈불기소처분취소(기각)〉.
3) 헌재 2000. 6. 29. 99헌아18 결정〈불기분처분취소(각하)〉; 2003. 9. 25. 2002헌아42 결정〈불기소처분취소(인정)〉; 2007. 2. 22. 2006헌아50 결정〈불기소처분취소(각하)〉 참조.

제 4 장
위헌법률심판

제 4 장   위헌법률심판

제 1 절   위헌법률심판의 의의와 유형

위헌법률심판이란 법률의 위헌 여부를 심사하여 위헌인 법률의 효력을 상실시키는 헌법재판을 말한다. 위헌법률심판은 헌법의 최고규범성을 전제로 해서 헌법의 규범적 효력을 지킴으로써 헌법을 수호하려는[1] 객관적 소송으로서의 성질을 가진다.

위헌법률심판과 관련하여 헌법은 "법률이 헌법에 위반되는 여부가 재판의 전제가 된 경우에는 법원은 헌법재판소에 제청하여 그 심판에 의하여 재판한다"(제107조 제1항)고 하여 헌법재판소로 하여금 사후적인[2] 구체적 규범통제(재판부수적 규범통제)를 담당하도록 규정하고 있다.

위헌법률심판에는 여러 가지 유형이 있지만, 우리 실정법상으로는 법원의 제청에 의한 위헌법률심판(헌법 제111조 제1항 제1호, 헌법재판소법 제41조 이하, 헌가형)과 헌법재판소법 제68조 제2항의 헌법소원심판(위헌심사형 헌법소원심판, 헌바형)[3]이 있다.

제 2 절   법원의 제청에 의한 위헌법률심판

위헌법률심판은 제청 → 심판 → 종국결정의 순서로 진행된다. 제청절차는 직권

---

1) 성송섭, 헌법학원론, 1456쪽은 위헌법률심판은 ① 국회가 입법한 법률에 의해 헌법이 침해되는 것을 방지하여 최고규범성과 헌법질서를 수호하고 유지하고, ② 국민주권에 바탕을 둔 입헌주의를 실현하며, ③ 국회의 입법권의 남용으로부터 국민의 기본권을 보호하고, ④ 다수의 횡포가 법률의 형식으로 나타낼 때 이를 억제하여 소수를 보호함으로써 실질적 민주주의를 실현하는데 목적을 둔다고 한다.

2) 사후교정적이라는 말은 헌법이 정하고 있는 위헌법률심판은 공포되고 시행된 법률의 위헌여부에 대해서 심판하는 것을 가리킨다.

3) 헌법재판소는 이를 '이른바 위헌소원'으로 표현하고 있다. 헌재 1993. 7. 29. 90헌바35 결정〈「반국가행위자의 처벌에 관한 특별조치법」 제5조 및 헌법재판소법 제41조 등에 대한 헌법소원(위헌)〉.

또는 당사자의 신청에 의한 법원의 위헌제청결정 → 위헌제청결정서의 대법원 송부
(대법원 외의 법원의 경우) → 위헌제청결정의 헌법재판소 송부의 순으로, 심판절차는 위
헌제청결정서 접수 → 사건부호·사건명 부여 → 사건의 배당 → 서면심리 → 필요시
변론 → 자료 제출 요구 등의 순서로 진행된다.

제 1 항   위헌법률심판의 제청

1. 제청권자

　　법률이 헌법에 위반되는 여부가 재판의 전제가 되는 경우 법원의 제청에 의하
여 헌법재판소가 법률의 위헌여부를 심판한다(제107조 제1항). 따라서 위헌법률심판의
제청권자는 법원이다. 제청권자인 법원은 수소법원과 집행법원은 물론 비송사건 담
당법관도 포함한다. 여기서 수소법원이라 함은 특정한 사건이 재판절차의 대상으로
서 장차 계속될 예정이거나(민사소송법 제58조), 현재 계속되어 있거나(민사소송법 제269
조, 제270조), 또는 과거에 계속되어 있었던(민사소송법 제692조, 제693조) 법원을 말한다.
그와 반대로 집행법원이라 함은 강제집행을 할 수 있는 법원을 말한다(금전집행의 경
우). 작위·부작위청구권에 대한 강제집행은 수소법원이 행한다(민사소송법 제692조). 군
사법원도 제청권이 있으나(법 제41조 제1항), 각종 행정심판기관은 제청권을 갖는 법원
으로 볼 수 없다.[1]

　　그리고 여기서의 법원은 사법행정상의 관청으로서의 법원이 아니라 재판권을
행사하는 소송상의 의미로서의 법원이다. 따라서 단독판사 관할 사건의 경우에는
당해 소송의 담당법관 개인이 여기서 말하는 법원으로서 제청권이 있으며, 합의부
관할사건의 경우에는 합의부가 원칙적으로 제청권 있는 법원이지만 예외적으로 소
송법상 문제의 재판을 단독으로 할 수 있도록 하고 있는 경우에는(예컨대 군사법원이
1인의 재판관으로 구성되는 경우) 그 재판을 할 수 있는 권한이 있는 법관 개인도 법원에
해당한다. 또한 국가의 법원만이 위헌제청권을 가진다. 따라서 법원조직법과 군사법
원법에 의한 각급 법원이 아닌, 국내의 사설 중재재판소나 외국의 법원은 위헌제청
권이 없다.[2]

　　소송당사자(소송사건의 보조참가인 포함)의 신청이 있는 경우에는 법원은 결정으로

---

　1) 헌법재판실무제요, 103쪽.
　2) 헌법재판실무제요, 104쪽.

써 심판을 제청할 수도 있고 그 신청을 기각할 수도 있다. 당사자의 위헌법률심판제
청신청에 대한 법원의 기각결정에 대해서는 항고할 수 없고(법 제41조 제4항), 신청당
사자가 헌법재판소에 위헌심사형 헌법소원을 청구할 수 있을 뿐이다(법 제68조 제2항).

> **판례 ▣** 〈「하도급거래 공정화에 관한 법률」 제14조 제1항 등 위헌소원(합헌)〉 "헌법재판소
> 법 제 40조에 의하면 준용되는 민사소송법에 의하면 보조참가인은 피참가인의 소송
> 행위와 저촉되지 아니하는 한 소송에 관하여 공격·방어·이의·상소, 기타 일체의 소
> 송행위를 할 수 있는 자(민사소송법 제76조 제1항 본문)이므로 헌법재판소법 소정의
> 위헌심판제청신청의 '당사자'에 해당한다고 할 것이고. 이와 같이 해석하는 것이 구체
> 적 규범통제형 위헌심사제의 입법취지 및 기능에도 부합한다고 할 것이다. 민사소송
> 의 보조참가인은 헌법재판소법 제68조 제2항의 헌법소원의 당사자 적격이 있다."(헌재
> 2003. 5. 15. 2001헌바98 결정)

> **판례 ▣** 〈온천법 제2조 등 위헌소원(합헌)〉 "헌법재판소법 제68조 제2항은 기본권의 침
> 해가 있을 것을 그 요건으로 하고 있지 않을 뿐만 아니라 청구인 적격에 관하여도
> '법률의 위헌여부심판의 제청신청이 법원에 의하여 기각된 때에는 그 신청을 한 당사
> 자'라고만 규정하고 있는 바, 위 '당사자'는 행정소송을 포함한 모든 재판의 당사자를
> 의미하는 것으로 새겨야 할 것이고, 행정소송의 피고인 행정청만 위 '당사자'에서 제
> 외하여야 할 합리적인 이유도 없다. 행정청이 행정처분단계에서 당해 처분의 근거가
> 되는 법률이 위헌이라고 판단하여 그 적용을 거부하는 것은 권력분립의 원칙상 허용
> 될 수 없지만, 행정처분에 대한 소송절차에서는 행정처분의 적법성·정당성뿐만 아니
> 라 그 근거 법률의 헌법적합성까지도 심판대상으로 되는 것이므로 행정처분에 불복
> 하는 당사자뿐만 아니라 행정처분의 주체인 행정청도 헌법의 최고규범력에 따른 구
> 체적 규범통제를 위하여 근거 법률의 위헌 여부에 대한 심판의 제청을 신청할 수 있
> 고 헌법재판소법 제68조 제2항의 헌법소원을 제기할 수 있다고 봄이 상당하다."(헌재
> 2008. 4. 24. 2004헌바44 결정)

> **판례 ▣** 〈형사소송법 제262조 제6항 위헌소원(각하)〉 "헌법재판소법 제41조 제1항 및 법
> 제68조 제2항 전문을 해석하면 위헌심판 제청신청은 당해사건의 당사자만 할 수 있
> 다고 봄이 상당하고 형사재판의 경우 피고인이 아닌 고소인은 형사재판의 당사자라
> 고 볼 수 없으므로, 형사사건의 고소인은 위헌제청신청을 할 수 있는 자에 해당하지
> 않는다."(헌재 2010. 3. 30. 2010헌바102 결정)

2. 합헌결정권

　법원의 위헌심판제청권에 법률의 합헌결정권(합헌판단권)이 포함되는가와 관련하
여 대법원과 헌법재판소 그리고 학자들 사이에 견해가 나누어져 있다. 합헌결정권

이 포함되어 있다는 견해는 ① 사법권의 본질상 법률의 효력에 대한 심사권은 법관의 고유권한이며, ② 헌법재판소법 제43조 제4호가 법원이 위헌심판제청을 할 때에 제청서에 위헌이라고 해석되는 이유를 기재하도록 규정하고 있을 뿐만 아니라 ③ 헌법재판소법 제68조 제2항이 당사자의 제청신청이 기각된 때에는 당사자로 하여금 헌법재판소에 직접 헌법소원심판을 제기할 수 있도록 하고 있는 점 등을 그 논거로 든다.[1]

그에 반하여 합헌결정권이 포함되어 있지 않다는 견해는 ① 현행헌법은 구헌법 제108조 제1항의 '법률이 헌법에 위반되는 것으로 인정할 때'라는 문구를 삭제하였고, ② 구 헌법 당시 하급법원의 위헌심사제청에 대한 실질적 심사권을 대법원에 부여하였던 헌법위원회법 제15조 제2항과 법원조직법 제7조 제1항 제4호를 현행헌법에서는 삭제하였다는 점을 그 논거로 든다.[2]

이 중에서 법원에 합헌판단권이 있다는 견해가 다수설이며,[3] 또한 옳다고 생각한다. 왜냐하면 법률의 합헌결정권은 헌법과 법률에 의하여 그 양심에 따라 독립하여 심판하는 법관(제103조)의 당연한 권한이기 때문이다.[4] 그렇다고 하더라도 법원은 조금이라도 위헌의 의심이 있는 경우[5]에는 헌법해석의 통일성을 위하여 위헌제청심판을 해야 할 것이며, 결코 합헌·기각결정을 해서는 안 될 것이다.[6] 그런 의미에서 법원의 제청권은 법원의 권한이기도 하지만 동시에 의무이기도 하다. 즉 법원의 합헌판단권은 종국적인 것이 아니라 잠정적인 것에 지나지 않기 때문에, 법원의 합헌판단과 헌법재판소의 위헌판단 사이에 진정한 의미의 상충은 없다. 그리고 어떤 법률에 대하여 헌법재판소가 위헌결정을 내린다는 것은 그 동안 그 법률이 합헌임을 전제로 수많은 재판을 하였던 법원의 규범적 판단을 번복한다는 의미를 그 자체로 지녔다 할 것이다.[7] 이러한 해석이 앞의 제2장에서 본 바 있는 2005년 11월 24일 같은 법 조항에 대하여 헌법재판소의 위헌결정과 대법원의 합헌판결이 같은 날 선고되어

---

1) 대법원 1974. 2. 27. 74두20 결정.
2) 헌재 1993. 7. 29. 90헌바35 결정〈「반국가행위자의 처벌에 관한 특별조치법」 제5조 등 및 헌법재판소법 제41조 등에 대한 헌법소원(위헌, 각하)〉 참조.
3) 김철수, 판례학설 헌법학, 2059쪽; 권영성, 헌법학원론, 법문사, 2001, 1037쪽; 허영, 한국헌법론, 804쪽, 959쪽.
4) 허영, 헌법소송법론, 196쪽.
5) 독일의 경우에는 위헌의 확신이 있는 경우에만 제청할 수 있도록 하고 있다(김철수, 판례학설 헌법학, 2059쪽).
6) 김철수, 헌법학개론, 박영사, 2001, 1215쪽; 권영성, 헌법학원론(2001), 1038쪽.
7) 김하열, 헌법소송법, 46쪽.

최고사법기관 사이에 상이한 결론이 내려진 사건에도 그대로 적용된다 할 것이다.

> 판례 〈「반국가행위자의 처벌에 관한 특별조치법」 제5조 등 헌법소원(위헌, 각하)〉 "헌법재
> 판소법 제41조 제4항은 위헌여부심판의 제청에 관한 결정에 대하여는 항고할 수 없
> 다는 것으로서, 합헌판단권의 인정 여부와는 직접 관계가 없는 조항이므로, 그 조항
> 이 바로 법원의 합헌판단권을 인정하는 근거가 된다고 할 수는 없다. 또한 헌법재판
> 소법 제68조 제2항은 위헌제청신청이 기각된 때에는 그 신청인이 바로 헌법재판소에
> 법률의 위헌 여부에 관한 심사를 구하는 헌법소원을 제기할 수 있다는 것으로서, 그
> 경우에 '위헌제청신청이 기각된 때'라는 것은 반드시 합헌판단에 의한 기각결정만을
> 의미하는 것이 아니라 재판의 전제성을 인정할 수 없어 내리는 기각결정도 포함하는
> 것으로 해석되므로, 그 조항 역시 법원의 합헌판단권을 인정하는 근거가 된다고 볼
> 수 없다."(헌재 1993. 7. 29. 90헌바35 결정)

3. 제청과 심판절차

(1) 제청절차

일반법원의 재판계속 중 당해사건에 적용될 특정 법률 또는 법률조항이 헌법에
위반된다고 주장하는 당사자는 당해 사건을 담당하는 법원에 위헌제청의 신청을 할
수 있다(법 제41조 제1항).

1) 제청신청서의 제출

제청신청은 법원의 제청결정을 요구하는 신청서면으로 이루어진다. 제청신청은
당해 소송절차에서 부수·파생하는 절차이지만 독립한 신청이므로 별도의 기록을
만든다.

위헌제청서에는 다음과 같은 사항이 기재된다(법 제43조). ① 제청법원의 표시,
② 사건 및 당사자의 표시, ③ 위헌이라고 해석되는 법률 또는 법률의 조항, ④ 위
헌이라고 해석되는 이유,[1] ⑤ 기타 필요한 사항.[2] 이밖에 필요한 증거서류 또는 참
고자료를 첨부할 수 있고(법 제26조 제2항), 제청법원은 위헌법률심판을 제청한 후에도
심판에 필요한 의견서나 자료 등을 헌법재판소에 제출할 수 있다(심판규칙 제55조).

제청신청서의 심사에는 민사소송법에 따른 재판장의 소장심사 규정이 준용되

---

[1] 헌법재판소는 위헌이라고 해석된다는 점을 뒷받침할 구체적인 '법률이 위헌이라고 해석되는 이유'
가 전혀 기재되어 있지 않으면, 헌법재판소법 제68조 제2항의 청구로서 부적법하다고 판시하고
있다(헌재 2001. 3. 21. 99헌바107 결정).

[2] 기타 필요한 기재사항은 당해사건이 형사사건인 경우 피고인의 구속여부 및 그 기간, 당해사건이
행정사건인 경우 행정처분의 집행정지 여부를 기재하여야 한다(헌법재판소 재판규칙 제54조).

어 재판장은 제청신청서의 기재사항이 불비한 경우 상당한 기간을 정하여 보정을
명하고 그 기간 내에 보정하지 않으면 명령으로 제청신청서를 각하하여야 한다(법
제41조 제3항, 민사소송법 제254조).

2) 제청신청서에 대한 결정

제청신청에 대해 법원은 신속하게 판단하여 결정을 내려야 한다. 위헌법률심판
제청신청은 당해 소송재판의 전제가 되는 법률의 위헌여부에 대한 문제 제기이므로
이를 선결적으로 먼저 해결하고 나갈 필요가 있다는 점에서 제청신청사건에 대해
먼저 처리해야 한다.

위헌제청신청을 받은 당해 법원은 그 법률의 위헌 여부가 당해 소송의 재판의
전제가 되고, 또 합리적인 위헌의 의심이 있는 때(단순한 의심과 확신의 중간 정도)에는
결정의 형식으로 위헌심판제청을 결정한다. 물론 법원은 당사자의 신청 이외에 직
권으로도 위헌심판제청을 결정할 수 있다. 그러나 한정위헌을 구하는 청구는 부인
된다는 것이 헌법재판소의 입장이다.[1]

> **판례** 〈형사소송법 제97조 제3항 위헌제청(위헌)〉 "헌법 제107조 제1항, 헌법재판소법
> 제41조, 제43조 등의 규정취지는 법원은 문제되는 법률조항이 담당법관 스스로의 법
> 적 견해에 의하여 단순한 의심을 넘어선 합리적인 위헌의 의심이 있으면 위헌여부심
> 판을 제청하라는 취지이고, 헌법재판소로서는 제청법원의 이 고유판단을 될 수 있는
> 대로 존중하여 제청신청을 받아들여 헌법판단을 하는 것이다."(헌재 1993. 12. 23. 93
> 헌가2 결정)

위헌심판제청이 결정되면 당해 법원은 위헌제청결정서 정본을 대법원행정처장
에게 법원장(또는 지원장) 명의로 송부하고, 대법원행정처장은 위헌제청결정서 정본을
헌법재판소에 송부하여 청구서를 갈음한다(법 제26조 제1항). 즉 대법원 이외의 법원이
위헌법률심판을 제청하고자 하는 때에는 대법원을 거쳐야 한다(법 제41조 제5항). 위헌
제청을 대법원을 경유토록 한 것은 법원에 의한 제청은 당해 재판의 진행을 정지하
게 할 뿐만 아니라 사법행정적으로 당해법률을 적용해야 할 다른 사건들의 재판도
정지하게 하여야 하기 때문에 그 사법행정적 기능을 하기 위한 것이지, 대법원에 불
송부결정권을 주려는 것은 아니다.

---

1) 헌재 1999. 7. 22. 97헌바9 결정〈자연공원법 제16조 제1항 제4호 등 위헌소원(합헌)〉.

3) 제정신청에 대한 기각결정의 효력

제청신청에 대해 법원이 제청결정을 하면 앞서 본 법원의 직권에 의한 제청절차와 방법을 따른다. 그런데 법원이 제청신청에 대해 기각하는 결정을 하면 당사자는 당해 사건의 소송절차에서 동일한 사유를 이유로 다시 위헌여부심판의 제청을 신청할 수 없다(법 제68조 제2항). 이를 재신청금지라고 한다. 그러므로 당해 사건의 소송절차에서 제청신청이 기각되어 헌법소원심판을 청구한 경우는 물론 헌법소원심판을 청구하지 않은 경우에도 같은 심급에서 다시 동일한 사유로 위헌여부심판제청신청을 하는 것은 재신청금지에 해당한다.[1]

이와 관련하여 여기서 말하는 당해사건의 소송절차는 당사자가 제청신청을 했던 심급이 아닌 심급(상소심)까지 포함하는 취지인가 의문이 있다. 대법원은 당해사건의 소송절차에는 상소심에서의 심급절차까지 포함한다고 해석하여 1심에서의 제청신청이 기각된 후 상고심에서 통일한 사유로 다시 제청 신청한 경우 이를 재신청금지에 해당한다고 보아 부적법 각하하고 있고,[2] 헌법재판소 역시 같은 입장을 취하고 있다.[3]

> **판례** 〈위헌법률심판제청신청〉 "헌법재판소법 제41조 제1항은 법률이 헌법에 위반되는 여부가 재판의 전제가 된 때에는 당해 사건을 담당하는 법원은 직권 또는 당사자의 신청에 의한 결정으로 헌법재판소에 위헌 여부의 심판을 제청한다고 규정하고 있고, 같은 법 제68조 제2항은 제41조 제1항의 규정에 의한 법률의 위헌여부심판의 제청신청이 기각된 때에는 그 신청을 한 당사자는 헌법재판소에 헌법소원심판을 청구할 수 있고, 이 경우 그 당사자는 당해 사건의 소송절차에서 동일한 사유를 이유로 다시 위헌여부심판의 제청을 신청할 수 없다고 규정하고 있으며 같은 법 제69조 제2항은 제68조 제2항의 규정에 의한 헌법소원심판은 위헌법률심판의 제청신청이 기각된 날로부터 14일 이내(30일로 개정)에 청구하여야 한다고 규정하고 있는바, 위 규정들에 의하면, 당사자가 법률의 위헌 여부가 재판의 전제가 된다는 이유로 법원에 위헌여부심판의 제정신청을 하였다가 그 신청이 기각되면 14일 이내에 헌법소원심판을 제기하여야 하고, 당해 사건의 소송절차에서 동일한 사유로 다시 위헌여부심판의 제청신청을 할 수 없는 것이라고 할 것이고, 여기서 당해 사건의 소송절차란 상소심에서의 소송절차를 포함하는 것이다."(대법원 1996. 5. 14. 95부13 결정 참조)(대법원 2000. 4. 11. 98카기137 결정)

---

1) 헌재 1994. 4. 28. 91헌바14 결정〈「집회 및 시위에 관한 법률」제2조 등에 대한 헌법소원(합헌, 각하)〉.

2) 대법원 1996. 5. 14. 95부13 결정; 대법원 2000. 4. 11. 98카기137 결정.

3) 헌재 2007. 7. 26. 2006헌바40 결정〈민사집행법 제130조 제3항 위헌소원(각하)〉; 헌재 2009. 9. 24. 2007헌바118 결정〈제8조 제2항 민법 제999조 제1항 등 위헌소원(합헌)〉.

판례 〈민사집행법 제130조 제3항 위헌소원(각하)〉 "헌법재판소법 제68조 제2항은 법률의 위헌여부심판의 제청신청이 기각된 때에는 그 신청을 한 당사자는 헌법재판소에 헌법소원심판을 청구할 수 있으나 다만 이 경우 그 당사자는 당해 사건의 소송절차에서 동일한 사유를 이유로 다시 위헌여부심판의 제청을 신청할 수 없다고 규정하고 있는바, 이 때 당해 사건의 소송절차란 당해사건의 상소심 소송절차를 포함한다 할 것이다. 기록에 의하면 청구인들은 의정부지방법원 2005라146 사건의 진행 중에 그 재판의 전제가 되는 민사집행법 제130조 제3항은 매각허가결정에 대한 항고보증 공탁금을 합리적 산정요건에 따라 달리 산정하지 않고, 매각대금이 고액인 경우까지 그 비율에 차등을 둠이 없이 일률적으로 매각대금의 10분의 1에 해당하는 금액을 보증 공탁하도록 요구하고 있으므로 청구인들의 재판청구권 등을 침해한다고 주장하면서 위 법원에 위헌법률심판제청신청(의정부지방법원 2005카기909 위헌심판제청)을 하여 2005. 12. 1. 그 신청이 기각되었는데도 이에 대하여 헌법소원심판을 청구하지 아니하고 있다가 다시 그 재항고심 소송절차에서 대법원에 같은 이유를 들어 위 법조항이 위헌이라고 주장하면서 위헌법률심판제청신청(대법원 2006카기7 위헌법률심판제청)을 하였고 2006. 3. 29. 그 신청이 기각되자, 이 사건 헌법소원심판청구를 하였음이 인정된다. 그렇다면 이 사건 헌법소원심판청구는 헌법재판소법 제68조 제2항 후문의 규정에 위배된 것으로서 부적법하다고 할 것이다."(헌재 2007. 7. 26. 2006헌바40 결정)

(2) 심판절차

위헌법률심판제청서가 송달되면, 접수공무원에 의하여 사건번호와 사건명이 배당된다. 그러면 법무부장관과 당해 소송사건의 당사자에게 그 제청서의 등본이 송달된다(법 제27조 제2항). 이들은 당해 사건에 대하여 의견서를 제출할 수 있다(법 제44조). 또한 재판부는 결정으로 다른 국가기관 또는 공공단체의 기관에 대하여 심판에 필요한 사실을 조회하거나, 기록의 송부나 자료의 제출을 요구할 수 있다(법 제32조 본문).

헌법재판소가 특정법률이나 법률조항을 위헌으로 선고한 경우에, 그 위헌선고 이전에 동일한 법률이나 법률조항에 대하여 별도의 위헌제청을 한 제청법원은 그 위헌제청결정을 취소하고 그 취소결정의 정본을 헌법재판소에 송부함으로써 그 위헌제청을 철회한다. 철회하지 않으면 각하된다고 해석된다.

제 2 항   제청대상

1. 일 반 론

위헌법률심판의 대상에는 형식적 법률, 곧 공포된 것으로 위헌판결시를 기준으로 현재 효력을 가지고 있는 형식적 의미의 법률과, 법률과 동일한 효력을 가지는 조약과 긴급명령·긴급재정경제명령 등을 포함한다.

> **판례** 〈보훈기금법 부칙 제5조 및 한국보훈복지공단법 부칙 제4조 제2항 후단에 관한 위헌심판(한정위헌, 한정합헌)〉 "헌법재판소는 법률의 위헌 여부에 대한 법적 문제만 판단하고 법원에 계속 중인 당해 사건에 있어서의 사실확정과 법적용 등 고유의 사법작용에는 관여할 수 없으나, 법률의 위헌 여부에 대한 법적 문제를 판단하기 위하여 입법의 기초가 된 사실관계 즉 입법사실과 당해 사건에 계속 중인 법원에서 확정하여야 할 사실문제가 중복되어 있는 경우에는 법률의 위헌 여부를 판단하기 위하여 필요한 범위 내에서만 입법사실을 확인하고 밝히는 것이 바람직하다."(헌재 1994. 4. 28. 92헌가4 결정)

> **판례** 〈긴급재정명령 등 위헌확인(일부각하, 일부기각)〉 "그러나 이른바 통치행위를 포함하여 모든 국가작용은 국민의 기본적 가치를 실현하기 위한 수단이라는 한계를 반드시 지켜야 하는 것이고, 헌법재판소는 헌법의 수호와 국민의 기본권보장을 사명으로 하는 국가기관이므로 비록 고도의 정치적 결단에 의하여 행해지는 국가작용이라 할지라도 그것이 국민의 기본권침해와 직접 관련되는 경우에는 당연히 헌법재판소의 심판대상이 될 수 있는 것일 뿐만 아니라, 긴급재정경제명령은 법률의 효력을 갖는 것이므로 마땅히 헌법에 기속되어야 할 것이다."(헌재 1996. 2. 29. 93헌마186 결정)

2. 법   률

위헌법률심판의 대상은 법률이다.[1] 이는 국회에서 제정한 형식적 의미의 법률을 의미한다.

> **판례** 〈국가배상법 제2조 제1항 등 위헌소원(일부각하, 일부합헌)〉 "위헌심사의 대상이 되는 법률이 국회의 의결을 거친 이른바 형식적 의미의 법률을 의미하는 것에는 아무런 의문이 있을 수 없다. 따라서 형식적 의미의 법률과 동일한 효력을 갖는 조약 등

---

1) "국가보위입법회의에서 제정된 법률도 구 헌법부칙에 따라 그 효력을 지속하며 그 제정절차에 하자가 있다는 것을 이유로는 무효를 주장할 수 없다."(헌재 1997. 1. 16. 89헌마240 결정).

은 포함된다고 할 것이다."(헌재 1995. 12. 28. 95헌바3 결정)

특별한 사정이 없는 한, 현재 시행 중이거나 과거에 시행 중이었던 것이어야 하며, 위헌제청 당시 시행되지 않은 법률(대통령의 서명·공포는 있었지만 아직 효력이 발생하지 아니한 법률)은 그 대상이 아니다.[1] 원칙적으로 법원이 제청한 법률만이 헌법재판소의 심사대상이 되지만, 경우에 따라 헌법재판소는 제청되지 아니한 조항에 대해서까지 직권으로 심판대상을 확장하기도 한다. 즉 위헌제청된 법률조항과 체계적으로 불가분의 관계에 있는 경우 심판대상을 확장하여 심판한다. 예컨대 헌법재판소는 신 국적법 부칙 제7조에 대한 헌법불합치결정[2]에서 제청법원이 구 국적법 제2조 제1항 제1호(부계혈통주의)에 대해서만 위헌심판을 제청하였으나, 신 국적법 부칙 제7조(부모양계혈통주의의 소급효를 신 국적법 시행 전 10년으로 한정하는 규정)에 대한 위헌 내지 헌법불합치결정과 개선입법이 있을 경우 당해 사건의 제청신청인이 대한민국의 국적을 취득할 수 있으므로 부칙조항도 같이 위헌여부심판을 해주는 것이 법질서의 정합성과 소송경제의 측면에서 바람직하다는 이유로 직권으로 신 국적법 부칙 제7조를 심판대상에 포함시킨 바 있다.

위헌제청의 대상이 될 수 있는 법률은 심판 시에 유효한 법률이어야 한다. 헌법재판소법 제47조 제2항에 따라 위헌결정은 원칙적으로 장래효를 가지므로, 폐지되어 이미 효력을 상실한 법률에 대하여 헌법재판소가 다시 효력이 상실되었음을 선언할 실익이 없다. 따라서 헌법재판소에서 이미 위헌결정이 선고된 법률에 대한 위헌법률심판제청은 부적법하다.[3]

폐지된 법률에 대한 위헌심판은 원칙적으로 부적법하나,[4] 폐지된 법률이라 하더라도 당해 소송사건에 적용될 수 있어서 재판의 전제가 되는 경우에는 위헌제청의 대상이 된다. 즉 예외적으로 법률이 폐지된 경우라 할지라도, 그 법률시행 당시에 발생한 구체적 사건에서 국민의 기본권이 침해되고 그 침해상태가 계속되고 있을 때에는, 법률의 성질상 더 이상 적용될 수 없거나 특별한 구제절차의 규정이 없는 한 폐지된 법률에 의하여 재판이 진행될 수밖에 없다. 이때에 폐지된 법률의 위헌 여부가 문제될 수 있고, 이 경우에 그 위헌여부의 심판은 헌법재판소가 하여야

1) 헌재 1997. 9. 25. 97헌가4 결정〈노동조합 및 노동관계조정법 등 위헌제청(각하)〉.
2) 헌재 2000. 8. 31. 97헌가12 결정〈국적법 제2조 제1항 제1호 위헌제청(헌법불합치, 각하)〉.
3) 헌재 1994. 8. 31. 91헌가1 결정〈지방세법 제31조에 대한 위헌심판(일부 한정합헌, 일부 각하)〉.
4) 헌재 1989. 5. 24. 89헌가12 결정〈「집회 및 시위에 관한 법률」 제3조, 제14조의 위헌심판(각하)〉.

한다. 만약 이를 거부하거나 회피하면 구체적 사건에 대한 법적 분쟁을 해결해야 하
는 법원으로서는 법률에 대한 위헌결정권이 없다는 것을 이유로 위헌문제가 제기된
법률을 그대로 적용할 수밖에 없다는 불합리한 결과가 된다. 따라서 헌법재판소가
이미 폐지된 당해 법률에 대해서 위헌임을 확인하는 결정이 필요하다.

> **판례 ▣** 〈사회보호법 제5조의 위헌심판(위헌)〉 "보호감호처분에 대하여는 소급입법이 금
> 지되므로 비록 구법이 개정되어 신법이 소급적용되도록 규정되었다 하더라도 실체적
> 인 규정에 관한 한 오로지 구법이 합헌적이어서 유효하였고 다시 신법이 보다 유리하
> 게 변경되었을 때에만 신법이 소급적용될 것이므로 폐지된 구법에 대한 위헌여부의
> 문제는 신법이 소급적용될 수 있기 위한 전제로서 판단의 이익이 있어 위헌제청은 적
> 법하다."(헌재 1989. 7. 14. 88헌가5 등 병합결정)

> **판례 ▣** 〈국가보위입법회의법 등의 위헌여부에 관한 헌법소원(일부인용, 일부각하)〉 "… 그러
> 나 폐지된 법률에 의한 권리침해가 있고 그것이 비록 과거의 것이라 할지라도 그 결
> 과로 인하여 발생한 국민의 법익침해와 그로 인한 법률상태는 재판시까지 계속되고
> 있는 경우가 있을 것이며, 그 경우에는 헌법소원의 권리보호의 이익은 존속한다고 하
> 여야 할 것이다."(헌재 1989. 12. 18. 89헌마32 등 병합결정)

입법의 부작위가 위헌법률심판의 대상이 되는가가 문제된다. 그러나 위헌법률
심판은 국회가 제정한 법률의 헌법위반 여부를 심사하는 제도이므로, 입법을 해야
할 법적 의무가 있음에도 아무런 입법을 하지 아니하는 진정입법부작위의 경우 원
칙적으로는 위헌제청의 대상이 될 수 없다. 그러나 입법의무를 불완전하게 이행하
여 일정 부분에 있어서 입법의무를 다하지 아니한 것을 의미하는 부진정입법부작위
의 경우 불완전한 법률조항 자체를 대상으로 위헌법률심판을 제청하면 된다.[1]

위헌법률심판의 대상은 법률이므로 법률의 해석 및 적용에 대한 한정합헌 또는
한정위헌의 판단을 구하는 청구는 원칙적으로 부적법하다.[2] 그러나 형식상 법률조
항의 해석을 다투는 것이나 실질적으로는 법률조항 자체의 불명확성이나 자의적 해
석의 소지가 있음을 다투는 것이거나 법원의 해석에 의하여 구체화된 사례군이 집
적되어 있는 경우에는 법률조항 자체의 위헌성을 다투는 것으로 보아 심판청구가
인정된다.[3]

---

1) 헌재 1996. 10. 31. 94헌마108 결정〈입법부작위 위헌확인(각하)〉.
2) 헌재 1995. 7. 21. 92헌바40 결정〈지방세법 제111조 제5항 제3호 위헌소원(합헌)〉
3) 헌재 1995. 5. 25. 91헌바20 결정〈군형법 제47조에 대한 헌법소원(합헌)〉, 헌재 2001. 9. 27. 2000헌
   바20 결정〈국제통화기금조약 제9조 제3항 등 위헌소원(각하)〉 등 참조.

3. 국제법규

국회의 비준동의를 얻어 법률과 같은 효력을 가지는 조약이 규범통제의 대상이
되는지에 대해서는 부정설과 긍정설이 대립한다. 부정설은 조약은 국가(또는 국제법
주체) 간의 합의로서 국제질서를 형성하는 것이므로 어느 일방이 실효화하거나 무효
화할 수 없다는 점을 그 근거로 한다.

그에 반하여 긍정설은 다음과 같은 논거를 든다. ① 헌법에 의하여 조약체결권
이 부여된 것이므로 조약에 대한 헌법의 우위를 인정해야 한다. ② 국가의 모든 기
관은 헌법준수의무가 있으므로 국회가 위헌인 조약에 대해서 동의하거나 정부가 위
헌조약을 체결·집행할 수 없다. ③ 헌법이 규정한 국회의 동의는 국내의 동일한 입
법작용에 의하여 조약이 국내법적 효력을 획득하는 것으로 보아야 하므로 국내법으
로서 유·무효 심사가 가능하다. ④ 헌법 부칙 제5조는 "이 헌법 시행당시의 … 조약
은 이 헌법에 위반되지 아니하는 한 그 효력을 지속한다"고 규정하고 있어서 이러
한 논거를 뒷받침하고 있다.

긍정설이 다수설과 헌법재판소[1]의 입장이다. 그러나 제청이 되는 것은 조약
그 자체가 아니라 국회의 동의법률이라는 것이 유럽의 통설이다.[2] 또한 헌법재판소
가 조약이나 국제법규에 대하여 위헌이라고 선언한 경우, 조약이나 국제법규의 효
력이 국제법적으로 무효가 되는 것은 아니고, 단지 대한민국에서 국내법으로서 효
력을 가지지 못하게 될 뿐이다.

4. 법규명령

법규명령이란 헌법에 근거하고 법률의 위임에 따라 또는 법률을 집행하기 위하

---

1) 〈「대한민국과 아메리카합중국 간의 상호방위조약 제4조에 의한 시설과 구역 및 대한민국에서의
   합중국군대의 지위에 관한 협정」 제2조 제1의 (나)항 위헌제청(합헌)〉 "「대한민국과 아메리카합
   중국 간의 상호방위조약 제4조에 의한 시설과 구역 및 대한민국에서의 합중국군대의 지위에 관한
   협정」은 그 명칭이 '협정'으로 되어 있어 국회의 관여없이 체결되는 행정협정처럼 보이기도 하지
   만, 우리나라의 입장에서 볼 때에는 외국군대의 지위에 관한 것이고, 국가에게 재정적 부담을 지
   우는 내용과 근로자의 지위, 미군에 대한 형사재판권, 민사청구권 등 입법사항을 포함하고 있으므
   로 국회의 동의를 요하는 '조약'으로 취급되어야 한다."(헌재 1999. 4. 29. 97헌가14 결정)와 헌재
   2001. 3. 21. 99헌마139 등 병합결정〈대한민국과 일본국간의 어업협정비준 등 위헌확인(일부기각,
   일부각하) 및 헌재 2001. 9. 27. 2000헌바20 결정〈국제통화기금조약 제9조 제3항 등 위헌소원(각
   하)〉도 참조.
2) 허영, 헌법소송법론, 213쪽.

여 성립되고, 법규적 효력을 갖는 실질적 입법에 속하는 법규범을 의미한다. 법규명
령에는 법률의 시행령인 대통령령과 법률의 시행규칙인 총리령·부령이 있으며, 독
립된 헌법상 기관의 규칙으로는 국회규칙, 대법원규칙, 헌법재판소규칙, 중앙선거관
리위원회규칙 등이 있다.

법규명령에 대하여 헌법재판소는 명령·규칙의 위헌여부는 "법원 스스로 이를
판단할 수 있는 것이므로, 이 사건 위헌여부심판제청 중 국민연금법시행령 제54조
제1항에 대한 부분은 법률이 아닌 대통령령에 대한 것으로 부적법하다"고 하였다.[1]
즉 법규명령만을 심판대상으로 하여 위헌제청하는 경우는 부적법 각하된다. 다만
법률의 위임에 의한 시행령·규칙 등 하위법규가 부수적으로 법률의 내용을 판단하
는 자료가 될 수 있다.[2] 따라서 법규명령의 근거가 된 법률(모법)을 심판제청하는
경우, 즉 그 법규명령의 헌법위반여부에 대한 간접적 심판을 구하는 위헌제청의 경
우에는 적법한 심판청구가 된다.

헌법재판소는 근거가 된 모법에 대한 위헌여부의 심판을 하며, 해당 법규명령
의 헌법적인 내용이나 해석을 통제하는 한정위헌을 선언함으로써 간접적으로 그 법
규명령의 효력을 제한하는 위헌심판을 하고 있다.[3] 그러나 원칙적으로 볼 때 법규
명령의 위헌성과 법률의 위헌성은 엄격히 구별되는 것이므로 법률 자체가 합헌인
경우에는 법규명령이 위헌성을 띠고 있다 하더라도 그것이 모법인 수권법률의 위헌
성에는 영향을 미치지 아니한다.[4]

5. 행정규칙

헌법 제107조 제2항의 문리적 해석에 근거하여 법원은 행정규칙에 대하여 위
헌제청을 하지 않고 있다. 이에 대해서 헌법재판소법 제68조 제2항에 의한 헌법소
원심판이 청구된 경우, 헌법재판소는 대법원의 입장을 고려하여 명령·규칙 그 자체
만으로는 규범통제형 헌법소원심판의 대상이 될 수 없다고 한다. 다만 명령·규칙
그 자체에 의하여 자기의 기본권을 침해받은 자는 재판의 전제가 되지 아니하는 경

1) 헌재 1996. 10. 4. 96헌가6 결정〈공공자금관리기금법 제5조 제1항 등 위헌제청(일부합헌, 일부각하)〉.
2) 헌재 1992. 6. 26. 90헌가23 결정〈'정기간행물의 등록 등에 관한 법률' 제7조 제1항의 위헌심판(한
정합헌)〉.
3) 헌재 1992. 6. 26. 90헌가23 결정〈'정기간행물의 등록 등에 관한 법률' 제7조 제1항의 위헌심판(한
정합헌)〉.
4) 헌재 2000. 1. 27. 99헌바23 결정〈의료보험법 제29조 제3항 위헌소원(합헌)〉.

우에 권리구제형 헌법소원이 가능하다고 보고 있다.[1]

6. 헌법규정

이 문제에 대하여는 부정설과 긍정설의 대립이 있다. 부정설은 헌법과 법률의 차이를 강조한다. 즉 제정·개정의 주체(국민)와 절차(가중)가 다르다는 점을 든다. 헌법규정에 대한 헌법재판을 인정할 경우 헌법개정에 준하는 효력이 발생되므로 헌법상 민주적 정당화가 곤란하다고 한다. 또한 헌법 자체가 규정하고 있으므로 심사기준을 헌법 외에서 구해야 하는 문제가 발생한다고 한다.

이에 대하여 긍정설은 다음과 같은 논거를 든다. ① 초헌법적 근거로서 헌법상위의 자연법 내지 근대법의 기본원리나 기본원칙에의 합치 여부를 검토할 수 있다. ② 헌법내적 근거로서 헌법규정 간의 가치우열관계를 인정하여 헌법제정권에 의한 근본적 결단상황 대 그에 입각한 세부적 사항의 헌법규정 간의 합치여부를 검토할 수 있다.[2] ③ 헌법내재적 근거로서 헌법의 내재적 통일성에 모순되는 개별헌법규정이 '전체로서의 헌법'에 불합치하는지를 확인할 수 있다.[3]

우리 헌법재판소는 헌법규정은 위헌제청의 대상이 될 수 없다고 본다.

> **판례** 〈국가배상법 제2조 제1항 등 헌법소원(일부각하, 일부합헌)〉 "헌법제정권력과 헌법개정권력을 구별하고 그에 따라 헌법에 위반되는 헌법이 있을 수 있으며, 따라서 헌법에 위반되는 헌법도 위헌법률심판의 대상이 되거나 헌법소원심판의 대상이 되는 공권력에 포함된다는 견해가 있을 수 있다. 그러나 우리 헌법은 독일과 같이 헌법의 개정을 법률의 형식으로 하지도 않을 뿐만 아니라, 개헌에 국민투표를 요하도록 하고 있어서, 각 개별규정에 효력상의 차이를 인정하여야 할 형식적인 이유를 찾을 수 없다. 따라서 헌법제정권력과 개정권력의 구별론이나 헌법개정한계론은 그 자체로서의 이론적 타당성여부와 상관없이 헌법의 개별규정에 대하여 위헌심사를 할 수 있다는 논거로 삼을 수 없을 뿐만 아니라, 헌법의 규정을 헌법재판소법 제68조 제1항 소정의 공권력의 행사라고 할 수도 없다."(헌재 1995. 12. 28. 95헌바3 결정)

1) 헌재 1990. 10. 15. 89헌마178 결정〈법무사법시행규칙에 대한 헌법소원〈위헌〉〉.
2) "헌법규범 중에서 근본규범이 아닌 헌법률은 위헌심사의 대상이 된다고 하겠다. 헌법핵에 위반되는 헌법률은 위헌적인 것으로 무효이다"라고 하는 김철수, 학설판례 헌법학, 2062쪽 및 "규범제정작용 중에서 일정한 헌법규정이나 그 개정이 헌법의 본질적인 기본내용이나 기본원칙과 원리에 위반되는 경우에는 헌법의 기본질서를 수호하기 위한 수단으로서 헌법소원을 제기하는 길밖에 없으므로 헌법소원에 의하여 구제할 수밖에 없다"는 한병채, "규범통제의 대상과 특별심판절차", 헌법논총 제2집, 헌법재판소, 1991, 7쪽 이하(52쪽)의 입장도 이에 속한다.
3) 헌재 2001. 2. 22. 2000헌바38 결정〈국가배상법 제42조 제1항 단서 등 위헌소원(합헌, 일부각하)〉의 하경철 재판관의 반대의견 참조.

판례 10 〈헌법 제29조 제2항 등 위헌확인, 헌법 제29조 제2항 등 위헌소원(각하, 합헌, 기각)〉 "이에 대하여 청구인들은 위 헌법조항부분은 국민이 헌법상의 기본권으로 향유하는 국가배상청구권을 행사할 수 없는 자를 규정하고 있으므로 이는 헌법 제11조, 제23조 제1항, 제29조 제1항, 제37조 제2항으로 표현되는 헌법정신 내지는 헌법핵에 위반되어 무효라는 취지로 주장한다. 살피건대, 헌법은 전문과 단순한 개별조항의 상호관련성이 없는 집합에 지나지 아니하는 것이 아니고 하나의 통일된 가치체계를 이루고 있으며 헌법의 제규정 가운데는 헌법의 근본가치를 보다 추상적으로 선언한 것도 있고 이를 보다 구체적으로 표현한 것도 있으므로, 이념적·논리적으로는 헌법규범 상호간의 가치의 우열을 인정할 수 있을 것이다. 그러나 이 때 인정되는 헌법규범 상호간의 우열은 추상적 가치규범의 구체화에 따른 것으로서 헌법의 통일적 해석을 위하여 유용한 정도를 넘어 헌법의 어느 특정규정이 다른 규정의 효력을 전면 부인할 수 있는 정도의 효력상의 차등을 의미하는 것이라고는 볼 수 없다. 더욱이 헌법개정의 한계에 관한 규정을 두지 아니하고 헌법의 개정을 법률의 개정과는 달리 국민투표에 의하여 이를 확정하도록 규정하고 있는(헌법 제130조 제2항) 현행의 우리 헌법상으로는 과연 어떤 규정이 헌법핵 내지는 헌법제정규범으로서 상위규범이고 어떤 규정이 단순한 헌법개정규범으로서 하위규범인지를 구별하는 것이 가능하지 아니하며, 달리 헌법의 각 개별규정 사이에 그 효력상의 차이를 인정하여야 할 아무런 근거도 찾을 수 없다. 나아가 헌법은 그 전체로서 주권자인 국민의 결단 내지 국민적 합의의 결과라고 보아야 할 것을, 헌법의 개별규정을 헌법재판소법 제68조 제1항 소정의 공권력 행사의 결과라고 볼 수도 없다."(이상 헌법재판소 1995. 12. 28. 선고, 95헌바3 결정 참조)(헌재 1996. 6. 13. 94헌마118 등 병합결정)

7. 입법사실

헌법재판소는 입법사실도 헌법재판의 대상이 됨을 밝히고 있다.

판례 11 〈보훈기금법 부칙 제5조 및 한국보훈복지공단법 부칙 제4조 제2항 후단에 관한 위헌심판(한정위헌, 한정합헌)〉 "헌법재판소는 법률의 위헌여부에 대한 법적 문제만 판단하고 법원에 계속중인 당해 사건에 있어서의 사실확정과 법적용 등 고유의 사법작용에는 관여할 수 없으나, 법률의 위헌 여부에 대한 법적 문제를 판단하기 위하여 입법의 기초가 된 사실관계 즉 입법사실과 당해 사건에 계속중인 법원에서 확정하여야 할 사실문제가 중복되어 있는 경우에는 법률의 위헌 여부를 판단하기 위하여 필요한 범위 내에서만 입법사실을 확인하고 밝히는 것이 바람직하다."(헌재 1994. 4. 28. 92헌가3 결정)

제 3 항   제청요건

1. 제청요건의 개념

제청요건 또는 적법요건이란 소가 적법한 취급을 받기 위해 갖추지 않으면 안되는 소송요건을 말한다. 소송에 있어서 본안전심사에 해당하며, 요건이 흠결되면 부적법 각하되고, 요건이 충족되면 본안심리에 들어간다. 본안심리 중에 이러한 요건의 흠결이 드러나면 심리를 중단하고 각하한다.

위헌법률심판을 제청하려면 재판의 전제성, 위헌의 개연성 및 제청시한의 요건을 갖추어야 한다.

2. 재판의 전제성

위헌법률심판을 신청하려면 '재판의 전제성'(Entscheidungserheblichkeit)을 갖추어야 한다.

> 판례 ▶ 〈국가보위입법회의법 등의 위헌 여부에 관한 헌법소원(일부인용, 일부각하)〉 "위헌법률심판에 있어서 문제된 법률이 재판의 전제가 된다 함은 우선 그 법률이 당해 본안사건에 적용될 법률이어야 하고 또 그 법률이 위헌일 때는 합헌일 때와 다른 판단을 할 수밖에 없는 경우 즉 판결주문이 달라질 경우를 뜻한다고 할 것이고 그 법률이 현재 시행중인가 또는 이미 폐지된 것인가를 의미하는 것은 아니다."(헌재 1989. 12. 28. 89헌마32 등 병합결정)

(1) 재   판

여기서 말하는 재판에 해당하는지의 여부는 재판의 형식이나 절차의 형태에 따라 정해지는 것이 아니라 실질적으로 법원의 사법권 행사에 해당하는가에 따라 결정된다. 따라서 헌법재판소법 제41조 제1항에서 말하는 재판이란 형식과 심급을 불문한 모든 법원의 재판을 말한다. 곧 판결과 결정, 명령이 포함되며,1) 또한 종국판결뿐만 아니라 형사소송법 제201조에 의한 지방법원판사의 영장발부에 관한 재판도 포함된다.

---

1) 헌재 1994. 2. 24. 91헌가3 결정〈「인지첨부 및 공탁제공에 관한 특례법」 제2조에 대한 위헌심판 (합헌)〉.

〈형법 제241조에 관한 위헌심판(합헌)〉 "위헌심판의 제청에 관하여 규정하고 있는 헌법재판소법 제41조 제1항의 '재판'에는 종국판결뿐만 아니라 형사소송법 제201조에 의한 지방법원판사의 영장발부 여부에 관한 재판도 포함된다."(헌재 1993. 3. 11. 90헌가70 결정)

〈형사소송법 제221조의2 위헌소원(위헌)〉 "재판의 전제성에서의 재판이라 함은 판결·결정·명령 등 그 형식 여하와 본안에 관한 재판이거나 소송절차에 관한 재판이거나를 불문하며(헌재 1994. 2. 24. 91헌가3), 심급을 종국적으로 종결시키는 종국재판뿐만이 아니라 중간재판도 이에 포함된다고 할 것이다."(헌재 1996. 12. 26. 94헌바1 결정)

(2) 전 제 성

재판의 전제성이 충족되기 위해서는 구체적 사건성, 당사자적격, 소의 이익[1] 및 사건의 성숙성 등 사법권발동의 요건을 충족해야 할 뿐만 아니라, 그밖에도 사건의 법원계속성, 법률의 사건관련성, 심판의 필요성이라는 세 가지 조건을 충족해야한다.

1) 사건의 법원계속성

구체적 사건이 법원에 계속되어 있거나 계속 중이어야 한다. 사법의 본질상 장래의 사건이나, 이미 종료된 사건과 관련해서는 위헌법률심판을 제청할 수 없다.

당해 사건이 법원에 원칙적으로 적법하게 계속되어 있을 것을 요한다. 따라서 "당해 사건이 부적법한 것이어서 법률의 위헌 여부를 따져 볼 필요조차 없이 각하를 면할 수 없는 것일 때에는 위헌여부심판의 제청신청을 적법요건인 '재판의 전제성을 흠결한 것'으로 각하하여야 한다."[2]

〈국가보안법 제3조 제1항 제2호 위헌소원, 이른바 송두율 사건(각하)〉 "형사소송법 제420조, 제421조는 '유죄의 확정판결에 대하여 그 선고를 받은 자의 이익을 위하여', '항소 또는 상고기각판결에 대하여는 그 선고를 받은 자의 이익을 위하여' 재심을 청

---

1) 소의 이익은 보통 ① 소송의 대상문제로서 청구의 내용이 재판의 대상이 되는 적격성을 가지는가, ② 당사자적격의 문제로서 당사자청구에 정당한 이익이 있는가, ③ 구체적 이익과 필요성의 문제로서 청구에 대하여 당시 법원이 판결을 할 만한 구체적 실익이 인정되는가라는 세 가지 측면에서 판단된다.
2) 헌재 1992. 8. 19. 92헌바36 결정〈국회의원선거법 제133조 제1항 위헌소원(각하)〉.

구할 수 있다고 각 규정하고 있다. 따라서 당해사건인 형사사건에서 무죄의 확정판결
을 받은 때에는 처벌조항의 위헌확인을 구하는 헌법소원이 인용되더라도 재심을 청
구할 수 없고, 청구인에 대한 무죄판결은 종국적으로 다툴 수 없게 되므로 더 이상
재판의 전제성이 인정되지 아니하는 것으로 보아야 할 것이다."(헌재 2008. 7. 31.
2004헌바28 결정)

2) 법률의 사건관련성

위헌여부가 문제되는 법률 또는 법률조항이 당해소송사건의 재판에 적용되는
것이어야 한다. 어떤 법률이 헌법에 위반된다는 의심이 있어도 그것이 당해 사건에
적용될 것이 아니라면 재판의 전제성요건은 충족되지 않는다. 따라서 공소가 제기
되지 아니한 경우 재판의 전제성이 없으나,[1] 법관은 직권으로 공소장의 기재와는
다른 법조를 적용할 수 있으므로 공소장에 적시되지 않았어도 실제 법원이 적용한
법률조항은 재판의 전제성이 있다.[2]

선행처분인 과세처분에 대한 취소청구소송(전소)에서 청구기각판결이 확정된
후, 선행처분인 압류처분에 대해 선행처분의 무효를 이유로 제기한 압류처분무효확
인의 소(당해사건) 계속 중 과세처분의 근거가 된 소득세법규정에 대한 위헌소원을
제기한 사건에서, 헌법재판소는 과세처분취소청구소송에서 원고청구기각판결이 선
고되어 확정된 전소의 기판력에 의해 당해사건에서 법원은 과세처분을 무효로 판단
할 수 없으므로 따라서 과세처분의 근거가 된 소득세법규정에 대한 위헌심판청구는
재판의 전제성을 결여한 것이라고 판시하였다.[3]

그러나 헌법재판소는 「청소년의 성보호에 관한 법률」 제2조 제3호 등 위헌제
청(합헌) 사건에서 「청소년의 성보호에 관한 법률」 제2조 제3호 및 제8조 제1항이
당해 형사사건의 공소사실에 적용될 수 없음에도 재판의 전제성을 긍정하였다.

<u>판례</u> 〈「청소년의 성보호에 관한 법률」 제2조 제3호 등 위헌제청(합헌)〉 "이 사건 법률 제
2조 제3호 및 제8조 제1항의 '청소년이용음란물'이 실제인물인 청소년이 등장하는 음
란물을 의미하고 단지 만화로 청소년을 음란하게 묘사한 당해 사건의 공소사실을 규
율할 수 없다고 본다면 위 각 규정은 당해 사건에 적용될 수 없어 일응 재판의 전제

---

1) 헌재 1989. 9. 29. 89헌마53 결정〈「폭력행위 등 처벌에 관한 법률」의 위헌여부에 관한 헌법소원(일
   부기각, 일부각하)〉.
2) 헌재 1997. 1. 16. 89헌마240 결정〈국가보위입법회의법, 국가보안법의 위헌 여부에 관한 헌법소원
   (일부 한정합헌, 일부각하)〉.
3) 헌재 1998. 3. 26. 97헌바13 결정〈구 소득세법 제82조 제2항 등 위헌소원(각하)〉.

성을 부인하여야 할 것으로 보이나, 아직 법원에 의하여 그 해석이 확립된 바 없어 당해 형사사건에서의 적용 여부가 불명인 상태에서 검사가 그 적용을 주장하며 공소장에 적용법조로 적시하였고, 법원도 적용가능성을 전제로 재판의 전제성을 긍정하여 죄형법정주의 위반 등의 문제점을 지적하면서 위헌법률심판제청을 하여온 이상, 헌법재판소로서는 그 법령을 해석하여 이에 대한 판단을 하여야 하고 법원은 그 판단을 전제로 당해 사건을 재판하게 되는 것이므로, 위 각 규정은 그 해석에 의하여 당해 형사사건에의 적용 여부가 결정된다는 측면에서 재판의 전제성을 인정하여야 한다."
(헌재 2002. 4. 25. 2001헌가27 결정)

한편 당해 재판에 적용되는 법률이라면 반드시 직접 적용되는 법률이어야 하는 것은 아니다. 즉 위헌제청된 법률조항의 위헌 여부에 따라 재판에 직접 적용되는 법률조항의 위헌 여부가 결정되거나,[1] 당해재판의 결과가 좌우되는 경우[2] 또는 당해 사건의 재판에 직접 적용되는 규범의 의미가 달라짐으로써 재판에 영향을 미치는 경우[3] 등과 같이 간접적으로 적용되는 경우에도 재판의 전제성이 인정된다.

3) 심판의 필요성

그 법률이 헌법에 위반되는지의 여부에 따라 당해사건을 담당한 법원이 다른 내용의 재판을 하게 되는 경우이어야 한다.[4] 이는 다음의 세 가지 경우를 포함한다.

첫째, 원칙적으로 제청법원이 심리중인 당해사건의 재판이 결론이나 주문에 어떠한 영향을 주는 경우에 이 요건이 충족된다.[5] 즉 법률이 위헌인 경우 합헌인 때와 다른 판단을 할 수밖에 없는 경우를 의미한다. 헌법재판소는 국가보안법 위반죄로 기소된 대학교수에 대해 총장이 국가공무원법 규정에 따라 직위해제를 하자 그 교수가 직위해제처분취소소송(행정소송)을 제기하고 위 법규정에 대한 위헌심판을 청구한 사건에서, 비록 당해 사건 진행 중 국가공무원법이 개정되어 그 교수가 복직발령을 받았다 할지라도 기존에 행해졌던 직위해제처분은 여전히 유효하고 따라서 불리한 법적 효과(승진소요 최저연수 계산에 있어 직위해제기간의 불산입, 직위해제기간 중의 봉급감액 등)도 그대로 남아 있어 직위해제처분의 취소를 구할 소의 이익이 인정되고, 따라서 직위해제의 근거가 되었던 구법 규정의 위헌 여부에 따라 당해 사건의 재판의

---

1) 헌재 1996. 10. 31. 93헌바14 결정〈「직업안정 및 고용촉진에 관한 법률」 제10조 제1항 위헌소원(합헌)〉.
2) 헌재 1996. 12. 26. 94헌바1 결정〈형사소송법 제221조의2 위헌소원(위헌)〉.
3) 헌재 1996. 8. 29. 95헌바36 결정〈구 산업재해보상보험법 제4조 단서 위헌제청(합헌)〉.
4) 헌재 1992. 12. 24. 92헌가8 결정〈형사소송법 제331조 단서규정에 대한 위헌심판(위헌)〉.
5) 헌재 1990. 6. 25. 89헌가98 등 병합결정〈「금융기관의 연체대출금에 관한 특별조치법」 제7조의3에 대한 위헌심판(위헌)〉.

결과(직위해제처분의 취소 여부)가 달라진다면서 재판의 전제성을 긍정하였다.[1]

> 판례 ▶ 〈「금융기관의 연체대출금에 관한 특별조치법」 제7조의3에 대한 위헌심판(위헌)〉 "(회사정리절차가 진행 중 정리담보권자인 금융기관의 위임을 받은 성업공사가 정리절차 진행 중임에도 불구하고 특별히 경매법에 의한 경매를 통해 채권을 회수할 수 있도록 한 금융기관의 연체대출금에 관한 특별조치법에 의해 경매를 신청하여 개시결정이 내려지자 정리회사 관리인이 이의를 신청하고 이 법원에 위 특별법의 위헌제청신청을 하였고 법원이 이를 받아들여 헌법재판소에 제청한 사안) 우선 위 특별조치법 제7조의3의 위헌여부는 제청신청인(정리회사 관리인)의 권리와는 무관하므로 위헌주장의 적격이 없어 이 사건 제청결정이 부적법하다는 취지의 본안 전의 주장에 관하여 보건대, 헌법재판소에 판단을 구하여 제청한 법률조문의 위헌여부가 현재 제청법원이 심리중인 당해 사건의 재판결과 즉 재판 결론인 주문에 어떠한 영향을 준다면 그것으로서 재판의 전제성이 성립되어 제청결정은 적법한 것으로 취급될 수 있는 것이고 제청신청인의 권리에 어떠한 영향이 있는가 여부는 헌법소원심판사건이 아닌 위헌법률심판사건에 있어서 그 제청결정의 적법여부를 가리는 데 무관한 문제라 할 것이므로 위 본안 전의 주장은 더 나아가 살필 필요 없이 그 이유 없다고 하겠다."(헌재 1990. 6. 25. 89헌가98 등 결정)

> 판례 ▶ 〈구 민법 부칙 제25조 제2항 위헌소원(각하)〉 "당해 사건에 적용된 민법(1958. 2. 22. 법률 제471호) 부칙 제25조 제2항이 위헌이 되어 민법(1958. 2. 22. 법률 제471호) 제정 이전의 구 관습이 적용되는 경우 청구인은 당해 사건에서 문제가 된 상속을 할 수 없게 되어 당해 사건의 주문이 달라지게 되는 것이 원칙이지만, 항소심인 당해 사건의 소송절차에 적용되는 민사소송법 제415조 본문의 불이익변경금지원칙에 의하여 법원은 1심판결의 주문을 유지할 수밖에 없는 경우에는 당해사건 재판의 주문에 영향을 미치는 경우라고 할 수 없고 내용 및 효력에 관한 법률적 의미가 특별히 달라진다고 보기도 어렵다."(헌재 2010. 4. 29. 2008헌바113 결정)

둘째, 문제된 법률의 위헌여부가 비록 재판의 주문 자체에는 영향을 주지 않는다고 하더라도 재판의 결론을 이끌어내는 이유를 달리하는 데 관련되어 있는 경우에도 심판의 필요성이 인정된다.

셋째, 재판의 내용과 효력에 관한 법률적 의미가 전혀 달라지는 경우도 포함된다. 그러나 예외적으로는 "재판의 내용이나 효력 중에 어느 하나라도 그에 관한 법률적 의미가 달라지는 경우에는 재판의 전제성이 있는 것으로 보아야 한다"[2]고 하여 재판의 내용과 효력을 선택적으로 판단하는 경우도 있다. 예컨대 소가 법률의 구성요건을 충족하지 못하여 기각되는 경우와 청구권의 기초가 되는 법률조항이 위헌

---

1) 헌재 1998. 5. 28. 96헌가1 결정〈의료보험법 제33조 제1항 위헌제청(위헌)〉.
2) 헌재 1992. 12. 24. 92헌가8 결정〈형사소송법 제331조 단서규정에 대한 위헌심판(위헌)〉.

이기 때문에 기각되는 경우는 재판의 주문은 같으나 기판력의 관점에서 차이가 있
으므로 재판의 내용과 효력에 관한 법률적 의미가 다르다. 따라서 재판의 전제성 요
건은 충족된 것으로 본다.1)

4) 재판의 전제성에 대한 헌법재판소와 대법원의 입장차이

재판의 전제성에 대하여 대법원과 헌법재판소는 정의를 달리한다.

> **판례 ㉮**　〈형사소송법 제331조 단서규정에 대한 위헌심판(위헌)〉 "헌법 제107조 제1항의 재
> 판의 전제성이라 함은 첫째, 구체적인 사건이 법원에 계속 중이어야 하고, 둘째, 위헌
> 여부의 문제가 되는 법률이 당해 소송사건의 재판과 관련하여 적용되는 것이어야 하
> 며, 셋째, 그 법률이 헌법에 위반되는지의 여부에 따라 당해 사건을 담당한 법원이 다
> 른 내용의 재판을 하게 되는 경우를 말한다. 한편 법률의 위헌 여부에 따라 법원이
> 다른 내용의 재판을 하게 되는 경우라 함은 ① 원칙적으로 제청 법원이 심리 중인 당
> 해 사건의 재판의 결론이나 주문에 어떠한 영향을 주는 것뿐만이 아니라, ② 문제된
> 법률의 위헌 여부가 비록 재판의 주문 자체에는 아무런 영향을 주지는 않는다 하더라
> 도 재판의 결론을 이끌어내는 이유를 달리하는 데 관련되어 있거나 또는 ③ 재판의
> 내용과 효력에 관한 법률적 의미가 전혀 달라지는 경우를 말한다."(헌재 1992. 12. 24.
> 92헌가8 결정).

> **판례 ㉯**　"법원이 어떤 법률을 위헌제청하기 위하여는 당해 법률이 헌법에 위반되는
> 지 여부가 재판의 전제가 되어야만 하는데, 여기서 재판의 전제가 된다고 하기 위하
> 여는 우선 그 법률이 헌법에 위반되는지의 여부에 따라 당해 사건을 담당하는 법원이
> 다른 판단을 할 수밖에 없는 경우, 즉 판결주문이 달라질 경우여야만 한다."(대법원
> 1997. 2. 11. 96부7 판결).

재판의 전제성에 대하여 대법원과 헌법재판소의 정의의 차이에서 오는 결과는
다음과 같다. 첫째, '다른 내용의 재판을 할 경우'에서 판결의 주문이 달라질 경우
이외에 '판결이유'가 달라질 경우를 요건에서 제외시킴으로써 실체법에 대한 위헌심
판의 가능성이 그만큼 줄어든다. 둘째, '다른 내용의 재판을 할 경우'에서 '법률적 의
미가 달라질 경우'를 제외함으로써 실체법이 아닌 절차법을 위헌법률심판으로 다툴
수 있는 가능성이 배제된다. 헌법재판소는 형사소송법 제331조 단서규정에 대한 위
헌심판에서 그 법률적 의미가 달라지는 경우와 관련하여 "형사소송법 제331조 단서
규정의 여부는 검사로부터 장기 10년의 징역형 등에 해당한다는 취지의 의견진술이
있느냐 없느냐에 따라 관련사건의 그 재판주문을 결정하고 기판력의 내용을 형성하

---

1) 헌법재판실무제요, 124-126쪽 참조.

는 것 자체에 직접 영향을 주는 것은 아닐지라도 그 재판의 밀접불가결한 실질적 효력이 달라지는 구속영장의 효력에 관계되는 것이어서 재판의 내용이나 효력 중에 어느 하나라도 그에 관한 법률적 의미가 달라지는 경우에 해당한다”라고 판시하고 있다. 따라서 재판의 전제성에 ‘그 법률적 의미가 달라질 것’을 내용으로 하게 한 것은 결국 실체법이 아닌 소송법이나 기타 관련법규들의 쟁송가능성을 인정하기 위한 것임을 알 수 있다.

　5) 재판의 전제성이 갖추어져야 할 시점 및 재판의 전제성 존재여부에 대한 판단

　재판의 전제성은 원칙적으로 법률의 위헌여부심판제청시만 아니라 심판시에도 갖추어져야 한다.1)

　당해 소송의 당사자는 당해 법원에 계속된 소송의 종료를 초래하는 소송행위 (소·항소·상고 등의 취하, 화해, 인낙 등)를 함으로써 당해 소송절차를 종료시킬 수 있다. 이 경우에는 법원에 계속된 구체적 사건의 존재를 전제로 하는 그 ‘구체적’ 규범통제절차로서의 본질상 헌법재판소에 계속된 위헌법률심판절차도 무의미해진다. 따라서 제청법원은 이 경우 그 위헌제청을 철회하여야 한다.2)

　헌법재판소는 당해 소송사건이 종료되어 재판의 전제성이 소멸된 경우이거나 또는 심판대상조항에 대한 헌법소원이 인용된다 하더라도 당해 소송사건에 영향을 미칠 수 없어 재판의 전제성이 없는 경우에도 헌법적 해명이 필요한 긴요한 사안인 경우에는 예외적으로 본안판단을 하고 있다.3)

> **판례** 〈형사소송법 제97조 제3항 위헌제청(위헌)〉 “당재판소는 법률에 대한 헌법소원심판에 있어서 ‘침해행위가 이미 종료되어서 이를 취소할 여지가 없기 때문에 헌법소원이 주관적 권리구제에 별 도움이 안 되는 경우라도 그러한 침해행위가 앞으로도 반복될 위험이 있거나 당해 분쟁의 해결이 헌법질서의 수호·유지를 위하여 긴요한 사항이어서 그 해명이 헌법적으로 중대한 의미를 지니고 있는 경우에는 헌법소원의 이익을 인정하여야 할 것이다’(헌재 1992. 4. 14. 90헌마82 등 참조)라고 판시한 바 있다. 이러한 법리는 구체적 규범통제로서의 법원의 제청에 의한 법률의 위헌여부심판절차에서도 존중되어야 할 것이다.”
> “따라서 위헌여부심판이 제청된 법률조항에 의하여 침해된다는 기본권이 중요하여 동 법률조항의 위헌 여부의 해명이 헌법적으로 중요성이 있는 데도 그 해명이 없거나, 동 법률조항으로 인한 기본권의 침해가 반복될 위험성이 있는데도 좀처럼 그 법

---

1) 헌재 1993. 12. 23. 93헌가2 결정〈형사소송법 제97조 제3항 위헌제청(위헌)〉.
2) 헌법재판실무제요, 135쪽.
3) 헌법재판실무제요, 137쪽.

률조항에 대한 위헌여부심판의 기회를 갖기 어려운 경우에는 설사 그 심리기간 중 그 후의 상태진행으로 당해 소송이 종료되었더라도 헌법재판소로서는 제청 당시 전제성이 인정되는 한 예외적으로 객관적인 헌법질서의 수호·유지를 위하며 심판의 필요성을 인정하여 적극적으로 그 위헌 여부에 대한 판단을 하는 것이 헌법재판소의 존재이유에도 부합하고 그 임무를 다하는 것이 될 것이다."(헌재 1993. 12. 23. 93헌가2 결정)

재판의 전제성여부에 관한 판단은 헌법재판소가 독자적인 심사를 하기보다는 특단의 사정이 없는 한 제청법원의 법률적 견해를 존중하여야 할 것이다.[1] 특히 제청 대상이 된 법률의 해석은 제청법원의 고유한 권한이기 때문에 제청법원의 해석을 그대로 수용하는 것이 원칙이다. 따라서 재판의 전제성에 대한 판단자료가 없다 하더라도 제청법원의 견해가 명백히 잘못되었다는 정황이 보이지 않는 한 적법성이 인정된다.[2] 다만 재판의 전제성을 심사하는 과정에서 제청법원의 법률해석을 비판적으로 검토하는 것은 불가피하다. 그 결과 법원의 견해가 명백히 잘못된 경우에는 헌법재판소가 다른 해석을 하고 직권으로 적용법률을 조사할 수 있다.[3] 그러한 해석과 조사의 결과 제청법률이 재판의 전제성이 없다고 판단하면 법원의 제청을 부적법하다고 각하할 수 있다.[4][5]

(3) 위헌의 개연성

법원은 법률의 위헌성에 대해서 단순한 의심을 넘어선 합리적인 위헌의 의심이 있어야 한다. 즉 헌법 제107조 제1항과 헌법재판소법 제41조(위헌여부심판의 제청), 제43조(제청서의 기재사항) 등의 각 규정의 취지는, 법원은 문제되는 법률조항이 담당법관 스스로의 법적 견해에 의하여 단순한 의심을 넘어선 합리적인 위헌의 의심이 있

---

1) 헌재 1989. 7. 14. 88헌가5 등 병합결정〈사회보호법 제5조의 위헌심판(위헌)〉과 재판관 이시윤의 보충의견; 헌재 1996. 1. 25. 95헌가5 결정〈「반국가행위자의 처벌에 관한 특별조치법」 제2조 제1항 제2호 등 위헌제청(위헌)〉.

2) 헌재 1995. 11. 30. 94헌가2 결정〈「공공용지의 취득 및 손실보상에 관한 특례법」 제6조 위헌제청(위헌)〉.

3) 헌재 1993. 5. 13. 92헌가10 등 병합결정〈헌법재판소법 제47조 제2항 위헌제청 능(합헌)〉.

4) 예컨대 헌재 1996. 10. 4. 96헌가6 결정〈공공자금관리기금법 제5조 제1항 등 위헌제청(일부합헌, 일부각하)〉, 헌재 1997. 9. 25. 97헌가4 결정〈「노동조합 및 노동관계 조정법」 등 위헌제청(각하)〉, 헌재 2005. 6. 30. 2003헌가19 결정〈지방세법 제110조 제1호 단서 위헌제청(각하)〉 참조.

5) 허영, 헌법소송법론, 216쪽은 헌법재판소의 소수의견(헌재 1994. 6. 30. 92헌가18 결정)과 견해를 같이하여 "나아가 재판의 전제성 유무가 헌법과 헌법재판소법이 정한 헌법소송의 기능·본질 및 효력 등 헌법재판제도에 관한 헌법적 선결문제의 해명에 따라 전적으로 좌우되는 경우에는 헌법재판소는 법원의 법률적 견해에 구애받지 않고 제청의 적법성 여부를 독자적으로 판단할 수 있다. 헌법재판제도의 문제에 대한 해명은 헌법재판소의 독자적 판단사항이다"라고 한다.

으면 위헌여부심판을 제청하라는 취지이다.1)

(4) 제청시한

당사자의 신청이 있는 경우, 법원의 위헌제청에 있어서 법적인 결정의 의무나 얼마의 기간 내에 제청여부결정을 내려야 하는지에 관한 명문의 규정은 없다.

일정기간이 지나면 제청이 있는 것으로 간주하는 조항을 두자는 개정의견도 있을 수 있으나, 법원의 결정을 존중하는 것이 바람직하다. 왜냐하면 헌법재판소법 제68조 제2항에 따라 사건의 당사자인 제청신청인은 헌법소원의 절차를 통하여 같은 효과를 기대할 수 있기 때문이다.2)

(5) 일사부재리원칙과 결정의 기속력

헌법재판소법 제39조는 "헌법재판소는 이미 심판을 거친 동일한 사건에 대하여는 다시 심판할 수 없다"고 규정하여 헌법재판소 결정에 대한 기판력을 명문화하고 있다. 따라서 동일한 법원이 동일한 법률 또는 법률조항에 대하여 사정변경이 없음에도 불구하고 다시 헌법재판소에 위헌제청하는 것은 허용되지 않는다.

헌법재판소가 특정법률을 위헌으로 결정한 경우 모든 법원은 헌법재판소법 제47조 제1항, 제75조 제6항에 따라 헌법재판소의 결정에 기속되고, 따라서 동일법률에 대한 위헌제청은 부적법한 것이 된다. 헌법재판소는 이미 위헌결정된 법률에 대한 위헌제청에 대하여(이미 제청되어 있었으나 병합처리되지 않은 경우 포함), 심판대상의 부적격 문제로 보거나,3) 심판의 이익이 없어 부적법하다고 보았다.4)

그러나 합헌으로 결정한 경우에는 헌법재판소는 기속력을 인정하고 있지 않다. 따라서 한 번 합헌결정된 사건에 대하여 법원이 다시 위헌제청을 한 경우에는 적법한 청구가 된다. 예컨대 형법 제241조의 간통죄에 대하여 합헌결정을 한 뒤,5) 다시 제청된 사건에 대해 계속해서 합헌결정을 한 바 있다.

---

1) 헌재 1993. 12. 23. 93헌가2 결정〈「공공용지의 취득 및 손실보상에 관한 특례법」 제6조 위헌제청 (위헌)〉.
2) 오호택, 헌법소송법, 97쪽.
3) 헌재 1989. 9. 29. 89헌가86 결정〈사회보호법 제5조 및 같은 법 부칙 제2조의 위헌심판(합헌)〉.
4) 헌재 1997. 1. 16. 93헌바54 결정〈형사소송법 제22조의 위헌소원(각하)〉.
5) 헌재 1990. 9. 10. 89헌마82 결정〈형법 제241조의 위헌여부에 관한 헌법소원(합헌)〉.

제 4 항   위헌제청의 효과

1. 제청의 효과

법원이 법률의 위헌심판을 헌법재판소에 제청한 때에는 당해 소송사건의 재판은 헌법재판소의 위헌 여부의 결정이 있을 때까지 정지된다(법 제42조 제1항 본문 참조). 법원으로서는 헌법재판소의 위헌심판의 결과를 기다려서 재판을 하여야 하고, 만일 위헌결정이 있을 경우에는 그에 따른 입법시정의 결과를 감안하여 재판을 하여야 하기 때문이다.[1] 다만 법원이 긴급하다고 인정한 경우에는 종국재판 외의 소송절차를 진행할 수 있다(법 제42조 제1항 단서).

이러한 재판정지기간은 형사소송절차에서의 구속기간(형사소송법 제92조 제1항·제2항, 군사법원법 제132조 제1항·제2항)과 민사소송절차에서의 종국판결선고기간(민사소송법 제199조)에 이를 산입하지 아니한다(법 제42조 제2항). 대법원은 이 경우에 재판정지기간의 기산점은 법원이 위헌제청결정을 한 때, 그 만료시점은 헌법재판소의 위헌결정여부서 정본이 위헌제청법원에 송달된 때로 본다(「위헌법률심판사건 처리에 관한 대법원예규」 제9조 참조).

따라서 헌법재판소의 결정이 있어야 이에 의하여 재판이 다시 진행된다. 실제로는 헌법재판소의 결정이 몇 년씩 늦어지는 경우가 있어서 본 재판에서 권리행사를 못하는 경우가 생기게 된다. 입법론으로는 일률적인 규정보다 법원과 헌법재판소가 사안별로 정지여부를 결정하는 것이 바람직하다.[2]

2. 제청거부의 효과

법원이 당사자의 제청신청을 거부한 경우 재판은 진행되며, 당사자는 위헌심사형 헌법소원을 제기하여 위헌여부를 심판받을 수 있다(법 제68조 제2항).

---

1) 헌재 1993. 5. 13. 90헌바22 등 병합결정〈「1980년 해직공무원의 보상 등에 관한 특별조치법」 제2조 및 제5조에 대한 헌법소원(합헌)〉.
2) 오호택, 헌법소송법, 99쪽.

제 5 항   심사기준과 판단기준

1. 심사기준

헌법재판소는 제청된 법률 또는 법률조항의 위헌여부만을 심사한다(법 제45조). 곧 위헌법률심판은 법률이 헌법에 합치하는가(합헌성) 여부를 판단함에 그치고, 법률이 헌법의 목적에 합치하는가(합목적성) 여부는 판단의 대상이 되지 않는다. 법률의 합헌성판단에는 법률의 형식적 합헌성판단과 실질적 합헌성판단이 포함된다.

> **판례** 〈보훈기금법 부칙 제5조 및 한국보훈복지공단법 부칙 제4조 제2항 후단에 관한 위헌심판(한정위헌, 한정합헌)〉 "헌법재판소는 법률의 위헌 여부에 대한 법적 문제만 판단하고 법원에 계속중인 당해사건에 있어서의 사실확정과 법적용 등 고유의 사법작용에는 관여할 수 없으나, 법률의 위헌 여부에 대한 법적 문제를 판단하기 위하여 입법의 기호가 된 사실관계 즉 입법사실과 당해사건에 계속중인 법원에서 확정하여야 할 사실문제가 중복되어 있는 경우에는 법률의 위헌 여부를 판단하기 위하여 필요한 범위 내에서만 입법사실을 확인하고 밝히는 것이 바람직하다."(헌재 1994. 4. 28. 92헌가3 결정)

> **판례** 〈구 형법 제314조 위헌소원(합헌)〉 "법률의 위헌성을 판단함에 있어서도 그 법률의 해석 내지 그 법률이 어느 경우에 적용되는가를 확정하는 것이 선행되어야 하므로 이 한도 내에서는 헌법재판소로서도 법률의 해석 내지 그 적용에 관여하지 않으면 안 된다. 그런데 정당행위로 인정되지 않는 근로자들의 집단적 노무제공 거부행위를 구 형법 제314조의 위력업무방해죄로 형사처벌하는 것이 헌법에 위반된다면 결국 법원의 해석에 의하여 구체화된 동 조항이 위헌성을 지니고 있는 셈이다. 따라서 집단적 노무제공 거부행위를 위력업무방해죄로 형사처벌하는 것이 헌법에 위반되는지 여부는 동 조항의 위헌 여부에 관한 문제로서 헌법재판소의 판단대상이 된다."(헌재 1998. 7. 16. 97헌바23 결정)

> **판례** 〈구 의료보험법 제32조 제1항·제4항·제5항 위헌소원, 국민건강보험법 제40조 제1항 위헌확인(합헌, 기각)〉 "법률이 제정되면 미래에 있어서 작용하고 효과를 발생시키므로, 입법자는 법률의 형태로써 정치적 결정을 내리는 과정에서 법률과 법현실과의 관계에 관한 일정한 예측으로부터 출발한다. 그러나 이러한 예측판단에는 항상 불확실한 요소가 내재되어 있다. 따라서 헌법재판소의 규범심사과정에서 결정의 전제가 되는 중요한 사실관계가 밝혀지지 않는다든지 특히 법률의 효과가 예측되기 어렵다면, 이러한 불확실성이 공익실현을 위하여 국민의 기본권을 침해하는 입법자와 기본권을 침해당하는 국민 중에서 누구의 부담으로 돌아가야 하는가 하는 문제가 제기된다. 법률이 개인의 핵심적 자유영역(생명권, 신체의 자유, 직업선택의 자유 등)을 침해하는

경우 이러한 자유에 대한 보호는 더욱 강화되어야 하므로 입법자는 입법의 동기가 된 구체적 위험이나 공익의 존재 및 법률에 의하여 입법목적이 달성될 수 있다는 구체적 인과관계를 헌법재판소가 납득하게끔 소명·입증해야 할 책임을 진다고 할 것이다. 반면에 개인이 기본권의 행사를 통하여 일반적으로 타인과 사회적 연관관계에 놓여 지는 경제적 활동을 규제하는 사회·경제정책적 법률을 제정함에 있어서는 입법자에 게 보다 광범위한 형성권이 인정되므로, 이 경우 입법자의 예측판단이나 평가가 명백 히 반박될 수 있는가 아니면 현저하게 잘못되었는가 하는 것만을 심사하는 것이 타당 하다고 본다. 이러한 한계까지는 입법자가 무엇을 공익으로 보는가, 공익을 어떠한 방법으로 실현하려고 하는가는 입법자의 형성권에 맡겨져야 한다."(헌재 2002. 10. 31. 99헌바76 등 병합결정)

헌법재판소가 위헌법률심판을 함에 있어서 그 심사기준이 되는 것은 헌법규정, 헌법의 근본이념과 기본원리, 헌법관습법 등이다.[1] 헌법재판소는 위헌법률심판의 심사기준으로 헌법상의 명문규정과 확립된 헌법원칙을 들고 있다. 그 동안 헌법재 판소가 독자적인 위헌심사기준으로 사용한 헌법원칙으로는 법률유보(의회유보)원칙, 명확성원칙, 포괄위임(입법)금지원칙, 영장주의원칙, 이중처벌금지원칙, 무죄추정원 칙, 의사표현에 대한 사전검열금지원칙, 집회에 대한 허가금지원칙, 적법절차원칙, 형벌에 관한 책임주의(자기책임의 원리), 조세법률주의 등이 있다.[2]

> **판례** 〈구 형법 제314조 위헌소원(합헌)〉 "강제노동의 폐지에 관한 국제노동기구(ILO) 의 제105호 조약은 우리나라가 비준한 바가 없고, 헌법 제6조 제1항에서 말하는 일반 적으로 승인된 국제법규로서 헌법적 효력을 갖는 것이라고 볼만한 근거도 없다. 따라 서 이 사건 심판청구대상규정의 위헌성심사의 척도가 될 수 없다."(헌재 1998. 7. 16. 97헌바23 결정)

> **판례** 〈형사소송법 제201조 제1항 위헌확인(기각)〉 "일반적으로 헌법상 명문규정뿐만 아니라 각 명문규정들에 대한 종합적 검토 및 구체적인 논증 등을 통하여 도출될 수 있는 확립된 헌법원칙의 경우도 위헌법률심판의 심사기준이 될 수 있다."(헌재 2003. 12. 18. 2002헌마593 결정)

---

1) 김경제, "헌법재판에서 심판의 기준", 헌법실무연구 제9권, 박영사, 2008, 199쪽 이하는 "헌법재판 에 적합한 심판의 기준으로 헌법이란 우리의 경우 헌법의 효력을 갖추기 위하여 마련된 절차를 거쳐 성립한, 조문형식으로 존재하는 법규범", 즉 "대한민국헌법"에 한정된다고 한다.
2) 이에 대하여 더 자세한 것은 김현철, "법률에 대한 위헌심사의 기준, 도구(방법), 척도", 헌법실무 연구 제13권, 박영사, 2012, 268쪽 이하(특히 191-197쪽) 참조.

구체적으로 헌법재판소는 초기에는 대체로 ① 경제적 영역에서는 다른 기본권의 영역보다 폭넓은 입법재량을 인정하였고, ② 선거권·공무담임권 등 민주주의의 실현과 관련된 영역은 비교적 엄격한 기준을 적용하고, 표현의 자유와 신체의 자유도 비교적 엄격하게 통제하고 있으며, ③ 평등권 침해의 경우 차별의 합리성 여부에 그치는 자의금지의 공식을 적용하고 있으며, ④ 그 밖의 경우도 그때그때 판단기준을 달리하고 있으며, 헌법의 규율밀도가 상대적으로 낮은 영역에서는 입법자에게 광범위한 재량을 인정하고 있다.[1]

평등원칙의 적용에 있어서 헌법재판소는 "평등위반 여부를 심사함에 있어 엄격한 척도에 의할 것인지, 완화된 심사척도에 의할 것인지는 입법자에게 인정되는 입법형성권의 정도에 따라 달라진다. 먼저 헌법에서 특별히 평등을 요구하고 있는 경우 엄격한 심사척도가 적용된다. 즉 헌법이 스스로 차별의 근거로 삼아서는 아니 되는 기준을 제시하거나 차별을 특히 금지하고 있는 영역을 제시하고 있다면 그러한 기준을 근거로 한 차별이나 그러한 영역에서의 차별에 대하여 엄격하게 심사하는 것이 정당화된다. 다음으로 차별적 취급으로 인하여 관련 기본권에 대한 중대한 제한을 초래하게 된다면 입법형성권은 축소되어 보다 엄격한 심사척도가 적용되어야 할 것이다.", "엄격한 심사를 행한다는 것은 자의금지원칙에 따른 심사, 즉 합리적 이유의 유무를 심사하는 것에 그치지 아니하고 비례성원칙에 따른 심사, 즉 차별취급의 목적과 수단 간에 엄격한 비례관계가 성립하는지를 기준으로 한 심사를 행함을 의미한다"고 하여[2] 평등위반 심사에 있어 이중기준을 인정하고 있다.

2. 판단기준

헌법재판소는 법률에 대한 위헌심판에서 위헌 여부를 판단할 때 제청법원이나 규범소원의 청구인이 주장하는 헌법과 법률해석에 구애받지 않고 심판대상 법률조항의 법적 효과를 고려하여 모든 헌법적인 관점을 종합적으로 검토해서 독자적으로

---

1) 박홍우, "법률에 대한 위헌심사의 기준─헌법재판소의 결정례를 중심으로", 헌법재판의 이론과 실제(금랑 김철수 교수 화갑기념논문집), 1993, 193쪽 이하는 미국헌법상의 위헌심사기준을 합리성의 기준(rationality test), 엄격한 심사기준(strict scrutiny), 엄격한 합리성의 기준(strict rationality test = 중간심사기준 intermediate standard)의 셋으로 나누어 소개하고(197-200쪽), 헌법재판소는 직접적인 신체의 자유, 정치적 자유 및 정신적 자유를 제한하는 법률에 대하여는 대체로 엄격한 심사기준을 적용하고 있고, 이에 반하여 사회경제적 자유 중 국민 전체에 영향을 미치는 경제정책적 사건에서는 합리성의 기준을 적용하고 있음을 알 수 있고, 그런 점에서 헌법재판소도 위헌심사의 이중기준론을 도입하고 있다고 한다(239쪽).
2) 헌재 1999. 12. 23. 98헌마363 결정〈「제대군인 지원에 관한 법률」 제8조 제1항 등 위헌확인(위헌)〉.

판단한다. 헌법재판소는 심판의 대상에 대해서는 원칙적으로 법원의 제청이나 규범
소원 청구인의 신청에 의해서 제한을 받지만, 위헌심사의 기준 내지 판단기준에 대
해서는 독자적인 결정권을 갖는다. 헌법재판소는 제청법률 내지는 규범소원의 대상
법률의 위헌 여부를 가려야 하는 헌법적 과제를 지고 있는 것이지 제청법원이나 규
범소원 청구인의 주장의 옳고 그름을 판단하는 기능을 하는 것은 아니기 때문이다.
그렇기 때문에 헌법재판소는 하나의 판단기준에 따라 이미 위헌이라는 결론을 얻
은 경우에는 다른 판단기준에 입각한 심사를 중단하고 결정을 선고할 수도 있다.
더 나아가 헌법재판소가 재판의 전제성 심사에서는 제청법원의 법해석을 수용했다
하더라도 본안판단에서는 그와는 다른 해석을 해서 심판하는 것은 전혀 모순이 아
니다.[1]

제 6 항   결정의 형식

법률의 위헌심판절차를 종결시키는 헌법재판소의 종국결정은 크게 분류하면
각하결정과 합헌결정 및 위헌결정의 세 가지로 나눌 수 있다.

헌법재판소법은 결정의 유형으로서 합헌결정과 위헌결정만을 예정하고 있다(동
법 제45조). 그러나 이 두 가지 유형만으로는 위헌법률심판에서 나타나는 모든 문제
를 포괄할 수 없기 때문에 헌법재판소는 그밖에도 다양한 변형결정을 함께 채택하
고 있다.

> 판례 〈공직선거부정방지법 제146조 제2항 위헌확인 등(위헌, 한정위헌)〉 "헌법심판의 대
> 상이 된 법률조항 중 일정한 법률조항이 위헌선언된 경우 같은 법률의 그렇지 아니한
> 다른 법률조항들은 효력을 그대로 유지하는 것이 원칙이다. 다음과 같은 예외적인 경
> 우에는 위헌인 법률조항 이외의 나머지 법률조항들도 함께 위헌선언할 수가 있다.
> 즉, 합헌으로 남아있는 나머지 법률조항만으로는 법적으로 독립된 의미를 가지지 못
> 하거나, 위헌인 법률조항이 나머지 법률조항과 극히 밀접한 관계에 있어서 전체적·
> 종합적으로 양자가 분리될 수 없는 일체를 형성하고 있는 경우, 위헌인 법률조항만을
> 위헌선언하게 되면 전체규정의 의미와 정당성이 상실되는 때가 이에 해당된다고 할
> 것이다."(헌재 2001. 7. 19. 2000헌마91 등 병합결정)

---

1) 헌법재판실무제요, 144·145쪽; 허영, 헌법소송법론, 229·230쪽.

1. 각하결정

헌법재판소는 다음의 경우에 각하결정을 한다. ① 법원의 제청이 헌법재판소법 (제41조 및 제43조)이 정하는 제청의 형식적 요건을 갖추지 않은 경우, ② 제청법률이 재판의 전제성이 없는 경우, ③ 법원이 제청을 철회해야 하는 사유가 발생했음에도 불구하고 제청철회를 하지 않은 경우, ④ 헌법재판소가 이미 위헌결정한 법률을 제청한 경우.

다만 헌법 제 68조 제 2항의 위헌심사형 헌법소원의 경우 위헌선언 이전에 당해사건이 확정된 경우에는 재심청구(법 제75조 제7항)가 가능하도록 각하결정 대신 인용결정을 내려야 할 필요가 있으므로 심판대상 법률조항이 위헌임을 확인하는 결정을 내린다.

> **판례 ▶** 〈구 상속세법 제9조 제1항 위헌소원(위헌)〉 "그런데 청구인들이 헌법재판소법 제 68조 제2항에 따라 헌법소원심판청구를 한 이 사건 법률조항은 이미 헌법재판소가 1997. 12. 24. 96헌가19 등(병합) 사건에서 별지와 같은 이유 (요지)로" 구 상속세법 제9조 제1항(1993. 12. 31 법률 제4662호로 개정되기 전의 것) 중 상속재산의 가액에 가산할 증여의 가액은 상속개시 당시의 현황에 의한다"는 부분은 헌법에 위반된다." 는 결정을 선고한 바가 있으므로(판례집 9-2. 762), 이 사건 법률조항에 대하여는 위헌임을 확인하는 결정을 하기로 한다."(헌재 1999. 6. 24. 96헌바67 결정)

각하결정의 주문은 '이 사건(또는 … 에 대한) 위헌 여부심판제청을 각하한다'의 형식으로 표시하는 것이 헌법재판소의 실무관행이다.

2. 합헌결정

합헌결정(단순합헌결정)은 위헌을 인정하지 않는, 따라서 법률의 효력을 유지하는 것이다.

합헌결정은 "… 법률은 헌법에 위반되지 아니한다"라는 주문형식을 취하며, 적어도 재판관 5인 이상의 합헌의견이 있어야 가능하다. 이러한 합헌결정에는 위헌결정정족수 미달인 위헌불선언결정이 포함된다.

합헌결정의 특징은 이른바 결정의 기속력이 인정되지 아니한다는 점이다. 즉 특정의 법률이 합헌으로 확인된 경우 다시 동일한 법률에 대해 법원이 위헌제청을 하더라도 그것은 적법한 제청이 된다.

3. 위헌결정

위헌결정(단순위헌결정)은 위헌을 인정하여 법률의 효력을 상실케 하는 것이다.

위헌결정은 재판관 6인 이상의 찬성을 요하며, "… 법률은 헌법에 위반된다"라는 주문형식을 취한다. 헌법재판소에 의하여 전부위헌결정된 대표적인 법률로는 「반국가행위자의 처벌에 관한 특별조치법」이 있다.[1]

4. 변형결정

(1) 변형결정의 개념과 유형

1) 변형결정의 개념

우리 헌법재판소법은 합헌과 위헌의 두 가지 결정형식만을 예정하고 있으며, 위헌결정을 하는 경우에도 일반법규는 즉시무효, 형벌법규는 소급무효라는 제도를 규정하고 있다. 그러나 결정의 주문의 방식·형태에 관한 선택은 헌법재판관의 재량사항에 속한다. 따라서 헌법재판관은 규범통제에서 제기되는 모든 문제를 적절히 해결하기 위하여 합헌과 위헌의 결정형식 외에도 변형된 결정형식을 취하는 경우가 있다. 이렇게 합헌결정과 위헌결정을 제외한 제3의 결정형식을 통틀어 변형결정이라 한다.

> 판례 ▶ 〈국회의원선거법 제33조, 제34조의 위헌심판(위헌=헌법불합치)〉"재판주문을 어떻게 내느냐의 주문의 방식문제는 민사소송에서 그러하듯 헌법재판에 대하여서도 아무런 명문의 규정이 없으며, 따라서 재판의 본질상 주문을 어떻게 표시할 것인지는 재판관의 재량에 일임된 사항이라 할 것이다."(헌재 1989. 9. 8. 88헌가6 결정)

변형결정이 허용되는가에 대하여는 의견이 대립되어 있다. 긍정설의 근거는 다음과 같다. 첫째, "헌법재판소는 제청된 법률 또는 법률조항의 위헌여부만을 결정한다"라는 헌법재판소법 제45조의 의미는 헌법재판소가 법률의 '위헌'여부만을 심사하는 것이지 결코 위헌제청된 전제사건에 대하여 사실적·법률적 판단을 내려 그 당부를 심판하는 것은 아니라는 것을 의미할 뿐이다. 둘째, 현실적 필요, 즉 다양한 정치·경제·사회현상을 규율하는 법률에 대한 합헌성을 확보하기 위해서는 헌법재

---

1) 헌재 1996. 1. 25. 95헌가5 결정〈「반국가행위자의 처벌에 관한 특별조치법」 제2조 제1항 제2호 등 위헌제청(위헌)〉.

판소의 유연하고 신축성 있는 적절한 판단이 요청된다. 다시 말해서 법적 공백이나 법적 혼란 등 법적 안정성을 해칠 우려를 방지하려는 데 변형결정의 의미가 있는 것이며, 입법자의 형성의 자유를 최대한 존중하려는 취지이다.

> **판례** 〈국회의원선거법 제33조, 제34조의 위헌심판(위헌=헌법불합치)〉 "현재의 복잡다양한 사회현상, 헌법상황에 비추어 볼 때 헌법재판은 심사대상의 법률의 위헌 또는 합헌이라는 양자택일 판단만을 능사로 할 수 없다. 양자택일 판단만이 가능하다고 본다면 다양한 정치·경제·사회현상을 규율하는 법률에 대한 합헌성을 확보하기 위한 헌법재판소의 유연·신축성 있는 적절한 판단을 가로막아 오히려 법적 공백, 법적 혼란 등 법적 안정성을 해치고, 입법자의 건전한 형성자유를 제약하는 등, 나아가 국가사회의 질서와 국민의 기본권마저 침해할 사태를 초래할 수도 있다. 이리하여 헌법재판소가 행하는 위헌 여부 판단이란 위헌 아니면 합헌이라는 양자택일에만 그치는 것이 아니라 그 성질상 사안에 따라 위 양자의 사이에 개재하는 중간영역으로서의 여러 가지 변형재판이 필수적으로 요청된다. 그 예로는 법률의 한정적 적용을 뜻하는 한정무효, 위헌법률의 효력을 당분간 지속시킬 수 있는 헌법불합치, 조건부위헌, 위헌성의 소지 있는 법률에 대한 경고 혹은 개정촉구 등을 들 수 있다."(헌재 1989. 9. 8. 88헌가6 결정)

그에 대하여 부정설은 변정수 전 헌법재판소 재판관이 위 결정에 대한 소수의견으로 제시한 주장이다. 즉 헌법 제107조 제1항과 헌법재판소법 제45조 본문에 비추어 헌법재판소는 제청된 법률이 '위헌'인지 '합헌'인지를 분명하게 결정해야 할 의무가 있고, 위헌이라고 결정하면 그에 대한 효력은 헌법재판소법 제47조 제2항에 정해진 대로 발생하는 것이다. 따라서 헌법재판소가 그 효력을 변경하거나 그 효력을 유보할 수 없다고 하면서, 헌법재판소법의 문리적 해석을 통해서 헌법재판소가 변형결정을 할 수 있는 법적 근거는 존재하지 않는다고 한다. 대법원도 현재까지 한정합헌·한정위헌 결정의 효력(기속력)을 인정하고 있지 않다.

헌법재판소는 법적 안정성과 국회의 입법권존중필요성 및 복잡다양한 헌법상황에 비추어 유연·신축성 있는 판단을 해야 할 필요성을 근거로 해서 변형결정은 허용된다고 본다.

2) 변형결정의 유형

그러나 정작 무엇을 변형결정으로 볼 것인가에 대해서는 견해가 나누어져 있다. 제1설은 헌법불합치결정, 입법촉구결정, 한정합헌결정, 한정위헌결정의 네 유형을 변형결정으로 보며,[1] 제2설은 합헌결정과 위헌결정을 제외한 나머지 결정유형,

---

1) 김철수, 학설판례 헌법학, 2078쪽 이하; 권영성, 헌법학원론, 1093쪽 이하.

곧 위헌불선언결정, 한정합헌결정, 한정위헌결정, 일부위헌결정, 조건부위헌결정, 헌법불합치결정, 부분위헌결정을 변형결정으로 본다.[1][2] 제3설은 주문의 표현양식과 결정의 효력 두 가지 모두가(결정의 효력에 더 비중을 두기는 하지만) 정상적인 결정과 다른 경우를 변형결정의 판단기준으로 삼아 한정합헌결정, 한정위헌결정 그리고 헌법불합치결정을 변형결정으로 본다.[3]

헌법재판소는 1999. 7. 20. 헌법재판통계내규를 헌법재판소내규 제42호로 제정하면서 법률조항에 대한 법률 또는 법률조항에 대한 결정유형을 위헌, 헌법불합치, 한정위헌, 한정합헌, 합헌으로 분류하고 종래 일부위헌결정으로 분류하던 결정은 모두 한정위헌결정으로 구분하고 있어 헌법불합치결정, 한정위헌결정 및 한정합헌결정을 변형결정으로 보고 있다.

개인적으로는 정형결정과 변형결정은 그 결정주문의 형식을 근거로 나누는 것이라고 생각한다. 그러한 한에서 우리 헌법재판소법이 예정하고 있지 않은 결정형식을 변형결정이라고 한다면, 제2설의 입장이 타당하다고 생각한다.

(2) 위헌불선언결정

위헌불선언결정이란 재판관 5인은 위헌, 4인은 합헌의견을 제시한 경우에 위헌의견이 다수임에도 불구하고 정족수미달로 위헌선언을 할 수 없기 때문에 우리 헌법재판소가 채택한 바 있는 독특한 결정형식을 말한다.

위헌불선언결정은 " … 은 헌법에 위반된다고 선언할 수 없다"는 주문형식을 취한다. 위헌불선언결정의 예로는 국토이용관리법 제21조의3 제1항, 제31조의2의 위헌심판,[4] 「1980년 해직공무원의 보상 등에 관한 특별조치법」 제2조 및 제5조에 대한 헌법소원심판,[5] 구 국세기본법 제42조 제1항 단서에 대한 헌법소원[6] 등이 있다.

---

1) 허영, 한국헌법론, 807쪽 이하.
2) 이밖에도 성낙인, 헌법학, 1212쪽 이하는 헌법불합치결정, 한정합헌결정, 한정위헌결정, 일부위헌결정, 적용위헌결정을 변형결정으로 보면서, 적용위헌결정은 위헌무효로 되는 법령의 범위를 가능한 한 좁게 해석하려는 이론이라 한다. 그러나 성낙인, 헌법학, 1223쪽노 인정하듯이 적용위헌의 개념이 반드시 명확하지 않은 것이라면 그 이유 하나만으로도 적용위헌결정을 변형결정으로 보기는 힘들다 할 것이다.
3) 김운룡, 위헌심사론, 610쪽 이하.
4) 헌재 1989. 12. 22. 88헌가13 결정〈국토이용관리법 제31조의2 제1호 및 제21조의3의 위헌심판제청(합헌)〉.
5) 헌재 1993. 5. 13. 90헌바22 등 병합결정〈「1980년 해직공무원의 보상 등에 관한 특별조치법」 제2조 제1항 및 제5조에 대한 헌법소원(합헌)〉.
6) 헌재 1994. 6. 30. 92헌바23 결정〈구 국세기본법 제42조 제1항에 단서에 대한 헌법소원(합헌)〉.

그러나 위헌불선언결정은 실질적으로는 합헌결정과 같은 결과를 가져오기 때문에 우리 헌법재판소는 위헌불선언결정을 지양하고 그 대신 합헌결정1) (또는 기각결정2))의 형식으로 통일하였다.

(3) 한정합헌결정

한정합헌결정이란 해석 여하에 따라서는 위헌이 되는 부분을 포함하고 있는 법령의 의미를 헌법의 정신에 합치하도록 한정적으로 해석하여 위헌판단을 회피하는 결정형식이다. 한정합헌결정은 법률의 다의적인 해석가능성으로 가치질서의 변화를 가져올 때 그 해석의 질적인 한정부분의 일부위헌을 선언하는 것이라는 점에서 일정한 문언의 일부분에 대한 적용을 배제하는 일부위헌결정과 구별된다. 한정합헌결정은 헌법합치적 해석 또는 합헌적 법률해석이라고도 하며, 변형결정 중에 가장 흔한 결정형식이다. 헌법재판소는 한정합헌결정을 질적 일부위헌결정으로 이해하고 있다.3)

한정합헌결정의 주문은 일반적으로 "이러한 해석하에 (또는 "… 인 것으로 해석하는 한") 헌법에 위반되지 아니한다"라는 주문형식을 취한다. 헌법재판소는 한정합헌결정도 위헌결정(질적 일부위헌결정)의 범주에 드는 것이므로 재판관 6인 이상의 찬성을 요하며, 그 효력은 합헌으로 해석된 부분 이외에는 무효라는 입장을 취하고 있다.

> **판례** 〈국가보안법 제7조에 대한 위헌심판(한정합헌)〉 "국가보안법 제7조 제1항 및 제5항은 국가보안법 제6조 2항, 각 그 소정의 행위가 국가의 존립·안전을 위태롭게 하거나 자유민주적 기본질서에 위해를 줄 경우에 적용된다고 할 것이므로, 이러한 해석하에 헌법에 위반되지 아니한다."(헌재 1990. 4. 2. 89헌가113 결정)

> **판례** 〈도로교통법 제50조 제2항 등에 관한 위헌심판(한정합헌)〉 "도로교통법 제50조 제2항 및 동법 제11조 제3호는 피해자의 구호 및 교통질서의 회복을 위한 조치가 필요한 상황에만 적용되는 것이고, 형사책임과 관련되는 사항에는 적용되지 아니하는 것

---

1) 위헌의견이 5인에 달했으나 위헌불선언결정을 하지 않고 단순합헌결정을 한 판례: ① 헌재 1996. 2. 16. 96헌가2 등 병합결정(「5·18 민주화운동 등에 관한 특별법」 제2조 위헌제청 등) ② 헌재 1996. 12. 26. 90헌바19 등 병합결정(노동쟁의조정법 제4조, 제30조 제3호, 제31조, 제47조에 대한 헌법소원).
2) 위헌의견이 5인에 달했음에도 불구하고 기각결정을 한 판례: ① 헌재 1997. 1. 16. 90헌마110·136 병합결정〈교통사고처리특례법 제4조 등에 대한 헌법소원 등(일부각하, 일부기각)〉 ② 헌재 1997. 12. 24. 97헌마16 결정(「공직선거 및 선거부정방지법」 제18조 제3항 위헌확인).
3) 헌재 1992. 2. 25. 89헌가104 결정〈군사기밀보호법 제6조 등에 대한 위헌심판(한정합헌)〉.

으로 해석하는 한 헌법에 위반되지 아니한다."(헌재 1990. 8. 27. 89헌가118 결정)

> **판례** 〈군사기밀보호법 제6조 등에 대한 위헌심판(한정합헌)〉 "군사기밀보호법 제6조, 제7조, 제10조는 동법 제2조 제1항 소정의 군사상의 기밀이 비공지의 사실로서 적법절차에 따라 군사기밀로서의 표지를 갖추고 그 누설이 국가의 안전보장에 명백한 위험을 초래한다고 볼 만큼의 실질가치를 지닌 경우에 한하여 적용된다고 할 것이므로 그러한 해석하에 헌법에 위반되지 아니한다."(헌재 1992. 2. 25. 89헌가104 결정)

> **판례** 〈군사기밀보호법 제6조 등에 대한 위헌심판(한정합헌)〉 "이 사건에 있어서 관여재판관의 평의의 결과는 단순합헌의견 3, 한정합헌의견 5, 전부위헌의견 1의 비율로 나타났는데, 한정합헌의견(5)은 질적인 일부위헌의견이기 때문에 전부위헌의견(1)도 일부위헌의견의 범위 내에서는 한정합헌의 의견과 견해를 같이 한 것이라 할 것이므로 이를 합산하면 헌법재판소법 제23조 제2항 제1호 소정의 위헌결정정족수(6)에 도달하였다고 할 것이며 그것이 주문의 의견이 되는 것이다(법원조직법 제66조 제2항 참조). 이 사건 머리에 적은 주문 ' … 그러한 해석하에 헌법에 위반되지 아니한다.'하는 문구의 취지는 군사기밀보호법 제6조, 제7조, 제10조, 제2조 제1항 소정의 군사상의 기밀의 개념 및 그 범위에 대한 한정축소해석을 통하여 얻어진 일정한 합헌적 의미를 천명한 것이며 그 의미를 넘어선 확대해석은 바로 헌법에 합치하지 아니하는 것으로서 채택될 수 없다는 뜻이다."(헌재 1992. 2. 25. 89헌가104 결정)

헌법재판소법 제47조 제1항은 "법률의 위헌결정은 법원 기타 국가기관 및 지방자치단체를 기속한다"라고 규정하고 있어 합헌적 법률해석에 의한 한정합헌결정의 경우 기속력이 있는 것인지가 문제된다. 이에 대하여 대법원은 일부 변형결정의 기속력을 부인한 바 있다.[1] 그러나 헌법재판소는 초기에는 한정합헌의 기속력에 대해서는 언급하지 않으면서, 적어도 제소법원은 한정합헌결정의 기판력을 받고 헌법 제107조 제1항의 규정상 구속을 받는다고 하다가, 그 후에는 한정합헌결정의 기속력을 정면으로 인정하고 있다.[2]

> **판례** 〈국가보안법 제7조 5항의 위헌심판(한정합헌)〉 "합헌한정해석이 헌법재판수법 제47조 제1항에 따라 당해 사건인 이 사건을 떠나 널리 법원 기타 국가기관 및 지방자치단체를 기속하느냐의 여부는 별론으로 하고 제청법원은 적어도 이 사건 제청당사자로서 위 심판의 기판력을 받을 것임은 물론, 헌법 제107조 제1항의 규정상 제청법

---

1) 대법원 1996. 4. 9. 95누11405 판결.
2) 예컨대 헌재 1997. 12. 24. 96헌마172 등 병합결정〈헌법재판소법 제68조 제1항 위헌확인 등(일부 한정합헌, 일부 인용)〉 참조.

원이 본안재판을 함에 있어서 헌법재판소의 심판에 의거하게 되어 있는 이상 위 헌법
규정에 의하여서도 직접 제청법원은 이에 의하여 재판하지 않으면 안될 구속을 받는
다."(헌재 1990. 6. 25. 90헌가11 결정)

헌법재판소가 한정적으로 합헌이라고 한 부분에 대해서는 그 이후에 그 부분에
대하 위헌여부를 다툴 수 있고, 헌법재판소는 부적법각하가 아니라 위헌여부에 대
한 본안판단을 해야 한다.[1]

(4) 한정위헌결정

1) 한정위헌결정

한정위헌결정이란 불확정개념이나 다의적인 해석가능성이 있는 조문에 대하여
한정축소해석을 통하여 얻어진 일정한 합헌적 의미를 넘어선 확대해석은 헌법에
위반되어 채택할 수 없다는 뜻의 결정을 말한다. 한정위헌결정은 질적 일부위헌결
정이다. 한정위헌결정도 위헌결정의 범주에 속하므로 재판관 6인 이상의 찬성을 요
한다.

한정위헌결정의 주문은 " … 인 것으로 해석하는 한 헌법에 위반된다", " … 인
경우에 적용하는 것은 헌법에 위반된다" 또는 "… 에 … 을 포함시키는 것은 헌법에
위반된다"로 표현된다.

> **판례** 〈「정기간행물의 등록 등에 관한 법률」 제7조 제1항의 위헌심판(한정위헌)〉 "정간법
> 제7조 제1항(등록)은 제9호 소정의 제6조 제3항 제1호 및 제2호의 규정(일반 일간신
> 문윤전기 및 대통령이 정하는 부수인쇄시설)에 의한 해당시설을 자기 소유이어야 한
> 다는 것으로 해석하는 한 위헌이다."(헌재 1992. 6. 26. 90헌가23 결정)

> **판례** 〈「음반에 관한 법률」 제3조 등에 대한 헌법소원(한정위헌)〉 "음반법이 정한 시설을
> 자기소유인 것으로 해석하는 한 위헌이다."(헌재 1993. 5. 13. 91헌바17 결정)

2) 한정합헌결정과 한정위헌결정의 관계

① 종전의 이해

한정합헌결정이나 한정위헌결정이 모두 질적 일부위헌결정이기 때문에 양자의
관계가 문제된다. 헌법재판소는 한정합헌결정이나 한정위헌결정을 실질적으로 동일

---

1) 헌재 1998. 8. 27. 97헌바85 결정〈국가보안법 제6조 제2항 위헌소원(한정합헌)〉.

한 것으로 이해하고 있다. 물론 양자는 주문의 형식에서는 구분되는데, 어느 주문형식을 취할 것인가는 구체적 사안에 따라 결정할 문제라고 한다.[1]

판례 〈보훈기금법 부칙 제5조 및 한국보훈복지공단법 부칙 제4조 제2항 후단에 관한 위헌심판(한정위헌, 한정합헌)〉 "법률의 다의적인 해석가능성이나 다기적인 적용범위가 문제될 때 위헌적인 것을 배제하여 합헌적인 의미 혹은 적용범위를 확정하기 위하여 한정적으로 합헌 또는 위헌을 선언할 수 있다. 양자는 다 같이 질적인 부분위헌선언이며 실제적인 면에서 그 효과를 달리하는 것은 아니다. 다만 양자는 법문의미가 미치는 사정거리를 파악하는 관점, 합헌적인 의미 또는 범위를 확정하는 방법 그리고 개개 헌법재판사건에서의 실무적인 적의성 등에 따라 그 중 한 가지 방법을 선호할 수 있을 따름이다. 헌법재판소가 한정위헌 또는 한정합헌을 선언한 경우에 위헌적인 것으로 배제된 해석가능성 또는 축소된 적용범위의 판단은 단지 법률해석의 지침을 제시하는데 그치는 것이 아니라 본질적으로 부분적 위헌선언의 효과를 가지는 것이며, 헌법재판소법 제47조에 정한 기속력을 명백히 하기 위하여는 어떠한 부분이 위헌인지 여부가 그 결정의 주문에 포함되어야 하므로, 이러한 내용을 결정의 이유에 설시하는 것만으로는 부족하고 결정의 주문에까지 등장시켜야 한다."(헌법재판소 1992. 2. 25. 선고, 89헌가104 결정 참조)(헌재 1994. 4. 28. 92헌가3 결정)

판례 〈헌법재판소법 제68조 제1항 위헌확인 등(일부 한정위헌, 일부 인용)〉 "헌법재판소의 법률에 대한 위헌결정에는 단순위헌결정은 물론, 한정합헌·한정위헌결정과 헌법불합치결정도 포함되고 이들은 모두 당연히 기속력을 가진다.
   즉, 헌법재판소는 법률의 위헌여부가 심판의 대상이 되었을 경우, 재판의 전제가 된 사건과의 관계에서 법률의 문언, 의미, 목적 등을 살펴 한편으로 보면 합헌으로 다른 한편으로 보면 위헌으로 판단될 수 있는 등 다의적인 해석 가능성이 있을 때 일반적인 해석작용이 용인되는 범위 내에서 종국적으로 어느 쪽이 가장 헌법에 합치되는가를 가려, 한정축소적 해석을 통하여 합헌적인 일정한 범위 내의 의미내용을 확정하여 이것이 그 법률의 본래적인 의미이며 그 의미 범위 내에 있어서는 합헌이라고 결정할 수도 있고, 또 하나의 방법으로는 위와 같은 합헌적인 한정 축소해석의 타당영역 밖에 있는 경우에까지 법률의 적용범위를 넓히는 것은 위헌이라는 취지로 법률의 문언 자체는 그대로 둔 채 위헌의 범위를 정하여 한정위헌의 결정을 선고할 수도 있다.
   위 두 가지 방법은 서로 표리관계에 있는 것이어서 실제적으로 차이가 있는 것이 아니다. 합헌적인 한정축소해석은 위헌적인 해석 가능성과 그에 따른 법적용을 소극적으로 배제한 것이고, 적용범위의 축소에 의한 한정적 위헌선언은 위헌적인 법적용 영역과 그에 상응하는 해석 가능성을 적극적으로 배제한다는 뜻에서 차이가 있을 뿐, 본질적으로는 다 같은 위헌결정이다."(헌재 1997. 12. 24. 96헌마172 등 병합결정)

---

[1] 헌재 1994. 4. 28. 92헌가3 결정〈보훈기금법 부칙 제5조 및 한국보훈복지공단법 부칙 제4조 제2항 후단에 관한 위헌심판(일부각하, 합헌)〉.

② 새로운 이해

헌법재판소의 이러한 견해에 대하여는 다음과 같은 이론이 제기되었다. 즉 헌법재판소의 견해는 한정합헌·한정위헌결정의 주문에서 특정되지 아니한 나머지 법률조항 부분은 위헌 또는 합헌이라는 판단이 전제되어 있다고 이해하는 것이나, 이와 같은 경우뿐만 아니라 한정합헌·한정위헌결정의 주문에서 특정되지 아니한 나머지 법률조항 부분에 관하여는 헌법재판소가 아직 위헌여부에 관하여 판단하지 아니한 상태로 남아 있는 경우도 있다는 것이다. 그 예로 헌법재판소는 1991. 4. 1. 89헌마160 결정에서 "민법 제764조의 '명예회복'에 적당한 '처분'에 사죄광고를 포함시키는 것은 헌법에 위반된다"고 결정했는데, 헌법재판소가 이 결정에서 판단하지 아니하였지만 명예회복에 적당한 처분으로서 '무릎꿇고 사죄하기' 등을 상상할 수 있는데 이러한 처분이 위헌임은 명백하기 때문이라는 것이다.[1]

또한 한정합헌결정은 변형된 위헌결정의 한 유형이지만 심판대상 법률조항에 대해서 헌법재판소가 합헌이라고 해석한 의미 이외의 다른 내용으로 해석·적용하는 것은 언제나 헌법에 위반된다는 것을 선언한 것은 아니라고 하면서, 헌법재판소는 당해사건과 관련되는 범위 내에서 합헌적인 해석의 내용을 밝힌 것이기 때문에 다른 사건의 재판에서는 또 다른 해석의 여지를 완전히 차단한 것이 아니며, 다른 합헌적인 해석이 나올 때까지는 오로지 합헌을 밝힌 내용만이 유효한 법률내용으로 일반적인 구속력을 갖게 된다는 견해도 있다.[2] 이 견해는 마찬가지로 한정위헌결정은 심판대상 법률조항에 대해서 헌법재판소가 헌법과 조화될 수 없어 위헌으로 해석되는 모든 경우에 대해서 판단하는 것이 아니고, 단순히 당해사건에서의 해당 법률의 적용과 관련해서 위헌으로 해석되기 때문에 적용에서 배제해야 하는 내용을 밝힌 것뿐이며, 따라서 헌법재판소가 심판대상 법률조항에 대해서 위헌으로 밝히지 아니한 나머지 부분의 위헌여부에 관한 판단은 당해사건의 재판과는 무관하기 때문에 유보하는 것이라고 한다.[3]

그런가 하면 한정합헌결정을 하는 경우는 해당 법률조항의 해석에 있어서 합헌으로 해석되는 여지와 위헌으로 해석되는 여지가 병존하고 있고, 주문도 " … 라고 해석하는 한 헌법에 위반되지 아니한다"라고 표시하고, 법률조항의 일정한 의미 부

1) 황도수, "한정위헌결정과 한정합헌결정에 관한 연구", 헌법논총 제10집, 헌법재판소, 1999, 209쪽 이하, 특히 247쪽.
2) 허영, 헌법소송법론, 245쪽.
3) 허영, 헌법소송법론, 246쪽.

분이 합헌으로 유지되기 위해서는 위헌으로 효력을 가질 수 없는 의미가 모두 확정
되어 제거되어야 하므로 합헌으로 해석되는 의미 이외의 나머지 의미 부분은 모두
위헌된다는 논리를 지니고 있기 때문에, 한정합헌결정의 형식은 논리적으로 볼 때
법률의 해석·적용상 중대한 결함을 지니고 있어서 논리적 모순이 없는 극히 한정된
경우에만 성립할 수 있다는 견해도 있다.[1] 이 견해는 한정위헌결정의 경우에는 위
헌으로 해석되는 부분의 나머지 부분은 합헌으로 해석된다고 확정되지 않고, 헌법
재판소가 다음에 나머지 부분에 대하여 위헌으로 해석되는 의미를 발견한 경우에는
그런 의미로 또 제거할 수 있다고 한다.[2]

　　이러한 비판에 직면하여 헌법재판소는 더 이상 위 89헌가104 결정, 96헌마172
결정에서와 같은 판시를 하지 않고 있다.

　　그렇다면 이제 구체적인 한정합헌·한정위헌결정이 어떠한 종류에 해당되는가
의 문제가 남게 되는데, 그 구분은 헌법재판소의 '심판대상'과 '결정주문'을 비교하
여 결정될 수 있을 것이다. 즉, 헌법재판소가 법률조항 전부를 심판대상으로 하여
심판한 뒤, 그 중 특정한 해석·적용부분에 대하여 한정합헌 또는 한정위헌결정을
선고한 경우에는 나머지 부분에 대하여 위헌(주문이 한정합헌인 경우) 또는 합헌(주문이
한정위헌인 경우)이라는 판단이 전제된 것이고, 헌법재판소가 처음부터 법률조항의 특
정한 해석·적용 부분을 심판대상으로 하여 심판한 뒤 그 특정부분에 대하여 한정합
헌 또는 한정위헌결정을 선고한 경우에는 나머지 부분에 대하여는 위헌여부에 대하
여 아무런 판단을 하지 아니한 것으로 보아야 할 것이다.[3]

(5) 일부위헌결정

　　일부위헌결정(질적 일부위헌결정[4])은 심판의 대상이 된 법조문을 그대로 놓아둔
채 그 법조문의 특정한 적용사례에 대해서만 위헌이라고 선언하는 결정형식을 말한
다. 양적 일부무효결정과는 달리 규범의 규정축소 없이 이루어지는 질적 일부위헌
결정은 실제적 측면에서, 즉 규범의 합헌적 존재를 유지한다는 점에서는 헌법합치

---

1) 정종섭, 헌법소송법, 339쪽.
2) 정종섭, 헌법소송법, 344쪽.
3) 황도수, "한정위헌결정과 한정합헌결정에 관한 연구", 249·250쪽; 김현철, 판례 헌법소송법, 전남
　대학교출판부, 2011, 182·183쪽도 같은 의견을 취하고 있다.
4) '질적 일부위헌'(qualitative Teilnichtigkeit)이란 표현은 W. Skouris, *Teilnichtihkeit von Gesetzen*,
　1973에 의하여 처음 사용되었으나, 현재 독일에서는 거의 사용되고 있지 않다. 양적 일부위헌과
　질적 일부위헌에 대한 구별에 대하여 더 자세한 것은 W. Skouris, S. 92ff. 참조.

적 해석과 같은 차원에서 볼 수 있으나 이론상으로는 서로 구별된다. 즉 헌법합치적 해석의 경우에는 특정한 가능한 법률해석에 대하여 위헌이 선언되는 경우이나 규범의 규정축소 없이 이루어지는 질적 일부무효선언은 특정의 적용사례에 대하여 그것이 규범의 적용범위문제에 있어서 헌법합치적 해석에 의해서는 수용되지 아니하는 그때 선언되는 것이다. 학자에 따라서는 일부위헌결정을 일본판례에 따라 적용위헌결정이라는 용어로 표현하기도 한다.1) 일부위헌결정을 내리기 위해서는 재판관 9인 중 6인 이상의 찬성이 있어야 한다.

일부위헌결정의 주문에는 "… 하는 것은 헌법에 위반된다"로 기재한다. 일부위헌결정의 예로는 국유재산법 제5조 제2항을 동법의 국유재산 중 잡종재산에 대하여 적용하는 것은 헌법에 위반된다는 결정,2) 「1980년 해직공무원의 보상 등에 관한 특별조치법」 제2조 제2항 제1호의 '차관급 상당 이상의 보수를 받은 자'에 법관을 포함시키는 것은 헌법에 위반된다는 결정,3) 국가보안법 제19조에 대한 헌법소원사건에서 구속기간연장을 동법 제7조(찬양·고무 등)와 제10조(불고지)에 적용하는 것은 위헌이다4)라고 한 결정 등에서 볼 수 있다.

일부위헌결정은 합헌적 법률해석의 일종이므로 한정위헌결정으로 통일하는 것이 바람직하다는 견해가 강력하게 주장되고 있다.5) 질적 일부위헌결정은 사실상 폐지된 상태이다.

(6) 조건부위헌결정

구 국회의원선거법 제55조 등에 대한 헌법소원6)에서 헌법재판소가 채택한 결정형식이다. 앞의 헌법소원에서 헌법재판소는 "이 법 제55조의3의 규정 중 '정당연설회에 당해 지역구후보자를 연설원으로 포함시킨' 부분과 이 법 제56조의 규정 중 '정당이 후보자를 추천한 지역구마다 2종의 소형인쇄물을 따로 더 배부할 수 있도록 한 부분'은 당해 지역구에서 정당이 그와 같은 정당연설회를 개최하거나 소형인쇄물을 제작·배분하는 경우에는, 무소속후보자에게도 각 그에 준하는 선거운동의

---

1) 김철수, 학설판례 헌법학, 2090쪽.
2) 헌재 1991. 5. 13. 89헌가97 결정〈국유재산법 제5조 제2항의 위헌심판(일부위헌)〉.
3) 헌재 1992. 11. 12. 91헌가2 결정〈「1980년 해직공무원의 보상 등에 관한 특별조치법」 제2조에 대한 위헌심판(일부위헌)〉.
4) 헌재 1992. 4. 14. 90헌마82 결정〈국가보안법 제19조에 대한 헌법소원(일부위헌)〉.
5) 허영, 한국헌법론, 808쪽.
6) 헌재 1992. 3. 13. 92헌마37 등 병합결정〈국회의원선거법 제55조의3 등에 대한 헌법소원(일부위헌, 일부기각)〉.

기회를 균등하게 허용하지 아니하는 한 헌법에 위반된다"라는 주문형식을 채택하였다. 헌법재판소는 또한 이러한 결정유형을 채택하는 취지를 "헌법재판은 일반법률을 해석하는 순수한 사법적 기능이라기보다 고도의 재량적 상황판단을 종종 요구하는 입법적 기능일 뿐만 아니라 … 해당 법률조항의 위헌선언으로 말미암아 야기될 수 있는 혼란을 방지하고 법규정에서 내재된 합헌적인 의미부분을 살려가면서 헌법배치적 상태를 제거하기 위하여서"라고 하였다.

이 결정형식에 대하여는 심판대상이 된 법조문을 확대해석하여 합헌적 법률해석의 한계를 벗어난 것이기 때문에 심판의 대상이 된 법조문 중 문제된 부분만을 위헌결정하는 부분위헌결정의 형식이 바람직했을 것이라는 지적이 있다.[1]

(7) 헌법불합치결정

헌법불합치결정이란 소급무효설에 따른 법적 결과를 회피하기 위해서 나온 변형위헌결정의 일종으로 법률의 위헌성을 인정하면서도 입법자의 입법형성의 자유[2]를 존중하고 법의 공백과 그로 인한 혼란을 피하기 위하여 헌법재판소법 제47조 제2항 본문의 효력상실을 제한적으로 적용하는 주문형식을 말한다.[3][4]

---

1) 허영, 한국헌법론, 809쪽.

2) 어떤 경우에 입법자의 형성의 자유가 인정되고 어떤 경우에 이것이 제한되며 연방헌법재판소의 통제를 받는가와 관련하여 K. Hesse, Die verfassungsgerichtliche Kontrolle, in: *Festschrift für Mahrenholz*, 1994, S. 541ff.는 헌법규범의 밀도를 기초로 다음과 같이 네 가지 경우를 나누고 있다. ① 헌법의 우위를 근거로 해서 입법자를 구속(기본법 제20조 제3항)하고 있는 하등의 헌법규정이 존재하지 않는 곳에서는 의심할 여지없이 입법자의 형성의 자유가 있다. ② 헌법이 입법자의 과제와 그 이행에 대하여 분명히 내지는 확정적으로 규정한 경우 그러한 한 입법자의 형성의 자유는 역시 의심할 여지없이 존재하지 않는다. 이러한 명백성은 흔히 헌법의 문구로부터 주어진다. 이것은 하지만 체계적, 역사적 또는 목적론적 해석의 결과일 수 있다. ③ 입법자의 형성의 자유는 나아가 개방된, 즉 불특정 또는 단편적으로 규정되어 있어서 더욱 상세히 규정될 필요가 있는 헌법규범으로부터 나올 수 있다. 이러한 헌법규범을 상세히 규정하는 것은 입법자의 소관이다. 입법자는 나아가서 그 규범의 의미와 목적에 부합하는 방법으로 규정하여야 하지만 이러한 한계 내에서 그는 형성의 자유를 갖는다. ④ 형성의 자유는 끝으로 헌법재판소의 통제의 제한의 결과로서 이해될 수 있다(이상 방승주, "독일 연방헌법재판소의 입법자에 대한 통제의 범위와 강도", 헌법논총 제7집, 헌법재판소, 1996, 299쪽 이하, 특히 328·329쪽에서 재인용).

3) 독일에서는 연방헌법재판소의 위헌판결이 소급효를 가지기 때문에 심각한 법규범의 공백상태가 생길 수 있어 위헌인 법조항이라도 잠정적으로 그 효력을 인정해서 집행·적용하게 하고 입법권자에게 시한을 정해서 입법개선을 촉구할 필요가 있다. 이러한 현실에 대응하기 위하여 연방헌법재판소는 1957년 엘페스판결(BVerfGE 6, 57)에서 헌법불합치라는 결정유형을 개발하였다. 그런데 연방헌법재판소는 1974. 5. 21. 자녀의 국적법에 관한 결정(BVerfGE 37, 217)에서 위헌결정과 헌법불합치결정은 '위헌법률의 적용금지'란 의미에서는 동일한 효력을 가지고 있다고 밝힘으로써 종전의 잠정적용원칙에서 적용중지원칙으로 입장을 수정하였다. 그러나 위헌적 법률이 잠시도 중단되어서는 안 되는 국가행정의 수권규범을 제공하고 있고, 위헌결정으로 법률이 효력을 상실할 경우,

헌법재판소는 원칙적으로 평등원칙위반의 경우와 입법흠결의 경우1)에 헌법불합치결정을 하고 있다.2) 형벌법규에 대해서도 헌법불합치결정을 할 수 있는지 여부에 대하여 논란이 있으나 심판대상인 형벌법규에 대하여 법정의견으로 잠정적용형 헌법불합치결정이 선고된 바 있다.3) 그러나 형벌조항에 대하여 헌법불합치결정을

수권규범이 더 이상 존재하지 않게 됨으로써, 중요한 국가행정의 이행이 수권규범의 결여로 불가능하게 되는 경우에는(BVerfGE 83, 130, 154) 위헌적 법률을 잠정적으로 적용할 수밖에 없다. 즉 위헌적인 법률의 잠정적인 적용은 특히 법적 안정성의 측면에서, 법치국가적으로 용인하기 어려운 법적 공백과 그로 인한 혼란을 방지하기 위하여, 일정기간 동안 입법자의 새로운 입법시까지 위헌적인 법률을 존속시켜야 할 필요성이 있는 경우에 인정되고 있다.

4) 신봉기, "헌법불합치결정의 이유에 기초한 개선입법의무", 헌법논총 제7집, 헌법재판소, 1996, 349쪽 이하(354쪽)는 헌법불합치결정이 정당화될 수 있는 사정으로 다음의 6가지를 들고 있다. ① 현재의 법상태가 수인하기 어렵기는 하나 위헌무효선언을 받는 것보다 헌법에 합치되는 정도가 양호한 경우, ② 특정인들이 수혜를 받을 범주에 속하는 자들임에도 이들에 대하여 묵시적으로 그 수혜의 범주에서 배제함으로써 평등원칙을 침해하는 규범 즉, 평등원칙에 반하여 특정인에 대한 적용을 배제하는 불완전한 규정을 형성한 경우, ③ 무효선언을 하더라도 헌법침해상태를 제거할 수 없는 입법기술상 이유가 있는 경우, ④ 문제가 있는 법규범이 예컨대 경제관계의 변화와 같은 실제상황의 변경에 의하여 비로소 위헌으로 발전된 경우, ⑤ 헌법적으로 평가할 때 무효선언 그 자체가 급작스러운 새로운 상황을 초래하는 경우, ⑥ 위헌적 법상태가 여러 개별규정이 혼합된 결과로 인해 야기되었고 그 중 한 규정의 개정으로써 헌법침해가 제거될 수 있는 경우.

1) 헌재 1998. 12. 24. 89헌마214 등 병합결정〈도시계획법 제21조에 대한 위헌소원(헌법불합치)〉; 헌재 1999. 10. 21. 97헌바26 결정〈도시계획법 제6조 위헌소원(헌법불합치, 잠정적용)〉; 헌재 2001. 4. 26. 2000헌바59 결정〈지방세법 제233조의9 제1항 제2호 위헌소원(헌법불합치)〉; 헌재 2003. 2. 27. 2000헌바26 결정〈구 사립학교법 제53조의2 제3항 위헌소원(헌법불합치)〉; 헌재 2003. 7. 24. 2000헌바28 결정〈구 소득세법 제101조 제2항 위헌소원(헌법불합치)〉 등 참조.

2) 한병채, "헌법재판의 결정과 변형결정", 헌법논총 제3집, 헌법재판소, 1992, 7쪽 이하(60·61쪽)에 따르면 독일의 경우는 다음과 같은 경우에 헌법불합치결정을 하고 있다. ① 위헌적인 입법부작위에 대한 위헌무효선언은 애초부터 무효로 할 대상이 존재하지 아니하기 때문에 그 부작위가 헌법에 합치하느냐 않느냐를 선언하는 경우에는 헌법불합치결정을 하게 된다(BVerfGE 15, 237ff.). ② 법률은 입법절차상 중대한 흠결이 있는 경우에만 위헌무효사유가 되지만, 명백하지 않은 헌법위반이나 그 밖의 하자는 가급적 합헌으로 하여야 하나 그렇지 아니하고 합헌으로 선언으로 할 수 없을 때에는 불합치선언에 그친다(BVerfGE 34, 9ff.). ③ 법률적 시혜가 불평등한 경우에 전부를 무효선언하면 정당한 수혜자의 권익을 박탈하게 되므로 불평등한 취급으로 그 권리침해를 당한 집단부분을 구제함으로써 평등권을 보장하는 합헌인 법률이 되고 이 법을 유지할 필요가 있을 때에는 입법권을 존중하여 가능한 범위 내에서 불합치결정을 한다(BVerfGE 22, 163ff.). ④ 법률규정이나 내용이 위헌적인 경우라 할지라도 위헌무효선언에 의한 규범의 완전한 공백상태로 인하여 생기는 문제보다는 그 법을 그대로 두더라도 참을만 하다는 법적 안정성의 필요성이 있을 때에는 위헌무효선언보다 불합치결정을 하게 된다(BVerfGE 8, 1ff.). ⑤ 법률이 헌법에 위반되는 것이 명백하다고 하더라도 입법자의 판단이나 새로운 입법이 필수적으로 요청되는 사유가 있을 때에는 권력분립주의의 원칙에 따라 위헌무효선언을 하지 않고 불합치결정을 한다(BVerfGE 35, 79ff.). 독일의 경우에 대해서는 또한 헌법불합치결정의 논거로 평등원칙의 위반과 입법자의 형성의 자유를 들고 있는 한수웅, "헌법불합치결정의 헌법적 근거와 효력-독일에서의 판례와 이론을 중심으로", 헌법논총 제6집, 헌법재판소, 1995, 481쪽 이하도 참조.

3) 헌재 2008. 7. 31. 2007헌가4 결정; 2008. 7. 31. 2004헌마90 등 병합결정; 2009. 9. 24. 2008헌가25 결정〈「집회 및 시위에 관한 법률」 제10조 등 위헌제청(헌법불합치)〉.

선고하고 잠정적용하게 허용하는 것은 위헌법률에 기초한 형사처벌을 허용하는 것
과 같기 때문에, 형벌법규에 대하여는 적용중지형 헌법불합치결정은 허용되나, 잠정
적용형 헌법불합치결정은 허용되지 않는다고 보아야 할 것이다.[1]

> **판례** 〈지적법 제28조 제2항 위헌확인(헌법불합치)〉 "법률이 평등원칙에 위반된 경우가
> 헌법재판소의 불합치결정을 정당화하는 대표적인 사유라고 할 수 있다. 반면에, 자유
> 권을 침해하는 법률이 위헌이라고 생각되면 무효선언을 통하여 자유권에 대한 침해
> 를 제거함으로써 합헌성이 회복될 수 있고, 이 경우에는 평등원칙 위반의 경우와는
> 달리 헌법재판소가 결정을 내리는 과정에서 고려해야 할 입법자의 형성권은 존재하
> 지 않음이 원칙이다. 그러나 그 경우에도 법률의 합헌부분과 위헌부분의 경계가 불분
> 명하여 헌법재판소의 단순위헌결정으로는 적절하게 구분하여 대처하기가 어렵고, 다
> 른 한편으로는 권력분립의 원칙과 민주주의원칙의 관점에서 입법자에게 위헌적인 상
> 태를 제거할 수 있는 여러 가지의 가능성을 인정할 수 있는 경우에는, 자유권의 침해
> 에도 불구하고 예외적으로 입법자의 형성권이 헌법불합치결정을 정당화하는 근거가
> 될 수 있다."(헌재 2002. 5. 30. 2000헌마81 결정)

헌법불합치결정에는 "… 은 헌법에 합치하지 아니한다"라는 주문형식을 취하는
단순헌법불합치결정(적용중지형 헌법불합치결정)과 "… 은 헌법에 합치되지 아니한다. 다
만 … 은 … 까지는 적용할 수 있다"는 주문형식의 경과규정부 헌법불합치결정(잠정
적용형 헌법불합치결정)이 있다. 헌법재판소는 전자의 경우는 결정주문에서, 후자의 경
우는 결정이유에서 적시하고 있다. 헌법재판소가 결정주문에서 그 유형을 분명히
하지 않은 사례도 있는데,[2] 이들은 일반원칙에 따라 원칙적으로 단순헌법불합치결
정으로 보아야 할 것이다.[3]

> **판례** 〈도시계획법 제6조 위헌소원(헌법불합치)〉 "법률이 헌법에 위반되는 경우 헌법의
> 규범성을 보장하기 위하여 원칙적으로 그 법률에 대하여 위헌결정을 하여야 하는 것

---

1) 김현철, 판례 헌법소송법, 187쪽.
2) 그러한 사례로는 ① 헌재 1994. 7. 29. 92헌바49 등 병합결정(토지초과이득세법 사건), ② 헌재
   1995. 11. 30. 91헌바1 등 병합결정(소득세법상 기준시가 위임사건), ③ 헌재 1997. 3. 27. 95헌가14
   등 병합결정(친생부인의 소 출소기간 사건), ④ 헌재 1998. 12. 24. 89헌마214 등 병합결정(그린벨
   트 사건), ⑤ 헌재 2003. 2. 27. 2000헌바26 결정(대학교수 기간임용제 사건), ⑥ 헌재 2003. 12. 18.
   2002헌바14 등 병합결정(대학교수 기간임용제 등 사건), ⑦ 헌재 2004. 1. 29. 2002헌가22 등 병합
   결정(특별한정승인 소급적용 사건), ⑧ 헌재 2008. 11. 27. 2006헌마352 결정(KOACO 방송광고 판
   매독점 사건), ⑨ 헌재 2010. 7. 29. 2008헌가15 결정(사립학교 교원의 퇴직급여 감액 사건) 등을
   들 수 있다.
3) 김현철, 판례 헌법소송법, 184쪽.

이지만, 위헌결정을 통하여 법률조항을 법질서에서 제거하는 것이 법적 공백이나 혼란을 초래할 우려가 있는 경우에는 위헌조항의 잠정적 적용을 명하는 헌법불합치결정을 할 수 있다. 즉 위헌적인 법률조항을 잠정적으로 적용하는 위헌적인 상태가 위헌결정으로 말미암아 발생하는 법이 없어 규율 없는 합헌적인 상태보다 오히려 헌법적으로 더욱 바람직하다고 판단되는 경우에는, 헌법재판소는 법적 안정성의 관점에서 법치국가적으로 용인하기 어려운 법적 공백과 그로 인한 혼란을 방지하기 위하여 입법자가 합헌적인 방향으로 법률을 개선할 때까지 일정 기간 동안 위헌적인 법규정을 존속케 하고 또한 잠정적으로 적용하게 할 필요가 있다."(헌재 1999. 10. 21. 97헌바26 결정)

이 밖에도 헌법불합치결정에는 입법촉구결정(아직은 합헌인 결정)이 속한다. 입법촉구결정이란 결정 당시에는 합헌적 법률이지만 위헌법률이 될 소지가 있다고 인정하여 헌법에 완전히 합치하는 상태를 실현하기 위하여 또는 장차 발생할 위헌의 상태를 방지하기 위하여 입법자에게 당해 법률의 개정 또는 보완 등 입법을 촉구하는 결정을 말한다.

주문형식은 "… 은 모년 모월 모일을 시한으로 입법자가 개정할 때까지 그 효력을 지속한다"로 표시된다. 우리나라의 경우 아직까지 정식으로, 즉 입법촉구결정의 주문만을 채택한 경우는 없다.

> [판례] 〈국회의원선거법 제33조, 제34조의 위헌심판(위헌=헌법불합치)〉 "위헌법률심판의 주문에 헌법에 합치하지 아니한다라고 선언하면서, 일정기한까지 그 법률의 효력을 지속하도록 하는 이유는 국회의 권위와 동질성을 유지하기 위하여, 선거법의 개정은 국회가 스스로 하도록 하고, 그 간에 재선거나 보궐선거가 있을 때에는 그 선거법의 효력을 지속키는 것이 합당하기 때문이다."(헌재 1989. 9. 8. 88헌가6 결정)

> [판례] 〈노동쟁의조정법에 관한 헌법소원(헌법불합치)〉 "현재의 입법부는 그 입법활동이 사실상 종료되는 1995년 말까지 헌법이 위임한 바를 입법화하여 헌법불합치의 상태를 제거하여야 할 것이다. 다만 그 때까지, 연혁적으로 원칙규정으로 존치해왔던 규범에 내재하는 그 합헌적 의미가 완전부인될 수 없고 헌법불합치의 법률을 시정하는 방안은 입법자의 전속적 재량에 속하는 것임에 비추어, 부득이 위 규정의 법률적 효력은 지속되어야 할 것이고, 위 규정의 효력은 그 때가 경과하여 비로소 상실되게 될 것이다."(헌재 1993. 3. 11. 88헌마5 결정)

> [판례] 〈민법 제1026조 제2호 위헌제청, 민법 제1026조 제2호 위헌소원(헌법불합치)〉 "(1) 민법 제1026조 제2호에 대하여 단순위헌결정을 하여 당장 그 효력을 상실시킬 경우에는 상속인이 상속개시 있음을 안 날로부터 3월 내에 한정승인이나 포기를 하지 아

니한 때에 상속으로 인한 법률관계를 확정할 수 있는 법률근거가 없어지는 법적 공백 상태가 예상된다. (2) 그리고 위헌적인 규정을 합헌적으로 조정하는 임무는 원칙적으로 입법자의 형성재량에 속하는 사항이라고 할 것인 데, 위 법률조항의 위헌성을 어떤 방법으로 제거하여 새로운 입법을 할 것인가에 관하여는 여러 가지 방안이 있을 수 있고, 그 중에서 어떤 방안을 채택할 것인가는 입법자가 우리의 상속제도, 상속인과 상속채권자 등 이해관계인들의 이익, 법적 안정성 등 여러 가지 사정을 고려하여 입법정책적으로 결정할 사항이므로, 위 법률조항에 대하여 헌법불합치결정을 선고한다."(헌재 1998. 8. 27. 96헌가22 등 병합결정)

헌법불합치결정에 따라서 입법자는 위헌적 상태를 상당한(형벌에 관한 법률은 조속한) 기간 내에 또는 기한이 설정된 때에는 그 기한 내에 제거해야 할 입법개선의무1) 를 지게 된다.2) (단순)헌법불합치결정이 내려진 경우 법적용자인 법원이나 행정청은 개선입법이 이루어질 때까지 헌법불합치법률의 적용을 중지하고 당해 사건이나 유사사건과 관련된 절차를 중단시켜야 한다. 그래야만 헌법불합치법률의 개선입법을 통해 소송당사자들이 침해된 권리를 구제받을 기회를 가질 수 있다.

헌법불합치결정도 위헌결정의 일부이므로 재판관 6인 이상의 찬성이 있어야 하고, 다른 국가기관에 대하여 구속력을 가진다. 그러나 헌법재판소는 재판관 1인이 '일부 단순위헌, 일부 헌법불합치' 의견이고 재판관 5인이 '전부 헌법불합치' 의견인 경우 이를 합산하여 헌법불합치결정을 내렸으며,3) 재판관 5명이 '헌법불합치' 의견이고, 3명이 '단순위헌' 의견인 경우 합쳐서 헌법불합치결정을 하기도 하였다.4) 또 5명이 '단순위헌' 의견이고 2명이 '헌법불합치' 의견인 경우 합산하여 헌법불합치결정을 하였다.5)

(8) 부분위헌결정

부분위헌결정은 심판의 대상이 된 법조문을 그대로 놓아둔 채 그 법조문 중 일부문언에 대해서만 위헌선언을 함으로써 법조문의 일부를 삭제하는 효과를 가져 오는 결정유형을 말한다.

---

1) 허완중, "헌법불합치결정에 따른 입법자의 법률개선의무 위반의 법적 효과", 헌법실무연구 제11권, 박영사, 2010, 321쪽 이하는 입법개선의무를 법률개선의무라고 부르는 것이 정확하다고 하면서 법률개선의무의 발생원인으로 ① 부진정입법부작위, ② 잘못된 예단, ③ 사실관계와 법적 상황의 변화를 들고 있다(327·328쪽).

2) 헌재 1998. 12. 24. 89헌마214 등 병합결정〈도시계획법 제21조에 대한 위헌소원(헌법불합치)〉.

3) 헌재 2007. 3. 29. 2005헌바33 결정〈공무원연금법 제64조 제1항 제1호 위헌소원(헌법불합치)〉.

4) 헌재 2008. 5. 29. 2007헌마1105 결정〈국가공무원법 제36조 등 위헌확인(헌법불합치)〉.

5) 헌재 2009. 9. 24. 2008헌가25 결정〈집회 및 시위에 관한 법률 제10조 등 위헌제청(헌법불합치)〉.

부분위헌결정은 법조문의 문언이 명확하게 형식적으로 구분이 되고 그 조문의 일부분에 대하여 위헌을 선언하여도 나머지 부분만으로 독립된 법률의 효력을 충분히 가지는 경우에 하게 된다. 부분위헌결정은 그 문언이나 내용의 양적인 일부무효를 선언하는 결정이라는 점에서 그 조문의 내용이 다의적이어서 그 문의(文意)해석의 여하에 따라 합헌성의 한계를 결정하게 되는 질적인 일부무효를 선언하는 한정합헌결정이나 한정위헌결정과 구별된다. 부분위헌결정을 양적 일부위헌결정이라 부르면서, 한정위헌결정으로 통일하는 것이 바람직하다고 하는 학자도 있다.1)

부분위헌결정의 주문에는 "(법률조항) 중 … 라는 부분은 헌법에 위반된다"로 기재된다.

부분위헌결정의 예로는 국세기본법 제35조 제1항 제3호 중 "으로부터 1년"이라는 부분에 대한 단순위헌결정,2) 형사소송법 제97조 제3항 중 "보석을 허가하는 결정" 부분에 대한 단순위헌결정3)이 있다.

(9) 잠정합헌결정

잠정합헌결정은 "아직은 합헌"이라는 결정으로, 재판 당시의 상태에서는 위헌이라고 선언할 수 없으나 언젠가는 위헌의 상태가 예견되는 위헌과 합헌의 중간지대에 속하는 사항에 대하여 내리는 변형결정이다.

주문형식은 "…은 아직은 헌법에 위반되지 아니한다(헌법에 합치된다)"라고 표시된다.

우리 헌법재판소에서는 아직껏 채택한 경우는 없으나, 다만 결정이유 부분에서 잠정적 합헌이라는 견해가 제시된 경우는 있다. 즉 형법 제241조(간통죄)에 대한 합헌결정에서, 비록 보충의견이긴 하나, "형법 제241조에 규정한 간통죄가 사회상황·국민의식의 변화에 따라 그 규범력이 약화되었음에도 불구하고 아직은 범죄적 반사회성을 띠고 있는 것이므로 당해규정은 '아직은 헌법에 위반되지 아니한다'라는 견해가 제시되었고,4) 또한 후일 같은 간통죄사건에서 다수의견으로 '입법자는 … 앞으로 간통죄 폐지 여부에 대한 진지한 접근이 요구된다"라는 견해가 제시되었다.5)

---

1) 허영, 한국헌법론, 811쪽.
2) 헌재 1990. 9. 3. 89헌가95 결정〈국세기본법 제35조 제1항 제3호의 위헌제청(위헌)〉.
3) 헌재 1993. 12. 23. 93헌가2 결정〈형사소송법 제97조 제3항 위헌제청(위헌)〉.
4) 헌재 1990. 9. 10. 89헌마82 결정〈형법 제241조의 위헌여부에 관한 헌법소원(합헌)〉.
5) 헌재 2001. 10. 25. 2000헌바60 결정〈형법 제241조 위헌소원(합헌)〉.

제 3 절   헌법재판소법 제68조 제2항의 헌법소원심판
(위헌심사형 헌법소원)

1. 개   념

위헌심사형 헌법소원심판이란 법원이 당사자의 위헌법률심판제청신청을 기각한 경우에 당사자가 이를 헌법소원심판으로 다루는 경우의 심판을 말한다(법 제68조 제2항).

> **판례** 〈「국가유공자 예우 등에 관한 법률시행령」 제17조 제1항 위헌소원(각하)〉 "헌법재판소법 제68조 제2항의 규정에 의한 헌법소원심판청구는 법률이 헌법에 위반되는 여부가 재판의 전제가 되는 때에 당사자가 위헌제청신청을 하였음에도 불구하고 법원이 이를 배척하였을 경우에 법원의 제청에 갈음하여 당사자가 직접 헌법재판소에 헌법소원의 형태로서 심판청구를 하는 것이다."(헌재 1992. 10. 31. 92헌바42 결정)

그러나 헌법재판소는 각하의 경우에도 인정하고 있다.

> **판례** 〈국회의원선거법 제133조 제1항 위헌확인(각하)〉 "헌법재판소법 제68조 제2항에 의한 헌법소원심판청구는 같은 법 제41조 제1항의 규정에 의한 위헌여부판결의 제청신청을 법원이 각하 또는 기각하였을 경우에만 제기할 수 있다."(헌재 1992. 8. 19. 92헌바36 결정)

2. 의   의

헌법재판소법 제41조 제4항은 위헌여부심판의 제청에 관한 결정에 대하여는 항고할 수 없다고 규정하고 있다. 결국 당사자는 법원의 제청결정이나 제청결정기각에 대하여는 독립하여 항고할 수 없게 된다. 따라서 헌법재판소법 제41조 제4항은 법원에게 개정 전 헌법과 같은 불송부결정권을 주게 되는 결과를 가져오며, 그에 대한 구제책으로서 마련된 것이 헌법재판소법 제68조 제2항이라 하겠다. 위헌심사형 헌법소원은 우리 법제하에만 있는 특유한 제도이다.

즉 이러한 위헌심사형 헌법소원은 다른 나라에서 그 입법례를 찾아보기 어렵다. 그러나 이는 헌법소원심판에서 재판에 대한 헌법소원을 배제하고 있는 우리 헌법재판제도의 문제점을 보완하는 역할을 한다. 즉 재판의 기초가 되는 규범이 위헌이라고 판단되는 데도 법원이 스스로 위헌제청을 하지 않는 경우 청구인으로서는 모든 심급을 경유한 후에 위헌적인 법률을 적용한 재판에 대해 헌법소원을 제기하여야 할 것이지만 현행법상 재판소원의 형태로 법률의 위헌성을 다툴 길이 봉쇄되고 있으므로, 헌법재판소법 제68조 제2항의 헌법소원은 이러한 문제점을 보완하는 기능을 하고 있다.[1]

그러나 위헌심사형 헌법소원은 헌법소원에서 재판소원을 제외하고 있는 헌법재판소법 제68조 제1항 본문의 규정과 입법체계적으로 상호 모순되는 측면이 있다. 소송당사자의 제청신청을 기각하는 법원의 결정도 재판의 일종이기 때문이다. 따라서 이 부분은 입법체계정당성의 관점에서 입법개선이 필요한 부분이라 할 것이다.[2]

3. 성   격

위헌심사형 헌법소원의 법적 성격과 관련하여 헌법소원으로 보는 입장[3]과 위헌법률심판으로 보는 입장[4] 및 양자의 성격을 함께 가지고 있는 복합적 성격의 심판절차라는 입장[5]이 대립되어 있다.

그러나 개인적으로는 위헌헌심사형 헌법소원은 그 본질상 위헌법률심판이라고

---

1) 오호택, 헌법소송법, 101쪽.
2) 허영, 헌법소송법론, 199쪽.
3) 최광율, "헌법재판소법 개관", 헌법재판제도의 제문제(헌법재판자료 제1집), 헌법재판소(1989. 5.), 449쪽 이하(486쪽); 이시윤, 헌법재판개관, 판례월보(1989. 5. 6.), 19쪽; 김운룡, "헌법재판제도의 운영/토론, 헌법재판의 이론과 실제", 헌법재판자료제3집(1990), 516·517쪽; 허영, 한국헌법론, 882쪽.
4) 김철수, 판례학설 헌법학, 2177쪽과 김학성, 헌법소원에 관한 연구, 서울대박사학위청구논문(1989. 12.), 197·198쪽; 정종섭, 헌법소송법, 252쪽; 홍성방, 헌법학(하), 353쪽.
5) 권영성, 헌법학원론, 1108쪽: 한수웅, "헌법재판소법 제68조 제2항에 의한 헌법소원심판에서 한정위헌결정의 문제점", 홍익법학 제8권 제2호(2007), 137쪽 이하, 특히 148쪽 이하는 재판소원에는 ① 법원의 재판이 위헌적인 법률에 기인할 때, 재판소원의 형태로 당해 재판에 적용된 법률의 위헌성을 묻는 재판소원(소위 '간접적 재판소원')과 ② 구체적 소송사건에서 법원이 적용법률에 미치는 기본권의 영향을 완전히 간과하든지 또는 근본적으로 오인하여 법률을 잘못 해석·적용함으로써 국민의 기본권을 침해한다는 주장으로 제기되는 재판소원이 있는바, 후자, 즉 대법원의 '헌법의 기본결정을 고려하는 법률해석', 즉 헌법지향적 해석에 대한 재판소원을 배제하는 우리 헌법재판제도에서 우리 헌법재판소법은 제68조 제2항을 통하여 재판소원의 한 부분인 전자의 '간접적 법률소원'을 수용한 것이라고 한다. 참고로 권영성, 인권과 정의(1989. 11.), 43쪽에서는 헌법소원으로 보았다. 방승주, "헌법재판소의 2012. 5. 31. 2009헌바123·126(병합) 구 조세감면규제법 부칙 제23조 위헌소원 결정을 둘러싼 헌법소송법적 쟁점에 대한 검토", 헌법실무연구 제13권, 박영사, 2012, 592쪽 이하(특히 593-595쪽)은 헌법재판소법 제68조 제2항의 헌법소원은 법률의 위헌여부를 묻는 심판일 뿐만 아니라 위헌제청신청 기각결정에 대하여 이루어지는 재판소원의 성격을 처음부터 포함하고 있는 것으로 본다.

생각한다. 왜냐하면 위헌심사형 헌법소원의 경우에는 헌법소원의 전제요건인 침해된 기본권이 존재하지 않을 뿐만 아니라 헌법재판소법 제41조 제4항과의 관계에서 살피거나, 위헌심사형 헌법소원에는 위헌법률심판에 관한 규정을 준용하고 있는 헌법재판소법 제75조 제6항을 볼 때 그것은 분명해지기 때문이다. 또한 이러한 생각은 입법자의 입법의사에서도 확인된다.[1]

　　헌법재판소는 초기에는 헌법재판소법 제68조 제2항에 의한 헌법소원제도가 헌법소원심판의 절(제4장 제5절)에 포함되어 있다는 점과 국민이 직접 심판을 청구할 수 있다는 점에 주목하여 그 성질을 헌법소원제도의 한 유형으로 이해하였다. 이에 따라 헌법재판소는 헌법재판소법 제68조 제2항에 의한 심판청구에 대하여 같은 조 제1항에 의한 헌법소원심판청구와 마찬가지로 '헌마'라는 사건번호를 부여하였고, 몇몇 결정에서[2] 그 심판청구의 적법성을 판단하면서 그 판단기준으로 청구인의 권리침해의 현재성 등 심판청구의 이익 내지 소의 이익의 존재여부를 그 기준으로 제시하기도 하였다.

　　그러나 헌법재판소는 1990년부터 청구되는 헌법재판소법 제68조 제2항에 의한 헌법소원심판청구에 대하여 같은 조 제1항에 의한 헌법소원심판청구와는 별도로 '헌바'라는 사건번호를 부여하였고, 그 심판의 적법성은 청구인의 소의 이익 유무에 따라 판단하는 것이 아니라, 심판대상이 된 법률이 당해소송에서 재판의 전제성을 가지는가의 여부에 의하여 판단하였고,[3] 이후 이러한 것이 헌법재판소의 일관된 입장이 되었다. 그리고 헌법재판소는 마침내 1994년에 권리구제형 헌법소원과 규범통제형 헌법소원은 그 심판청구의 요건과 대상이 각기 다르다고 명시적으로 표시하기에 이르렀다.[4] 따라서 헌법재판소는 국가보위입법회의법 등의 위헌여부에 관한 헌법소원에서 위헌이라는 주문만 선고하였고[5] 토지수용법 제46조 제2항의 위헌 여부

---

1) 법무부 헌법재판소법 제정소위원회에 법원대표로 참여했던 이강국, 헌법재판의 활성화방안, 서울대법학연구소, 1988, 145쪽은 다음과 같이 말하고 있다. "법원의 위헌제청 신청기각에 대한 헌법소원을 인정하고 있는 것이 아닙니다. 법원의 결정에 대하여 헌법소원을 제기할 수 있는 취지가 아니라, 법원에 대한 위헌신청의 대상이 된 법률에 대한 헌법소원을 하라는 취지입니다. … 또 사실 여기에 관여했던 사람들의 입장도 이런 입장이었다는 것을 밝혀드립니다."
2) 예컨대 헌재 1989. 9. 29. 89헌마53 결정〈「폭력행위 등 처벌에 관한 법률」의 위헌 여부에 관한 헌법소원(일부기각, 일부각하)〉, 헌재 1989. 12. 18. 89헌마32 결정〈국가보위입법회의법 등의 위헌 여부에 관한 헌법소원(일부인용, 일부각하)〉 등 참조.
3) 헌재 1990. 6. 25. 89헌마107 결정〈토지수용법 제46조 제2항의 위헌여부에 관한 헌법소원(합헌)〉.
4) 헌재 1994. 4. 28. 89헌마221 결정〈정부조직법 제14조 제1항, 국가안전기획부법 제4조, 제6조, 제15조, 제16조의 위헌여부에 관한 헌법고원(합헌, 각하)〉.
5) 헌재 1989. 12. 18. 89헌마32 등 병합결정〈국가보위입법회의법 등의 위헌 여부에 관한 헌법소원(일

에 관한 헌법소원에서도 "헌법에 위반되지 아니한다"고 하고 있다.

판례 〈형법 제241조의 위헌여부에 관한 헌법소원(합헌)〉 "이 헌법소원은 법률의 위헌 여부를 묻는 헌법재판소법 제68조 제2항에 의한 것이므로 청구인의 주장이 이유 없는 경우, 그 심판청구를 기각하는 대신, 위 법률이 헌법에 위반되지 아니한다 라는 형식의 주문을 선언함이 좋다."(헌재 1990. 9. 10. 89헌마82 결정)

판례 〈「1980년 해직공무원의 보상 등에 관한 특별조치법」 제2조에 대한 헌법소원(각하)〉 "헌법재판소법 제68조 제2항에 의한 헌법소원에 있어서는 일반 법원에 계속중인 사건에 적용할 법률이 헌법에 위반되는 여부가 재판의 전제가 되어야 하며, 이 경우 재판의 전제가 된다라고 하려면 그 법률이 당해 소송사건에 적용할 법률이어야 하고 그 위헌 여부에 따라 주문이 달라지거나 재판의 내용과 효력에 관한 법률적 의미가 달라지는 경우를 말한다."(헌재 1993. 11. 25. 90헌바47 등 병합결정)

판례 〈정부조직법 제14조 제1항 등의 위헌여부에 관한 헌법소원(각하, 합헌)〉 "법 제68조 제1항에 의한 헌법소원심판은 주관적 권리구제의 헌법소원으로서, 개별적인 공권력의 행사 또는 불행사로 인하여 헌법상 보장된 기본권을 침해받은 자가 청구할 수 있고 이 경우 법 제75조 제2항 및 제5항에 의한 부수적 위헌심판청구도 할 수 있음에 대하여 법 제68조 제2항에 의한 헌법소원심판은 구체적 규범통제의 헌법소원으로서 법 제41조 제1항의 규정에 의한 법률의 위헌여부심판의 제청신청이 법원에 의하여 기각된 때에는 그 신청을 한 당사자는 헌법재판소에 제청신청이 기각된 법률의 위헌 여부를 가리기 위한 헌법소원심판을 청구할 수 있는바, 그렇다면 법 제68조 제1항과 같은 조 제2항에 규정된 헌법소원심판청구들은 그 심판청구의 요건과 그 대상이 각기 다른 것임이 명백하다."(헌재 1994. 4. 28. 89헌마221 결정)

판례 〈위헌법률심판청구(각하)〉 "헌법소원심판이 아닌 위헌법률심판은 구체적 사건에서 법률의 위헌 여부가 재판의 전제가 되어 법원의 제청이 있는 경우에 한하여 할 수 있고, 개인의 제소 또는 심판청구만으로는 위헌법률심판을 할 수 없다. 다만, 법률의 규정으로 말미암아 직접 기본권이 침해되었거나, 법원으로부터 위헌법률심판 제청신청이 기각되었음을 이유로 헌법재판소법 제68조에 의거하여 법률의 규정에 대한 위헌선언을 구하는 헌법소원심판을 청구할 수 있으나, 그것은 위에서 말하는 위헌법률심판의 청구는 아니다."(헌재 1994. 6. 30. 94헌아5 결정)

부인용, 일부각하)〉. 여기에서 우리는 헌법재판소도 그 초기에는 위헌심사형헌법소원의 본질을 헌법소원(헌마형 사건)으로 보다가 1990년 이후부터 위헌법률심판(헌바형 사건)의 성격을 가진 것으로 보는 입장으로 바꾸게 되었음을 확인하게 된다.

4. 청구권자와 청구요건

일반법원의 재판절차에서 재판의 전제가 되는 법률에 대하여 위헌여부 심판제
청을 하였다가 법원으로부터 그 신청이 이유 없다고 하여 기각(또는 각하[1]) 결정을
받은 소송당사자가 청구권자가 된다.

> 판례 〈온천법 제2조 등 위헌소원(합헌)〉 "헌법재판소법 제68조 제2항에 의한 헌법소
> 원심판은 구체적 규범통제의 헌법소원으로서 기본권의 침해가 있을 것을 그 요건으
> 로 하고 있지 않을 뿐만 아니라 행정처분에 대한 소송절차에서는 그 근거법률의 헌법
> 적합성까지도 심판대상으로 되는 것이므로, 행정처분의 주체인 행정청도 헌법의 최고
> 규범력에 따른 구체적 규범통제를 위하여 근거법률의 위헌 여부에 대한 심판의 제청
> 을 신청할 수 있고, 헌법재판소법 제68조 제2항의 헌법소원을 제기할 수 있다."(헌재
> 2008. 4. 24. 2004헌바44 결정)

위헌심사형 헌법소원을 청구하기 위해서는 재판의 전제성이라는 위헌법률심판
의 제청요건이 요구된다. 특히 위헌법률심판의 제청이 기각된 날로부터 30일 이내
에 청구하여야 한다(법 제69조 제2항). 기각된 날이란 특별한 사정이 없는 한 기각결정
을 송달받은 날이다.[2]

> 판례 〈국회의원선거법 제133조 제1항 위헌소원(각하)〉 "이 경우 위헌여부심판의 제청
> 신청이 적법한 것이 되려면 제청신청된 법률의 위헌 여부가 법원에 제기된 당해 사건
> 의 전제가 된 때라야 한다. 따라서 만약 당해 사건이 부적법한 것이어서 법률의 위헌
> 여부를 따져 볼 필요조차 없이 각하를 면할 수 없는 것일 때에는 위헌여부심판의 제
> 청신청은 적법요건인 '재판의 전제성'을 흠결한 것으로서 각하될 수밖에 없고, 이러한
> 경우에는 헌법재판소법 제68조 제2항에 의한 헌법소원심판을 청구할 수 없다."(헌재
> 1992. 8. 19. 92헌바36 결정)

---

1) 일반법원이 실질적으로 헌법문제에 관한 판단을 했으면서도 당사자의 신청을 "각하"결정의 형식
   으로 배척한 경우에 해당된다. 헌법재판소는 국가보위입법회의법 등의 위헌 여부에 관한 헌법소
   원심판사건(1989. 12. 18. 89헌마32 등 병합)에서 위헌법률제청신청에 대한 서울고등법원의 "각하"결
   정을 설시하고 있다. 이 사건의 경우, 그 전절차인 서울고등법원의 각하결정(서울고법 1989. 2. 14.
   88부157 등 병합)을 보면, 서울고등법원은 그 결정문에서 헌법적 쟁점, 헌법문제에 관하여 판단하
   고 있는데 이러한 헌법적 심사·판단을 요구하는 문제 등에 대하여는 최종적으로 헌법재판소가
   판단·결정할 권한을 독점적으로 가지고 있기 때문에 당해 헌법소원심판청구에 대하여 심판한 것
   은 이론적으로 타당하다 할 것이라고 하였다.
2) 헌재 1989. 7. 21. 89헌마38 결정〈상속세법 제32조의2의 위헌여부에 관한 헌법소원(일부인용)〉.

> **판례** 〈1980년 해직공무원의 보상 등에 관한 특별조치법 제2조 및 제5조에 대한 헌법소원
> (위헌불선언)〉 "재판의 전제성이 있다고 하려면 우선 그 법률이 당해 사건에 적용될 법
> 률이어야 하고 또 그 법률이 위헌일 때에는 합헌일 때와 다른 판단을 할 수밖에 없는
> 경우 즉 재판의 주문이 달라질 경우 및 문제된 법률의 위헌여부가 재판의 주문에는
> 영향을 주지 않는다 하더라도 적어도 재판의 내용과 효력에 관한 법률적 의미를 달리
> 하는 경우라야 한다."(헌재 1993. 5. 13. 90헌바22 등 병합결정)

5. 청구의 대상

헌법재판소법 제68조 제2항에 의한 헌법소원심판청구의 대상으로서의 법률은
형식적 의미의 법률 또는 그와 동일한 효력을 가지는 명령이다. 따라서 대통령령은
그 대상이 아니며,[1] 구체적 재판의 부당성을 주장하면서 그 재판 자체를 위헌제청
심판의 대상으로 했다면 위헌여부심판의 요건을 갖추지 못한 것이다.[2]

또한 그 대상이 되는 법률은 원칙적으로 유효한 법률이어야 하며, 법원에 의한
위헌제청신청기각 결정의 대상이 되는 법률에 국한된다.

원칙적으로 헌법재판소는 제68조 제2항에 따른 위헌소원의 대상이 되는 법률
을 엄격히 해석하여 법률 자체를 다투는 경우에만 위헌소원이 허용되는 것으로 보
고 있다. 즉 헌법재판소는 '법률조항 자체에 대한 다툼'과 '법률의 해석에 관한 다툼'
은 비록 그 구분이 모호한 경우가 있을 수는 있겠지만 일응 양자 간의 구별이 가능
한 것임을 전제하고, 따라서 제68조 제2항이 심판대상을 '법률'에 한정하고 있으므
로, "법률조항 자체의 위헌판단을 구하는 것이 아니라 법률조항을 '… 하는 것으로
해석하는 한 위헌(한정위헌)이라는 판단을 구하는 청구는 헌법재판소법 제68조 제2항
의 청구로 적절하지 아니하다"고 판시하고 있다. 그럼에도 불구하고 헌법재판소는
청구인의 주장이 단순히 법률조항의 해석을 다투는 것이 아니라 그러한 해석의 여
지를 주는 법률조항 자체의 불명확성을 다투는 경우로 이해되는 경우에는 헌법재판
소법 제68조 제2항 상의 적법한 청구로 받아들여진다고 보고 있다.[3] 실제로 헌법재
판소는 다수의 한정위헌청구를 법률조항 자체의 불명확성을 다투는 것으로 보아 청
구의 적법성을 긍정한 바 있다.[4]

---

1) 헌재 1992. 10. 31. 93헌바42 결정〈「국가유공자 예우 등에 관한 법률시행령」 제17조 제1항 위헌소
   원(각하)〉.
2) 헌재 1994. 9. 6. 94헌바36 결정〈형사소송법 제70조 제1항 제3호 위헌소원(각하)〉.
3) 헌재 1999. 3. 25. 98헌바2 결정〈국세기본법 제39조 제1항 제1호 위헌소원(합헌)〉.
4) 헌재 1999. 7. 22. 97헌바9 결정〈자연공원법 제16조 제1항 제4호 등 위헌소원(합헌)〉; 헌재 1999.

또한 법률 자체에 내포된 위헌성을 다투는 것이 아니라 "법원이 당해 법률을 다른 유사한 사례에 '유추적용'하는 것이 위헌(한정위헌)이라고 주장"하여 위헌소원을 제기하는 것은 허용되지 아니한다. 즉 헌법재판소는 법원이 법률을 유추적용한 경우, 그러한 적용을 이유로 당해 법률에 대해 제기된 위헌소원은 '법률' 자체의 위헌성을 다투는 것이 아니므로 허용되는 한정위헌청구로 간주될 수 없는 것이라고 한다.

6. 재판의 정지와 재심

법원의 제청에 의한 위헌법률심판의 경우 당해 소송사건의 재판이 정지되는 데 비해(법 제42조 제1항), 위헌소원의 경우에는 당해 소송사건에 대한 재판이 정지되지 아니한다. 따라서 위헌소원이 인용된 경우에 당해 소송사건이 이미 확정된 때에는 당사자는 재심을 청구할 수 있다(법 제75조 제7항).

7. 결정형식

"법률이 헌법에 위반된다/위반되지 않는다"라는 형식의 결정형식을 취해야 하며(법 제75조 제6항), 필요한 경우 변형결정도 할 수 있다.

또한 ① 법원에 계속중인 당해 소송사건이 없거나, ② 법원에서 적법한 제청신청절차를 거치지 않았거나, ③ 기타 헌법재판소법(제41조 제2항, 제68조 제2항, 제69조 제2항, 제71조 제2항)이 정한 형식적 청구요건을 구비하지 않았거나, ④ 재판의 전제성이 없는 경우에는 각하결정을 한다. 각하결정은 사전심사를 맡는 지정재판부와 본안심리를 하는 전원재판부가 모두 할 수 있다.

> **판례** 〈형법 제241조의 위헌 여부에 관한 헌법소원(합헌)〉 헌법재판소법 제68조 제2항에 의한 헌법소원에서 "청구인의 주장이 이유 없는 경우, 그 심판청구를 기각하는 대신, 위 법률이 헌법에 위반되지 아니한다는 형식의 주문을 선언하여야 한다."(헌재 1999. 9. 10. 89헌마82 결정)

---

11. 25. 98헌바36 결정〈구 행정심판법 제18조 제6항 위헌소원(합헌)〉; 헌재 2000. 6. 1. 97헌바74 결정〈사면법 제5조 제1항 제2호 위헌소원(합헌)〉; 헌재 2000. 6. 29. 99헌바66 등 병합결정〈헌법재판소법 제75조 제7항 위헌소원(합헌)〉; 헌재 2008. 11. 27. 2004헌바54 결정〈예산회계법 제96조 제2항 등 위헌소원(합헌, 각하)〉.

제 4 절   위헌법률심판의 결정

제 1 항   위헌법률심판의 결정

법률의 위헌결정에는 헌법재판소재판관 6인 이상의 찬성이 있어야 하며(제113조
제1항), 이때 소송당사자 및 법무부장관은 법률의 위헌여부에 대한 의견서를 제출할
수 있다(법 제44조). 헌법재판소의 결정서는 결정일로부터 14일 이내에 대법원을 경
유하여 제청법원에 송달하며(법 제46조), 헌법재판소의 종국결정은 관보에 게재함으
로써 이를 공시한다(법 제36조 제5항).

제 2 항   위헌결정의 효력

헌법재판소법은 제39조(기판력), 제47조 제1항(기속력), 제47조 제2항(법규적 효력),
제67조 제1항(결정의 효력), 제75조 제1항, 제75조 제6항 등에서 헌법재판소의 결정의
효력에 대하여 규정하고 있다. 헌법재판소결정의 효력에는 소송법적 효력과 실체법
적 효력이 있다.

1. 헌법재판소결정의 소송법적 효력

여기서 헌법재판소의 결정의 소송법적(절차법적) 효력은 특히 법률의 위헌결정의
경우를 가리킨다. 이에는 확정력(헌법재판소에 대한 불가변력, 당사자에 대한 형식적 확정력=
불가쟁력, 소송물에 대한 실질적 확정력=기판력), 기속력, 법규적 효력이 있다.

(1) 확 정 력

헌법재판소의 결정은 소송법상의 판결에 해당한다. 판결은 소송사건에 관하
여 해결기준을 부여하는 공권력에 의한 판단이므로, 그것이 일단 외부에 표시된
다음에 특별한 사정이 없는 한 이를 함부로 취소하거나 내용을 변경하거나 또는
그 존재를 무시하는 일이 있어서는 안 된다.[1] 따라서 법적 효력으로서 '확정력'
(Rechtskraft)이 부여된다. 헌법재판소법은 제39조(일사부재리), 제40조 제1항(민사소송법
준용) 등에서 이를 규정하고 있다.

---

1) 정동윤·유병현, 민사소송법, 676쪽.

1) 불가변력

'불가변력'(Unwiderruflichkeit)은 자기기속력 또는 '절차내부적 구속력'(innerpro-zessuale Bindung)이라고도 하며, 판결을 선고한 법원이 자기가 선고한 재판에 기속되는 것을 말한다. 따라서 헌법재판소는 결정을 선고함과 동시에 스스로 그가 내린 결정을 취소하거나 더 이상 변경할 수 없다. 즉 헌법재판소는 주문을 통해 선고된 법적 효과로부터 더 이상 벗어날 수 없다.

2) 형식적 확정력

'형식적 확정력'(formelle Rechtskraft)이란 소송의 최종적인 종결에 따른 절차적인 측면에서의 효력을 말하는 것으로 '불가쟁력'(Unanfechtbarkeit)이라고도 한다. 이는 헌법재판소의 결정에 대해 더 이상의 법적 구제를 받을 가능성이 없다는 것을 의미한다. 즉 청구기간이 지났거나 헌법재판소의 결정이 있는 경우 이를 다투기 위해 상급법원에 소송을 제기하여 결정의 결과를 뒤바꿀 수 있는 법적 구제수단이 없으며, 더이상의 불복절차가 없다는 것을 말한다. 또한 헌법재판소 내의 다른 재판부에 의한 재심사도 불가능하다. 지정재판부의 결정도 마찬가지이다.

형식적 확정력은 소송에 관한 실정법규의 본질적인 요소일 뿐만 아니라 헌법상의 법치국가원리에서 직접 도출되는 효력으로서 법적 안정성을 보장하기 위한 것이다.

> **판례** 〈헌법소원심판청구 각하결정에 대한 헌법소원(각하)〉 "헌법재판소법상 지정재판부의 각하결정에 대한 불복신청은 허용되지 아니한다."(헌재 1990. 10. 17. 90헌마171 결정)

헌법재판소법에는 명문규정이 없지만 헌법재판소가 판례를 통해 개별사건에서 (결정의 전제가 된 사실관계가 결정시점과 비교하여 변화되었기 때문에) 예외적으로 재심을 허용하는 경우에는 재심이 허용되는 범위에서 재심의 소가 제기되면 일단 발생한 형식적 확정력은 배제된다.[1]

3) 실질적 확정력

'실질적 확정력'(materielle Rechtskraft)은 형식적 확정력이 발생한 결정의 내용이 확정된 결과로서 존중되는 것을 보장하기 위한 효력으로서 기판력이라고도 한다.

---

1) P. Häberle(계희열 역), "독일의 헌법소원제도", 556쪽은 헌법을 개방적 과정으로 이해하는 기초에 입각할 경우 일반적 법관념이 변화된 경우에도 같은 결과를 인정하여야 한다고 한다.

이는 재판에 형식적 확정력이 발생하면 소송당사자는 당해 소송(전소)은 물론이고 나중의 소송절차(후소)에서도 전소의 결정에 기속되어, 후소에서 동일한 소송물에 대한 새로운 소송의 제기가 허용되지 않을 뿐만 아니라 헌법재판소 또한 판단내용에 구속되는 것을 의미한다. 상이한 소송물에 대한 새로운 소송절차에서도 헌법재판소는 기존절차의 확정된 결과에 기속된다. 소송사건의 당사자(청구인·피청구인·참가인)와 그 소송승계인, 제청법원 등도 결정에 구속된다(실질적 확정력의 주관적 범위).

  헌법재판소의 결정은 세 부분, 즉 주문과 사실관계 및 결정이유로 구성되어 있는데, 이러한 실질적 확정력은 심판대상(소송물)에 대한 결정인 (포섭추론을 포함하고 있는) 주문에만 인정된다. 주문 단독으로 기판력의 범위를 확정할 수 없는 경우에는 결정이유가 주문해석에 고려된다. 결정이유 그 자체에는 기판력이 인정되지 않는다.

  또한 실질적 확정력은 동일한 심판대상에 한정된다. 본질적으로 동일한 법적 문제라는 것만으로는 부족하다.[1] 따라서 헌법재판소가 두 개의 구성부분으로 되어 있는 하나의 법률조문을 헌법에 위반되지 아니한다고 선고하였더라도 결정이유에 의하면 그 중 한 구성부분에 대하여만 심판을 한 경우라면 같은 조문에 대하여 차후에 심사할 수 있다[2](실질적 확정력의 객관적 범위).

      판단의 전제로 된 사안이 결정선고 시(변론이 열린 경우에는 변론종결 시) 이후에 변경되면 형식적 확정력은 더 이상 인정되지 아니한다.[3] 따라서 헌법재판소결정이 기초로 하였던 법률이나 그 하위규범 또는 그에 대한 해석[4]이 변경되어 재판의 전제로 되었던 사안의 변경으로 되는 경우에는 법적 상태의 변경으로 실질적 확정력이 차단되게 된다. 그에 대한 판단은 제청법원이 한다. 헌법이나 헌법해석의 변화로도 실질적 확정력이 차단된다(실질적 확정력의 시간적 범위).

(2) 기 속 력

1) 기속력 일반

'기속력'(Bindungkraft)은 헌법재판소 결정의 효력이 모든 국가기관을 구속하는 것을 말한다. 이는 헌법재판소가 헌법의 권위 있는 해석자이고 수호자라는 기능에서 나온다.[5] 기판력이 원칙적으로 당사자 사이에서만 미치는 것과 구별된다. 일반

---

1) BVerfGE 4, 39.
2) BVerfGE 22, 387ff.
3) BVerfGE 33, 199(203).
4) BVerfGE 39, 16(181ff.).
5) BVerfGE 40, 88(93).

법원의 재판에서 기속력(구속력)이라 함은 판결을 선고한 법원도 그 판결을 스스로 변경하거나 철회할 수 없는 효력을 말하는데, 이는 판결이 외부에 표시된 다음 함부로 변경할 수 없도록 함으로써 법적 안정성을 꾀하려는 것이다. 기속력은 모든 국가기관과 지방자치단체가 향후 공권력작용을 하는 경우 헌법재판소의 결정을 존중해야 하는 결정준수의무를 발생시키며, 헌법재판소가 위헌으로 판단한 입법행위나 공권력작용을 반복하지 않도록 하는 반복금지의무를 발생시킨다.

위헌결정은 법원 기타 국가기관 및 지방자치단체를 구속하며(법 제47조 제1항), 자기구속성 때문에 헌법재판소도 이를 취소·변경할 수 없다. 그러므로 헌법재판소의 결정에 대한 헌법소원심판청구는 불가능하다.[1]

위헌결정의 기속력이 결정주문에만 미치는가, 결정이유[2]에까지도 미치는가와 관련해서는 견해가 나누어져 있다. 긍정하는 견해는 헌법재판소결정의 내용과 법적 효과는 모든 국가기관과 지방자치단체에 대하여 결정에 반하는 행위를 금지하는 의미뿐만 아니라, 그 이상으로 일반적인 행동지침으로서 장래의 활동에서 존중해야 한다는 명령적 의미도 가진다는 점을 든다.[3]

그에 대하여 부정하는 견해는 권력분립구조상 헌법재판소의 지위는 한계가 있으며, 이를 인정할 경우 입법자에게 부여된 사회형성기능이 약화된다는 점을 든다. 다시 말해서 국가기관의 민주적 정당성이란 측면에서 입법자가 우위에 있으며, 헌법재판소에 의한 유사헌법적 입법을 허용할 수는 없다고 한다. 그리고 이를 인정할 경우 헌법의 경직화 위험성이 있다고 한다. 또한 중요한 결정이유를 선택하기 어려우며, 요지는 반드시 중요한 결정이유가 아니라고 한다.[4]

헌법재판소는 의료법 제61조 제1항 중 장애인복지법에 따른 시각장애인 중 부분위헌확인 사건에서 위헌결정의 기속력 위반주장과 관련하여 결정주문 외에 결정이유에 대해 기속력을 인정하기 위해서는 위헌이유에 대해서도 재판관 6인 이상의 찬성이 있어야 한다고 보았다.

1) 헌재 1989. 7. 24. 89헌마141 설성〈행성서사 허가취소에 관한 헌법소원(각하)〉.
2) 결정이유는 일반적으로 결정의 결론에 해당하는 주문이 도출되게 된 과정을 제시하는 부분을 말한다. 결정이유는 부수적 이유(방론), 중요한 이유 및 기속적인 중요한 이유 등으로 구분지을 수 있다. 중요한 이유는 결정이유 중 핵심적인 부분으로 개개의 결정에서 제시된 법적 이유를 말한다. 중요한 이유가 없이는 주문을 도출할 수 없을 때, 그 이유는 주문에 중요한 것이라고 할 수 있다. 즉 그 이유가 없었더라면 결정이 다르게 선고되지 않으면 안 될 정도라는 의미에서 결정에 중요한 것임을 의미한다(Pestalozza, *Verfassungsprozeßrecht*, 1982, S. 288ff. 참조).
3) 허영, 헌법소송법론, 171쪽 이하.
4) 오호택, 헌법소송법, 266쪽.

> 판례 〈의료법 제61조 제1항 중 「장애인복지법」에 따른 시각장애인 중 부분위헌 확인(기각)〉
> "헌법재판소법 제47조 제1항은 '법률의 위헌결정'은 법원 기타 국가기관 및 지방자치
> 단체를 기속한다"고 규정하고, 같은 법 제75조 제1항은 "헌법소원의 인용결정은 모든
> 국가기관과 지방자치단체를 기속한다"고 규정함으로써 헌법재판소가 내린 법률의 위
> 헌결정 및 헌법소원의 인용결정의 효력을 담보하기 위해서 기속력을 부여하고 있는
> 바, 이와 관련하여 입법자인 국회에게 기속력이 미치는지 여부, 나아가 결정주문뿐
> 아니라 결정이유에까지 기속력을 인정할지 여부 등이 문제될 수 있는데, 이에 대하여
> 는 헌법재판소의 헌법재판권 내지 사법권의 범위와 한계, 국회의 입법권의 범위와 한
> 계 등을 고려하여 신중하게 접근할 필요가 있을 것이다. 이 사건에서 청구인들은, 헌
> 법재판소가 2003헌마715등 사건에서 시각장애인에게만 안마사 자격을 인정하는 이른
> 바 비맹제외기준이 과잉금지원칙에 위반하여 비시각장애인의 직업선택의 자유를 침
> 해한다는 이유로 위헌결정을 하였음에도 불구하고 국회가 다시 비맹제외기준과 본질
> 적으로 동일한 내용의 이 사건 법률조항을 개정한 것은 비맹제외기준이 과잉금지원
> 칙에 위반한다고 한 위헌결정의 기속력에 저촉된다는 취지로 주장하는바, 이는 기본
> 적으로 위 위헌결정의 이유 중 비맹제외기준이 과잉금지원칙에 위반한다는 점에 대
> 하여 기속력을 인정하는 전제에 선 것이라고 할 것이다. 앞서 본 바와 같이 결정이유
> 에까지 기속력을 인정할지 여부 등에 대하여는 신중하게 접근할 필요가 있을 것이나
> 설령 결정이유에까지 기속력을 인정한다고 하더라도, 이 사건의 경우 위헌결정 이유
> 중 비맹제외기준이 과잉금지원칙에 위반한다는 점에 대하여 기속력을 인정할 수 있
> 으려면, 결정주문을 뒷받침하는 결정이유에 대하여 적어도 위헌결정의 정족수인 재판
> 관 6인 이상의 찬성이 있어야 할 것이고(헌법 제113조 제1항 및 헌법재판소법 제23조
> 제2항 참조), 이에 미달할 경우에는 결정이유에 대하여 기속력을 인정할 여지가 없다
> 고 할 것인바, 앞서 본 바와 같이 2003헌마715등 사건의 경우 재판관 7인의 의견으로
> 주문에서 비맹제외기준이 헌법에 위반된다는 결정을 선고하였으나, 그 이유를 보면
> 비맹제외기준이 법률유보원칙에 위반한다는 의견과 과잉금지원칙에 위반한다는 의견
> 으로 나뉘면서 비맹제외기준이 과잉금지원칙에 위반한다는 점과 관련하여서는 재판
> 관 5인만이 찬성하였을 뿐이므로 위 과잉금지원칙 위반의 점에 대하여 기속력이 인
> 정될 여지가 없다고 할 것이다."(헌재 2008. 10. 30. 2006헌마1098 등 병합결정)

개인적으로는 단순한 주문의 문언만으로는 무엇에 기속력이 부여되는지, 왜
그러한 결정주문이 도출되었는지가 불분명하므로 결정이유로부터 파악되는 그 의
미가 중요하기 때문에[1] 결정에 여러 법리를 개진하였다 하더라도 결정주문의 결론
을 변경하지 아니하고는 헌법재판소의 추론과정에서 사상(捨象)할 수 없는 부분에
해당되는 '중요한 결정이유'(die tragenden Gründe) 또는 '결정의 사고필연적인 전제'(die
denknotwendige Prämissen)에 대해서는 기속력이 인정되어야 할 것으로 생각한다.[2] 특

---

1) BVerfGE 1, 15.
2) 중요한 이유의 기속력에 대하여 더 자세한 것은 남복현, "헌법재판소 결정의 효력에 관한 쟁점 및
   해결방안", 「헌법재판소결정의 효력에 관한 연구」, 헌법재판소(1996. 5.), 151쪽 이하(164-186쪽)
   참조.

히 우리 헌법재판소법에서는 법원의 재판이 헌법소원의 대상에서 제외되고 있어 법
적용자와의 관계에서 헌법재판소결정이 지닌 실질적 효과를 담보하기 위해서 중요
한 이유의 기속력을 인정하는 것이 타당하다 할 것이다.[1]

2) 특히 한정합헌, 한정위헌결정의 기속력

특히 문제가 되는 것은 한정합헌·한정위헌결정의 기속력이다. 이에 대해서는
다음과 같이 학설이 대립되어 있다. 즉 한정합헌결정의 구속력을 부정하거나,[2] 변
형결정의 존재를 부정하는 논리의 연장선상에서 기속력을 부정하거나,[3] 헌법 제47
조 제1항은 결정의 종류로서 위헌결정에만 국가기관에 대한 기속력을 인정한 것이
아니고 그 결정에 포함된 위헌성의 확인은 기속력을 가진다고 함으로써 위헌해석부
분에만 기속력을 인정하려는 견해,[4] 합헌으로 해석된 부분이든 위헌으로 해석된 부
분이든 기속력을 인정하려는 견해[5]가 그것이다.

그런가 하면 이 문제와 관련해서는 대법원과 헌법재판소 간에 심각한 견해의
대립이 있다. 대법원은 한정합헌·한정위헌결정의 기속력을 부인하고 있다.

> **판례** "한정위헌결정에 표현되어 있는 헌법재판소의 법률해석에 관한 견해는 법률
> 의 의미·내용과 그 적용범위에 관한 헌법재판소의 견해를 일응 표명한 데 불과하여
> 이와 같이 법원에 전속되어 있는 법령의 해석·적용 권한에 대하여 어떠한 영향을 미
> 치거나 기속력도 가질 수 없다" "[1] 헌법재판소의 결정이 그 주문에서 당해 법률이나
> 법률조항의 전부 또는 일부에 대하여 특정의 해석기준을 제시하면서 그러한 해석에
> 한하여 위헌임을 선언하는, 이른바 한정위헌결정의 경우에는 헌법재판소의 결정에 불

---

1) 예컨대 헌법재판소는 구 소득세법 제60조(1978. 12. 5. 법률 제3098호로 개정된 후 1994. 12. 22. 법
   률 제4803호로 개정되기 전의 것)에 대한 헌법불합치결정(1995. 11. 30. 91헌바1 등 병합결정)에서
   주문에서는 위 규정이 "헌법에 합치하지 아니한다"라고만 선언하면서, 결정이유에서 이미 개정된
   신법을 적용할 것을 명령한 바 있다. 이와 같은 경우에 중요한 결정이유의 기속력을 인정하지 아
   니한다면 법원에 의한 자의적 법적용을 제어할 수단을 상실하게 되고, 그 결과 재판소원이 허용
   되지 아니하는 현실에서 중요한 이유의 기속력을 부정하는 것은 헌법재판의 실효성을 크게 감소
   시키게 될 것이다.
2) 장윤기, "헌법재판소에서 위헌으로 결정된 법률의 효력", 사법행정 1993. 6., 57쪽 (주 46) 참조.
3) 1990. 6. 25. 90헌가11 결정에서 변정수 재판관의 반대의견; 1992. 2. 25. 89헌가104 결정에서 변정
   수 재판관은 "주문에 언급된 바는 … 본질적으로 합헌결정에 지나지 않는 이상 그 자체가 법원이
   나 기타 국가기관 및 지방자치단체에 대한 기속력이 없다(물론 법원이나 수사기관이 결정주문을
   존중하여 그에 따르자면 다행한 일이다"라고 하고 있다.
4) 전광석, "헌법재판에 있어 결정주문의 유형과 효력", 헌법재판 및 제도의 활성화에 관한 연구(헌
   법재판연구 제2권), 헌법재판소 1991. 5., 111쪽 이하(180쪽); 최희수, 법률의 위헌결정의 효력에
   관한 연구 — 소송법적 효력을 중심으로, 고려대학교 법학박사학위 청구논문, 2001. 12., 114쪽.
5) 남복현, '헌법재판소 결정의 효력에 관한 쟁점 및 해결방안', 324쪽 이하.

구하고 법률이나 법률조항은 그 문언이 전혀 달라지지 않은 채 그냥 존속하고 있는 것이므로 이와 같이 법률이나 법률조항의 문언이 변경되지 아니한 이상 이러한 한정위헌결정은 법률 또는 법률조항의 의미, 내용과 그 적용범위를 정하는 법률해석이라고 이해하지 않을 수 없다. 그런데 구체적 사건에 있어서 당해 법률 또는 법률조항의 의미, 내용과 적용범위가 어떠한 것인지를 정하는 권한, 곧 법령의 해석·적용 권한은 바로 사법권의 본질적 내용을 이루는 것으로서 전적으로 대법원을 최고법원으로 하는 법원에 전속한다. 이러한 법리는 우리 헌법에 규정된 국가권력분립구조의 기본원리와 대법원을 최고법원으로 규정한 헌법의 정신으로부터 당연히 도출되는 이치로서 만일 법원의 이러한 권한이 훼손된다면 이는 헌법 제101조는 물론이요, 어떤 국가기관으로부터도 간섭받지 않고 오직 헌법과 법률에 의하여 그 양심에 따라 독립하여 심판하도록 사법권독립을 보장한 헌법 제103조에도 위반되는 결과를 초래한다. [2] 법률보다 하위규인 대통령령의 제정근거가 되는 법률조항(이른바 위임 규정)에 대하여 한정위헌결정이 있는 경우에 있어서도 앞에서 본 바와 같이 그 법률조항의 문언이 전혀 변경되지 않은 채 원래의 표현 그대로 존속하고 있는 이상 그 법률조항의 의미 내용과 적용범위는 역시 법령을 최종적으로 해석·적용할 권한을 가진 최고법원인 대법원에 의하여 최종적으로 정하여질 수밖에 없고 그 법률조항의 해석은 어디까지나 의연히 존속하고 있는 그 문언을 기준으로 할 수밖에 없다 할 것이므로 그 문언이 표현하고 있는 명백한 위임취지에 따라 제정된 대통령령 조항 역시 의연히 존속한다고 보아야 한다. 따라서 이 사건 양도소득세부과처분에 적용된 구 소득세법시행령 제170조 제4항 제2호는 그 위임 근거규정인 구 소득세법 제23조 제4항 단서 및 제45조 제1항 제1호 단서의 각 규정이 헌법재판소의 결정에도 불구하고 그 문언의 표현이 전혀 변경되지 않은 채 존속하고 있는 이상 위 시행령 조항의 헌법위반 여부와 상위법의 위반 여부에 관하여는 대법원이 최종적으로 판단하여 이 사건에 적용할지 여부를 결정하여야 한다."(대법원 1996. 4. 9. 95누11405 판결, 동지: 대법원 2001. 4. 27. 95재다14 판결; 대법원 2008. 10. 23. 2006다66272 판결).

이에 대하여 헌법재판소는 "헌법재판소의 한정위헌결정은 결코 법률의 해석에 대한 헌법재판소의 단순한 견해가 아니라 헌법에 정한 권한에 속하는 법률에 대한 위헌심사의 한 유형인 것이다"라고 하여 대법원과 상반되는 결정을 하고 있다.

> **판례** 〈군사기밀보호법 제6조 등에 관한 위헌심판(한정합헌)〉 "헌법재판소의 법률에 대한 위헌결정에는 단순위헌결정은 물론, 한정합헌, 한정위헌결정과 헌법불합치결정도 포함되고 이들은 모두 당연히 기속력을 가진다. … 합헌적인 한정축소해석은 위헌적인 해석 가능성과 그에 따른 법적용을 소극적으로 배제한 것이고, 적용범위의 축소에 의한 한정적 위헌선언은 위헌적인 법적용 영역과 그에 상응하는 해석 가능성을 적극적으로 배제한다는 뜻에서 차이가 있을 뿐, 본질적으로는 다 같은 부분위헌결정이다."(헌재 1992. 2. 25. 89헌가104 결정)

> 판례 ▣ 〈헌법재판소법 제68조 제1항 위헌확인 등(한정위헌, 인용=취소)〉 "법률에 대한 위헌심사는 당연히 당해 법률 또는 법률조항에 대한 해석이 전제되는 것이고 헌법재판소의 한정위헌의 결정은 단순히 법률을 구체적인 사실관계에 적용함에 있어서 그 법률의 의미와 내용을 밝히는 것이 아니라 법률에 대한 위헌성심사의 결과로서 법률조항이 특정의 적용영역에서 제외되는 부분은 위헌이라는 것을 뜻한다 함은 이미 앞에서 밝힌 바와 같다. 따라서 헌법재판소의 한정위헌결정은 결코 법률의 해석에 대한 헌법재판소의 단순한 견해가 아니라, 헌법에 정한 권한에 속하는 법률에 대한 위헌심사의 한 유형인 것이다.
>   만일 대법원의 견해와 같이 한정위헌결정을 법원의 고유권한인 법률해석권에 대한 침해로 파악하여 헌법재판소의 결정유형에서 배제해야 한다면 헌법재판소는 앞으로 헌법합치적으로 해석하여 존속시킬 수 있는 많은 법률을 모두 무효로 선언해야 하고, 이로써 합헌적 법률해석방법을 통하여 실현하려는 입법자의 입법형성권에 대한 존중과 헌법재판소의 사법적 자제를 포기하는 것이 된다. 또한 헌법재판소의 한정위헌결정에도 불구하고 위헌으로 확인된 법률조항이 법률문언의 변화 없이 계속 존속된다고 하는 관점은 헌법재판소결정의 기속력을 결정하는 기준이 될 수 없다. 헌법재판소의 변형결정의 일종인 헌법불합치결정의 경우에도 개정입법시까지 심판의 대상인 법률조항은 법률문언의 변화 없이 계속 존속하나, 법률의 위헌성을 확인한 불합치결정은 당연히 기속력을 갖는 것이므로 헌법재판소결정의 효과로서의 법률문언의 변화와 헌법재판소결정의 기속력은 상관관계가 있는 것이 아니다."
>   "따라서 이 사건 대법원판결은 헌법재판소가 이 사건 법률조항에 대하여 한정위헌결정을 선고함으로써 이미 부분적으로 그 효력이 상실된 법률조항을 적용한 것으로서 위헌결정의 기속력에 반하는 재판임이 분명하므로 이에 대한 헌법소원은 허용된다."(헌재 1997. 12. 24. 96헌마172 등 병합결정)

이러한 학설과 판례, 특히 대법원과 헌법재판소 사이의 의견대립에 대하여 헌법재판소와 대법원 사이의 상호존중과 화해를 요구하는 입장과[1] 궁극적으로는 입법을 통하여 해결할 것을 주장하면서 헌법재판소와 법원이 유기적으로 협력할 필요를 강조하는 입장이 있다.[2]

---

1) "대법원은 위헌법률심사에 있어서 합헌적 법률해석과 그 결과인 한정합헌·한정위헌결정이 꼭 필요하다는 사실을 인정하여 설사 구체적 사안에서 헌법재판소의 법률해석에 내용상 동의하지 못한다 하더라도 헌법재판소에 의한 법률해석의 문제점을 지적하는데 그쳐야지 한정합헌·한정위헌결정의 기속력을 부인해서는 아니되며, 헌법재판소로서는 법률해석에 있어서 입법자의 객관적 의사가 불분명하고 법원이 종래 계속해 온 법률해석이 특히 법률이 규율하려는 현실상황에 비추어 상당한 타당성이 있다고 판단되는 경우에는 굳이 무리하게 합헌적 해석을 할 필요가 없다는 것을 인식함으로써, 헌법재판소와 대법원은 이번 사건을 상호존중과 화해의 기반을 마련하는 계기로 삼아야 할 것이다."(한수웅, "헌법재판소법 제68조 제1항의 위헌여부", 헌법논총 제10집, 헌법재판소, 1999, 283쪽 이하, 337·338쪽)
2) "헌법재판의 특수성에 비추어 변형결정 자체를 인정함은 불가피하다. 변형결정을 인정한다는 것은 그에 상응하는 효력을 인정하여야 한다는 것을 의미한다. 그러한 점에서 대법원이 한정위헌결정을 단순한 견해표명으로 보아 이를 무시하고 독자적인 판단을 내리는 것은 시정되어야 한다. 대법원과 헌법재판소 사이에 야기된 오해와 갈등은 헌법재판제도의 운용경험이 일천한 상태에

개인적으로는 입법론적으로 해결하는 것이 의견차이를 해소하는 하는데 가장 바람직할 것이라는 데에는 동의하나, 아무리 강조하더라도 상호존중과 화해나 유기적인 협력은 바라기 어려울 것으로 생각된다.

따라서 개인적으로는 이 문제가 입법에 의하여 해결될 때까지 합헌으로 판단된 부분의 경우에는 장래 이를 구체적 현실에 적용함에 있어 위헌성이 발견될 가능성이 발견될 가능성을 완전히 배제할 수 없으므로 기속력이 인정된다고 할 수 없는 반면, 위헌으로 판단된 부분에는 당연히 기속력이 인정된다고 해석하는 것[1]이 헌법 제47조 제1항 "법률의 위헌결정은 … 기속한다"의 취지와 일치될 것으로 생각된다.

(3) 법규적 효력

'법규적 효력'(Gesetzeskraft)은 법규범에 대한 헌법재판소의 위헌심판결정에 대하여 '일반적 구속력'(Allgemeinverbindlichkeit)을 가지고 일반인 사이에도 그 효력을 미치는 '대세적 효력'(inter omnes)을 말한다.

헌법재판소법 제47조 제2항이 이를 규정하고 있는데, 위헌으로 결정된 법률의 효력을 상실시키는 힘을 부여하고 있다. 헌법재판소의 결정은 형식적·실질적 의미의 법률이 아니고 단지 재판일 뿐이지만 그 결정은 '법률유사성'(Gesetzesähnlichkeit)을 가진다는 것을 의미한다.[2] 법률적 효력이라고도 번역된다.

법규적 효력의 객관적 범위는 결정주문에 국한된다. 이에 반해 결정이유는 법규적 효력을 가지지 못하며, 다만 결정주문이 해석을 요구하는 한에서 고려될 수 있을 뿐이다. 법규적 효력이 인정되는 헌법재판소의 결정은 본안판단만을 말하므로, 예컨대 위헌법률심판청구가 부적법하여 각하된 경우에는 법규적 효력이 인정되지 아니한다.

서 제정된 헌법재판소법에 기인한 바가 크다고 할 것이므로 장차 명문으로 변형결정과 그 효력에 관한 조항을 입법화하는 것이 필요하다.

　법원의 법령해석권은 적용하려는 법령의 합헌성을 전제로 하므로 법원의 법령해석권은 헌법재판소의 법령에 대한 위헌성 심사에 의하여 유보된 의미의 해석권한으로 볼 수 있다. 그렇지만 법률상 쟁송에 관한 분쟁해결기관인 법원은 구체적인 사건에서 입법자의 충실한 대리인으로서 법령해석권을 독자적으로 보유한다는 법원조직법(법원조직법 제2조 제1항)의 규정을 헌법재판소 역시 존중할 필요도 있다. 결국 헌법재판소와 법원은 헌법이 양 헌법기관에게 각각 권한을 부여한 취지를 살펴 국민의 자유와 권리의 확보를 위해 유기적으로 협력할 필요가 있겠다."(성낙인 외, 주 11, 219-220쪽)

1) 최희수, 법률의 위헌결정의 효력에 관한 연구―소송법적 효력을 중심으로, 114-115쪽.
2) 규범의 계층 구조에서 법규적 효력을 가진 결정의 등급은 심판의 대상에 따른 것이다. 즉 법률을 대상으로 한 결정은 법률에 해당하는 등급을, 명령을 대상으로 한 결정은 명령에 해당하는 등급을 부여받는다.

헌법재판소법 제47조 제1항, 제67조 제1항, 제75조 제1항을 반대해석하면 법률의 합헌결정과 헌법소원의 기각결정은 기속력과 법규적 효력이 부인되고, 변형결정에도 위헌판단된 부분에 한하여 기속력과 법규적 효력이 인정된다고 하는 것이 헌법재판소의 다수의견이다.

2. 헌법재판소결정의 실체법적 효력

(1) 학   설

헌법재판소결정, 특히 법률의 위헌결정의 실체법적 효력은 위헌결정된 법률의 효력(상실시기)을 말한다. 이와 관련해서는 실질적 법치주의의 관점에서 정의의 측면을 강조하는 '당연무효설'(Lehre von ipso‒iure‒Nichtigkeit, Nichtigkeitslehre)과 법적 안정성의 측면을 강조하는 '폐지무효설'(Vernichtbarkeitslehre)1)로 견해가 나누어져 있다.2)

당연무효설은 헌법의 최고규범성, 실정법질서의 통일성 등을 논거로 하여 헌법에 위반되는 법률은 처음부터 당연히 효력이 발생하지 아니한 것으로 원천적으로 무효라고 한다. 따라서 헌법재판소의 위헌결정은 무효인 것을 사후에 유권적으로 확인하여 선언하는 것에 지나지 않으며, 위헌으로 결정된 법률은 소급하여 무효라는 것이 된다.

그에 반하여 헌법에 위반된다는 것이 법리상 본질필연적으로 당연무효가 되는 것은 아니라는 점, 법적 안정성 등을 주요논거로 하는 폐지무효설은 헌법재판소의 결정이라는 법률의 효력을 상실시키는 조치에 의하여 비로소 법률의 효력이 폐지될 수 있다고 본다. 따라서 헌법재판소의 위헌결정은 단순한 위헌확인의 선언적인 것이 아니라 형성적인 행위이며, 위헌으로 결정된 법률도 당연히 처음으로 소급하여 효력이 상실되는 것은 아니다. 소급효로 하되 법적 안정성을 해치지 않는 시점까지 효력을 상실시킬 수도 있고, 위헌결정이 있은 시점 이후부터 효력을 상실시키는 장래효로 할 수도 있으며, 헌법재판소의 결정시부터 일정한 기간이 경과된 뒤의 시점부터 효력을 상실시키는 미래효로 할 수도 있다.

---

1) 폐지무효설의 이론적 기초를 제공한 사람은 켈젠 *H. Kelsen*이다. 켈젠은 1929년의 오스트리아 헌법 제140조 제5항에 따라 위헌적인 법률이라 하더라도 효력을 가질 수 있게 됨에 따라 이러한 상황을 정당화하기 위해 그의 「순수법학」에서 그 이론적 기초를 마련하고자 하였다(최희수, 법률의 위헌결정의 효력에 관한 연구―소송법적 효력을 중심으로, 138쪽).

2) 이러한 대립은 학설상으로만 존재하는 것이 아니라 실정법상의 입법례에서도 존재한다. 예컨대 독일에서는 전통적으로 당연무효설을 유지하고 있고, 오스트리아에서는 폐지무효설에 따라 입법화하고 있다(정종섭, 헌법소송법, 223쪽).

우리 법제상으로는 다음과 같은 규정들을 두고 판단할 때 원칙적으로 폐지무효
설의 입장을 취하고 있는 것으로 보인다. ① 헌법 제113조 제1항은 '법률의 위헌결
정'만을 명시하고 있을 뿐 무효에 관해서는 아무런 언급도 하고 있지 않고, ② 헌법
재판소법 제45조는 '위헌 여부만을 결정한다'고 규정하고 있으며, ③ 동법 제47조
제1항은 '법률의 위헌결정'을, 동 제2항은 '위헌으로 결정된 법률 또는 법률의 조항
은 그 결정이 있는 날부터 효력을 상실한다'고 규정하고 있을 뿐만 아니라 ④ 동법
제75조 제5항은 '인용결정에서 … 위헌임을 선언할 수 있다고 규정하고 있다.

판례 〈헌법재판소법 제47조 제2항 위헌제청 등(합헌)〉 "여기에서 법률에 대한 위헌결
정의 효력에 관련된 외국의 입법례를 살펴보면 다음 세 가지 형태로 요약된다. 1) 첫
째로 위헌결정에 소급효(ex tune)를 원칙적으로 인정하면서 이를 부분적으로 제한하
는 예로서는 독일, 스페인, 포르투갈 등이 있다. ① 독일은 위헌인 법률은 위헌상태가
발생한 시점에 소급하여 법률상 당연히 효력을 가지지 아니한다는 전제하에 연방헌
법재판소법 제78조에서 위헌인 법률은 무효임을 규정하면서도, 동법 제79조에서는 이
러한 위헌선고의 소급효를 제한하여 형사판결의 경우에는 재심이 허용되지만 그 이
외에 위헌무효인 법규에 바탕을 둔 더 이상의 취소할 수 없게 된 처분(확정된 재판이
나 행정처분을 의미한다고 한다)에 대하여는 그 효력에 영향을 미치지 않고, 이러한
처분에 의하여 얻은 이득도 부당이득반환청구의 대상으로 할 수 없는 것으로 규정하
고 있으며(이러한 소급효의 제한규정은 개별적 정의와 법적 안정성의 타협이라는 전
제하에서 독일연방헌법재판소는 합헌인 것으로 계속 판시하여 오고 있다), 한편 독일
연방헌법재판소는 일찍부터 위헌선고의 소급효의 폐해를 막기 위하여 장래효 내지
미래효만 있는 헌법불합치선언을 하여 왔고 그 후 이러한 불합치선언은 동법 제31조
제2항으로 반영되어 법제화되었다. ② 스페인은 헌법재판소법 제39조 제1항 및 제40
조 제1항에서 헌법재판소가 위헌으로 선고한 법률은 무효라고 규정하여 위헌판결의
소급효를 인정하면서도, 형량이나 제재의 경감을 가져오거나 책임의 배제, 제한을 가
져올 형사소송 또는 행정심판의 경우를 제외하고는 확정판결에 대한 재심을 허용하
지 않는다고 규정하고 있다. ③ 포르투갈은 헌법 제282조에서 헌법재판소의 위헌 또
는 위법의 선언은 위헌 또는 위법으로 선언된 규범의 발효시로 소급하여 발생하지만
기판력 있는 재판에 의하여 확정된 사건에는 그 소급효가 미치지 아니하고 예외적으
로 형사사건, 징계사건 및 경범죄사건에서 위헌 또는 위법의 선고가 당사자에게 유리
할 때에는 확정된 사건에도 소급효가 미치며, 다만 법적 안정성이나 형평 기타 특별
한 공익상의 필요가 있을 때에는 헌법재판소가 직접 위와 같은 소급효를 제한하는 재
판주문을 낼 수 있도록 하고 있다.
  2) 둘째로, 위헌결정에 장래효(ex nunc)를 원칙으로 하면서 부분적으로 소급효를
인정하는 입법례로는 오스트리아, 터어키 등이 있다. ① 오스트리아는 헌법 제140조
내지 제3항 내지 제4항에서 헌법재판소의 위헌선고는 위헌인 법률을 폐지하는 것으
로 규정하는 한편, 동조 제5항에서는 헌법재판소의 판결에 의한 법률의 폐지는 그 판
결의 공고일로부터 효력을 발생한다고 하여 장래효를 원칙으로 하고 이 점은 형벌에
관한 법규의 경우도 마찬가지인 것으로 하며, 다만 헌법재판소는 선고 후 1년의 범위

내에서 위헌법규의 실효시기를 미래로 미룰 수 있도록 미래효(pro futuro)를 규정하고, 동조 제7항은 헌법재판소가 위헌결정에서 달리 정하지 않는 한 위헌결정 이전에 구성요건이 실현된 사안에 대하여는 당해 사건을 제외하고는 그 법률이 계속 적용된다고 규정하고 있다. ② 터어키는 헌법 제153조에서 헌법재판소에서 위헌으로 선고된 법률 등은 그 재판이 공고된 날로부터 효력을 상실하고 다만 필요한 경우에는 헌법재판소가 그 효력상실의 시점을 위헌공고일로부터 최장 1년까지 연기할 수 있다고 규정하고 특히 위헌의 재판은 소급효가 없음을 명문화하고 있다.

3) 셋째로, 위헌결정에 소급효를 인정할 것인가를 구체적인 사건마다 결정하는 예로는 미합중국, 독일의 일부 주 등이 있다. ① 미합중국에서 연방대법원의 위헌판결의 시적 효력범위에 관하여는 연방헌법이나 법률에 명문의 규정이 없고 판례로 이를 규율하는바, "연방헌법은 소급효를 금지하지도 요구하지도 않는다"라는 대원칙 아래 위헌판결의 시적 효력범위 문제를 헌법문제로 보지 않고, 구체적인 사건마다 법적 안정성과 개인의 권리구제 등 제반이익을 비교 형량하여 연방대법원이 위헌판결에 소급효를 줄 것인가를 결정할 수 있는 정책판단의 문제로 보고 있다. ② 독일의 일부 주(헷센주 등)에서도 위헌인 주 법의 소급무효를 법에서 직접 규정하지 않고, 위헌으로 확정될 때 주헌법재판소가 그 판결주문에서 소급효를 부여하며, 재심을 허용할 것인가의 여부와 어떠한 조건하에서 허용할 것인가도 함께 결정한다."(헌재 1993. 5. 13. 92헌가10 등 병합결정)

(2) 장 래 효

"위헌으로 결정된 법률 또는 법률의 조항은 그 결정이 있는 날로부터 효력을 상실한다"(법 제47조 제2항 본문).[1] 이때에 결정일로부터라는 의미는 결정일 0시로부터라는 의미이다(법령 등 공포에 관한 법률 제12조 참조). 따라서 당일 위헌된 법률들은 모두 같은 날 효력을 상실한다. 이와 같이 구체적 규범통제이면서 위헌결정이 내려진 법률 또는 법률조항의 효력을 절대적으로 상실시키는 제도를 객관적 규범통제라고도 한다.[2]

---

[1] 윤진수, "위헌법의 효력 ─ 헌법재판소법 제47조 제2항의 헌법적 검토", 헌법논총 제1집, 헌법재판소, 1990, 273쪽 이하는 헌법재판소법 제47조 제2항이 형벌법규를 제외하고는 위헌결정의 소급효를 부정하고 있는 부분은 헌법 제103조(법관의 물적 독립), 제27조 제1항(재판청구권) 및 제10조 후단(국가의 기본권보호의무)에 위반되어 위헌이라 한다. 즉 "위헌결정에 원칙적으로 소급효가 없다면 법관으로서는 위헌결정 이후에도 그 이전에 성립한 법률관계에 대하여는 여전히 위헌인 법률을 적용하여야 하는데, 이는 헌법 제103조와 정면으로 모순된다고 하지 않을 수 없다"(312·231쪽)는 것이다. 역시 같은 맥락에서 헌법재판소법 제47조 제2항은 위헌인 법률에 의한 재판을 용인하는 의미를 지니게 되고, 그 점에서 '법률에 의한 재판을 받을 권리'에 반한다고 한다. 그뿐만 아니라 '국가는 개인이 가지는 불가침의 기본적 인권을 확인하고 이를 보장할 의무를 진다'는 헌법 제10조 후단의 규정에 비추어보더라도, 위의 제47조 제2항의 규정은 위헌이라고 한다. 즉 어느 한 법률이 "위헌인 이유가 기본권의 침해라는데 있다면 위헌결정의 소급효를 제한하여 위헌인 법률의 계속적용을 인정하는 것은 이러한 국가의 기본권 보호의무에 정면으로 반하는 것"(314쪽)이 된다는 것이다.

[2] 권영성, 헌법학원론, 1100쪽.

> **판례** 〈헌법재판소법 제47조 제2항 위헌제청 등(합헌)〉 "헌법재판소에 의하여 위헌으로
> 선고된 법률 또는 법률의 조항이 제정 당시로 소급하여 효력을 상실하는가 아니면 장
> 래에 향하여 효력을 상실하는가의 문제는 특단의 사정이 없는 한 헌법적합성의 문제
> 라기보다는 입법자가 법적 안정성과 개인의 권리구제 등 제반이익을 비교 형량하여
> 가면서 결정할 입법정책적 문제인 것으로 보인다. … 우리의 입법자는 헌법재판소법
> 제47조 제2항 본문의 규정을 통하여 형벌법규를 제외하고는 법적 안정성을 더 높이
> 평가하는 방안을 선택하였는바, 이에 의하여 구체적 타당성이나 평등의 원칙이 완벽
> 하게 실현되지 않는다고 하더라도 헌법상 법치주의의 원칙의 파생인 법적 안정성 내
> 지 신뢰보호의 원칙에 의하여 정당화된다 할 것이고, 특단의 사정이 없는 한 이로써
> 헌법이 침해되는 것은 아니라 할 것이다."(헌재 2001. 12. 20. 2001헌바7 등 병합결정)

(3) 소 급 효

1) 예외적 소급효

헌법재판소는 다음의 두 가지 경우에는 위헌결정에 대하여 예외적으로 소급효를 부여하고 있다.[1] 첫째로, ① 법원의 제청이나 헌법소원의 청구 등을 통하여 헌법재판소에 법률에 대한 위헌결정의 계기를 부여한 당해 사건 ② 위헌결정이 있기 전에 이와 동종의 사안으로 헌법재판소에 위헌심판제청을 하였거나 법원에 위헌심판신청을 한 경우의 당해사건 ③ 따로 위헌제청신청은 아니하였으나 당해 법률 또는 법률조항이 재판의 전제가 되어 법원에 계속 중인 사건 ④ 위헌결정 이후에 이와 동일한 사유로 제소된 일반사건에 대하여는 구체적 규범통제의 실효성을 보장하기 위하여 소급효를 인정하고 있다.[2]

둘째로, ① 당사자의 권리구제를 위한 구체적 타당성의 요청은 현저한 반면에 ② 소급효를 인정하여도 법적 안정성을 침해할 우려가 없고 ③ 나아가 구법에 의하여 형성된 그 밖의 기득권자의 이득이 해쳐질 사안이 아닌 경우로서 ④ 소급효의 부인이 오히려 정의와 형평 등 헌법적 이념에 심히 배치되는 때에는 소급효를 인정하고 있다.

그러면서 어떤 사안이 이들 경우에 해당하는지는 헌법재판소가 위헌선언을 하면서 스스로 주문에서 밝혀야 할 것이나, 스스로 밝히고 있지 아니한 경우에는 일반

---

1) 헌재 1993. 5. 13. 92헌가10 등 병합결정〈헌법재판소법 제47조 제2항 위헌제청 등(합헌)〉.
2) 이 부분에 대해서는 대법원도 소급효를 인정하고 있다(대법원 1993. 1. 15. 92다12377 판결). 그러나 1994년 판결에서는 "헌법재판소의 위헌결정의 효력은 위헌결정 이후에 제소된 모든 사건에 미치지만 그 범위는 무한정일 수는 없고 일반사건의 경우 제한할 수 있다"(대법원 1994. 10. 25. 93다42740 판결)고 하여 소급효인정에 종전보다는 소극적인 태도를 보이고 있다.

법원이 당해 법률의 연혁, 성질, 보호법익 등을 검토하고 제반이익을 형량하여 합리적·합목적적으로 판단할 수밖에 없을 것이라고 한다.[1]

2) 형벌에 관한 법률조항(실체적 형벌법규)에 대한 위헌결정의 효력

또한 헌법재판소법 제47조 제2항 단서는 "다만 형벌에 관한 법률 또는 법률의 제 조항은 소급하여 그 효력을 상실한다"고 규정하고 있다. 따라서 소급하여 효력이 상실된 조항에 근거한 유죄의 확정판결에 대하여는 재심을 청구할 수 있다(법 제47조 제3항). 그러나 소급효를 인정할 경우 그 조항에 의하여 형사처벌을 받지 않은 자들에게 형사상의 불이익이 미치게 되는 경우에는 소급효가 배제된다.[2]

> **판례** "헌법재판소법 제47조 제2항의 '형벌에 관한 법률 또는 법률의 조항'이라 함은 위 규정의 문언과 같은 조 제3항의 취지 등에 비추어 보면, 범죄의 성립과 처벌에 관한 실체적인 법률 또는 법률의 조항을 의미하는 것으로 해석하여야 할 것이고, 형사소송법 등 절차적 법률 또는 법률의 조항은 비록 그 법률의 내용이나 성질상 실체적인 법률 또는 법률의 조항과 동일시될 수 있을 정도의 중대한 것이라고 하더라도 여기에 포함되는 것으로는 해석될 수 없다."(대법원 1999. 8. 9. 98모143 결정)

---

1) 헌재 1993. 5. 13. 92헌가10 등 병합결정〈헌법재판소법 제47조 제2항 위헌제청 등(합헌)〉.
2) 헌재 1997. 1. 16. 90헌마110 등 병합결정〈교통사고처리특례법 제4조 등에 대한 헌법소원 등(일부각하, 일부기각)〉.

제 5 장
탄핵심판

제5장 탄핵심판

제1절 탄핵심판의 의의

1. 개   념

탄핵이란 일반적인 사법절차나 징계절차에 따라 소추하거나 징계하기가 곤란한 집행부의 고위직공무원이나 법관 또는 선거관리위원회위원과 같이 신분이 보장된 공무원이 직무상 중대한 비위를 범한 경우에 이를 의회가 소추하여 처벌하거나 파면하는 제도를 말한다.

> **판례** 〈대통령(노무현)탄핵(기각)〉 "탄핵심판은 헌법보장을 위한 헌법재판제도의 하나로서, 일반적인 사법절차나 징계절차에 의하여 소추·징계하기 곤란한 집행부의 고위공무원이나 법관 또는 중앙선거관리위원회위원과 같이 신분이 보장된 공무원에 의해 헌법이나 법률침해행위가 있을 경우, 이들로부터 헌법을 수호하기 위하여 이들을 의회가 소추하고 헌법재판소가 심판하여 파면함으로써 그에 대한 법적 책임을 추궁함으로써 헌법의 규범력을 확보하기 위한 제도를 말한다."(헌재 2004. 5. 14. 2004헌나1 결정)

2. 성격 및 기능

탄핵심판은 통상의 징계처분과는 다른 헌법적 제재로서의 성질을 가지며 형사재판이 아니다(제65조 제4항).[1]

검찰이 기소하지 않는 한 고급공무원에 의한 위헌·위법행위를 법원으로서는 교정할 수 없다. 따라서 탄핵심판은 검찰이 기소하기 어려운 고급공무원의 위헌·위

---

1) 독일에서도 연방헌법재판소의 탄핵절차를 형사절차와 외양상 일정한 유사성을 지니고 있지만 전적으로 헌법적 성격을 갖는 절차라고 한다(K. Schlaich/Korioth, *Das Bundesverfassungsgercht-Stellung, Verfahren, Entscheidungen*, S. 206, Rdnr. 334).

법행위에 대하여 국민대표기관인 국회에서 소추하고 헌법수호기관인 헌법재판소에서 심판하게 함으로써 헌법을 수호하는 기능과 집행부와 사법부에 대한 감시·통제 기능을 한다고 할 수 있다.

> **판례** 〈대통령(노무현)탄핵(기각)〉 "헌법 제65조는 집행부와 사법부의 고위공직자에 의한 헌법위반이나 법률위반에 대하여 탄핵소추의 가능성을 규정함으로써, 그들에 의한 헌법위반을 경고하고 사전에 방지하는 기능을 하며, 국민에 의하여 국가권력을 위임받은 국가기관이 그 권한을 남용하여 헌법이나 법률에 위반하는 경우에는 다시 그 권한을 박탈하는 기능을 한다. 공직자가 직무수행에 있어서 헌법에 위반한 경우 그에 대한 법적 책임을 추궁함으로써, 헌법의 규범력을 확보하고자 하는 것이 바로 탄핵심판절차의 목적과 기능인 것이다."(헌재 2004. 5. 14. 2004헌나1 결정)

3. 현행헌법상의 탄핵심판제도의 특성

현행헌법은 탄핵심판에 관해서 소추기관과 심판기관을 나누어서 국회에는 소추권을, 헌법재판소에는 그 심판권을 관장하게 하고 있다.[1]

이와 같이 우리 헌법이 탄핵권을 소추권과 심판권으로 나누어 전자를 국회에 주고 후자를 헌법재판소에 주고 있는 것은, 의회사법(議會司法)의 개념으로 탄핵제도가 의회를 중심으로 발전하였다는 연혁적인 이유와 탄핵의 대상이 갖는 고도의 정치성을 고려한 현실적 이유, 그리고 실질적으로 사법작용에 해당하는 탄핵심판을 독립적인 기관인 헌법재판소가 담당하는 것이 바람직하다는 이론적인 이유에서 정당화되고 있다.[2]

---

[1] 이와 같은 유형을 정종섭, "탄핵심판에 있어 헌법재판소의 탄핵여부결정권", 헌법실무연구 제6권, 박영사, 2005, 189쪽 이하(204-207쪽)은 탄핵제도의 모델 중 민주주의와 법치주의의 결합모델, 그 중에서도 균형모델로 소개하고 있고, 김하열, 탄핵심판에 관한 연구, 고려대학교 대학원 박사학위청구논문, 2005. 12., 62-70쪽은 탄핵제도를 민주주의원리, 법치주의원리 그리고 사법권의 독립 등 헌법원리와 관련하여 설명하고 있다.

[2] 이승우·정만희·음선필, 탄핵심판제도에 관한 연구(헌법재판연구 제12권), 헌법재판소, 2001, 148·149쪽.

제 2 절   국회의 탄핵소추

1. 탄핵소추대상자

헌법 제65조 제1항과 헌법재판소법 제48조에 따르면 탄핵대상자는 대통령, 국무총리, 국무위원, 행정각부의 장, 헌법재판소재판관, 법관, 중앙선거관리위원회 위원, 감사원장, 감사위원, 기타 법률이 정한 공무원이다.

기타 법률이 정한 공무원은 입법으로 결정될 것이다. 그러나 탄핵제도의 의의에서 판단컨대 일반적인 사법절차나 징계절차에 따라 소추하거나 징계하기가 곤란한 고급공무원이 이에 해당된다고 할 수 있다. 그러한 공무원의 범위에 대해서는 다양한 견해가 있으나, 검찰총장, 검사, 각 처장, 정부위원, 각군 참모총장, 고위외교관, 별정직 공무원 등이 그에 해당된다고 보면 될 것이다. 개별법에서는 검찰청법 제37조(검사는 탄핵 또는 금고 이상의 형을 받거나 징계처분에 의하지 아니하면 파면·정직 또는 감봉의 처분을 받지 아니한다)와 경찰법 제11조 제6항(경찰청장이 그 직무집행에 있어서 헌법이나 법률을 위배한 때에는 국회는 탄핵의 소추를 의결할 수 있다) 및 선거관리위원회법 제9조 제2호(탄핵으로 파면된 때)가 탄핵대상자를 규율하고 있다.

탄핵소추대상자로 정해진 자의 권한을 대행하는 자의 경우에 탄핵의 대상이 되는가 여부가 문제될 수 있다. 헌법은 탄핵소추사유를 " … 직무집행에 있어서"라고 규정하고 있다. 그리고 권한대행자의 직무는 원래 탄핵소추대상자로 정해진 자의 것과 동일하므로 탄핵의 대상이 된다 할 것이다.[1]

2. 탄핵사유

(1) 헌법규정

헌법은 탄핵소추사유를 " … 그 직무집행에 있어서 헌법이나 법률을 위배한 때"(제65조 제1항)라고 정하고 있다. 따라서 '직무집행'과 '헌법이나 법률에 위배'가 무엇을 뜻하는지가 문제된다.

---

[1] 정종섭, 헌법소송법, 387쪽; 이승우·정만희·음선필, 탄핵심판제도에 관한 연구, 148쪽.

(2) 직무집행

1) 학　　설

여기서 직무란 법제상 소관직무의 고유업무 및 통념상 이와 관련된 업무를 말한다. 따라서 직무상의 행위란 법령·조례 또는 행정관행·관례에 의하여 그 지위의 성질상 필요로 하거나 수반되는 모든 행위나 활동을 의미한다.[1] 즉 직무집행은 핵심적인 직무행위뿐 아니라 직무행위와 관련성을 갖고 직무행위의 외형을 갖추어 외부로 표출된 행위까지도 포괄하는 개념이다.[2]

직무집행행위의 범위와 관련하여 현직에서의 직무집행뿐만 아니라 전직에서의 직무집행을 포함하여야 한다는 견해와 현직에서의 직무집행만을 의미한다는 견해 및 원칙적으로는 현직에서의 직무집행만을 의미하나 전직이 소추대상의 직이고 그 직에 있을 때 위법행위를 한 경우에는 현직에 있는 공무원이 한 전직시의 위법행위는 탄핵사유에 포함된다는 견해가 나누어져 있다.

2) 검　　토

전직에서의 직무집행을 포함하여야 한다는 견해는 공무원의 위헌·위법행위는 전직에서의 것일지라도 고위공무원직과 상용될 수 없다는 것을 강조한다.[3] 즉 이런 자에 대해서 탄핵심판을 하는 경우에는 이미 소추대상이 되는 법정대상의 직에서 떠났기 때문에 그 직을 수행하지 못하게 하는 목적은 달성할 수 없으나, 이러한 자를 공직에서 추방할 필요가 있고 탄핵심판에 따르는 공무담임권의 박탈 또는 공직취임의 제한이라는 목적을 달성할 수 있으므로 이러한 자도 탄핵심판의 대상이 된다고 할 것이고, 그렇지 아니하면 탄핵 직전에 탄핵을 면탈하기 위하여 전직 또는 전보로 다른 공직으로 옮긴 후 다시 소추대상이 되는 중요한 직에 취임하는 길을 열어주는 결과를 가져오기 때문이라는 것이다.[4]

그러나 고위공무원직에 취임하기 위해서는 전직에서 위헌·위법행위를 행하지 않았을 것이 전제될 뿐만 아니라 설혹 그러한 행위가 있었음이 고위공무원직취임 이후에 알려진다 하더라도 탄핵소추 이전에 임명권자가 파면하거나 스스로 사직할

---

1) 이승우·정만희·음선필, 탄핵심판제도에 관한 연구, 150쪽; 송기춘, "우리 헌법상 대통령 탄핵제도에 관한 소고", 공법연구 제32집 제5호, 2004. 6., 413쪽 이하(429쪽).

2) 허영, 헌법소송법론, 262쪽.

3) 김철수, 헌법학개론, 999쪽; 이승우·정만희·음선필, 탄핵심판제도에 관한 연구, 151쪽; 정종섭, 헌법소송법, 388쪽.

4) 정종섭, 헌법소송법, 388쪽.

것이기 때문에 탄핵대상행위에 전직에서의 직무집행행위를 포함시킬 필요는 없을 것으로 생각된다.[1]

3) 사　　견

직무집행행위는 현직에서의 공무수행에 한정되는 것으로 해석되어야 하며, 그러한 한에서 공무수행과 무관한 사생활이나 취임 전·퇴직 후의 활동을 근거로 탄핵소추를 할 수는 없다.

다만 해당 공직에 정식으로 취임하기 전이라도 서리(署理)로 임명되어 서리신분으로 행한 직무집행과 탄핵소추절차가 개시된 후에 해당 공직자가 다른 탄핵대상 공직으로 전직된 경우에 전직 이전의 직무집행은 탄핵사유가 된다 할 것이다.[2][3]

(3) 헌법과 법률에 위배

헌법과 법률에 위배한다고 할 때 헌법은 형식적 헌법과 헌법적 관행을 포함하며,[4] 법률은 형식적 의미의 법률 및 법률과 동등한 효력을 가지는 국제조약, 일반적으로 승인된 국제법규, 긴급명령·긴급재정경제명령까지를 포함한다.

그러나 이때의 헌법과 법률에 위배한다는 것은 고의·과실·무지에 의한 헌법위반 또는 법률위반을 요구한다. 그리고 그러한 위반은 ① 피소추자가 보유한 공직(특히 대통령인지 아닌지), ② 문제된 위법행위의 경중(구체적인 헌법조항에 직접 위반한 것인지, 예정된 처벌의 정도), ③ 위법행위의 성격(권력의 악의적 남용, 부패의 측면이 있는지), ④ 위법행위로 초래된 결과(헌정질서, 국가기능, 국민의 기본권에 끼친 해악의 정도), ⑤ 행위자의 주관적 측면(반규범적 의지) 등을 종합하여 판단할[5] 때 명백하고도 중대한 것이어야 한다.[6]

---

1) 홍성방, 헌법학(하), 161쪽.
2) 헌법재판실무제요, 356쪽; 허영, 헌법소송법론, 263쪽.
3) 이러한 현행법의 태도에 대하여는 다음과 같은 비판적 견해가 있다. "현재의 제도를 평가하자면, 우선 현행 제도는 탄핵제도가 제 기능을 발휘할 수 없을 만큼 억제된 형태를 띠고 있다. 파면의 실체적 요건인 위법행위에 '직무관련성'을 추가하는 것은 비교법적으로 찾아보기 어렵다. 직무관련성의 추가로 인하여 탄핵의 사유는 현저하게 축소되어 있고, 국정운영은 그만큼 왜곡된다. 헌법재판소는 이런 직무관련성이 가지는 제도왜곡의 위험을 인정하고 직무관련성을 덜 엄격하게 해석하고 있으나 직무관련성이라는 요소가 탄핵제도를 왜곡하기는 마찬가지다. 직무관련성을 폐지하고 탄핵사유가 되는 불법행위를 구체적으로 적시하는 것이 타당하다."(정종섭, "탄핵심판에 있어 헌법재판소의 탄핵여부결정권", 212·213쪽).
4) 헌법재판실무제요, 356쪽. 그러나 정종섭, 헌법소송법, 399쪽은 헌법은 실정헌법으로 유효한 대한민국헌법을 말한다고 한다.
5) 김하열, 탄핵심판에 관한 연구, 141쪽.
6) 한태연, 헌법학, 법문사, 1979, 590쪽; 이승우·정만희·음선필, 탄핵심판제도에 관한 연구, 155쪽은 탄핵심판은 일반 재판작용과는 달리 헌법보호의 기능을 더 중시하고 있으므로 탄핵사유를 헌법과

우리 법체계상 탄핵소추사유로 생각할 수 있는 위헌·위법행위로는 예컨대 대통령이 발동요건이 적합하지 아니한 상황에서 국가긴급권을 발동하거나 또는 외국의 힘을 이용하여 국가의 안전보장을 위태롭게 하는 경우, 국무총리가 직권을 남용하거나 뇌물을 수수하는 경우, 검찰총장이 정치운동에 관여하거나 평등의 원칙에 반하여 자의적으로 수사권을 행사하거나 공정한 수사의 진행을 고의적으로 방해하는 경우, 대법원장이 정치권력에 영합하여 사법에 의한 인권침해의 판결을 한 법관을 우대하는 인사조치를 함으로써 법관의 심판의 독립을 침해하는 경우, 법관이 고의로 심리와 재판을 지연한다든지 부당한 소송지휘를 하는 경우 등이 있을 수 있다.1) 그러나 헌법이나 법률의 해석을 그르친 행위, 단순한 정치적 무능력이나 정책결정상의 과오, 단순한 부도덕 등은 해임건의사유가 될 수는 있으나 탄핵소추사유가 되지는 않는다.

헌법재판소는 노무현 대통령에 대한 탄핵사건에서 헌법 제66조 제2항(헌법수호책무), 제69조(취임선서에 의한 의무)에 규정된 대통령의 헌법을 준수하고 수호해야 할 의무도 법적 탄핵사유로 인정하였다.

이에 대하여는 다음과 같은 비판적 견해가 존재한다. 즉 헌법 제66조나 제69조를 대통령에 대한 무제한한 탄핵의 근거로 삼는다면 이는 동 조항과 같은 포괄적 탄핵근거조항의 적용을 받지 않는 다른 탄핵대상자에 비하여 대통령을 탄핵에 보다 취약하게 만드는 것으로 형평에 맞지 않을 뿐만 아니라 대통령의 지위, 대통령 탄핵에 있어 가중정족수를 요구하는 우리 헌법의 취지에도 반한다는 것이다.2)

그러나 이 견해는 헌법과 법률의 준수의무·국가수호의 의무는 자명한 공직자뿐만 아니라 모든 국민의 자명한 의무3)라는 점을 간과한 것으로 보인다.

판례 〈대통령(노무현) 탄핵(기각)〉"대통령을 파면할 정도로 중대한 법위반이 어떠한 것인지에 관하여 일반적으로 규정하는 것은 매우 어려운 일이나, 한편으로는 탄핵심

법률에 중대한 위배로 제한하여 해석하는 것이 바람직하다고 보며, 특히 대통령에 대한 탄핵의 경우에는 더욱 그러하다고 본다; 김하열, 탄핵심판에 관한 연구, 133쪽은 '파면할 만한 헌법이나 법률의 위배가 있는 때'로 본다. 이러한 제한적 견해에 대하여 박일경, 유신헌법, 박영사, 1972, 365쪽은 문언에 충실하게 형사상의 범죄뿐만 아니라 헌법 또는 법률에 위배하는 모든 행위를 탄핵사유로 본다.

1) 이승우·정만희·음선필, 탄핵심판제도에 관한 연구, 153쪽.
2) 김하열, 탄핵심판에 관한 연구, 144·145쪽.
3) 홍성방, 헌법학(중), 박영사, 2010, 392쪽.

판절차가 공직자의 권력남용으로부터 헌법을 수호하기 위한 제도라는 관점과 다른 한편으로는 파면결정이 대통령에게 부여된 국민의 신임을 박탈한다는 관점이 함께 중요한 기준으로 제시될 것이다. 즉, 탄핵심판절차가 궁극적으로 헌법의 수호에 기여하는 절차라는 관점에서 본다면, 파면결정을 통하여 헌법을 수호하고 손상된 헌법질서를 다시 회복하는 것이 요청될 정도로 대통령의 법위반행위가 헌법수호의 관점에서 중대한 의미를 가지는 경우에 비로소 파면결정이 정당화되며, 대통령이 국민으로부터 선거를 통하여 직접 민주적 정당성을 부여받은 대의기관이라는 관점에서 본다면, 대통령에게 부여한 국민의 신임을 임기 중 다시 박탈해야 할 정도로 대통령이 법위반행위를 통하여 국민의 신임을 저버린 경우에 한하여 대통령에 대한 탄핵사유가 존재하는 것으로 판단된다. 구체적으로, 탄핵심판절차를 통하여 궁극적으로 보장하고자 하는 헌법질서, 즉 '자유민주적 기본질서'의 본질적 내용은 법치국가원리의 기본요소인 '기본적 인권의 존중, 권력분립, 사법권의 독립'과 민주주의원리의 기본요소인 '의회제도, 복수정당제도, 선거제도' 등으로 구성되어 있다는 점에서(헌재 1990. 4. 2. 89헌가113, 판례집 2, 49, 64), 대통령의 파면을 요청할 정도로 '헌법수호의 관점에서 중대한 법위반'이란, 자유민주적 기본질서를 위협하는 행위로서 법치국가원리와 민주국가원리를 구성하는 기본원칙에 대한 적극적인 위반행위를 뜻하는 것이고, '국민의 신임을 배반한 행위'란 '헌법수호의 관점에서 중대한 법위반'에 해당하지 않는 그 외의 행위유형까지도 모두 포괄하는 것으로서, 자유민주적 기본질서를 위협하는 행위 외에도, 예컨대, 뇌물수수, 부정부패, 국가의 이익을 명백히 해하는 행위가 그의 전형적인 예라 할 것이다."(헌재 2004. 5. 14. 2004헌나1 결정)

3. 탄핵소추절차

(1) 탄핵소추의 발의

탄핵소추기관은 국회이다. 대통령을 소추하는 경우에는 재적의원 과반수의 발의가 있어야 하며, 대통령 이외의 고급공무원을 소추하는 경우에는 재적의원 3분의 1 이상의 발의가 있어야 한다(제65조 제2항). 탄핵소추의 발의에는 피소추자의 성명·직위와 탄핵소추의 사유·증거 기타 조사상 참고가 될 만한 자료를 제시하여야 한다(국회법 제130조 제3항).

탄핵소추의 발의에는 시효의 제한이 없다. 따라서 탄핵대상자가 공직에 재직하는 동안에는 어느 때나 발의할 수 있다.[1]

(2) 사건조사

탄핵소추가 발의되면 국회의장은 발의된 후 처음 개의하는 본회의에 보고하고, 본회의는 의결로 법제사법위원회에 회부하여 조사하게 할 수 있다(국회법 제130조 제1

---

1) 허영, 헌법소송법론, 265쪽; 정종섭, 헌법소송법, 390쪽.

항). 이에 따라 법제사법위원회가 발의를 회부받았을 때에는 지체없이 조사·보고를
하여야 하며(국회법 제131조 제1항), 조사를 함에 있어서는 「국정감사 및 조사에 관한
법률」상의 조사방법과 조사상의 주의의무에 관한 규정이 준용된다(국회법 제131조 제2
항). 조사를 받는 국가기관은 조사에 협조할 의무가 있다(국회법 제132조).

(3) 탄핵소추의결

탄핵소추의 의결은 국회재적의원 과반수의 찬성이 있어야 한다. 다만, 대통령
에 대한 탄핵소추의결만은 국회재적의원 3분의 2 이상의 찬성이 있어야 한다(제65조
제2항). 탄핵소추발의가 있은 후, 본회의가 조사를 위하여 법제사법위원회에 회부하
지 않기로 의결한 때에는 본회의에 보고된 때로부터 24시간 이후 72시간 이내에 무
기명투표로 탄핵소추여부를 표결한다. 이 기간 내에 표결하지 아니한 때에는 그 탄
핵소추안은 폐기된 것으로 본다(국회법 제130조 제2항).

법제사법위원회에 의하여 조사가 행해지고 그 결과가 본회의에 보고된 경우 표
결시한에 대해서는 명문의 규정이 없다. 그러나 이 경우에도 국회법 제130조 제2항
을 준용하여야 할 것이다.[1]

> **판례 ▶** 〈긴급재정명령 등 위헌확인(일부각하, 일부기각)〉 "국회에게 대통령의 헌법 등 위
> 배행위가 있을 경우에 탄핵소추의결을 하여야 할 헌법상의 작위의무가 있다거나 청
> 구인에게 탄핵소추의결을 청구하여야 할 헌법상 기본권이 있다고 할 수 없다. 왜냐하
> 면 헌법은 '대통령 … 이 그 직무집행에 있어서 헌법이나 법률을 위배한 때에는 국회
> 는 탄핵의 소추를 의결할 수 있다'(제65조 제1항)라고 규정함으로써 명문규정상 국회
> 의 탄핵소추의결이 국회의 재량행위임을 밝히고 있고 헌법해석상으로도 국정통제를
> 위하여 헌법상 국회에게 인정된 다양한 권한 중 어떠한 것을 행사하는 것이 적절한
> 것인가에 대한 판단권은 오로지 국회에 있다고 보아야 할 것이다."(헌재 1996. 2. 29.
> 93헌마186 결정)

탄핵소추의 의결은 무기명투표로 하며(국회법 제130조 제2항), 피소추자의 성명, 직
위, 탄핵소추사유를 표시한 소추의결서로써 하여야 한다(국회법 제133조). 일단 의결이
되면 의장은 소추의결서 정본을 소추위원(국회 법제사법위원회 위원장)에게 넘기고, 소추
의결서 등본을 헌법재판소 및 피소추자의 소속기관장에게 제출하여야 한다(국회법 제
134조 제1항).

---

1) 허영, 헌법소송법론, 266쪽; 오호택, 헌법소송법, 216쪽.

> **판례** 〈대통령(노무현) 탄핵(기각)〉 "탄핵소추의결은 개별 사유별로 이루어지는 것이
> 국회의원들의 표결권을 제대로 보장하기 위해서 바람직하나, 우리 국회법상 이에 대
> 한 명문 규정이 없으며, 다만 제 110조는 국회의장에게 표결할 안건의 제목을 선포하
> 도록 규정하고 있을 뿐이나 이 조항에 따르면 탄핵소추안의 안건의 제목을 어떻게 잡
> 는가에 따라 표결범위가 달라질 수 있으므로, 여러 소추사유들을 하나의 안건으로 표
> 결할 것인지 여부는 기본적으로 표결할 안건의 제목설정권을 가진 국회의장에게 달
> 려있다고 판단된다. 그렇다면 이 부분 피청구인이 주장은 이유가 없다고 할 것이다."
> (헌재 2004. 5. 14. 2004헌나1 결정)

4. 탄핵소추의결의 효과

탄핵소추의 의결을 받은 자는 소추의결서가 본인에게 송달된 때로부터 헌법재
판소의 탄핵심판이 있을 때까지 그 권한행사가 정지된다(제65조 제3항, 동법 제134조 제2
항, 법 제50조). 권한행사가 정지되는 기간은 (소추의결시점이 아니라) 소추의결서가 피소
추자에게 송달된 시점부터 (종국결정의 송달일이 아니라) 탄핵심판의 선고일까지가 된다.
따라서 탄핵소추가 의결된 이후에 행해진 직무행위는 위헌·무효이다.

또한 소추의결서가 송달되면 임명권자는 피소추자의 사직원을 접수하거나 해
임할 수 없다(국회법 제134조 제2항). 이는 사직이나 해임을 통한 탄핵면탈을 방지하기
위한 것이며, 이를 어기는 임명권자의 행위는 위법무효이다. 그러나 파면은 허용된
다. 왜냐하면 탄핵결정의 효과도 공직으로부터 파면됨에 그치기(제65조 제4항 제1문)
때문이다. 탄핵소추를 받은 자가 결정선고 이전에 파면되면 헌법재판소는 탄핵심판
청구를 기각하여야 한다(법 제53조 제2항).

제 3 절 헌법재판소의 탄핵심판

1. 탄핵심판절차

(1) 탄핵심판기관

우리 헌법상 탄핵심판기관은 헌법재판소이다(제111조 제1항 제2호). 그러나 입법례
로는 미국이나 영국처럼 상원에서 탄핵심판이 행해지는 나라, 독일이나 이탈리아처
럼 헌법재판소가 탄핵심판을 결정하는 나라, 일본처럼 탄핵법원에서 이를 관할하도

록 하는 나라 등 여러 가지 유형이 있다.

(2) 탄핵심판의 절차

1) 심판청구

헌법재판소의 탄핵심판에 있어서 소추위원은 국회법제사법위원장이 맡는다(국회법 제37조 제1항 제2호, 법 제49조 제1항). 탄핵심판은 소추위원(국회법제사법위원회의 위원장)이 증거 기타 심판에 필요한 자료를 첨부한 소추의결서의 정본을 헌법재판소에 제출함으로써 개시된다(법 제49조). 소추위원은 변호사를 대리인으로 선임하여 탄핵심판을 수행하게 할 수 있다(심판규칙 제57조). 소추위원인 국회 법제사법위원장이 그 자격을 상실하는 때에는 탄핵심판절차는 중단되고, 새 법제사법위원장이 탄핵심판절차를 수계하여야 한다. 다만 소추위원의 대리인이 있는 경우에는 탄핵심판절차는 중단되지 않는다(심판규칙 제58조).

탄핵심판을 청구한 후 소추기관이 청구를 철회하거나 취하할 수 있는지 여부에 대하여는 아무런 규정이 없다. 궁극적으로는 입법으로 해결할 문제이나, 소추기관인 국회는 제1심판결의 선고 전까지 공소를 취하할 수 있다는 형사소송법 제255조를 준용해서 헌법재판소가 탄핵소추에 대한 종국결정을 할 때까지는 탄핵소추를 취하할 수 있다고 본다.

탄핵소추를 철회하는데 필요한 정족수에 대하여도 규정이 없기 때문에 견해가 대립되어 있다. 탄핵소추의결을 좌절시키는데 필요한 정족수 이상의 정족수가 최소한으로 요구되고 따라서 대통령의 경우에 과반수의 의결이 필요하다는 견해,[1] 탄핵심판청구 철회안을 발의함에 필요한 정족수는 피소추자를 소추발의함에 필요한 정족수와 동일한 정족수가 적용된다는 견해[2] 및 헌법 제49조에 따라야 한다는 견해[3]가 그것이다. 개인적으로는 입법으로 해결하는 것이 바람직하나, 현행 법체계 하에서는 헌법 제49조에 따라야 한다고 생각한다.

2) 증거조사

헌법재판소는 소추의결서를 받은 때에는 지체없이 그 등본을 피소추자(또는 피소추자의 변호인)에게 송달하고(법 제27조 제1항), 직권 또는 신청에 의하여 증거조사를 할 수 있고(법 제31조), 결정으로 다른 국가기관 또는 공공단체의 기관에 대하여 심판에

---

1) 이승우·정만희·음선필, 탄핵심판제도에 관한 연구, 161쪽.

2) 김하열, 탄핵심판에 관한 연구, 207쪽.

3) 조홍석, "탄핵결정의 법리적 음미", 공법학연구 제5권 제2호, 2004. 5., 175쪽.

필요한 사실을 조회하거나 기록의 송부나 자료의 제출을 요구할 수 있다(법 제32조). 이때 형사소송법에 관한 법령을 함께 준용하며(법 제40조 제1항), 필요에 따라서는 피소추자를 소환하여 신문할 수 있다(법 제52조, 제31조). 소추위원은 변론에 있어 피소추인을 신문할 수 있다(법 제49조 제2항 후단).[1]

3) 변론주의

탄핵심판은 구두변론에 의하며, 국회 법제사법위원회 위원장이 청구인이 되고 피소추자(탄핵소추의 의결을 받은 자)가 피청구인이 된다(법 제30조 제1항). 재판부가 변론을 열 때에는 기일을 정하고, 당사자와 관계인을 소환하여야 한다(법 제30조 제3항). 따라서 당사자가 변론기일에 출석하지 아니한 때에는 다시 기일을 정해야 하고, 다시 정한 기일에도 출석하지 아니한 경우에는 그 출석 없이 심리할 수 있다(법 제52조). 헌법재판소는 동일한 사유에 관하여 형사소송이 계속되는 동안에는 심판절차를 정지할 수 있다(법 제51조).

2. 탄핵심판의 대상

헌법재판소는 사법기관으로서 원칙적으로 탄핵소추기관인 국회의 탄핵소추의 결서에 기재된 소추사유에 의하여 구속을 받는다. 따라서 헌법재판소는 탄핵소추의 결서에 기재되지 아니한 소추사유를 판단의 대상으로 삼을 수 없다. 그러나 헌법재판소는 탄핵소추의결서에서 그 위반을 주장하는 법규정의 판단에 관하여 원칙적으로 구속을 받지 않으므로, 청구인이 그 위반을 주장한 법규정 외에 다른 관련 법규정에 근거하여 탄핵의 원인이 된 사실관계를 판단할 수 있다. 또한 헌법재판소는 소추사유의 판단에 있어서 국회의 탄핵소추의결서에서 분류된 소추사유의 체계에 의하여 구속을 받지 않으므로, 소추사유를 어떠한 연관관계에서 법적으로 고려할 것인가의 문제는 전적으로 헌법재판소의 판단에 달려 있다.[2]

3. 탄핵결정

탄핵심판절차에서 헌법재판소가 행하는 결정에는 각하결정, 기각결정, 파면결정이 있다. 탄핵심판의 청구가 형식적 요건을 갖추지 못하여 부적법한 것일 경우에

---

[1] 김철수, 학설판례 헌법학, 2099쪽은 피청구인에 대한 신문을 재판부가 아닌 소추위원이 할 수 있게 한 것은 탄핵심판절차가 형사소송에 준하기 때문이라고 한다.

[2] 헌재 2004. 5. 14. 2004헌나1 결정〈대통령(노무현) 탄핵(기각)〉.

는 각하결정을 한다. 각하결정은 '이 사건 심판청구를 각하한다'라는 주문형식으로 표시한다. 재판부가 본안의 판단에 들어가 심리를 종결한 때에는 종국결정을 하는데, 청구가 이유가 없는 경우에는 기각결정을 한다. 기각결정은 '이 사건 심판청구를 기각한다'라는 주문형식으로 표시한다. 또한 피소추인이 결정선고 전에 당해 공직에서 파면된 때에는 심판청구를 기각하여야 한다(법 제53조 제2항).

탄핵심판청구가 이유 있는 때에는 헌법재판소는 재판관 7인 이상의 출석과 6인 이상의 찬성으로 피청구인을 당해 공직에서 파면하는 결정을 선고한다(제113조 제1항, 법 제53조 제1항). 탄핵결정은 '피청구인 … 을(를) … 직에서 파면한다'라는 주문형식으로 표시한다. 그리고 이때 '탄핵심판청구가 이유 있는 때'란, 모든 법위반의 경우가 아니라, 단지 직무와 관련하여 공직자의 파면을 정당화할 정도로 '중대한' 법위반의 경우를 말한다는 것이 헌법재판소의 입장이다.

이러한 헌법재판소의 태도에 대하여는 헌법위반과 법률위반을 나누어 후자의 경우는 중대한 위반행위가 필요하지만, 헌법에 위반되는 것은 그 자체 중대한 것이기 때문에 헌법위반이라고 판단한다면 그것이 중대한 것인지 여부는 고려할 필요가 없다는 매우 설득력 있는 견해[1]가 있다.

> **판례** 〈대통령(노무현) 탄핵(기각)〉 "1. 헌법재판소법은 제53조 제1항에서 '탄핵심판청구가 이유 있는 때에는 헌법재판소는 피청구인을 당해 공직에서 파면하는 결정을 선고한다.'고 규정하고 있는데, 위 규정은 헌법 제65조 제1항의 탄핵사유가 인정되는 모든 경우에 자동적으로 파면결정을 하도록 규정하고 있는 것으로 문리적으로 해석할 수 있으나, 직무행위로 인한 모든 사소한 법위반을 이유로 파면을 해야 한다면, 이는 피청구인의 책임에 상응하는 헌법적 징벌의 요청 즉, 법익형량의 원칙에 위반된다. 따라서 헌법재판소법 제53조 제1항의 '탄핵심판청구가 이유 있는 때'란, 모든 법위반의 경우가 아니라, 단지 공직자의 파면을 정당화할 정도로 '중대한' 법위반의 경우를 말한다.
> 2. 한편, 대통령에 대한 파면결정은, 국민이 선거를 통하여 대통령에게 부여한 '민주적 정당성'을 임기 중 다시 박탈하는 효과를 가지며, 직무수행의 단절로 인한 국가적 손실과 국정 공백은 물론이고, 국론의 분열현상 즉, 대통령을 지지하는 국민과 그렇지 않은 국민간의 분열과 반목으로 인한 정치적 혼란을 가져올 수 있다. 따라서 대통령에 대한 파면효과가 이와 같이 중대하다면, 파면결정을 정당화하는 사유도 이에 상응하는 중대성을 가져야 한다.
> 3. '대통령을 파면할 정도로 중대한 법위반이 어떠한 것인지'에 관하여 일반적으로 규정하는 것은 매우 어려운 일이나, 대통령의 직을 유지하는 것이 헌법수호의 관점에

---

1) 송기춘, "우리 헌법상 대통령 탄핵제도에 관한 소고", 429쪽.

서 용납될 수 없거나, 대통령이 국민의 신임을 배신하여 국정을 담당할 자격을 상실
한 경우에 한하여, 대통령에 대한 파면결정은 정당화되는 것이다."(헌재 2004. 5. 14.
2004헌나1 결정)

탄핵심판절차에서 헌법재판관이 소수의견을 밝혀야 하는지와 관련하여 헌법재
판소는 부정적인 입장을 표한 바 있다.

판례 〈대통령(노무현) 탄핵(기각)〉 "헌법재판소 재판관들의 평의를 공개하지 않는다
는 의미는 평의의 경과뿐만 아니라 재판관 개개인의 개별적 의견 및 그 의견의 수 등
을 공개하지 않는다는 뜻이다. 그러므로 개별 재판관의 의견을 결정문에 표시하기 위
해서는 이와 같은 평의의 비밀에 대해 예외를 인정하는 특별규정이 있어야만 가능하
다. 그런데 법률의 위헌심판, 권한쟁의심판, 헌법소원심판에 대해서는 평의의 비밀에
대해 예외를 인정하는 특별규정이 헌법재판소법 제36조 제3항에 있으나, 탄핵심판에
관해서는 평의의 비밀에 대한 예외를 인정하는 법률규정이 없다. 따라서 이 탄핵심판
사건에 관해서도 재판관 개개인의 개별적 의견 및 그 의견의 수 등을 결정문에 표시
할 수는 없다고 할 것이다."(헌재 2004. 5. 14. 2004헌나1 결정)

이러한 헌법재판소의 태도에 대하여는 대통령 탄핵심판의 특수성과 관련하여
소수의견을 개진한 헌법재판관의 정치적 어려움을 고려한 것으로 보인다는 견해도
있으나,1) 대통령 탄핵심판에만 유독 소수의견이 실명으로 밝혀지지 않은데 대한 반
론도 제기된 바 있다.

이 문제는 헌법재판소법이 "심판에 관여한 재판관은 결정서에 의견을 표시하여
야 한다"(법 제36조 제3항)라고 개정됨으로써 입법적으로 해결되었다.

4. 탄핵결정의 효과

탄핵결정이 선고되면 피소추자는 공직에서 파면된다. 그러나 민사상·형사상
책임은 면책되지 아니한다(제65조 제4항, 법 제54조 제1항). 따라서 탄핵결정이 있은 후에
도 민·형사상 별도로 책임추궁을 할 수 있다. 즉 현행헌법의 탄핵은 민·형사상의
책임을 부과하는 것이 아니라 공직에서 파면함에 그치는 징계적 성격을 가지므로,
탄핵심판과 민·형사재판 사이에는 일사부재리의 원칙이 적용되지 아니한다.2)

또한 탄핵결정에 의하여 파면된 자는 탄핵의 결정선고가 있은 날로부터 5년이

1) 성낙인, 헌법학, 1293쪽.
2) 김철수, 학설판례 헌법학, 2101쪽; 성낙인, 헌법학, 1294쪽.

경과할 때까지 일체의 공직에 취임할 수 없다(법 제54조 제2항).

　　탄핵결정의 효력과 관련하여 두 가지가 문제된다. 첫째는 '5년을 경과하지 아니하면 공무원이 될 수 없다'는 헌법재판소법 제54조 제2항의 규정이 헌법 제65조 제4항의 '파면함에 그친다'라는 헌법규정에 모순되는 것이 아니냐 하는 것이고, 둘째는 헌법재판소의 탄핵결정에 대하여 대통령이 사면할 수 있는가 하는 것이다. 첫 번째 문제에 대하여는 탄핵제도의 본질상 그 정도의 제한은 불가피한 조치로서 위헌이라고 볼 수 없다는 것이,[1] 두 번째 문제에 대하여는 사면이 가능하다면 탄핵결정은 무의미하다는 것이 통설의 입장이다.[2]

---

[1] 그밖에도 헌법재판소의 결정으로 파면된 자는 변호사(5년, 변호사법 제5조 제4호), 임명공증인(5년, 공증인법 제13조 제7호), 공인회계사(5년, 공인회계사법 제4조 제6호), 세무사(3년, 세무사법 제4조 제4호), 변리사(2년, 변리사법 제4조 제4호) 등 특정 전문직업의 보유에 있어 일정 기간 제한을 받는다.

[2] 김철수, 학설판례 헌법학, 2001·2102쪽; 권영성, 헌법학원론, 860쪽; 허영, 헌법소송법론, 275쪽; 성낙인, 헌법학, 1294쪽; 정종섭, 헌법소송법, 405쪽.

제 6 장
정당해산심판

제 6 장   정당해산심판

제 1 절   정당해산심판의 의의

정당해산심판이란 헌법질서를 수호하기 위해서 헌법이 지향하는 자유민주적 기본질서를 부인하거나 침해하는 정당을 헌법재판절차를 통해 해산시키는 제도를 말한다.

정당은 한편으로는 오늘날의 정당국가적 민주주의에서는 없어서는 안 될 존재이지만, 다른 한편으로는 민주주의에 대한 잠재적 파괴자로 나타날 수도 있다. 어떤 정당이 민주주의를 제거하거나 비민주적인 정치체제로 전환시키려는 정치적 목적을 추구하는 경우, 그 정당은 민주주의에 없어서는 안 될 존재라기보다는 오히려 민주주의를 위하여 일찍 제거되어야만 하는 존재라 하겠다. 자유민주적 기본질서를 침해하려는 정치활동은 제한될 수밖에 없다. 따라서 모든 다른 헌법들과 마찬가지로 자유민주적 헌법도 자신의 적에 대항하여 법이라는 무기로 자위할 권리를 가진다. 이러한 '방어적 민주주의'(streitbare Demokratie)가 표현된 것 가운데 하나가 정당에 대한 강제해산제도이다.

방어적 민주주의 이론이란 자유주의적 낙관주의에 기초했던 바이마르공화국과 같은 헌법의 몰락원인이 되었던 상대주의적 민주주의를 극복하고, 민주주의를 단순히 형식원리로 이해하는 것으로부터 벗어나 이를 헌법의 실질적 이념 내지 가치에 구속시킴으로써 이러한 이념과 가치가 전도되는 것을 방지하기 위한 이론으로서, 특히 독일의 연방헌법재판소가 기본법 제21조 제2항의 위헌정당해산규정 등을 기초로 하여 발전시킨 이론이다.

예컨대 독일연방헌법재판소는 1956. 8. 17.의 구 독일공산당 위헌판결(BVerfGE 5, 85ff.)에서 방어적 민주주의이론을 다음과 같이 설시하였다. "인간의 존엄성을 방어하고 보장해야 하는 자유민주적 기본질서는 이러한 전체주의적 정당들에 대해 더 이상 중립적인 입장을 취할 수 없다. '자유의 적에게는 무조건적인 자유가 보장될 수 없다'는 자유민주적 기본질서에 제기되는 요구를 해결하기 위해 어떠한 법적 수단을 강구할 것인가는 헌법정책적인 문제이다. 바이마르헌법은 해결책을 포기하고 중립성을 유지하여 그 결과 '전체주의적' 정당들 중 가장 공격적인 정당에게 죽임을 당했다. … 기본법 제21조 제2항은 … 자유민주적 국가질서의 경계선상의 문제를 해결하려는 의식적인 헌정적 의지의 표현이며, 특수한 역사적 상황에서 정당에 대한 국가의 중립성을 더 이상 순수하게 실현할 수 없다고 믿게 된 헌법제정자의 경험의 결과이고, 이러한 의미에서 '투쟁적 민주주의'에 대한 고백이다."

우리 헌법재판소도 정당의 해산에 관한 헌법 제8조 제4항은 민주주의를 파괴하려는 세력으로부터 민주주의를 보호하려는 소위 방어적 민주주의의 한 요소라고 하였다.[1]

또한 우리 헌법의 정당해산조항은 정부의 야당탄압의 경험을 반영하는 것이라 할 수 있다. 곧 1958년 2월 25일의 진보당사건[2]을 계기로 1960년의 제2공화국 헌법에서 정당보호조항을 신설하여 일반결사와는 달리 정당을 행정부의 자의로부터 해방하고 헌법의 수호자인 헌법재판소의 판결에 의해서만 해산될 수 있도록 한 점에서 헌법제도로서의 정당을 보호한 데 그 의의가 있다.

> **판례** 〈통합진보당 해산(인용=해산)〉 "국가권력의 집행을 담당하는 정부와 그에 협력하는 여당은 자신들이 누리는 권력에 기대어 유력한 야당을 탄압하거나 그들에게 정치적인 타격을 입히고자 하는 유혹을 느끼기 쉽다. 물론 다수의 국민들이 지켜보는 상황에서 정치적 부담을 무릅쓰고 야당을 탄압하려는 시도가 흔히 있는 일은 아닐 터이나, 만약에라도 정부와 여당이 기득권을 이용하여 자신들에게 유리한 여론을 조성하면서 정치적 반대세력을 제거하려는 일이 발생할 수 있다고 한다면, 그것이 민주주의 체제에 미치는 파장과 악영향을 고려해 이에 대한 대비책을 헌법적으로 마련해 두는 것이 필요하다. 제헌헌법 이래 지속적으로 보장되어 온 결사의 자유도 하나의 방편이 될 수 있겠지만, 우리는 그렇게 길다고 볼 수도 없는 대한민국의 현대사 속에서도 정치적 반대세력을 제거하고자 하는 정부의 일방적인 행정처분에 의해서 유력한 진보적 야당이 등록취소되어 사라지고 말았던 불행한 과거를 알고 있다. 헌법 제8조

---

1) 헌재 1999. 12. 23. 99헌마135 결정〈경찰법 제11조 제4항 등 위헌확인(위헌, 일부각하)〉.
2) 진보당은 당시의 공보실에 의해 등록이 취소됨으로써 행정청직권으로 해산되었으나, 그 당시 대법원은 "진보당의 강령·정책(혁신정치의 실현, 수탈없는 경제체계의 확립, 평화통일의 실현)은 헌법의 전문, 제5조, 제8조, 제18조, 제84조의 각 규정에 비추어 볼 때 위헌이라 할 수 없고, 평화통일에 관한 주장 역시 헌법 제13조의 언론자유의 한계를 이탈하지 아니하는 한 이를 위헌이라 할 수 없다"고 합헌이라고 판시하였다(대법원 1959. 2. 27. 4291형상559 판결). 그리고 진보당 당수였던 조봉암은 1959년 사형당하였다. 대법원은 2011. 1. 20. 조봉암에 대한 국가반란혐의 무죄, 간첩혐의 무죄, 불법무기소지 선고유예를 선언하였다.

의 정당에 관한 규정, 특히 그 제4항의 정당해산심판제도는 이러한 우리 현대사에 대한 반성의 산물로서 1960. 6. 15. 제3차 헌법 개정을 통해 헌법에 도입된 것이다.

따라서 우리의 경우 이 제도는 발생사적 측면에서 정당을 보호하기 위한 수단으로서의 성격이 부각된다. 정당해산심판의 제소권자가 정부인 점을 고려하면 피소되는 정당은 사실상 야당이 될 것이므로, 이 제도는 정당 중에서도 특히 정부를 비판하는 역할을 하는 야당을 보호하는 데에 실질적인 의미가 있다. 비록 오늘날 우리 사회의 민주주의가 예전에 비해 성숙한 수준에 이른 것은 사실이라 하더라도, 정치적 입지가 불안한 소수파나 반대파의 우려를 해소해 주는 것이 민주주의 발전에 기초가 된다는 헌법개정 당시의 판단은 지금도 마찬가지로 존중되어야 한다."(헌재 2014. 12. 19. 2013 헌다1 결정)

제 2 절 위헌정당해산의 요건과 절차

1. 헌법규정

정당의 강제해산과 관련하여 우리 헌법 제8조 제4항은 실질적 요건(정당의 목적이나 활동이 민주적 기본질서에 위배될 때)과 형식적 요건(정부의 제소와 헌법재판소의 해산결정)을 규정하고 있다.

정당해산제도는 헌법이 상정하고 있는 민주적 정당국가에서 국가의 강제력이 자유로운 정치과정을 제한하는 '최후수단'(ultima ratio)이다. 따라서 정당해산이 적용되는 대상과 그 실체적인 요건은 엄격하게 해석되어야 한다.[1] 헌법재판소도 정당해산요건을 엄격히 해석해야 한다는 입장에 있다.

> 판례 〈경찰법 제11조 제4항 등 위헌확인(위헌, 일부각하)〉 "헌법 제8조 제4항은 '정당의 목적이나 활동이 민주적 기본질서에 위배될 때에는 정부는 헌법재판소에 그 해산을 제소할 수 있고, 정당은 헌법재판소의 심판에 의하여 해산된다'고 규정하고 있다. 정당의 해산에 관한 위 헌법규정은 민주주의를 파괴하려는 세력으로부터 민주주의를 보호하려는 소위 '방어적 민주주의'의 한 요소이고, 다른 한편으로는 헌법스스로가 정당의 정치적 성격을 이유로 하는 정당금지의 요건을 엄격하게 정함으로써 되도록 민주적 정치과정의 개방성을 최 대한으로 보장하려는 것이다. 즉, 헌법은 정당의 금지를 민주적 정치과정의 개방성에 대한 중대한 침해로서 이해하여 오로지 제8조 제4항의 엄격한 요건하에서만 정당설립의 자유에 대한 예외를 허용하고 있다. 이에 따라 자유민주적 기본질서를 부정하고 이를 적극적으로 제거하려는 조직도, 국민의 정치적 의사형성에 참여하는 한, '정당의 자유'의 보호를 받는 정당에 해당하며, 오로지 헌법

---

[1] E. Stein/G. Frank, *Staatsrecht*, 18. Aufl.(2002), S. 331f.

재판소가 그의 위헌성을 확인하고 해산의 필요성을 인정한 경우에만 정당은 정치생
활의 영역으로부터 축출될 수 있다."(헌재 1999. 12. 23. 99헌마135 결정)

판례 ▶ 〈통합진보당 해산(인용=해산)〉 "정당해산심판제도가 비록 정당을 보호하기 위
한 취지에서 도입된 것이라 하더라도 다른 한편 이는 정당의 강제적 해산가능성을 헌
법상 인정하는 것이므로, 그 자체가 민주주의에 대한 제약이자 위협이 될 수 있음을
또한 깊이 주의해야 한다. 정당해산심판제도는 운영 여하에 따라 그 자체가 민주주의
에 대한 해악이 될 수 있으므로 일종의 극약처방인 셈이다. 따라서 정치적 비판자들
을 탄압하기 위한 용도로 남용되는 일이 생기지 않도록 정당해산심판제도는 매우 엄
격하고 제한적으로 운용되어야 한다. '의심스러울 때에는 자유를 우선시하는(in dubio
pro libertate)' 근대 입헌주의의 원칙은 정당해산심판제도에서도 여전히 적용되어야
할 것이다."(헌재 2014. 12. 19. 2013헌다1 결정)

2. 실질적 요건

정당이 강제해산되기 위한 실질적 요건은 "정당의 목적이나 활동이 민주적 기
본질서에 위배될 때"이다.

첫째, 강제해산의 대상이 되는 정당은 정당법상의 개념요건을 갖추고 심판청구
시를 기준으로 등록을 마친 기성정당에 한한다. 정당의 방계조직, 위장조직, 대체정
당 등은 헌법 제8조 제4항에서 말하는 정당이 아니다. 이들은 헌법 제21조의 일반
결사에 지나지 않으므로 행정처분에 의하여 해산된다.

아직 정당으로서 등록하지 않은 결성단계에 있는 정당(정당법에 따라 정당의 창당활
동이 진행되어 중앙당과 법정 시·도당을 창당하고 정당법에 따른 등록절차만을 남겨 둔 상태의 조직과
등록 중의 정당, 즉 창당준비위원회)에 대해서는 행정처분의 대상이 된다는 견해,1) 기성정
당과 같이 취급해야 한다는 견해,2) 해산의 대상도 행정처분의 대상도 되지 않는다

---

1) 김철수, 헌법학개론, 박영사, 2001, 173쪽. 김철수, 학설판례 헌법학, 231쪽은 "실제로는 행정적으
로 중앙당결성이 저지될 것으로 보인다"고 한다.
2) 권영성, 헌법학원론(2001), 195쪽(그러나 2009년 판에는 분명한 언급이 없다). 허영, 헌법소송법론,
288쪽은 등록절차를 마치지 못했어도 중앙당 창당준비위원회를 결성한 후 대표자가 중앙선거관리
위원회에 신고한 상태에서(정당법 제7조) 정당법이 정하는 법정시·도당수(제17조)와 시·도당의
법정당원수(제18조)의 요건을 구비한 후 등록절차만을 남겨둔 정당과 정당의 부분조직도 피청구
인이 될 수 있다고 한다. 장명봉, "헌법재판소의 위헌정당정당해산심판", 헌법재판의 이론과 실제
(금랑 김철수 교수 화갑기념논문집), 박영사, 1993, 581쪽 이하(587쪽)과 정종섭, 헌법학원론, 463
쪽은 '사실상 정당에 준하는 지위'에 있다 하고, 이성환·정태호·송석윤·성선제, 정당해산심판제
도에 관한 연구(헌법재판연구 제15권), 헌법재판소, 2004, 124쪽은 그와 같은 조직은 등록 이외의
창당절차를 모두 마침으로써 헌법이 요구하는 정당의 개념표지들을 모두 충족하였고, 따라서 등

는 견해[1]가 대립되어 있다. 개인적으로는 정당의 창당신고와 등록 사이의 시차(時差)는 그리 길지는 않을 것이므로 이러한 논의는 커다란 의미를 갖지 않을 것으로 생각한다.[2] 그러나 논리적으로는 해산의 대상이 되는 기성정당이란 등록을 마친 정당이므로 창당신고를 마쳤으나 등록하지 않은 정당, 정확하게 말하면 정당이 아닌 정치적 결사에 불과한 창당준비위원회는 행정처분의 대상이 된다 할 것이다.[3]

정부가 피청구인을 특정해서(법 제56조 제1호) 심판청구를 한 후에는 피청구인은 피청구인의 동질성에 영향을 미치는 행위(분당 또는 합당)를 하는 것이 허용되지 않는다. 이를 허용하는 경우 정당해산심판의 목적달성을 방해하는 수단으로 악용할 가능성이 있기 때문이다. 자진해서 해산하는 것도 재산의 국고귀속을 회피하기 위한 수단으로 악용될 가능성이 있지만 원칙적으로 허용된다고 할 것이다.[4]

둘째, 정당은 그 목적이나 활동이 민주적 기본질서에 위배될 때에 한하여 해산된다. 정당의 목적은 정당의 강령, 기본정책, 당헌, 당대표와 당간부의 연설 또는 발언, 기관지, 출판물, 선전자료 등으로부터 인식될 수 있다. 정당의 활동은 당대표와 당간부 및 평당원의 활동은 물론 당원이 아닌 추종자의 활동[5]까지를 포함한다.

록과는 무관하게 이미 헌법적 의미의 정당의 지위를 획득하는 것이라고 한다. 창당준비위원회와 관련해서는 정종섭, 헌법학원론, 1491쪽은 창당위원회의 해산에 대하여 정당법이 따로 정하고 있지 않다는 것을 이유로 창당준비위원회도 정당해산심판절차의 피청구인이 될 수 있다고 하고, 이성환·정태호·송석윤·성선제, 같은 책, 126쪽은 "창당준비위원회라는 정치적 결사의 주관적 목적과 객관적 제 사정을 종합적으로 평가·고려할 때 정당에게 부여된 헌법적 과제 이행의 진지성을 확인할 수 있다면, 창당준비위원회는 현행 정당법의 의미로는 창당의 준비기구에 불과하지만 헌법적 차원에서는 이미 정당의 지위를 갖고 있는 정당으로 보아야 한다. 따라서 그와 같은 진지성이 있는 창당준비위원회는 정당해산심판절차에 의해서만 해산시킬 수 있다"고 한다.

1) 계희열, 헌법학(상), 박영사, 2005, 297쪽은 "창당중의 정당은 현실적으로 위헌의 요건을 갖추기가 불가능하기 때문에 해산의 대상이 될 수 없다. 행정처분의 대상이 되기도 현실적으로 어렵다"고 한다.

2) 현행 정당법은 창당준비위원회가 창당신고를 한 지 6개월 내에 중앙당창당등록을 하지 않으면 창당준비위원회가 소멸한 것으로 간주하기 때문에(동법 제8조 제3항) 창당등록준비위원회가 정당등록을 언제까지나 지체할 수 있는 것도 아니다.

3) 이성환·정태호·송석윤·성선제, 정당해산심판제도에 관한 연구, 93쪽은 "실질적 정당개념이 갖는 경계의 모호함과 실무계의 확립된 관행, 나아가 실질적 정당개념을 도입함으로써 해산의 대상이 되는 정당의 범위가 확대될 우려가 있다는 점 및 정당관련 법집행과 관계된 현행 정당관계법제의 기본적인 구조를 함께 고려할 때 현 단계에 있어서는 형식적 기준에 따른 정당, 즉 '등록된 정당'만이 정당해산의 대상이 될 수 있다고 할 것"이라고 한다.

4) 허영, 헌법소송법론, 288쪽.

5) 평당원과 추종자의 활동은 정당이 그러한 활동을 의식적으로 묵인하거나 지원할 때 또는 그러한 활동을 비판하거나 불이익 조치를 할 수 있음에도 불구하고 하지 않을 때에 한한다. 따라서 정당의 노선과는 별개로 평당원과 추종자가 개별적으로 한 행위는 정당의 행위로 인정되지 아니하여 정당해산과 연결될 수 없다.

> **판례** 〈통합진보당 해산(인용=해산)〉 "정당의 목적이란, 어떤 정당이 추구하는 정치적 방향이나 지향점 혹은 현실 속에서 구현하고자 하는 정치적 계획 등을 통칭한다. 이는 주로 정당의 공식적인 강령이나 당헌의 내용을 통해 드러나겠지만, 그밖에 정당대표나 주요 당직자 및 정당관계자(국회의원 등)의 공식적 발언, 정당의 기관지나 선전자료와 같은 간행물, 정당의 의사결정과정에서 일정한 영향력을 가지거나 정당의 이념으로부터 영향을 받은 당원들의 행위 등도 정당의 목적을 파악하는 데에 도움이 될 수 있다. 만약 정당의 진정한 목적이 숨겨진 상태라면 공식 강령은 이른바 허울이나 장식에 불과할 것이고, 이 경우에는 강령 이외의 자료를 통해 진정한 목적을 파악해야 한다.
>
> 　정당의 활동이란, 정당 기관의 행위나 주요 정당관계자, 당원 등의 행위로서 그 정당에게 귀속시킬 수 있는 활동 일반을 의미한다. 여기에서는 정당에게 귀속시킬 수 있는 활동의 범위, 즉 정당과 관련한 활동 중 어느 범위까지를 그 정당의 활동으로 볼 수 있는지가 문제된다. 구체적으로 살펴보면, 당대표의 활동, 대의기구인 당대회와 중앙위원회의 활동, 집행기구인 최고위원회의 활동, 원내기구인 원내의원총회와 원내대표의 활동 등 정당 기관의 활동은 정당 자신의 활동이므로 원칙적으로 정당의 활동으로 볼 수 있고, 정당의 최고위원 등 주요 당직자의 공개된 정치 활동은 일반적으로 그 지위에 기하여 한 것으로 볼 수 있으므로 원칙적으로 정당에 귀속시킬 수 있을 것으로 보인다. 정당 소속의 국회의원 등은 비록 정당과 밀접한 관련성을 가지지만 헌법상으로는 정당의 대표자가 아닌 국민 전체의 대표자이므로 그들의 행위를 곧바로 정당의 활동으로 귀속시킬 수는 없겠으나, 가령 그들의 활동 중에서도 국민의 대표자의 지위가 아니라 그 정당에 속한 유력한 정치인의 지위에서 행한 활동으로서 정당과 밀접하게 관련되어 있는 행위들은 정당의 활동이 될 수도 있을 것이다.
>
> 　그 밖의 정당에 속한 개인이나 단체의 활동은 그러한 활동이 이루어진 구체적인 경위를 살펴서 그것을 정당의 활동으로 볼 수 있는 사정이 있는지를 판단해야 한다. 예컨대, 활동을 한 개인이나 단체의 지위 등에 비추어 볼 때 정당이 그러한 활동을 할 권한을 부여하거나 그 활동을 독려하였는지 여부, 설령 그러한 권한의 부여 등이 없었다 하더라도 사후에 그 활동을 적극적으로 옹호하는 등 그 활동을 사실상 정당의 활동으로 추인한 것과 같다고 볼 수 있는 사정이 있는지 여부, 혹은 사전에 그 정당이 그러한 활동의 계획을 알았더라도 이를 정당 차원에서 지원하고 지지했을 것이라고 가정적으로 판단할 수 있는 사정이 있는지 여부 등을 구체적으로 살펴 전체적이고 종합적으로 판단해야 한다. 반면, 정당대표나 주요 관계자의 행위라 하더라도 개인적 차원의 행위에 불과한 것이라면 이러한 행위에 대해서까지 정당해산심판의 심판대상이 되는 활동으로 보기는 어렵다."(헌재 2014. 12. 19. 2013헌다1 결정)

　　헌법 제8조의 문언은 '정당의 목적이나 활동'이라고 규정하고 있어서 정당의 목적과 활동 중 어느 하나만 민주적 기본질서에 위배되는 경우에는 해산의 요건을 충족시키는 것인지의 여부가 문제될 수 있다. 그러나 민주적 기본질서에 위배되는 목적인가의 여부만을 판단함에 있어서 단지 주관적인 의도에 그치지 않고 목적을 추구하는 객관적인 강도를 감안할 수밖에 없다. 정당의 목적과 활동은 상호 연관되어 있어서 정당의 요건을 판단함에 있어 현실적으로 분리되기는 어렵다고 생각된다. 정당의 목적은 정당소속원의 활동에 반영되고 이들의 활동은 정당의 목표설정으로 귀결되기 때문이다.[1]

셋째, 여기서 민주적 기본질서와 자유민주적 기본질서는 같은 표현이다. 헌법재판소도 "우리 헌법은 정당에 대하여도 민주적 기본질서를 해하지 않는 범위 내에서의 정당활동을 보장하고 있다. 즉 헌법 제8조 제2항 및 제4항에 '정당은 그 목적·조직과 활동이 민주적이어야 하며', '정당의 목적이나 활동이 민주적 기본질서에 위배될 때에는 … 헌법재판소의 심판에 의하여 해산된다'고 명시하고 있다. 따라서 어떠한 정당이 외형상 민주적 기본질서를 추구한다고 하더라도 그 구체적인 강령 및 활동이 폭력적 지배를 추구함으로써 자유민주적 기본질서를 위반하는 경우 우리 헌법질서에서는 용인될 수 없는 것이다"라고 판시하여 민주적 기본질서와 자유민주적 기본질서를 같은 것으로 보고 있다.[2]

정당을 해산하기 위해서는 구체적으로 다음과 같은 두 가지 요소를 갖추어야 한다. 우선, 정당이 자유민주적 기본질서에 투쟁하는 경향을 보이거나 이 투쟁이 계획적으로 추진되는 것을 인식할 수 있는 것으로는 부족하고 자유민주적 기본질서의 침해 또는 제거의 구체적 위험이 요구된다.[3] 다음으로, 정당을 해산할 수 있기 위해서는 정당이 헌법의 개별규정 또는 전체제도를 부인하는 것만으로는 충분하지 않고 정당의 목적과 당원 및 추종자들의 행태를 중심으로 해서 판단할 때 정당이 헌법의 기본원리에 적대적일 때이다.[4]

> 판례 〈국가보안법 제7조에 대한 위헌심판(한정합헌)〉 " … 자유민주적 기본질서에 위해를 준다 함은 모든 폭력적 지배와 자의적 지배, 즉 반국가단체의 1인독재 내지 1당독재를 배제하고 다수의 의사에 의한 국민의 자치·자유·평등의 기본원칙에 의한 법치국가적 통치질서의 유지를 어렵게 만드는 것이고, 이를 보다 구체적으로 말하면 기본적 인권의 존중, 권력분립, 의회제도, 복수정당제도, 선거제도, 사유재산과 시장경제

---

1) 이성환·정태호·송석윤·성선제, 정당해산심판제도에 관한 연구, 134쪽. 독일의 경우에도 기본법 제21조 제2항이 '목적이나 추종자의 행태'라고 하여 택일적인 표현을 사용하고 있지만, 연방헌법재판소는 정당의 목적과 추종자의 행태 사이에는 상호연관이 있다고 보았다(BVerfGE 2, 1, 22; 5, 85, 144).
2) 헌재 2001. 9. 27. 2000헌마238 등 병합결정〈「제주 4·3사건 진상규명 및 희생자 명예회복에 관한 특별법」의결행위 취소등(각하)〉
3) 김철수, 헌법학개론(2001), 173쪽; 계희열, 헌법학(상), 박영사, 2001, 278쪽.
4) 계희열, 헌법학(상), 278쪽.

를 골간으로 한 경제질서 및 사법권의 독립 등 우리의 내부체제를 파괴·변혁시키려
는 것으로 풀이할 수 있을 것이다."(헌재 1990. 4. 2. 89헌가113 결정)

판례 ▶ 〈통합진보당 해산(인용=해산)〉 "입헌적 민주주의의 원리, 민주 사회에 있어서의
정당의 기능, 정당해산심판제도의 의의 등을 종합해 볼 때, 우리 헌법 제8조 제4항이
의미하는 민주적 기본질서는, 개인의 자율적 이성을 신뢰하고 모든 정치적 견해들이
각각 상대적 진리성과 합리성을 지닌다고 전제하는 다원적 세계관에 입각한 것으로
서, 모든 폭력적·자의적 지배를 배제하고, 다수를 존중하면서도 소수를 배려하는 민
주적 의사결정과 자유·평등을 기본원리로 하여 구성되고 운영되는 정치적 질서를 말
하며, 구체적으로는 국민주권의 원리, 기본적 인권의 존중, 권력분립제도, 복수정당제
도 등이 현행 헌법상 주요한 요소라고 볼 수 있다. …

　　그렇다면 헌법 제8조 제4항에서 말하는 민주적 기본질서의 위배란, 민주적 기본질
서에 대한 단순한 위반이나 저촉을 의미하는 것이 아니라, 민주 사회의 불가결한 요
소인 정당의 존립을 제약해야 할 만큼 그 정당의 목적이나 활동이 우리 사회의 민주
적 기본질서에 대하여 실질적인 해악을 끼칠 수 있는 구체적 위험성을 초래하는 경우
를 가리킨다. …

　　정권의 획득이나 권력의 장악을 추구하는 정당의 개념본질적인 표지로 인해, 정당
의 목적은 항상 실천적 성격과 현실적 지향성을 지닌다. 정당의 목적이나 정치적 이
념은 단순한 관념에 불과한 것이 아니라 현실 속에서 구현하고자 하는 실물적인 힘과
의지를 내포한다. 따라서 정당이라는 단체의 위헌적 목적은 그 정당이 제도적으로 존
재하는 한 현실적인 측면에서 상당한 위험성을 인정할 충분한 이유가 된다. 특히 우
리의 경우 정당법상 정당등록요건을 갖추기 위해서는 일정 수준의 당원(1천인 이상)
과 시·도당수(5 이상)를 가져야 하는바(정당법 제17조, 제18조), 피청구인의 경우 주
도세력에 의하여 정당의 의사결정이 이루어질 뿐만 아니라 16개 시·도당수에 수만
명의 당원을 가지고 활동하고 있다.

　　또한 위 내란관련 사건, 비례대표 부정경선 사건, 중앙위원회 폭력 사건 및 ○○
을 지역구 여론조작 사건 등 앞서 본 피청구인의 여러 활동들은 그 경위, 양상, 피청
구인 주도세력의 성향, 구성원의 활동에 대한 피청구인의 태도 등에 비추어 보면, 피
청구인이 단순히 일회적, 우발적으로 민주적 기본질서에 저촉되는 사건을 일으킨 것
이 아니라 피청구인의 진정한 목적에 기초하여 일으킨 것으로서, 향후 유사상황에서
반복될 가능성도 매우 크다. 더욱이 앞서 본 바와 같이 피청구인이 폭력에 의한 집권
가능성을 인정하고 있는 점에 비추어 피청구인의 여러 활동들은 민주적 기본질서에
대해 실질적인 해악을 끼칠 구체적 위험성이 발현된 것으로 보인다. 특히 내란관련
사건에서 보듯이 이○기를 정점으로 한 피청구인 주도세력은 북한의 정전협정 폐기
선언을 전쟁상태의 돌입으로 인식하면서 북한에 동조하여 국가기간시설 파괴 등을
도모하는 등 대한민국의 존립에 위해를 가할 수 있는 방안들을 구체적으로 논의하기
까지 하였다. 이는 피청구인의 진정한 목적을 단적으로 드러낸 것으로 표현의 자유의
한계를 넘어 민주적 기본질서에 대한 구체적 위험성을 배가시킨 것이다. 또한 북한과
정치·군사적으로 첨예하게 대치하고 있는 한반도 상황에 비추어 이러한 위험성은 단
순히 추상적 위험에 그친다고 볼 수만은 없다.

　　이상을 종합하면, 피청구인의 위와 같은 진정한 목적이나 그에 기초한 활동은 우리

사회의 민주적 기본질서에 대해 실질적인 해악을 끼칠 수 있는 구체적 위험성을 초래하였다고 판단된다."(헌재 2014. 12. 19. 2013헌다1 결정)

3. 형식적 요건

정당의 강제해산에 필요한 형식적 요건은 정부에 의한 제소(제8조 제4항)와 헌법재판소의 해산결정이다(제111조 제1항 제3호).

(1) 정부의 제소

정부(대통령)는 정당의 목적이나 활동이 민주적 기본질서에 위배될 때에는 국무회의의 심의를 거쳐 헌법재판소에 그 해산심판을 청구할 수 있다(제8조 제4항, 제89조 제14호).

국무회의의 심의를 거친 정당해산심판청구는 국무총리와 관계 국무위원이 부서한 문서로써 행하여야 한다(제82조). 그러나 실제의 소송수행은 법무부장관이 정부의 법률상 대표로서 이를 수행한다. 정부가 위헌정당의 해산심판을 청구하는 것은 정치적 재량에 속하는 일로서 정부의 기속적인 의무는 아니다. 즉 위헌정당해산심판의 청구여부, 청구시기 등의 결정은 정부의 정치적 판단에 달려 있으며, 정부가 해산사유가 있는 정당을 발견한 경우에도 정당해산심판절차가 아닌 다른 방법으로 충분히 헌법보호의 목적을 달성할 수 있다고 확신하는 때에는 심판청구를 유보할 수도 있다.[1]

정당해산심판청구서에는 해산을 요구하는 정당을 표시하고, 청구의 이유를 기재해야 한다(법 제56조). 청구의 이유에서는 해산을 요구하는 정당의 목적이나 활동이 어떤 점에서 민주적 기본질서에 위배되는지를 구체적으로 명시해야 한다. 또한 정당해산심판청구서에는 국무회의의 심의를 거쳤음을 증명하는 서류, 중앙당등록대장등본 등 피청구인이 심판대상정당임을 증명할 수 있는 서류를 첨부해야 한다(규칙 제65조 참조).

헌법재판소에 의하여 위헌정당이 아니라는 결정이 내려진 경우에는 정부는 동일정당에 대하여 동일사유로 다시 제소할 수 없다(법 제39조). 따라서 동일정당이라

---

1) 허영, 헌법소송법론, 286쪽; 정종섭, 헌법소송법, 425쪽은 정부가 가지는 정당해산심판의 청구권은 직무상의 권한이므로 직무상의 권한이 가지는 성격을 언제나 가지고 있고, 이러한 점을 고려하면 위헌정당의 활동이 심각한 수준에 있음에도 정부가 이를 방치하는 것은 허용할 수 없다고 하고, 정부가 이를 방치할 경우 대통령은 헌법수호의무위반으로 탄핵사유가 될 수 있고, 국민으로서는 저항권행사의 요건을 충족시키는 사유가 될 수도 있다고 한다.

하더라도 다른 해산사유를 이유로 다시 심판청구를 하는 것은 허용된다. 청구사유의 동일성 여부는 결국 헌법재판소가 판단할 사항이다. 정당해산심판에는 헌법재판소법에 특별한 규정이 있는 경우를 제외하고는 민사소송에 관한 법령과 행정소송법을 준용한다(법 제40조).

일단 정부가 위헌정당해산심판을 헌법재판소에 제소한 이후 청구를 취하할 수 있는가가 문제된다. 현저한 잘못이 없는 한 원칙적으로 사후에 그 심판청구를 취하할 수 없다는 견해도 있으나,[1) 취하를 금지하는 특별규정이 없으므로 이는 긍정적으로 보아야 할 것이다. 청구의 취하에 피청구인의 동의가 필요한지 여부도 문제가된다. 이에 대해서는 민사소송에 관한 법령에 따라 피청구인이 본안에 관하여 답변서를 제출하였거나 변론준비기일에 진술하였거나 변론을 한 후에는 피청구인인 당해 정당의 동의를 받아야만 취하의 효력이 있으며 심판청구취하의 서면이 피청구인에게 송달된 날로부터 2주 이내에 이의제기가 없으면 정부의 청구취하에 동의한 것으로 간주된다. 청구취하에 대해서 국무회의 심의가 필요한지 여부에 대해서는 정당해산심판청구가 국무회의의 필수적 심의사항인 이상 그 청구를 위해서도 국무회의 심의를 거쳐야 하는 것으로 이해하여야 할 것이다.[2)

또 정당해산심판청구 이후에 피청구인 정당이 자진해산할 수 있는가가 문제된다. 이에 대해서는 다음과 같이 견해가 대립되고 있다. ① 자진해산의 가능성을 인정함과 동시에 자진해산시 정당해산심판의 종료를 선언해야 한다는 견해, ② 정당해산심판청구 후의 자진해산은 헌법재판소의 정당해산결정을 면탈하려는 것으로 효력이 없다는 견해, ③ 자진해산을 금하는 명문의 규정이 없으므로 위헌정당은 정당해산심판청구 후에도 자진해산을 할 수는 있으나, 헌법재판소의 정당해산결정은 소급효가 없으므로 헌법재판소는 직권 또는 정부의 신청에 기한 가처분결정을 통해 정당의 자진해산기도를 비롯한 정당활동을 정지시킬 때에만 정당해산결정의 효과를 면탈하지 못하도록 할 수 있다는 견해, ④ 위헌정당은 정당해산심판청구 후에도 자진해산을 할 수는 있으나, 정당해산결정의 효력이 위헌사유가 발생한 시점까지 소급하므로 자진해산한 정당에 대해서도 해산결정을 하는 실익이 있으므로 자진해산은 헌법재판소의 절차진행에 영향을 미치지 않는다는 견해가 그것이다.[3)

---

1) 정종섭, 헌법소송법, 428쪽.

2) 이성환·정태호·송석윤·성선제, 정당해산심판제도에 관한 연구, 185쪽; 성낙인, 헌법학, 1295·1296쪽.

3) 이상의 견해대립은 이성환·정태호·송석윤·성선제, 정당해산심판제도에 관한 연구, 188·189쪽에

자진해산은 대부분의 경우 해산제소 이후에 이루어지는 헌법재판소의 정당해
산결정의 효과를 피하기 위한 위장해산의 가능성이 높을 것이라는 것을 감안한다
면, 개인적으로는 정당해산제도의 실효성을 가장 효과적으로 확보할 수 있는 견해
인 제4설의 입장이 가장 설득력 있는 것으로 생각된다. 따라서 해산 신청된 정당이
자진해산한 경우에도 헌법재판소는 청구를 각하하여서는 안 되고 심판을 계속 진행
시켜 본안에 관하여 판단하여야 한다.

(2) 청구의 통지 및 가처분

헌법재판소가 정당해산심판의 청구를 받은 때에는 그 청구서의 등본을 지체없
이 피청구인(정당)에게 송달하여야 한다(법 제27조). 또 헌법재판소장은 심판청구의 사
실을 국회와 중앙선거관리위원회에 통지하여야 한다(법 제58조 제1항).

송달받은 피청구인은 헌법재판소에 답변서를 제출할 수 있다(법 제29조).

헌법재판소는 정당해산심판의 청구를 받은 때에는 청구인의 신청 또는 직권으
로 종국결정의 선고시까지 피제소정당의 활동을 정지하는 결정(가처분결정)을 할 수
있다(법 제57조). 헌법재판소장은 정당해산심판의 청구가 있는 때, 가처분 결정을 한
때 및 그 심판이 종료한 때에는 그 사실을 국회와 중앙선거관리위원회에 통지하여
야 한다(법 제58조).

헌법재판소가 가처분결정을 하면 피청구인의 모든 활동은 정지된다. 피청구인
에 소속된 국회의원은 의원의 신분은 유지하지만 피청구인을 내세운 정치활동은 할
수 없다. 피청구인은 국회 내·외에서의 정치활동뿐만 아니라 정당의 재산처분 등의
사법상의 행위도 정지된다. 피청구인에 대해서 해산결정이 내려지면 잔여재산이 국
고에 귀속되는 것을 피하기 위한 탈법적인 재산처분을 막아야 하기 때문이다. 또 피
청구인은 국고보조금의 지급은 물론 후원금도 받을 수 없다.[1]

(3) 정당해산심판의 심리

정당해산심판은 헌법재판소장을 재판장으로 하고 7인 이상의 재판관이 출석한
재판부에서 심판한다(법 제22조, 제23조 제1항). 정당해산심판의 심리는 구두변론에 의
한다(법 제30조 제1항). 당사자로서의 대석구조는 정부가 청구인이 되고 제소된 정당이
피청구인이 된다. 재판부가 변론을 열 때에는 기일을 정하고 당사자와 관계인을 소

서 정리한 것을 따랐음.
1) 허영, 헌법소송법론, 289쪽.

환하여야 한다(법 제30조 제3항). 변론과 그 준비 및 기일지정의 경우 등에 관하여는
민사소송법의 관련규정이 적용된다(법 제40조). 재판부는 정당해산심판의 심리를 위
하여 필요하다고 인정하는 경우에는 당사자의 신청 또는 직권에 의하여 증거조사를
할 수 있다(법 제31조). 또한 재판부는 다른 국가기관 또는 공공단체의 기관에 대하여
심판에 필요한 사실을 조회하거나, 기록의 송부나 자료의 제출을 요구할 수 있다(법
제32조).

　　정당해산의 심리과정에 있어서는 법에 특별한 규정이 있는 경우를 제외하고 민
사소송에 관한 법령의 규정이 준용된다(법 제40조).[1]

(4) 정당해산의 결정과 집행

　　정당해산심판절차에서 헌법재판소가 행하는 결정에는 각하결정, 기각결정, 해
산결정이 있다. 헌법재판소에서 정당해산의 결정을 할 때에는 재판관 6인 이상의
찬성이 있어야 한다(제113조 제1항, 법 제23조 제2항 제1호). 정당해산심판청구가 이유 있
는 때에는 피청구정당의 해산을 명하는 결정을 선고한다(법 제59조). 해산결정의 주문
은 예컨대 "피청구인 ○○○당을 해산한다"는 형식을 취하게 된다. 정당해산심판청
구가 부적법할 때는 각하결정을, 이유 없을 때에는 기각결정을 한다. 해산결정의 정
족수를 충족하지 못하는 경우에도 심판청구를 기각해야 할 것이다. 정당해산심판에
서도 재판관은 결정서에 의견을 표시해야 한다(법 제36조 제3항).

　　헌법재판소의 정당해산결정은 모든 국가기관을 구속한다. 헌법재판소가 정당의
해산을 명하는 결정을 한 때에는 그 결정서를 피제소정당 외에 국회·정부 및 중앙
선거관리위원회에 송달해야 한다(법 제58조 제2항). 각하 또는 기각결정을 한 경우에도
같다(법 제58조 제1항).

　　정당의 해산을 명하는 결정이 선고된 그 순간부터 그 정당은 해산된다(법 제59

---

1) 이에 대해서는 입법론적으로 다음과 같은 제안이 있다. "정당의 목적과 활동이 민주적 기본질서에
　위배된다는 정부의 주장을 증명하기 위한 증거자료를 확보하기 위해서는 정당의 주요조직, 당간
　부나 당원, 추종자들에 대한 강제적인 압수·수색이 필요할 경우가 많을 것이다. 해산대상 정당이
　자기에게 불리한 증거자료를 은폐하거나 파기할 가능성이 높기 때문이다. 그러나 법이나 민사소
　송 관련 법령 모두 이에 대한 충분한 대책을 갖고 있지 않다." 따라서 "이처럼 정당해산심판절차
　와 민사소송절차 사이에 유사성이 많지 않음에도 법 제40조가 형사소송 관련 법령이 아닌 민사소
　송관련 법령을 정당해산심판절차에 준용하도록 한 것은 입법상의 오류라고 보아야 하고, 따라서
　정당해산절차에는 민사소송 관련 법령이 아닌 형사소송법을 준용하도록 법 제40조를 개정하여 형
　사소송법상의 증거확보를 위한 강제수단을 활용할 수 있도록 하는 것이 바람직하다."(이성환·정
　태호·송석윤·성선제, 정당해산심판제도에 관한 연구, 159쪽)

조). 따라서 정당해산심판결정의 소송법적 성격은 형성결정이다.[1] 정당해산결정은 중앙선거관리위원회가 정당법의 규정에 따라 집행한다(법 제60조). 해산결정의 통지를 받은 중앙선거관리위원회는 그 정당의 등록을 말소하고 지체없이 그 뜻을 공고하여야 한다(정당법 제40조).

제 3 절   정당해산결정의 효과

헌법재판소의 정당해산결정이 있으면 그 시점에서부터 해산결정을 받은 정당은 해산되고 불법결사가 되어 정당으로서의 모든 특권을 상실한다. 그 효과는 다음과 같이 세 가지로 간추릴 수 있다. 첫째, 해산된 정당의 대표자와 간부는 해산된 정당의 강령(또는 기본정책)과 동일하거나 유사한 대체정당[2]을 창설하지 못하며(정당법 제40조), 해산된 정당의 명칭과 동일한 명칭은 정당의 명칭으로 다시 사용하지 못한다(정당법 제41조 제2항). 이는 정당의 해산과 집행이 단지 정당의 조직만을 해체시킬 뿐이고 정당의 이념까지 제거하지 못하므로, 해산된 정당과 동일한 또는 유사한 목적을 가진 조직이 새롭게 창당될 가능성에 대비하기 위한 것이다. 한편, 헌법재판소의 결정에 의하여 해산된 정당의 목적을 달성하기 위한 집회나 시위는 절대적인 집회금지 사유에 해당한다(「집회 및 시위에 관한 법률」 제5조 제1항 제1호).

둘째, 해산된 정당의 잔여재산은 국고에 귀속된다(정당법 제48조 제2항). 이는 정당의 물적 기반을 박탈함으로써 정당해산의 실효성을 높이기 위한 것이다.

셋째, 해산된 정당의 소속의원이 의원자격 상실 여부에 대하여는 견해가 나누어져 있다. 우선, 의원자격을 계속해서 유지한다는 견해는 우리 헌법상 무소속입후보금지규정이 없고 현행 공직선거법도 무소속입후보를 허용하고 있으므로 국회의원

---

[1] 정당해산소송심판의 소송법적 성격을 분명히 해야 하는 이유는 이행결정과 형성결정의 차이점 때문이다. 전자의 경우에는 특별한 집행처분이 있어야만 법률관계의 변동이 생기는 반면, 후자의 경우에는 결정에 의하여 어떠한 집행행위의 매개없이 바로 법률조직의 변동이 생기기 때문이다.

[2] 대체정당임을 누가 판단하는가에 대하여는 규정이 없다. 이에 대하여는 해석론상 여러 가지 견해가 있을 수 있으나 대체정당인지 여부를 판단할 기관이 없으므로 대체정당인 경우에는 또 다시 대통령이 위헌정당해산심판을 청구하여야 한다고 해석할 수밖에 없다(헌법재판소실무제요, 244쪽). 만약 이러한 번잡함을 피하려면 헌법재판소가 위헌정당해산결정을 하면서 주문에 대체정당 여부에 대하여 중앙선거관리위원회가 헌법재판소에 판정을 신청하여 헌법재판소의 확인에 의하여 대체정당으로 인정되면 등록을 거부하거나 취소하도록 하는 것이 타당한 방법이라는 해석도 있다(이성환·정태호·송석윤·성선제, 정당해산심판제도에 관한 연구, 263쪽).

자격은 그대로 유지되며 무소속의원으로 남고,[1] 현행헌법에는 이에 관한 규정이 없기 때문에 국회의원의 자격심사나 제명처분에 의하여야만 비로소 국회의원직을 상실한다고 보아야 하며,[2] 정당해산제도의 중요한 기능이 방어적 민주주의나 예방적 헌법보호보다는 정당의 존속보호라는 측면이라고 본다면 정당국가라는 측면보다 국민주권의 이념에 충실하여 주권자인 국민에 의하여 선임된 국회의원은 소속정당의 해산만으로는 국민의 대표성을 잃지 않는다는[3] 것 등을 이유로 논거로 든다.

　이에 대하여 의원자격을 상실한다는 견해는 자유위임관계에 바탕을 두는 대의민주주의 정신이 정당국가의 원리보다 우선하는 효력이 있다고 보는 경우에도 위헌정당해산제도에 내포되고 있는 투쟁적·방어적 민주주의의 취지를 살리려고 하는 한 의원직 자동상실의 결과는 불가피한 것이라거나,[4] 현대의 정당국가적 경향에 비추어 볼 때 위헌정당해산의 경우 의원자격을 상실한다고 보는 것이 헌법정신에 합치하는 것이라고 한다.[5]

　생각건대 헌법 제8조 제4항에 규정된 정당의 해산은 민주주의의 자기보호와 관련된다는 점에서 헌법적대적 정당, 반민주적 정당의 핵심구성원이 계속해서 정치활동을 하는 것을 금지한다고 할 것이다. 왜냐하면 그러한 정당의 구성원이 국민의 대표로서 계속하여 정치활동을 하도록 허용한다면 실질적으로는 그 정당이 계속 활동하고 있는 것과 같아서 헌법 제8조 제4항의 위헌정당해산은 그 의미를 상실하게 될 것이기 때문이다. 따라서 해산된 정당의 소속의원은 의원직을 상실하는 것으로 해석되어야 한다.[6][7]

> 판례 〈통합진보당 해산(인용=해산)〉 "(1) 헌법재판소의 해산결정에 따른 정당의 강제 해산의 경우에는 그 정당 소속 국회의원이 그 의원직을 상실하는지 여부에 관하여 헌법이나 법률에 아무런 규정을 두고 있지 않다. 따라서 위헌으로 해산되는 정당 소속

---

1) 김철수, 학설판례 헌법학, 232쪽.
2) 김철수, 학설판례 헌법학, 2104쪽.
3) 이성환·정태호·송석윤·성선제, 정당해산심판제도에 관한 연구, 266쪽.
4) 권영성, 헌법학원론, 1157쪽; 허영, 한국헌법론, 815·816쪽; 정종섭, 헌법학원론, 1495쪽은 정당해산심판제도가 가지는 헌법보호기능에 비추어볼 때, 어떤 정당이 위헌정당이라는 이유로 해산이 되면 해당 정당에 소속한 국회의원의 의원직은 상실된다고 한다.
5) 정만희, 헌법과 통치구조, 법문사, 2003, 503쪽.
6) 홍성방, 헌법학(상), 148·149쪽.
7) 참고로 독일연방헌법재판소는 1952년 10월 23일 SRP 위헌판결에서 "정당의 위헌성이 확인되면 당해 정당의 소속의원의 연방의회·지방의회 의원직은 상실된다"고 판시하였고(BVerfGE 2, 1, 72ff.), 1956년 8월 17일 KPD 위헌판결에서 이를 확인한 바 있다(BVerfGE 5, 85, 392).

국회의원의 의원직 상실 여부는 위헌정당해산 제도의 취지와 그 제도의 본질적 효력에 비추어 판단하여야 한다.

(2) 정당해산심판 제도의 본질은 그 목적이나 활동이 민주적 기본질서에 위배되는 정당을 국민의 정치적 의사 형성과정에서 미리 배제함으로써 국민을 보호하고 헌법을 수호하기 위한 것이다. 어떠한 정당을 엄격한 요건 아래 위헌정당으로 판단하여 해산을 명하는 것은 헌법을 수호한다는 방어적 민주주의 관점에서 비롯되는 것이고, 이러한 비상상황에서는 국회의원의 국민대표성은 부득이 희생될 수밖에 없다.

(3) 국회의원이 국민 전체의 대표자로서의 지위를 가진다는 것과 방어적 민주주의의 정신이 논리 필연적으로 충돌하는 것이 아닐 뿐 아니라, 국회의원이 헌법기관으로서 정당기속과 무관하게 국민의 자유위임에 따라 정치활동을 할 수 있는 것은 헌법의 테두리 안에서 우리 헌법이 추구하는 민주적 기본질서를 존중하고 실현하는 경우에만 가능한 것이지, 헌법재판소의 해산결정에도 불구하고 그 정당 소속 국회의원이 위헌적인 정치이념을 실현하기 위한 정치활동을 계속하는 것까지 보호받을 수는 없다.

(4) 만일 해산되는 위헌정당 소속 국회의원들이 의원직을 유지한다면 그 정당의 위헌적인 정치이념을 정치적 의사 형성과정에서 대변하고 또 이를 실현하려는 활동을 계속하는 것을 허용함으로써 실질적으로는 그 정당이 계속 존속하여 활동하는 것과 마찬가지의 결과를 가져오게 될 것이다. 따라서 해산정당 소속 국회의원의 의원직을 상실시키지 않는 것은 결국 위헌정당해산 제도가 가지는 헌법수호의 기능이나 방어적 민주주의 이념과 원리에 어긋나는 것이고, 나아가 정당해산결정의 실효성을 제대로 확보할 수 없게 된다.

(5) 이와 같이 헌법재판소의 해산결정으로 해산되는 정당 소속 국회의원의 의원직 상실은 정당해산심판 제도의 본질로부터 인정되는 기본적 효력으로 봄이 상당하므로, 이에 관하여 명문의 규정이 있는지 여부는 고려의 대상이 되지 아니하고, 그 국회의원이 지역구에서 당선되었는지, 비례대표로 당선되었는지에 따라 아무런 차이가 없이, 정당해산결정으로 인하여 신분유지의 헌법적인 정당성을 잃으므로 그 의원직은 상실되어야 한다."(헌재 2014. 12. 19. 2013헌다1 결정)

제 7 장
권한쟁의심판

제 7 장 권한쟁의심판

제 1 절 일 반 론

1. 법 규 정

헌법 제111조 제1항 제4호와 헌법재판소법 제61조 이하는 헌법재판소에 국가기관 상호간, 국가기관과 지방자치단체 및 지방자치단체 상호간의 권한쟁의에 관한 심판권을 부여하고 있다. 이를 줄여 권한쟁의심판권이라고 부른다.

2. 연   혁

우리 헌법이 권한쟁의심판제도를 채택한 것은 1960년 제2공화국 헌법(제83조의3)이 처음이었다. 그러나 제2공화국 헌법의 권한쟁의심판은 그 대상을 국가기관 상호간의 쟁의에 한정한 것이었다. 더 나아가서 5·16의 발발로 실제로 심판이 행해진 적은 없다. 따라서 현행 헌법의 권한쟁의심판은 제도적으로 더 확대된 것이라 할 수 있다.

3. 권한쟁의심판의 개념

(1) 개   념

권한쟁의심판이란 국가기관(지방자치단체 포함) 사이에 권한의 존부나 범위에 대하여 분쟁이 발생한 경우에 독립적 지위를 가진 제3의 기관이 그 분쟁을 해결하는 심판을 말한다. 권한쟁의에는 특정사항이 자신의 관할에 속한다는 것을 주장하는 적극적 권한쟁의와 자신의 관할에 속하지 아니한다고 주장하는 소극적 권한쟁의가 있다. 여기서 권한은 국가기관이나 지방자치단체가 주어진 직무상의 업무를 수행하는 능력이나 권능을 의미한다. 직무상의 권한은 기능상 의무를 수반하므로 권한의 존부는 직무상 의무의 존부로 나타나기도 한다.

> **판례** 〈국회의원과 국회의장간의 권한쟁의(각하)〉 "헌법 제111조 제1항에 의한 권한쟁의심판은 공권력을 행사하는 국가기관이나 지방자치단체와 다른 국가기관 또는 지방자치단체 사이에 권한의 존부 또는 범위에 관하여 다툼이 있는 경우, 독립한 국가기관인 헌법재판소가 이를 심판하여 그 권한과 의무의 한계를 명확히 함으로써 국가기능의 원활한 수행을 도모하고 권력 상호간의 견제와 균형을 유지시켜 헌법질서를 보호하려는 데 그 제도의 목적이 있다. 위와 같은 권한쟁의제도의 목적에 비추어 볼 때 헌법 제111조 제1항 제4호 소정의 '국가기관 상호간의 권한쟁의'는 우리 헌법이 국민주권주의와 권력분립의 원칙에 따라 주권자인 국민으로부터 나온 국가권력을 나누어 상호 견제와 균형을 유지하도록 권한을 분배한 대등한 권력행사기관 사이의 권한에 관한 다툼을 의미한다."(헌재 1995. 2. 23. 90헌라1 결정)

> **판례** 〈국회의원과 국회의장간의 권한쟁의(일부인용, 일부기각)〉 "헌법 제111조 제1항 제4호가 규정하고 있는 '국가기관 상호간'의 권한쟁의심판은 헌법상의 국가기관 상호간에 권한의 존부나 범위에 관한 다툼이 있고 이를 해결할 수 있는 적당한 기관이나 방법이 없는 경우에 헌법재판소가 헌법해석을 통하여 그 분쟁을 해결함으로써 국가기능의 원활한 수행을 도모하고 국가권력간의 균형을 유지하여 헌법질서를 수호·유지하고자 하는 제도라 할 것이다. 따라서 헌법 제111조 제1항 제4호 소정의 '국가기관'에 해당하는지 아닌지를 판별함에 있어서는 그 국가기관이 헌법에 의하여 설치되고 헌법과 법률에 의하여 독자적인 권한을 부여받고 있는지 여부, 헌법에 의하여 설치된 국가기관 상호간의 권한쟁의를 해결할 수 있는 적당한 기관이나 방법이 있는지 여부 등을 종합적으로 고려하여야 할 것이다."(헌재 1997. 7. 16. 96헌라2 결정)

(2) 소극적 권한쟁의 인정여부

특히 소극적 권한쟁의를 인정할 것인가에 대해서는 의견이 나누어져 있다. 이렇게 의견이 나누어져 있는 이유는 헌법재판소법 제61조 제1항이 '권한의 존부 또는 범위에 관한 다툼'이라고 규정하고 있어 소극적 권한쟁의를 인정할 수 있는 문언을 사용하고 있지만, 동조 제2항에서는 '권한의 침해 또는 침해할 현저한 위험이 있는 때에 한하여' 청구할 수 있다고 규정함으로써 소극적 권한쟁의를 부정하고 있는 것 같은 표현을 사용하고 있기 때문이다.

소극적 권한쟁의를 인정하는 입장에서는 다음과 같은 논거를 제시한다. ① 헌법 제111조 제1항 제4호는 모든 유형의 권한쟁의를 포괄한다는 취지로 규정한 것이고, ② 헌법재판소법 제61조 제1항이 정하는 '권한의 존부 또는 범위에 관한 다툼'도 소극적 권한쟁의를 당연히 포함하는 개념이며, ③ 소극적 권한쟁의를 인정하지 않으면 권한과 의무의 주체간에 서로 책임회피가 있는 경우 객관적인 권한질서의 유지와 국가업무의 지속적인 수행이 어려워져 결과적으로 국민의 이익을 해치는 현상이 생길 수 있다. 그밖에 ④ 헌법재판의 국민의 자유와 권리보호기능, 객관적 권한질서유지기능을 통한 국가업무의 지속적 수행을 위하여 모든 권한쟁의는 헌법재판의 대상이 되어야 한다는 견해도 있다.[1]

그에 반하여 소극적 권한쟁의를 부정하는 입장에서는 ① 헌법 제111조 제1항 제4호를 소극적 권한쟁의의 근거규정으로 원용하는 것은 무리이고, ② 소극적 권한쟁의를 포함해서 권한쟁의제도의 구체적인 형성권은 입법자에게 있는데, ③ 헌법재판소법 제61조 제2항은 권한쟁의심판청구의 요건으로 '청구인의 권한을 침해하였거나 침해할 현저한 위험이 있는 때에 한하여' 할 수 있다고 규정함으로써 소극적 권한쟁의를 포함할 수 있는 해석상의 여지를 주지 않았으며, ④ 우리 사법제도상 행정소송법 제36조가 정하는 부작위위법확인소송을 비롯한 다른 방법으로 소극적 권한쟁의를 해결할 길이 있다는 점을 강조한다.[2]

---

1) 성낙인 외, 헌법소송론, 326쪽. "생각건대 적어도 현행법상으로는 소극적 권한쟁의를 인정하기는 어렵다고 할 것이다. 하지만 권한쟁의심판이 국가기능의 원활한 수행을 도모하고 국가권력 간의 균형을 유지함으로써 헌법질서를 수호·유지하는 기능을 담당하고 있음을 우려할 때 청구인과 피청구인이 특정 권한과 의무에 대하여 서로 자신의 권한과 의무가 아니라고 주장함으로써 생기게 되는 소극적 권한쟁의 사건의 경우 국가기능의 원활한 수행을 저해하며 헌법질서에 장애를 가져올 위험성이 높을 뿐만 아니라 이로 인한 피해는 국민에게 귀착될 것이 분명하므로 입법론적으로는 소극적 권한쟁의를 인정하는 것이 바람직하다고 할 것이다. 따라서 앞으로 헌법재판소법의 개정을 통하여 소극적 권한쟁의를 도입하는 방향으로 나아가야 한다."

2) 이상 허영, 헌법소송법론, 327·328쪽. 정종섭, 헌법소송법, 493·494쪽은 긍정설과 부정설의 근거를 다음과 같이 정리하고 있다. "긍정설은 다음과 같은 근거를 든다. ① 헌법 제111조 제1항 제4호는 권한쟁의심판에 대하여 포괄적으로 정하고 있고, 헌법재판소법 제61조 제2항은 적극적 권한쟁의에 관하여 정하고 있는 것일 뿐이지 이것이 바로 소극적 권한쟁의를 부정하는 것은 아니다. 소극적 권한쟁의에 관한 구체적 규정의 흠결은 법해석으로 해결해야 한다. ② 헌법재판소법 제66조 제1항에서 제2항과 구별하여 권한의 존부 또는 범위에 대해 독자적으로 판단한다고 정하고 있는 것에서 소극적 권한쟁의를 인정할 여지를 발견할 수 있다. ③ 헌법이 권한쟁의심판에 대한 관할을 헌법재판소에 독점적으로 부여한 것과 이런 전제에서 권한쟁의심판제도의 원래의 기능을 충분히 살리기 위해서는 소극적 권한쟁의를 인정해야 한다. ④ 소극적 권한쟁의를 인정하지 않으면 국가기관이나 지방자치단체가 어떤 사안에 대해 자기의 권한이 없다고 하여 방치하는 사태가 발생하고 이러한 것은 국가의 기능이나 국민의 권리와 자유를 침해하거나 왜곡한다. 예컨대 법원간에 각가 자기가 관할권을 가지고 있지 않다는 이유로 재판을 거부하는 경우에 헌법재판소는 어떤 법원이 관할권을 가지는지를 결정해 주어야 한다. 거부처분에 대한 취소소송이 존재한다고 하더라도 거부처분을 받은 국민이 없는 상태에서 기관간에 서로 자기의 권한이 아니라고 대립하는 사태가 발생하는 경우에는 소극적 권한쟁의를 인정하지 않으면 이를 해결할 방법이 없다. ⑤ 취소소송이 존재하더라도 권한의 존부를 확인함에 있어서는 우회하는 방법이고 경우에 따라 많은 시간이 소요된다. 따라서 이런 것보다는 바로 소극적 권한쟁의를 인정하는 것이 문제를 해결하는 직접적인 방법이고 시간이나 비용에서 훨씬 경제적이다. ⑥ 소극적 권한쟁의를 인정하는 경우 어떤 권한의 존부나 범위에 대해 법원의 판단과 헌법재판소의 판단간에 불일치가 발생할 가능성이 있

> **판례** 〈영일군과 정부간의 권한쟁의(각하)〉 "이 사건 분쟁의 본질은 어업면허의 유효기간연장의 불허가처분으로 인한 어업권자에 대한 손실보상금채무를 처분을 행한 청구인이 부담할 것인가, 그 기간연장에 동의하지 아니한 피청구인이 부담할 것인가의 문제로서, 이와 같은 다툼은 유효기간연장의 불허가처분으로 인한 손실보상금 지급권한의 존부 및 범위 자체에 관한 청구인과 피청구인 사이의 직접적인 다툼이 아니라 그 손실보상금 채무를 둘러싸고 어업권자와 청구인, 어업권자와 피청구인 사이의 단순한 채권채무관계의 분쟁에 불과하므로, 이 사건 심판청구는 청구인이 피청구인을 상대로 권한쟁의심판을 청구할 수 있는 요건을 갖추지 못한 것으로서 부적법하다."(헌재 1998. 6. 25. 94헌라1 결정)

> **판례** 〈시흥시와 정부간의 권한쟁의(기각)〉 "시화공업단지 내의 공공시설은 특별히 공업단지의 기능을 유지하기 위하여 설치된 것이 아니라 일반행정구역에서도 설치되어 사용되고 있는 것으로서 불특정 다수의 사용에 제공되고 있는 공공시설이므로 이를 관리하는 것은 공업단지의 기능을 유지하기 위한 업무라기보다는 일반적인 행정업무라고 하여야 할 것이다 따라서 이 사건 공공시설의 관리권자는 일반 행정구역의 공공시설에 적용되는 관련 법규를 적용하여 결정하여야 할 것이므로 청구인(시흥시)은 도로법, 하천법, 하수도법, 수도법 풍에 따라 이 사건 공공시설을 관리 하여야 할 것이다. 그렇다면 청구인(시흥시)이 이 사건 공공시설의 관리권자이므로 피청구인(정부)이 이 사건 공공시설을 관리하지 아니하고 있다고 하여 청구인의 권한이 침해되거나 침해될 위험이 있다고 할 수 없을 것이다."(헌재 1998. 8. 27. 96헌라1 결정)

실무상으로는 소극적 권한쟁의의 성격을 갖는 두 개의 심판사건이 있었으나,[1] 헌법재판소는 소극적 권한쟁의에 관한 언급 없이 다른 논증으로 사건을 해결한 바 있다.

헌법재판소법 제61조 제2항에서 '청구인의 권한을 침해하였거나 침해할 현저한 위험이 있는 때에 한하여'를 근거로 한다면 소극적 권한쟁의를 부정하게 될 것이고, '피청구인의 처분 또는 부작위가 … 청구인의 권한을 침해하였거나 침해할 현저한 위험이 있는 때에 한하여'를 근거로 한다면 소극적 권한쟁의를 인정할 수밖에 없을

는 것은 적극적 권한쟁의에서도 마찬가지이고, 이 경우에는 권한쟁의심판이 가지는 기속력에 의해 헌법재판소의 판단으로 귀결된다. 부정설은 다음과 같은 근거를 든다. ① 헌법재판소법 제61조 제2항은 처분이나 부작위에 의한 권한의 침해나 권한 침해의 위험만을 정하고 있으므로 어떤 권한이 없다고 주장하는 것은 현행 권한쟁의심판절차에서 불가능하다. ② 어떠한 국가기관이나 지방자치단체가 특정 권한을 가지고 있지 않은지의 여부는 이해관계인이 어느 기관에게 신청을 하여 거부처분을 받은 뒤 거부처분의 취소소송을 통하여 밝힐 수 있으므로 굳이 소극적 권한쟁의를 인정할 필요가 없다. ③ 소극적 권한쟁의를 인정하면 어떤 권한의 존부와 범위에 대해 항고소송에서의 법원의 판단과 권한쟁의심판에서의 헌법재판소의 판단간에 불일치가 발생한다.

1) 헌재 1998. 6. 25. 94헌라1 결정〈영일군과 정부간의 권한쟁의(각하)〉 및 헌재 1998. 8. 27. 96헌라1 결정〈시흥시와 정부간의 권한쟁의(기각)〉.

것이다. 개인적으로는 후자가 옳다고 생각한다.[1] 또한 부정설이 주장하는 바 행정소송법이 정하는 부작위위법확인소송 등 그 밖의 방법으로 소극적 권한쟁의의 모든 문제가 해결될 수 없다[2]는 것은 권한쟁의심판의 피청구인이 행정청에 한정되지 않는다는 점에서 분명한 사실이다.

(3) 장래처분

장래처분은 원칙적으로 권한쟁의심판의 대상이 되지 않는다. 그러나 장래처분이 확실하게 예정되어 있고 장래처분에 의해서 청구인의 권한이 침해될 위험성이 있어 청구인의 권한을 사전에 보호해주어야 할 필요성이 매우 큰 예외적인 경우에는 권한쟁의심판을 청구할 수 있는 것으로 보아야 할 것이다.

> **판례** 〈당진군과 평택시간의 권한쟁의(인용=권한확인, 각하)〉 비록 "처분이 아직 존재하지 않더라도, 권한의 존부 및 범위에 대한 다툼이 있으므로, 장래처분에 대한 권한쟁의심판청구를 허용함으로써 이 사건 제방에 대한 관할권한분쟁을 사전에 해결하여 청구인의 권한을 사전에 보호해야 할 필요성이 매우 크다고 할 것이다."(헌재 2004. 9. 23. 2000헌라2 결정. 동지: 헌재 2009. 7. 30. 2005헌라2 결정, 옹진군과 태안군 등간의 권한쟁의(각하, 확인)

4. 권한쟁의심판의 기능

권한쟁의심판의 기능으로 다음과 같은 것을 들 수 있다. ① 국가기능의 원활한 수행과 권력상호간의 수평적 및 수직적인 견제균형을 통하여 권력분립을 실현한다. ② 국가로부터 독립된 법주체인 지방자치단체로 하여금 행정위계질서에 있어 상급기관이라 할 수 있는 국가를 상대로 헌법과 법률이 정한 권한의 유지·확보를 위한 소송의 제기를 가능하게 함으로써 지방자치단체의 독립성을 보장하며 실효성을 확보하는 데 도움이 된다. ③ 헌법과 법률이 정한 권한을 둘러싼 분쟁을 헌법재판을 통해 해결함으로써 궁극적으로 헌법보호에 기여하게 된다. ④ 권한쟁의심판은 소수가 다수의 월권적 행위를 헌법적 원리에 의해 통제할 수 있는 장치라는 점에서 소수보호에도 기여한다.[3]

---

1) 정확하지는 않지만 "헌법재판소법(제61조 제2항)이 정하는 '권한침해'와 '부작위'의 개념을 기능적으로 연관지어 이해한다면 이 개념은 적극적인 침해뿐 아니라 소극적인 침해도 포함된다고 합목적적으로 해석하는 것이 바람직하다"는 허영, 헌법소송법론, 329쪽의 생각도 비슷한 의미라고 생각된다.
2) 허영, 헌법소송법론, 329쪽.
3) 오호택, 헌법소송법, 194쪽.

5. 권한쟁의심판의 성격

권한쟁의심판은 객관적 쟁송이다. 왜냐하면 권한이라는 것은 주관적 법적 상태인 권리와는 달리, 헌법·법률 등 객관적 법에서 직접 부여된 객관적 법적 상태로서 권한의 귀속주체가 이를 임의로 처분하거나 포기할 수 없는 상태를 말하기 때문이다.1)

또한 권한쟁의심판은 소수보호소송으로서의 성격도 가지고 있다. 우리 권한쟁의심판에서 청구인의 범위를 국회의 야당 내지는 소수의 교섭단체에까지 확대해야 하는 당위성도 권한쟁의심판의 소수보호소송으로서의 성격과 밀접한 관련을 갖는다.2)

6. 행정소송법상의 기관소송과의 구별

기관소송이란 동일한 법 주체 내의 기관 상호간의 권한분쟁을 의미하는 소송으로서 국가 또는 공공단체의 기관 상호간에 있어서의 권한의 존부 또는 그 행사에 관한 다툼이 있을 때 이에 대하여 제기하는 것이다. 그러나 현행 헌법은 국가라는 동일한 법 주체 내의 기관소송은 헌법재판소, 그 밖의 경우는 법원의 관할로 하고 있다. 이에 따라 행정소송법 제3조 제4호는 헌법재판소의 관할사항으로 되어 있는 기관소송은 법원의 관할대상으로부터 제외된다고 규정하고 있다.

현행 행정소송법상 기관소송은 다음과 같이 법률이 특히 인정하는 경우에 한하여, 법률이 개별적으로 인정한 사항에 대하여, 법률이 정하는 자만이 제기할 수 있다(동법 제45조). 첫째, 지방자치단체장의 재의결요구에 따라 행한 지방의회의 재의결이 법령에 위반된다고 판단되는 때에 지방자치단체장이 대법원에 제기하는 소송(지방자치법 제98조 제3항, 제159조 제3항). 둘째, 교육감이 시·도의회를 상대로 대법원에 제기하는 소송(「지방교육자치에 관한 법률」 제38조 제3항).

이처럼 권한쟁의심판은 행정소송법상의 기관소송과 본질적으로 구별되지 아니하는 국가기관 상호간의 권한쟁의를 포함하고 있으므로 이러한 한에서 권한쟁의와 행정소송법상의 기관소송은 구별되기 어려운 측면이 있다. 그러나 그밖에 상이한

---

1) 독일 연방헌법재판소도 우리나라의 권한쟁의심판에 해당하는 기관쟁의소송이 헌법의 객관적 보장에 기여하는 객관적 소송이라는 점을 강조하고 있다(BVerfGE 2, 79, 86 참조).
2) 허영, 헌법소송법론, 299쪽.

법 주체 상호간의 권한쟁의는 기관소송과 목적에서 구별된다. 즉 전자는 권력상호
간의 견제와 균형을 유지시켜 헌법의 규범력을 확보하는 것이 목적임에 반하여, 기
관소송은 행정감독 내지 행정의 민주화로 인한 기관의 독립성 확보가 목적이다.

　　권한쟁의심판과 행정소송법상의 기관소송은 당사자·제소요건·심사범위에서도
구별된다. ① 당사자에 있어서 권한쟁의심판의 대상이 되지 않는 범위 내에서 기관
소송이 인정된다. ② 제소요건으로 법률이 정한 때에 한하여 기관소송은 인정된다.
③ 심사범위로는 기관소송은 권한의 존부 또는 그 행사에 관한 다툼인데 반하여, 권
한쟁의심판은 권한의 존부 또는 범위에 관한 다툼이다. 권한의 행사는 권한의 범위
에 비해서 좀 더 구체적 사건이나 행위를 의미한다.[1]

제 2 절 권한쟁의심판의 종류와 당사자적격

1. 권한쟁의심판의 종류

　　권한쟁의심판에는 국가기관 상호간의 권한쟁의심판·국가기관과 지방자치단체
간의 권한쟁의심판 및 지방자치단체 상호간의 권한쟁의심판의 3종류가 있다(제111조
제1항 제4호, 법 제62조 제1항).

2. 권한쟁의심판의 당사자

(1) 일 반 론

　　권한쟁의심판의 당사자가 될 수 있는 기관은 일차적으로 국회, 정부, 법원, 중
앙선거관리위원회[2]와 같은 국가기관과 각급지방자치단체(특별시·광역시·도·시·군·자치
구)이다. 그러나 이차적으로는 독자적인 권능과 의무를 가지고 헌법기관의 기능에
참여하는 국가기관의 구성부분, 예컨대 국회의장, 국회부의장, 국회상임위원회나 원
내교섭단체도 권한쟁의심판의 당사자가 된다고 보아야 할 것이다. 반면에 헌법상
국가에게 부여된 임무 또는 의무를 수행하고 그 독립성이 보장된 국가기관이라고

---

1) 오호택, 헌법소송법, 197쪽.
2) 법원 및 중앙선거관리위원회는 국가의사형성에 능동적으로 참여하는 것도 아니고, 여타기관과 정
　치적 경쟁관계에 있는 것도 아니기 때문에 권한쟁의 당사자로 보는 것은 문제가 있다는 견해가
　있다(정하중, 2003. 7. 11. 헌법실무연구회 제39회 발표회 지정토론문, 헌법실무연구 제4권, 박영사,
　2003, 466쪽).

하더라도 오로지 법률에 설치근거를 둔 국가기관이라면 국회의 입법행위에· 의하여 존폐 및 권한범위가 결정될 수 있으므로, 이러한 국가기관은 '헌법에 의하여 설치되고 헌법과 법률에 의하여 독자적인 권한을 부여받은 국가기관이라고 할 수 없다. 따라서 국가인권위원회의 경우는 헌법 제111조 제1항 제4호 소정의 헌법에 의하여 설치된 국가기관에 해당한다고 할 수 없다.[1]

그러나 정당과 같은 사법상의 사단을 포함하는 사인은 권한쟁의심판의 당사자가 될 수 없다.

(2) 개별적 문제

우리 헌법재판소는 국회의원의 권한쟁의심판당사자능력에 대하여 처음에는 부정적이었으나, 곧 긍정적인 입장으로 태도를 바꾸었다. 그러나 헌법재판소는 대통령 등 국회 이외의 국가기관에 의하여는 국회의원의 심의·표결권이 침해될 수 없다는 입장이다.

정부의 경우에도 전체로서의 정부뿐만 아니라 대통령, 국무총리, 국무회의, 국무위원, 행정각부의 장[2]도 당사자능력을 가질 수 있다. 헌법재판소는 중앙선거관리위원회뿐만 아니라 각급 선거관리위원회에도 당사자능력을 인정하였다.[3] 또한 행정부에 소속되나 직무상 독립성이 보장되는 감사원의 경우에 헌법재판소는 2008. 5. 29. 선고한 2005헌라3 결정에서 감사원의 당사자(피청구인) 능력을 인정하는 전제 하에 본안판단을 하였다.

지방자치단체의 경우 기관위임사무는 지방자치단체의 사무가 아니므로 이에 대해 지방자치단체가 제기한 권한쟁의심판은 부적법하다.[4] 또한 권한쟁의가 「지방교육자치에 관한 법률」 제2조의 규정에 의한 교육·학예에 관한 지방자치단체의 사무에 관한 것인 때에는 교육감이 당사자가 되므로(법 제62조 제2항), 교육감도 청구권자가 될 수 있다.

> **판례** 〈국회의원과 국회의장간의 권한쟁의(각하)〉 "헌법 제111조 제1항 제4호 및 헌법재판소법 제62조 제1항 제1호는 헌법재판소가 관장하는 국가기관 상호간의 권한쟁의

---

1) 헌재 2010. 10. 28. 2009헌라6 결정〈국가인권위원회와 대통령간의 권한쟁의(각하)〉.
2) 헌재 2008. 3. 27. 2006헌라1 결정〈경상남도 등과 정부간의 권한쟁의(각하)〉.
3) 헌재 2008. 6. 26. 2005헌라7 결정〈강남구 등과 국회 등간의 권한쟁의(기각, 각하)〉.
4) 헌재 1999. 7. 22. 98헌라4 결정〈성남시와 경기도간의 권한쟁의(인용=무효확인, 인용=권한침해, 각하)〉.

심판을 국회, 정부, 법원 및 중앙선거관리위원회 상호간의 권한쟁의심판으로 한정하고 있으므로, 그에 열거되지 아니한 기관이나 또는 열거된 국가기관 내의 각급기관은 비록 그들이 공권적 처분을 할 수 있는 지위에 있을지라도 권한쟁의심판의 당사자가 될 수 없으며 또 위에 열거된 국가기관 내부의 권한에 관한 다툼은 권한쟁의심판의 대상이 되지 않는다. 따라서 … 국회의 구성원이거나 국회 내의 일부기관인 국회의원 및 교섭단체 등이 국회 내의 다른 기관인 국회의장을 상대로 권한쟁의심판을 청구할 수 없다."(헌재 1995. 2. 23. 90헌라1 결정)

판례 〈국회의원과 국회의장간의 권한쟁의(일부인용)〉 "국회의원과 국회의장 사이에는 각자 권한의 존부 및 범위와 행사를 둘러싸고 언제나 다툼이 있을 수 있고, 이와 같은 분쟁은 단순히 국회의 구성원인 국회의원과 국회의장간의 국가기관 내부의 분쟁이 아니라 각각 별개의 헌법상의 국가기관으로서의 권한을 둘러싸고 발생하는 분쟁이라고 할 것인데, … 권한쟁의심판 이외에 달리 해결할 적당한 기관이나 방법이 없으므로 국회의원과 국회의장은 헌법 제111조 제1항 제4호 소정의 권한쟁의심판의 당사자가 될 수 있다고 보아야 할 것이다."(헌재 1997. 7. 16. 96헌라2 결정)

판례 〈국회의원과 정부간의 권한쟁의(각하)〉 "국회의원의 심의·표결권은 국회의 대내적인 관계에서 행사되고 침해될 수 있을 뿐 다른 국가기관과의 대외적인 관계에서는 침해될 수 없는 것이므로 피청구인인 대통령이 국회의 동의 없이 조약을 체결·비준하였다 하더라도 국회의원의 심의·표결권이 침해될 가능성은 없다."(헌재 2007. 7. 26. 2005헌라8 결정)

권한쟁의심판에서 제3자 소송담당이 허용되는가가 문제된다. 제3자 소송담당이란 일반적으로 권리관계 주체 이외의 제3자가 당사자적격을 갖는 경우를 말한다. 권한쟁의심판의 경우 행정소송법과 민사소송법이 함께 준용되고, 민사소송에서는 법률상 제3자가 소송수행권을 가지거나 제3자가 고유한 법적 이익 또는 포괄적인 관리처분권을 가지는 경우에 그 제3자의 소송수행이 인정된다. 헌법재판소는 제3자 소송담당을 명시적으로 인정하는 법률의 규정도 없을 뿐만 아니라 다수결원리와 의회주의의 본질에 비추어 이를 부인하고 있다.

판례 〈국회의원과 정부간의 권한쟁의(각하)〉 "국회의 의사가 다수결에 의하여 결정되었음에도 다수결의 결과에 반대하는 소수의 국회의원에게 권한쟁의심판을 청구할 수 있게 하는 것은 다수결의 원리와 의회주의의 본질에 어긋날 뿐만 아니라, 국가기관이 기관 내부에서 민주적인 방법으로 토론과 대화에 의하여 기관의 의사를 결정하려는 노력 대신 모든 문제를 사법적 수단에 의해 해결하려는 방향으로 남용될 우려도 있으므로, 국가기관의 부분기관이 자신의 이름으로 소속기관의 권한을 주장할 수 있는 '제3자 소송담당'을 명시적으로 허용하는 법률의 규정이 없는 현행법체계하에서는 국회의 구성원인 국회의원이 국회의 조약에 대한 체결·비준 동의권의 침해를 주장하는 권한쟁의심판을 청구할 수 없다."(헌재 2007. 7. 26. 2005헌라8 결정)

그러나 반대의견에서는 권력분립의 원칙과 소수자보호의 이념으로부터 제3자 소송담당이 도출된다고 본다.[1] 학계에서도 제3자 소송담당을 인정하는 견해가 적지 않다.[2]

판례 〈국회의원과 정부간의 권한쟁의(각하)〉 "정부와 의회가 다수당에 의해 지배되어 의회의 헌법상 권한이 행정부에 의해 침해되었거나 침해될 위험에 처하였음에도 불구하고 의회의 다수파 또는 특정 안건에 관한 다수세력이 의회의 권한을 수호하기 위한 권한쟁의심판 등 견제수단을 취하지 않음으로써 의회의 헌법적 권한이 제대로 수호되지 못하고 헌법의 권력분립 질서가 왜곡되는 상황 하에서는 의회 내 소수파 의원들의 권능을 보호하는 것을 통하여 궁극적으로는 의회의 헌법적 권한을 수호하기 위하여 그들에게 일정한 요건 하에 국회를 대신하여 국회의 권한 침해를 다툴 수 있도록 하는 법적 지위를 인정할 필요가 있고. 그 구체적 방안으로서 이른바 '제3자 소송담당'을 인정할 필요가 있다. 이 사건과 같은 권한쟁의심판에 있어서 '제3자 소송담당'은 적어도 국회의 교섭단체 또는 그에 준하는 정도의 실제를 갖춘 의원 집단에게는 권한쟁의심판을 제기할 수 있는 지위를 인정하여야 할 것이다."(헌재 2007. 7. 26. 2005헌라8 결정, 재판관 송두환의 반대의견)

---

1) 헌재 2007. 7. 26. 2005헌라5 결정〈국회의원과 정부간의 권한쟁의(각하)〉에서 재판관 송두환의 반대의견.

2) 허영, 헌법소송법론, 315쪽은 독일의 학설·판례에 따라 제3자 소송담당의 헌법상 의의를 소수의 보호와 여당과 야당간의 기능적 권력통제를 통한 헌법의 기능 보호에서 찾아야 한다면 우리나라에서도 제3자 소송담당을 인정하는 것이 마땅할 것이며, 입법적인 해결이 이루어질 때까지는 헌법재판소가 긍정적인 방향으로 판례를 변경하는 것이 바람직할 것이라고 하고, 성낙인, 헌법학, 1285쪽은 ① 국회의 판단은 정치적 고려에 좌우될 가능성이 크다는 점, ② 다수결의 원칙이 적용되는 국회에서 다수결에 의해 국회가 스스로 그 권한이 침해되어도 방기할 가능성이 높다는 점, ③ 이러한 권한침해의 방기는 곧 국회의 소수자의 권한침해로 이루어진다는 점, ④ 위 결정에서 다수의견은 국회 외부기관에 의한 국회의원 개인의 심의표결권 침해 또한 성립할 수 없다는 논지를 취하여 결국 이러한 문제를 소수파 국회의원이 다툴 수 있는 방법이 보이지 않는다는 점을 들어 이 사건에서는 제3자 소송담당을 인정하였어야 할 것이라고 한다.

제 3 절 권한쟁의심판절차

1. 청 구

권한쟁의심판은 청구인의 청구로 개시한다. 권한쟁의심판의 청구는 권한쟁의심판청구서를 헌법재판소에 제출해야 하는데(법 제26조 제1항), 헌법재판소법(제63조)이 정하는 청구기간의 계산에서는 도달주의가 적용되므로 청구기간 내에 청구서가 헌법재판소에 도달해야 한다.

권한쟁의심판에서 당사자간의 권능분쟁이 해소되어 더 이상 관할권 보호 내지는 심판이익이 없는 경우에는 청구인은 심판청구를 취하할 수 있다. 그러나 피청구인의 구두변론이 있은 후에는 청구의 취하에 피청구인의 동의가 필요하며, 권한의 존부나 범위를 확정하여야 할 객관적 이익이 강할 경우에는 피청구인의 동의가 있다 하더라도 청구의 취하가 허용되지 않을 수 있고, 청구가 취하된 경우에도 심판의 이익이 인정되어 헌법재판소가 심판을 해야 하는 경우가 있다. 헌법재판소는 청구의 취하에 민사소송법의 규정이 준용된다고 하여 권한쟁의심판에서 청구의 취하를 인정하며, 이 경우 심판절차종료선언의 주문을 표시하고 있다.[1]

> 판례 〈국회의장 등과 국회의원간의 권한쟁의〉 (다수의견) "비록 권한쟁의심판이 개인의 주관적 권리구제를 목적으로 삼는 것이 아니라 헌법적 가치질서를 보호하는 객관적 기능을 수행하는 것이고 특히 국회의원의 법률안에 대한 심의·표결권의 침해 여부가 다투어진 이 사건 권한쟁의심판의 경우에는 국회의원의 객관적 권한을 보호함으로써 헌법적 가치질서를 수호·유지하기 위한 쟁송으로서 공익적 성격이 강하다고는 할 것이다. 그러나 법률안에 대한 심의·표결권의 행사여부가 국회의원 스스로의 판단에 맡겨져 있는 사항일 뿐만 아니라, 그러한 심의·표결권이 침해당한 경우에 권한쟁의심판을 청구할 것인지 여부도 국회의원의 판단에 맡겨져 있어서 심판청구의 자유가 인정되고 있는 만큼 권한쟁의심판의 공익적 성격만을 이유로 이미 제기한 심판청구를 스스로의 의사에 기하여 자유롭게 철회할 수 있는 심판청구의 취하를 배제하는 것은 타당하지 않다."
>
> (소수의견) "헌법재판소법 제40조 제1항이 권한쟁의심판절차를 포함한 헌법재판소의 심판절차에 관하여 민사소송에 관한 법령의 규정을 준용한다고 규정하고 있으므로, 소의 취하에 관한 규정도 원칙적으로는 권한쟁의심판절차에 준용된다고 할 것이다. 그러나 여기서 '준용'이라 함은 아무런 제한 없이 모든 경우에 준용된다는 것은 아니고, 권한쟁의심판절차의 본질 및 당해 사건의 내용에 비추어 당해 법령을 준용하는

---

1) 헌재 2001. 6. 28. 2000헌라1 결정〈국회의장 등과 국회의원간의 권한쟁의(심판절차종료선언)〉.

것이 허용되지 않는다고 볼 특별한 사정이 있는 경우에는 그 준용을 배제하는 것이 마땅하다고 생각한다.

앞에서 본 바에 따르면 민사소송법상 소의 취하를 인정하는 이유는 분쟁의 대상 자체가 사적자치의 원칙이 적용되는 재산관계이므로 그 해결을 위한 소송절차에서도 원칙적으로 처분권주의가 인정된다는 데에서 찾을 수 있다 할 것이다. 그런데 권한쟁의심판의 경우에 있어서는 국가기관 또는 지방자치단체의 권한의 존부 또는 범위가 분쟁의 대상이고, 그러한 분쟁은 우리가 수호·유지하여야 할 헌법적 가치질서의 틀 아래에서 해결되어야 할 것이므로 그 심판절차에서 반드시 민사소송에서 인정되는 것과 같은 내용과 정도의 처분권주의를 인정하여야만 한다고 볼 것은 아니다. 이는 우리가 잘 알듯이 민사소송과는 달리 사적자치의 원칙이 지배한다고 볼 수 없는 행정소송이나 형사소송절차에서는 소송의 공익적인 측면을 고려하여 처분권주의가 제한된 범위 안에서 인정되고 있다는 점에서 충분히 뒷받침된다 할 것이다. 또한 민사소송에 있어서는 판결의 기판력이 원칙적으로 소송당사자에게만 미치므로 당사자의 임의적 의사에 기하여 소송을 종료시킨다 하더라도 다른 사람의 권리관계에 영향을 미치지 아니하는 이상 이를 막아야 할 별다른 이유를 찾을 수 없지만, 권한쟁의심판에 있어서는 인용결정이 모든 국가기관과 지방자치단체를 기속하는 일반적 기속력을 가지게 되므로 민사소송의 경우와 반드시 같게 올 이유가 없는 것이다.

이와 같이 민사소송절차에서 인정되는 정도의 처분권주의를 권한쟁의심판절차에서도 똑같이 인정하여야만 할 이론적 근거나 필요성을 찾을 수 없다면 권한쟁의심판절차에서는 처분권주의에 바탕을 둔 민사소송법상 소의 취하에 관한 규정의 준용을 제한하는 것이 가능하다고 할 것이고 결국 소의 취하에 관한 규정을 권한쟁의심판절차에 준용할 것인지 여부는 권한쟁의심판을 관장하는 헌법재판소가 구체적인 권한쟁의심판에 있어서 당해 심판청구 취하의 효력을 인정함으로써 분쟁의 자율적 해결을 도모할 수 있다는 측면과 심판청구의 취하에도 불구하고 당해 심판청구에 대하여 심판을 함으로써 헌법적 가치질서를 수호·유지할 수 있다는 측면을 교량하여 판단·결정하여야 할 문제라고 할 것이다. 따라서 만약 헌법질서의 수호·유지를 위하여 긴요한 사항으로서 그 해명이 헌법적으로 특히 중대한 의미를 가지고 있는 경우에 해당하는 경우라면 예외적으로 당해 권한쟁의사건에 대하여는 처분권주의를 제한하여 소의 취하에 관한 규정의 준용을 배제할 수 있다 할 것이다.

특히 당해 권한쟁의심판 사건에 대한 실체적 심리가 이미 종결되어 더 이상의 심리가 필요하지 아니한 단계에 이르고, 그 때까지 심리한 내용을 토대로 당해 사건이 헌법질서의 수호·유지를 위하여 긴요한 사항으로서 그 해명이 헌법적으로 특히 중대한 의미를 가지고 있는 경우에 해당한다고 판단되는 경우라면 헌법재판소는 소의 취하에 관한 규정의 준용을 배제하여 심판청구의 취하에도 불구하고 심판절차가 종료되지 않은 것으로 보아야 할 것이다."(헌재 2001. 5. 8. 2000헌라1 결정)

2. 청구사유

권한쟁의심판을 청구하기 위해서는 국가기관 상호간, 국가기관과 지방자치단체 간 및 지방자치단체 상호간에 권한의 존부 또는 범위에 관하여 다툼이 있어야 한다.

다만 심판청구는 피청구인의 처분 또는 부작위가 헌법이나 법률에 의하여 부여받은 청구인의 권한을 침해하였거나 침해할 현저한 위험이 있어야 한다(법 제61조).

권한쟁의심판에서 심판의 대상이 되는 처분은 넓은 의미에서의 국가기관 또는 지방자치단체의 작위행위를 말한다. 그리고 권한쟁의심판에서 다툴 수 있는 부작위는 헌법이나 법률 등 법규범에 의하여 어떤 작위를 행할 것이 법적인 의무로 되어 있음에도 이를 행하지 아니하는 것을 말한다. 헌법재판소는 이런 부작위에서 문제가 되는 작위의무를 헌법상 또는 법률상 유래하는 작위의무라고 본다.[1]

이때의 침해란 현실적인 침해를 말하고, 권한을 침해할 현저한 위험이란 권한을 침해할 개연성이 예상되고 구체적으로 분쟁이 거론될 수 있을 정도로 상황이 구체화된 경우를 말한다.

피청구인의 처분 또는 부작위가 청구인의 권한을 침해할 현저한 위험이 있는 경우에는 특정한 권한의 존부 또는 범위 자체의 확인만이 청구취지가 되지만(법 제61조 제1항), 피청구인의 처분 또는 부작위가 청구인의 권한을 이미 침해한 경우에는 헌법재판소법 제68조 제2항에 따라 피청구인의 처분이나 부작위의 취소 또는 무효확인을 청구취지로 할 수 있다. 부작위의 경우 법문은 '무효확인'이라고 되어 있으나, 부작위의 본질상 '부작위 위헌확인 또는 위법확인'으로 이해되어야 할 것이다.

> **판례** 〈영일군과 정부간의 권한쟁의(각하)〉 "지방자치단체인 청구인이 국가기관인 피청구인을 상대로 권한쟁의심판을 청구하려면 청구인과 피청구인 상호간에 권한의 존부 또는 범위에 관한 다툼이 있어야 하고, 피청구인의 처분 또는 부작위가 헌법 또는 법률에 의하여 부여받은 청구인의 권한을 침해하거나 침해할 현저한 위험이 있는 경우이어야 한다."(헌재 1998. 6. 25. 94헌라1 결정)

> **판례** 〈국회의장과 국회의원간의 권한쟁의(각하)〉 "피청구인의 부작위에 의하여 청구인의 권한이 침해당하였다고 주장하는 권한쟁의심판은 헌법상 또는 법률상 유래하는 작위의무가 있음에도 불구하고 피청구인이 그러한 의무를 다하지 아니한 경우에 허용된다."(헌재 1998 7. 14. 98헌라3 결정)

> **판례** 〈서울특별시와 정부간의 권한쟁의(기각, 각하)〉 "헌법재판소법 제61조 제2항에 따라 권한쟁의심판을 청구하려면 피청구인의 처분 또는 부작위가 존재하여야 하고, 여기서 '처분'이란 법적 중요성을 지닌 것에 한하므로, 청구인의 법적 지위에 구체적으

---

1) 헌재 1998. 7. 14. 98헌라3 결정〈국회의장과 국회의원간의 권한쟁의(각하)〉.

로 영향을 미칠 가능성이 없는 행위는 '처분'이라 할 수 없어 이를 대상으로 하는 권한쟁의심판청구는 허용되지 않는다. 정부가 법률안을 제출하였다 하더라도 그것이 법률로 성립되기 위해서는 국회의 많은 절차를 거쳐야 하고, 법률안을 받아들일지 여부는 전적으로 헌법상 입법권을 독점하고 있는 의회의 권한이다. 따라서 정부가 법률안을 제출하는 행위는 입법을 위한 하나의 사전 준비행위에 불과하고, 권한쟁의심판의 독자적 대상이 되기 위한 법적 중요성을 지닌 행위로 볼 수 없으므로 권한쟁의심판의 대상이 될 수 없다."(헌재 2005. 12. 22. 2004헌라3 결정)

판례 〈강남구 등과 국회의원간의 권한쟁의(각하)〉 "헌법 제61조 제2항의 처분이란 입법행위와 같은 법률의 제정과 관련된 권한의 존부 및 행사상의 다툼, 행정처분은 물론 행정입법과 같은 모든 행정작용 그리고 법원의 재판 및 사법행정작용등을 포함하는 넓은 의미의 공권력처분을 의미하는 것으로 보아야 할 것이므로, 법률에 대한 권한쟁의심판도 허용된다고 봄이 일반적이나 다만 '법률 그 자체'가 아니라 '법률제정행위'를 그 심판대상으로 하여야 한다."(헌재 2006. 5. 25. 2005헌라4 결정)

3. 청구서의 기재사항

권한쟁의심판의 청구서에는 ① 청구인 또는 청구인이 속한 기관과 심판수행자 또는 대리인, ② 피청구인, ③ 심판대상이 되는 피청구인의 처분 또는 부작위, ④ 청구의 이유, ⑤ 기타 필요한 사항 등을 기재하여야 한다(법 제64조).

또 법 제64조에는 청구의 취지에 대하여 명시적으로 정하고 있지 않지만, 청구서에는 청구취지를 기재하여야 한다. 심판의 청구에는 어떠한 심판을 구하는지를 분명히 하여 심판의 청구에서 청구인이 달성하고자 하는 목적이 무엇인지를 명확히 할 필요가 있으므로 청구의 취지도 청구의 이유와 함께 기재하여야 한다. 청구의 취지를 기재하는 경우에는 처분의 취소, 부작위의 무효확인, 권한의 존부확인, 권한의 범위확인과 같이 헌법재판소에 어떠한 주문을 구하는 것인가를 명확히 하여야 한다.

4. 청구기간

권한쟁의심판은 그 사유가 있음을 안 날로부터 60일 이내에, 그 사유가 있은 날로부터 180일 이내에 청구하여야 한다. 여기서 그 사유가 있음을 안 날이라 함은 다른 국가기관 등의 처분에 의하여 자신의 권한이 침해되었다는 사실을 특정할 수 있을 정도로 현실적으로 인식하고 이에 대하여 권한쟁의심판청구를 할 수 있게 된 때를 말하며 그 처분의 내용이 확정적으로 변경할 수 없게 된 것까지를 요하는 것

은 아니다.1)

처분의 경우에는 처분행위가 있는 때 권한침해행위는 종료하고 그 위법상태가 계속될 수 있음에 비하여, 부작위의 경우에는 부작위가 계속되는 한 권한침해가 계속된다. 따라서 부작위에 대한 권한쟁의심판은 그 부작위가 계속되는 한 기간의 제약없이 적법하게 청구할 수 있다고 보아야 할 것이다.2)

이 기간은 불변기간이다(법 제63조). 따라서 원칙적으로 청구기간이 도과하게 되면 권한쟁의심판을 청구할 수 없지만 헌법재판소법 제40조 제1항과 행정소송법 제20조 제2항 단서에 의하여 그 청구기간이 경과되더라도 이에 대하여 정당한 사유가 있는 경우, 즉 지연된 권한쟁의심판청구를 허용하는 것이 사회통념상 상당한 경우에는 권한쟁의심판을 청구할 수 있다. 즉 ① 청구인이 자신의 귀책사유 없이 불변기간을 지키지 못한 경우에는 청구방해의 사유가 소멸한 날로부터 2주일 내에 지체된 소송행위(청구서 제출)를 보완할 수 있다. 사유 소멸 당시 외국에 체류중인 사람은 사유가 소멸한 날로부터 30일 이내에 청구하면 된다(법 제40조, 민사소송법 제173조 제1항). ② 주소·거소가 원거리에 있는 사람에게는 따로 부가기간을 부여할 수 있다(법 제40조, 민사소송법 제172조 제1항·제2항). 불변기간의 준수여부는 헌법재판소의 직권조사사항이다.3)

5. 변론주의

권한쟁의는 청구인과 피청구인이 대립하는 대심구조를 취하고, 심리에는 민사소송법이 준용된다. 당사자처분권주의가 적용되므로 원칙적으로 청구인이 주장하는 사유 이외에는 판단할 필요가 없으나, 심판청구가 취하되거나 피청구인의 처분 등이 취소된 경우에도 객관적 소송이라는 특성으로 인해 경우에 따라 심판이익이 인정될 수 있다. 헌법재판소법 제30조 제1항에 따라 구두변론을 거치며, 재판부가 변론을 열 때에는 기일을 정하고 당사자와 관계인을 소환한다(동법 제30조 제3항).

6. 가 처 분

헌법재판소법 제65조에 따라 헌법재판소는 직권 또는 청구인의 신청으로 가처

---

1) 헌재 2007. 3. 29. 2006헌라7 결정〈동래구청장과 건설교통부장관간의 권한쟁의(각하)〉.
2) 헌재 1994. 12. 29. 89헌마2 결정〈조선철도(주) 주식의 보상금청구에 관한 헌법소원(위헌)〉.
3) 성낙인, 헌법학, 1286쪽.

분을 할 수 있다. 즉 종국결정의 선고시까지 심판대상이 된 피청구기관의 처분의 효력을 정지시키는 결정이 가능하다(법 제65조).

권한쟁의심판에 있어 가처분결정을 위한 요건은, 피청구인의 처분 등이나 그 집행 또는 절차의 속행 등으로 인하여 생길 회복하기 어려운 손해를 예방할 필요가 있거나 기타 공공복리상의 중대한 사유가 있어야 하고 그 처분의 효력을 정지시켜야 할 긴급한 필요가 있는 경우라야 한다. 가처분을 인용한 뒤 종국결정에서 청구가 기각되었을 때 발생하게 될 불이익과 가처분을 기각한 뒤 청구가 인용되어 발생하게 될 불이익을 비교형량하여 행한다.[1]

> **판례** 〈직접처분 효력정지 가처분신청(인용)〉 "권한쟁의심판에서의 가처분결정은 피청구기관의 처분 등이나 그 집행 또는 절차의 속행으로 인하여 생길 회복하기 어려운 손해를 예방할 필요가 있거나 기타 공공복리상의 중대한 사유가 있어야 하고 그 처분의 효력을 정지시켜야 할 긴급한 필요가 있는 경우 등이 그 요건이 되고, 본안사건이 부적법하거나 이유없음이 명백하지 않은 한 가처분을 인용한 뒤 종국결정에서 청구가 기각되었을 때 발생하게 될 불이익과 가처분을 기각한 뒤 청구가 인용되었을 때 발생하게 될 불이익에 대한 비교형량을 하여 행한다. 이 사건 진입도로에 관한 피신청인의 도시계획입안과 지정·인가처분의 효력을 정지시키는 가처분결정을 하였다가 신청인에게 불리한 종국결정을 하였을 경우 처분의 상대방에게는 공사 지연으로 인한 손해가 발생하고 또 골프연습장을 이용하려는 잠재적 수요자의 불편이 예상된다는 점 외에 다른 불이익은 없는 반면, 가처분신청을 기각하였다가 신청인의 청구를 인용하는 종국결정을 하였을 경우, 피신청인의 직접처분에 따른 처분의 상대방의 공사 진행으로 교통 불편을 초래하고 공공공지를 훼손함과 동시에 이의 원상회복을 위한 비용이 소요되는 등의 불이익이 생기게 되므로, 종국결정이 기각되었을 경우의 불이익과 가처분신청을 기각한 뒤 결정이 인용되었을 경우의 불이익을 비교형량할 때 이 사건 가처분신청은 허용함이 상당하다."(헌재 1999. 3. 25. 98헌사98 결정)

제 4 절　권한쟁의심판의 결정과 그 효력

1. 정 족 수

권한쟁의의 심판은 재판관전원으로 구성되는 재판부에서 관장하며(법 제22조), 재판관 7인 이상의 출석으로 심리한다(법 제23조 제1항). 권한쟁의심판의 결정은 종국심리에 관여한 재판관 과반수의 찬성으로 한다(법 제23조).

---

1) 헌재 1999. 3. 25. 98헌사98 결정〈직접처분 효력정지 가처분신청(인용)〉.

결정의 종류에는 심판청구가 부적법한 경우에 행하는 각하결정, 권한의 침해나 침해의 현저한 위험이 인정되지 않을 때 행해지는 기각결정, 그리고 심판청구를 받아들이는 인용결정이 있다. 인용결정에는 권한존부확인결정, 권한범위확인결정, 취소결정, 무효확인결정, 부작위위헌(위법)확인결정이 있다.

2. 결정의 내용

헌법재판소는 권한의 존부 또는 범위에 관하여 판단하며, 권한침해의 원인이 된 피청구인의 처분을 취소하거나 그 무효를 확인할 수 있고, 헌법재판소가 부작위에 대한 심판청구를 인용하는 결정을 한 때에는 피청구인은 결정취지에 따라 처분을 하여야 한다(법 제66조).

권한의 존부에 대한 판단이란 침해당했다고 주장하는 권한이 청구인에게 귀속되는가 여부에 대한 판단이며, 권한의 범위에 관한 판단이란 피청구인의 행위로 인하여 청구인에게 귀속된 권한이 침해되었는가에 대한 판단을 의미한다.

결정주문은 이러한 두 가지 의미를 동시에 담게 된다. 예를 들어 "국회의장이 임시회의를 개의하고 법률안을 상정하여 가결선포한 것은 야당의원들의 법률안 심의표결권을 침해한 것이다."[1] 또한 헌법재판소는 이와 같이 권한의 존부 또는 범위에 관한 판단에 더하여 법 제66조 제2항에 따라 피청구인의 처분 또는 부작위가 청구인의 권한을 침해하였을 경우에는 '부가적으로' 처분의 취소나 무효확인 및 부작위의 위헌확인 또는 위법확인을 할 수 있다.

3. 결정의 효력

헌법재판소의 결정은 모든 국가기관과 지방자치단체를 기속한다(법 제67조 제1항).

헌법재판소의 권한존부확인결정이나 권한범위확인결정에 의하여 국가기관 또는 지방자치단체가 가지고 있는 권한의 존부와 범위가 확정된다. 헌법재판소가 처분을 취소하는 결정을 하면 그 처분은 취소되고 효력을 상실한다(형성적 효력). 헌법재판소가 취소 또는 무효확인결정을 내린 경우에 피청구인은 관련된 처분이나 부작위를 결정내용에 맞추어 시정하여야 한다(법 제66조 제2항). 그러나 처분의 취소는 그 처분의 상대방에 대하여 이미 발생한 효력에는 영향을 미치지 아니한다(법 제67조 제2항).

---

1) 헌재 1997. 7. 16. 96헌라2 결정〈국회의원과 국회의장간의 권한쟁의(일부인용=권한정지, 일부기각)〉.

권한쟁의심판의 종국결정도 헌법재판소결정이 갖는 자기구속력과 형식적·실질적 확정력을 갖는다. 특히 피청구인이 반복금지의무를 어기고 청구인의 권한을 침해하는 동일한 행위를 반복하는 경우 청구인은 다시 권한쟁의심판을 청구할 수 있고, 헌법재판소는 사실적·법적 사정이 변하지 않은 한 자신이 행한 이전의 결정에 기속되는 자기구속력을 받기 때문에 다른 결정을 할 수 없다.[1]

---

1) 허영, 헌법소송법론, 337쪽.

제8장
헌법소원심판

제 8 장 헌법소원심판

제 1 절 헌법소원일반

제 1 항 헌법규정과 연혁

1. 헌법규정

우리 헌법은 제111조 제1항 제5호에서 법률이 정하는 헌법소원의 심판을 헌법재판소의 관장사항으로 규정하고 있다. 이에 관한 법으로 헌법재판소법이 있고, 헌법재판소법 제68조 내지 제75조는 헌법소원에 대하여 자세한 규정을 두고 있다.

2. 연 혁

헌법소원제도의 가장 오래된 형태를 신성로마제국의 '제국재판소'(Reichs-kammergericht)에서 찾을 수 있다는 견해도 있다.

그러나 헌법소원이라는 명칭은 19세기 후반에 처음 나타난다. 1867년 오스트리아의 국가기본법(Staatsgrundgesetz) 제3b조는 헌법에 의하여 국민에게 보장된 정치적 권리가 침해된 경우 제국법원에서 이에 대한 소원(Beschwerde)을 결정할 수 있음을 규정하였다. 1920년 오스트리아 연방헌법 제114조는 행정기관의 처분으로 인하여 헌법적으로 보장된 권리가 침해된 경우에 헌법재판소(Verfassungsgerichtshof)에 그 심판권한을 부여하였다. 그 후 1976년 헌법과 헌법재판소법의 개정에 따라 직접적으로 기본권을 침해한 법률·명령에 대하여도 소원을 인정하였다. 다만 독일과는 달리 법원의 재판은 헌법소원의 대상에서 제외하고 있다.

독일에서는 1919년 바이에른 지방헌법 제93조가 처음으로 행정청의 행위에 의하여 주관적 공권이나 사권을 침해받았다고 생각하는 바이에른에 주소를 가진 모든

자연인과 법인에게 국사재판소에 헌법소원제기권을 부여하였다.[1] 1946년 바이에른
지방헌법은 위 전통을 계승하였으나, 1949년 본기본법은 헌법소원규정을 두지 않았
다. 그러나 1951년 3월 12일 연방헌법재판소법에서 헌법소원제도를 도입하였고,
1969년 기본법개정으로 헌법소원을 개정하여 헌법상의 제도로 확립되었다. 독일의
헌법소원제도는 입법·행정·사법을 포괄하는 모든 공권력을 대상으로 하고 있다.[2]

   우리 헌법은 헌법소원을 현행헌법에서 처음으로 도입하였다.[3] 우리나라의 헌
법소원제도는 헌법재판소법 제68조 제2항에 따라 규범통제형 헌법소원을 인정하고
있다는 점과 헌법소원의 대상에서 법원의 재판을 명시적으로 배제하고 있다는 점이

---

1) 독일에서의 헌법소원제도의 발전사에 대해서는 W. Boulange, *Die geschichtliche Grundlage der heutigen Verfassungsbeschwerde*, Diss. Heidelberg 1954; E. Schumann, *Verfassungs – und Menschenrechtsbeschwerde gegen richterliche Entscheidungen*, 1963; R. Zuck, *Das Recht der Verfassungsbeschwerde*, 2. Aufl. (1988), S. 35ff. 참조.

2) 헌법소원의 연방헌법재판소법에 채택된 이유를 R. Zuck, *Das Recht der Verfassungsbeschwerde*, S. 43는 다음과 같은 7가지로 간추리고 있다. ① 헌법소원의 주된 목적은 기본권보호이다. 기본권의 중요성에 비추어 지나친 권리보호란 있을 수 없다. ② 기본권은 일반법원보다 전적으로 기본권보호만을 관할하는 법원에서 더 잘 보호될 수 있을 것이다. ③ 헌법소원을 헌법재판소에 집중시킴으로써 동일한 법적 문제에 대한 상이한 결정을 피할 수 있을 뿐만 아니라 결정을 신속하게 할 수 있다. ④ 헌법소원을 할 수 있다는 것은 국가에 대한 신뢰를 조성하고 민주적 참여를 보장한다. 또한 이는 국민의 감시기능을 강화시킨다. ⑤ 헌법소원을 통해서 흠결 없는 권리보호가 이루어진다. ⑥ 기본권에 대한 위법적 침해의 반복이 연방헌법재판소의 판결을 통해 배제될 수 있기 때문에 헌법소원을 통하여 효과적인 권리보호를 가능하게 한다. ⑦ 헌법소원은 정치적 위기상황에서는 권리보호를 위한 최후의 수단일 수 있다.

3) 그러나 우리 헌법의 개정경과를 보면 헌법소원에 대한 깊은 연구 없이 헌법소원이 채택되었음을 알 수 있다. 곧 제6공화국 헌법의 개정경과를 보면 처음에는 어느 정당의 초안에도 헌법소원에 대한 언급은 없었다. 그러던 중 헌법개정특별위원회에서 최종적으로 합의된 제8차 회의록을 보면 헌법재판소의 채택과 더불어 헌법소원이 새롭게 들어간 것을 알 수 있다. 그러나 이에 대한 문헌은 전혀 남아있지 않기 때문에 헌법소원이 어떻게 주장되고 누가 제안하였는가를 정확히 알 수 없다(김학성, 헌법소원에 관한 연구, 23쪽 참조). 이러한 사정은 헌법재판소의 기본운영·조직·권한규정 등에 관한 기본법인 헌법재판소법의 제정과정에서도 비슷하다. 1988년 5월 정부는 헌법재판소법초안을 마련하여 입법예고하였고(사법행정 1988. 6. 108쪽 이하 참조)=이 초안은 국회에 제출되지 않았다—이어서 대한변호사협회(대한변호사협회지 1988. 7. 참조)와 공법학회(1988년 7월 25일자 법률신문 참조)는 자신들의 입장을 표명하였다. 민정당은 1988. 7. 4. 헌법재판소법안을 국회에 제출하였고 야3당도 7월 18일 헌법재판소법안을 국회에 제출하였다. 전자와 후자의 가장 커다란 차이점은 전자가 재판을 헌법소원의 대상에서 제외시켰음에 반하여, 후자는 그것을 포함하였다는 점이다. 이에 따라 1988. 7. 21. 열린 제143회 국회법제사법위원회 제3차 회의에서는 민정당안과 야3당안을 심의할 법률심사소위원회를 구성하였다. 동위원회는 7월 22일 법안을 심의한 결과 두 개의 법안을 국회본회의에 부의하지 않기로 결정하고 그 대신 법제사법위원회의 대안을 제출하기로 의견의 일치를 보았다. 그리고 놀랍게도 하루만인 1988. 7. 23. 법제사법위원회 제5차 회의에 대안을 제출하고 이 법률안은 그날 국회 본회의에 상정되어 통과되었다. 이렇게 헌법소원제도가 우리 헌법과 헌법재판소법에서 졸속입법으로 처리·도입되었기 때문에 우리의 헌법소원제도는 많은 미비점을 포함하고 있을 뿐 아니라 여러 조항 사이에 모순도 있다.

특색이다.

제 2 항 헌법소원의 개념과 본질

1. 헌법소원의 개념

헌법소원이라 함은 공권력의 행사 또는 불행사에 의하여 헌법상 기본권을 침해당한 자가 법률에 다른 구제절차가 없는 경우 직접 헌법재판소에 대하여 당해 공권력작용의 위헌성을 확인하고 권리를 구제해줄 것을 청구하는 특수한 구제절차이다.

2. 헌법소원의 본질

헌법소원의 본질이 무엇인가에 대해서는 실정법(그것이 우리 헌법이든 헌법재판소법이든 또는 독일의 기본법이든 연방헌법재판소법이든)은 아무런 언급도 하고 있지 않다. 따라서 헌법소원의 본질이 무엇인가에 대한 대답은 이론과 특히 독일연방헌법재판소의 판례에서 찾아볼 수밖에 없다. 독일연방헌법재판소의 판례를 검토해보면 헌법소원의 본질적 징표는 '국가에 대한 국민의 특수한 권리보호'(der spezifische Rechtsbehelf des Bürgers gegen den Staat)라는 점과 '보충성'(Subsidiarität)으로 축약된다.

우선, 헌법소원의 본질적 특징은 국가에 대한 국민의 특수한 권리보호라는 점에서 찾을 수 있다. 곧 헌법소원은 "입법·행정·사법권의 모든 행위는 기본권적합성에 따라 심사되어야 한다"[1]는 목적을 가진 "국가에 대한 국민의 특수한 권리보호"[2]제도이며, '특별한(비정규) 권리보호'(außerordentliche Rechtsbehelf)이다.[3] 이러한 특징으로부터 다음과 같은 추론이 가능하다. ① 헌법소원은 다른 법적 수단과 병행해서 선택적으로 행사하거나 또는 달리 규정된 소송수단을 간이화하거나 회피하기 위하여 존재하고 있는 것이 아니다.[4] ② 그렇기 때문에 연방헌법재판소는 헌법소원에 관한 한 법률의 헌법합치적 해석의 경우와는 달리 상고심이나 초상고심으로써 기능하지는 않는다. 따라서 헌법소원에는 '정지효'(Suspensiveffekt)와 '이심효'(移審效, Devolutiveffekt)가 없다는 점에서 일반적인 상소와 구별된다.[5][6]

---

1) BVerfGE 7, 198(207).
2) BVerfGE 4, 27(30); 6, 45(49); 6, 445(448); 21, 362(371); 31, 87(91).
3) BVerfGE 18, 315(325).
4) BVerfGE 2, 287(291).
5) R. Zuck, *Das Recht der Verfassungsbeschwerde*, S. 7f.; 김학성, 헌법소원에 관한 연구, 34쪽 참조.
6) 독일은 우리와 달리 재판에 대한 헌법소원을 인정하고 있다. 독일연방헌법재판소는 법원에 대한

다음으로, 헌법소원의 본질적 특색은 보충성에 있다.[1] 곧 헌법소원은 기본권에 대한 침해를 다른 방법으로는 구제할 수 없는 경우에 한하여 허용되는 특별한 권리 구제수단이다. 이러한 제한은 법적 안정성의 이유에서 다른 법원이나 행정청의 법률상 유효한 또는 취소할 수 있는 결정은 예외적인 경우에만 문제되어야 하고 연방헌법재판소는 불필요한 헌법소원을 통해서 자신의 다른 임무를 일탈해서는 안 된다는 데에서 그 인정근거를 찾을 수 있다. 뿐만 아니라 헌법소원의 보충성의 원칙은 연방헌법재판소의 업무부담을 경감시켜주는 역할도 한다.[2]

제 3 항   헌법소원의 기능

1. 학   설

헌법소원은 기본권보호와 헌법질서보호라는 이중적 기능을 한다. 이러한 헌법소원의 이중적 기능은 독일연방헌법재판소와 우리 헌법재판소가 다 같이 인정하고 있다. 그러나 강조점은 약간 상이하다. 곧 독일연방헌법재판소는 헌법소원의 기본권보호기능을 1차적으로 강조함에 반하여,[3] 우리 헌법재판소는 (구)지방의회의원선거법 제36조 제1항에 대한 헌법소원결정에서 " … 그리고 헌법재판소법 제75조 제2항의 규정에 따라 침해된 기본권을 표시하지 않는 이유는 법률에 대한 헌법소원은 청구인의 침해된 기본권을 구제한다는 면도 있으나, 객관적인 헌법질서의 확립이라는 성질이 더 부각되어야 할 것이고 … "[4]라고 하여 법률에 대한 헌법소원에 한정된

재판소원을 통하여 법원이 해석·적용한 개별 법률에 대한 판단, 사실판단, 증거판단 등을 심사하는 것이 아니라, 특정 헌법규정의 위헌여부만을 검토한다. 그 결과 연방헌법재판소는 법원이 헌법규정의 적용을 간과하거나, 법률의 해석·적용을 특정 헌법조항에 위반되게 한 경우만을 통제하게 된다. 따라서 재판에 대한 헌법소원은 통상의 불복절차와는 다른 비상의 구제절차이며, 통상의 불복절차에 이어서 추가로 불복할 수 있는 절차, 즉 초상고심이 아니라, 통상의 소송절차와는 다른 최후의 보충적 권리구제절차이다.

1) BVerfGE 63, 45ff.; 73, 322; 77, 381ff.; 79, 1.
2) BVerfGE 4, 27(30); 6, 4(49); 6, 445(448); … 60, 175(201f.); 64, 301(312).
3) "헌법소원의 기능은 국민의 개인적 기본권을 철저히 함으로써 그 사명이 끝나는 것이 아니라, 객관적 헌법을 보장하고 그 해석과 계속형성에 기여하는 기능도 한다. 이와 같은 사실은 연방헌법재판소법 제31조 제1항과 제2항 제2문, 제90조 제2항 제2호, 제93a조 제4항, 제95조 제3항에 표현되고 있다. 그러한 한도 내에서 헌법소원은 동시에 객관적 헌법의 특수한 법보호수단으로서의 특징을 갖는다"(BVerfGE 33, 247, 258; 45, 63, 74f.; 51, 130, 139).
4) 헌재 1991. 3. 11. 91헌마21 결정〈지방의회의원선거법 제36조 제1항에 대한 헌법소원(헌법불합치, 일부각하)〉.

것이기는 하나 헌법소원의 헌법질서보호기능을 일차적으로 강조하고 있다.

　　물론 학계에서도 헌법소원의 1차적 기능이 주관적 권리보호인가 객관적 헌법질서의 보호인가에[1] 대하여 다툼이 있다. 헌법소원의 주관적 권리보호기능에 치중하고 있는 견해는 그 논거로서 다음과 같은 것을 들고 있다. ① 기본법이 명문으로 공권력에 의하여 기본권이 침해되는 경우에 헌법소원을 제기할 수 있다고 규정하고 있다.[2] ② 연방헌법재판소법 제93a조 제4항에서 재판부는 재판을 거부함으로써 소원제기자에게 중대하고 피할 수 없는 손해가 발생할 우려가 있다는 견해를 2명의 법관이 표명한 때에는 헌법소원을 수리하여야만 한다고 규정하고 있다.[3] ③ 헌법소원의 성립사를 보더라도 헌법소원의 기본권보호기능은 명백하다. 곧 헌법제정평의회에 제출된 초안 제98조 제4호(헌법소원)는 "이 조항은 이른바 헌법소원에 관한 것이다. 헌법소원은 헌법상 보장된 개인의 주관적 권리의 침해에 대한 개인의 권리보호를 의미한다. … 헌법소원을 통해서 기본권은 비로소 주관적 권리로서의 완전한 성격을 획득한다"라고 설명하고 있다.[4]

　　그에 반하여 헌법소원의 객관적 기능을 강조하고 있는 견해는 다음의 논점들을 그 근거로 제시하고 있다. ① 기본법 제93조 제1항 제4a호와 연방헌법재판소법 제90조는 헌법소원의 주관적 기능을 분명히 하고는 있지만, 그렇다고 헌법소원의 객관적 기능을 배제한다고 보기는 어렵다.[5] ② 연방헌법재판소법 제93c조에 따르면 재판부가 헌법소원을 수리하여야 하는 경우를 소원제기자에게 심각하고 피할 수 없는 경우 또는 결정으로 헌법상의 문제가 명확하게 되는 것이 예견되는 경우로 양분하고 있는 바, 후자는 헌법소원의 객관적 기능이 법적으로 실정화된 것이다.[6] ③ 헌법소원의 객관적 기능은 헌법소원이 일반적 의미를 가질 경우 모든 법적 수단을 다하기 전이라도 허용된다는 연방헌법재판소법 제90조 제2항의 규정에서도 명백하

1) 국내의 경우 김학성, 헌법소원에 관한 연구, 39·40쪽은 ① 헌법재판의 기능 ② 헌법소원에서의 피고의 결여 ③ 심판비용무상주의(헌법재판소법 제37조 제1항) ④ 서면심리원칙(동법 제30조 제2항) ⑤ 헌법재판소의 주문내용(동법 제75조 제2항) ⑥ 헌법소원에 대한 심판의 효력(동법 제75조 제1항)이 헌법소원의 주관적 기능을 근거짓는다고 한다. 그러나 결론석으로는 헌법소원의 수관적 기능을 일차적 기능으로 보고 있다.
2) R. Zuck, Das Bundesverfassungsgericht zwischen Macht und Ohnmacht, MdR 1984, S. 800.
3) E. Schumann, *Verfassungs- und Menschenrechtsbeschwerde gegen richterliche Entscheidungen*, S. 104f.
4) Bucher, *Der Parlamentarische Rat 1948/49. Akten und Protokolle*, Bd. 2(1982), S. 622.
5) M. Fröhlinger, *Die Erledigung der Verfassungsbeschwerde*, 1982, S. 204.
6) E. Schumann, *Verfassungs- und Menschenrechtsbeschwerde gegen richterliche Entscheidungen*, S. 114f.

다. 헌법소원이 일반적 의미를 가질 경우는 바로 헌법소원이 기본적인 헌법문제를
제기하거나 또는 헌법소원에 대한 결정이 개별적인 경우를 넘어서 동조의 여러 경
우에 법적 상황에 대한 명확성을 창출하는 경우이다.[1] ④ 연방헌법재판소법 제90조
제1항 제2문은 결정에 있어서 '기본법의 어느 규정이, 그리고 어떠한 행위나 부작위
가 기본권을 침해했는가'에 대해 확정할 것을 규정하고 있는 바, 이러한 확정에 있
어서 헌법소원의 객관적 기능은 분명해진다. 곧 헌법소원에 대한 결정은 객관적 헌
법의 명확화와 해석에 기여한다.[2] ⑤ 연방헌법재판소법 제31조 제1항은 연방헌법
재판소의 결정이 모든 법원과 행정청은 물론 연방과 주의 헌법기관을 구속한다고
규정하고 있다. 만약 헌법소원의 기능이 개인적 권리의 보호에 그치는 것이라면 이
러한 기속력은 과도한 것일 것이다.[3] ⑥ 연방헌법재판소가 객관적 헌법에 대한 침
해를 심사하는 것을 정당한 것으로 간주하고 있다는 사실로부터도 헌법소원의 객관
적 기능은 추론될 수 있다.[4]

2. 사   견

그러나 헌법소원은 이중적 기능을 동시에 행한다고 보아야 한다. 왜냐하면 헌
법소원의 헌법적 의미는 주관적 권리보호의 측면을 지나서 모든 공권력에 대하여
헌법합치적으로 행동할 것을 요구하고 있기 때문이다. 곧 헌법소원의 결과로 인해
법의 모든 영역에 대한 객관적 가치질서인 기본권이 명확해진다.[5] 그러나 이러한
두 가지 기능 중 어느 기능이 우선이냐는 문제가 제기되는 경우 헌법소원은 우선적
으로 개인의 자유영역을 보장하고 있는 개인적 권리보호의 기능을 하고 있다고 보
아야 한다.[6] 개인적 권리로서의 기본권을 보호할 목적으로 기본권을 해석한 결과

---

1) Fröhlinger, *Die Erledigung der Verfassungsbeschwerde*, S. 208f.; E. Schumann, *Verfassungs- und Menschenrechtsbeschwerde gegen richterliche Entscheidungen*, S. 115f.
2) H. Lechner, Anmerkung a zu Art. 95 Abs. 1 BVerfGG, *Gesetz über Bundesverfassungsgerichts*, 3. Aufl. 1973.
3) Fröhlinger, *Die Erledigung der Verfassungsbeschwerde*, S. 212.
4) Fröhlinger, *Die Erledigung der Verfassungsbeschwerde*, S. 214ff.; E. Schumann, *Verfassungs- und Menschenrechtsbeschwerde gegen richterliche Entscheidungen*, S. 117; M. Sachs, *Die Bindung des Bundesverfassungsgerichts an seine Entscheidungen*, 1977, S. 372.
5) BVerfGE 7, 198ff.
6) 예컨대 기본법 제93조 제1항 제4a호의 주관적 헌법소원을 헌법재판의 "꽃"이라 표현하면서(525
쪽) 헌법소원은 기본법의 입헌국가를 "기본권국가"로, 기본법의 공동체를 "기본권공동체"로 되도
록 하고 있다(526쪽)는 해벌레 P. Häberle, Die Verfassungsbeschwerde im System der bundes-
deutschen Verfassungsgerichtsbarkeit의 입장도 이에 속한다고 볼 수 있을 것이다. 그러나 독일의

그것이 객관적 헌법질서를 보호하게 되는 것이지, 그 반대라고 생각할 수는 없다. 그리고 이러한 생각은 기본권의 이중성을 인정하는 경우에도 마찬가지로 타당한 것이다. 이러한 관점에서 헌법소원의 객관적 기능을 지나치게 강조하는 나머지 헌법소원의 주관적 보호기능을 상대화하는 경향에 대하여 그것은 절차적인 면에서 뿐만 아니라 기본권이론의 측면에서도 문제가 있다는 지적[1]은 매우 설득력을 가진 것으로 생각된다.

> 판례 〈변호인의 조력을 받을 권리에 대한 헌법소원(위헌확인, 공권력행사 근거조항위헌)〉
> "헌법소원의 본질은 개인의 주관적 권리구제뿐만 아니라 객관적인 헌법질서의 보장도 하고 있으므로 헌법소원에 있어서의 권리보호이익은 일반법원의 소송사건에서처럼 주관적 기준으로 엄격하게 해석하여서는 아니 된다. 따라서 침해행위가 이미 종료하여서 이를 취소할 여지가 없기 때문에 헌법소원이 주관적 권리구제에는 별 도움이 안 되는 경우라도 그러한 침해행위가 앞으로도 반복될 위험이 있거나 당해 분쟁의 해결이 헌법질서의 수호·유지를 위하여 긴요한 사항이어서 헌법적으로 그 해명이 중대한 의미를 지니고 있는 경우에는 심판청구의 이익을 인정하여 이미 종료한 침해행위가 위헌이었음을 선언적 의미에서 확인할 필요가 있는 것이다."(헌재 1992. 1. 28. 91헌마111 결정)

제 2 절 헌법소원심판의 청구권자

헌법소원심판을 청구할 수 있는 자는 공권력의 행사 또는 불행사로 인하여 헌법상 보장된 자신의 기본권이 침해되었다고 주장하는 모든 기본권주체[2]이다(법 제68조 제1항). 그러나 헌법소원심판을 청구하려면 헌법소원심판의 실질적 요건과 형식적 요건을 갖추어야 한다.

경우는 예외가 있다. 곧 헌법소원의 객관적 기능과 주관적 기능을 동시에 규정하고 있는 독일연방헌법재판소법 제93c조의 경우에는 해석을 달리 하여야 할 것이다. R. Zuck, *Das Recht der Verfassungsbeschwerde*, S. 24; Henschel, Wiedereinsetzung in der vorigen Stand, in: *Festschrift für Zeidler*, 1987, S. 1391ff.(1394).

[1] Rinken, Rdnr. 40 zu Art. 93, *Kommentar zum Grundgesetz für die Bundesrepublik Deutschland* (Reihe Alternativkommentar), 2. Aufl.(1989).
[2] 헌법재판소는 국회노동위원회(헌재 1994. 12. 29. 93헌마120 결정, 국회의원(헌재 1995. 2. 23. 90헌마125 결정), 지방자치단체의 교육위원(헌재 1995. 9. 28. 92헌마23 등 병합결정), 지방자치단체와 지방자치단체의 장(헌재 1997. 12. 24. 96헌마365 결정) 및 지방의회(헌재 1998. 3. 26. 96헌마345 결정)의 기본권주체성을 부정하였다.

> 판례 〈「대한민국과 일본국간의 어업에 관한 협정」 비준 등 위헌확인(일부기각, 일부각하)〉
> "헌법소원심판을 청구할 수 있기 위하여는 청구인의 '헌법상 보장된 기본권'이 침해되
> 어야 한다. 여기서 헌법상 보장된 기본권이 구체적으로 무엇을 의미하는지는 반드시
> 명확하지는 않다. 우리 헌법 제2장 국민의 권리와 의무(제10조 내지 제39조) 가운데
> 에서 의무를 제외한 부분이 원칙적으로 기본권에 해당함은 인정할 수 있으나, 그에
> 한정할 것인지 또는 헌법상의 위 규정들 이외에서도 기본권성을 인정할 수 있는지,
> 나아가서 헌법의 명문의 규정이 없다 하더라도 인정되는 기본권이 존재하는지, 존재
> 한다면 구체적으로 어떠한 것인지에 대하여는 반드시 명확하다고만은 할 수 없다. 따
> 라서 이 문제는 결국 개별적·구체적인 헌법해석에 의하여 해결하는 수밖에 없으나,
> 그것이 내재하는 의미를 '헌법에 의하여 직접 보장된 개인의 주관적 공권'이라고 파악
> 할 수 있다."(헌재 2001. 3. 21. 99헌마139 등 병합결정)

제 3 절   헌법소원심판청구요건

제 1 항   헌법소원심판청구의 실질적 요건

헌법소원심판을 청구하려는 자는 공권력의 행사 또는 불행사에 의한 기본권침
해·청구인(당사자)적격·권리보호이익·보충성의 원칙이라는 실질적 요건을 갖추어야
한다.

1. 공권력의 행사 또는 불행사(헌법소원심판의 대상)

헌법소원의 대상이 되는 공권력작용은 대한민국의 국가기관의 공권력작용을
의미하고[1] 대한민국의 국가기관에는 입법·행정·사법 등의 모든 기관뿐만 아니라,
간접적인 국가행정, 예를 들어 공법상의 사단, 재단 등의 공법인, 국·공립대학[2]과
같은 영조물 등의 작용도 포함된다.[3]

공권력의 행사 또는 불행사와 관련하여 다음과 같은 것들이 문제된다.

(1) 헌법제정·개정권력

헌법에 의하여 설치되고 구성된 헌법재판소가 그 존립의 기초가 되는 헌법규정
을 심사한다는 것은 국민주권의 원칙에 반한다. 따라서 헌법제·개정권력은 여기서

---

1) 헌재 1997. 9. 25. 96헌마159 결정〈여권압수 등 위헌확인(각하)〉.
2) 헌재 1992. 10. 1. 92헌마68 등 병합결정〈1994학년도 신입생선발입시안에 대한 헌법소원(기각)〉.
3) 헌재 1998. 8. 27. 97헌마372 등 병합결정〈방송토론회진행사항결정행위 등 취소(기각)〉.

말하는 공권력에 포함되지 않으며, 헌법규정에 대한 헌법소원은 인정되지 않는다.

> **판례** 〈국가배상법 제2조 제1항 등 위헌소원(일부각하, 일부합헌)〉 "헌법의 개별규정 자
> 체는 그 대상이 아님이 명백하다. … 또한 국민투표에 의하여 확정된 현행헌법의 성립
> 과정과 헌법 제130조 제2항이 헌법의 개정을 국민투표에 의하여 확정하도록 하고 있
> 음에 비추어, 헌법은 그 전체로서 주권자인 국민의 결단 내지 국민적 합의의 결과라
> 고 보아야 할 것으로, 헌법의 규정을 헌법재판소법 제68조 제1항 소정의 공권력행사
> 의 결과라고 볼 수도 없다."(헌재 1995. 12. 28. 95헌바3 결정)

그러나 독일의 경우는 헌법규정에 대한 헌법소원이 인정되고 있다.[1]

(2) 입법작용

1) 법률·조약·국제법규

① 법   률

헌법소원의 대상이 되는 법률이란 국회에서 제정된 형식적 의미의 법률을 말한
다. 또 여기서 말하는 법률은 원칙적으로 현재 시행중인 유효한 것이어야 한다. 법
률은 집행행위를 기다리지 않고 직접적·현재적으로 기본권을 침해하는 경우, 즉 행
정기관 등의 집행기관에 의한 법률의 구체적 집행행위를 거치지 않고 국민에게 바
로 직접적인 법률효과를 나타내는 경우에만 헌법소원의 대상이 된다.

집행행위 없이 바로 개인에게 법적 효과를 나타내는 법률의 경우 헌법재판소는
비록 헌법재판소법 제68조 제1항 단서가 다른 법률에 구제절차가 있는 경우에는 그
절차를 모두 거친 후가 아니면 헌법소원심판을 청구할 수 없도록 규정하고 있으나,
"법률 자체에 의한 기본권침해가 문제될 경우"에는 "그 법률 자체의 효력을 직접
다투는 것을 소송물로 하여 일반법원에 소를 제기하는 길이 없어" 달리 구제절차가
있는 경우가 아니므로 다른 구제절차를 거칠 것 없이 바로 헌법소원을 제기할 수
있다.[2]

예외적으로 공포 전 법률안[3]이나 공포 후 시행되지 않은 법률[4]도 헌법소원의
대상이 될 수 있다. 폐지된 법률이라도 그 법률로 인한 법익침해가 잔존할 때에는

---

1) BVerfGE 12, 45(50); 30, 1(15f.); 34, 9(19f.) 참조.
2) 헌재 1990. 6. 25. 89헌마220 결정〈지방공무원법 제31조, 제61조에 대한 헌법소원(기각)〉.
3) 헌재 2001. 11. 29. 99헌마494 결정「재외동포의 출입국과 법적 지위에 관한 법률」제2조 제2호 위
   헌확인(헌법불합치)〉.
4) 헌재 1994. 12. 29. 94헌마201 결정〈「경기도 남양주시 등 33개 도농복합형태의 시설치 등에 관한
   법률」제4조 위헌확인(기각)〉.

그 폐지된 법률에 대해서도 헌법소원심판을 청구할 수 있다.[1]

② 조약과 국제법규

헌법에 의하여 체결·공포된 조약과 일반적으로 승인된 국제법규는 국내법과 같은 효력을 가지므로(제6조 제1항) 헌법소원의 대상이 된다. 헌법재판소는 한일어업 협정을 헌법소원의 대상으로 인정한 바 있다.[2]

2) 입법부작위

① 입법부작위의 종류

입법부작위에는 일반적으로 입법이 행해지고 있으나 입법기관에게 아무런 입법의무도 인정할 수 없는 단순입법부작위와 입법의무가 있음에도 불구하고 입법을 하지 않고 있는 위헌적 입법부작위가 있다. 위헌적 입법부작위에는 진정(절대적)입법 부작위와 부진정(상대적)입법부작위가 있다.

② 진정입법부작위에 대한 헌법소원

입법부작위에 대한 헌법소원은 입법기관에게 입법의무가 있어야 제기할 수 있으므로 단순입법부작위의 경우에는 허용되지 않는다. 위헌적 입법부작위 중 진정입법부작위란 입법자가 헌법상 입법의무가 있는 어떤 사항에 관하여 전혀 입법을 하지 아니함으로써 입법행위의 흠결이 있는 경우를 말한다. 진정입법부작위에 대하여는 원칙적으로 헌법소원이 인정되지 않는다.

> **판례** 〈조선철도(주) 주식의 보상금청구에 관한 헌법소원(위헌)〉 "공권력의 불행사로 인한 기본권침해는 그 불행사가 계속되는 한 기본권침해의 부작위가 계속된다. 따라서 공권력의 불행사에 대한 헌법소원심판은 그 불행사가 계속되는 한 제약이 없이 적법하게 청구할 수 있다."(헌재 1994. 12. 29. 89헌마2 결정)

> **판례** 〈전문의 자격시험 불실시 위헌확인 등(인용=위헌확인, 일부각하)〉 "진정입법부작위에 대한 헌법소원심판청구는 청구기간의 제한을 받지 않는다. 또한 입법부작위에 대한 행정소송의 적법 여부에 관하여 대법원은 '행정소송은 구체적 사건에 대한 법률상 분쟁을 법에 의하여 해결함으로써 법적 안정을 기하자는 것이므로 부작위위법확인소송의 대상이 될 수 있는 것은 구체적 권리의무에 관한 분쟁이어야 하고, 추상적인 법

---

1) 헌재 1989. 12. 18. 89헌마32 등 병합결정〈국가보위입법회의법 등의 위헌 여부에 관한 헌법소원(일부인용, 일부각하)〉.

2) 헌재 2001. 3. 21. 99헌마139 등 병합결정〈「대한민국과 일본국간의 어업에 관한 협정」비준 등 위헌확인(일부각하)〉.

령에 관하여 제정의 여부 등은 그 자체로서 국민의 구체적인 권리의무에 직접적 변동을 초래하는 것이 아니어서 행정소송의 대상이 될 수 없다'고 판시하고 있다(대법원 1992. 5. 8. 91누11261 판결). 따라서 피청구인 보건복지부장관에 대한 청구 중 위 시행규칙에 대한 입법부작위 부분은 다른 구제절차가 없는 경우에 해당한다."(헌재 1998. 7. 16. 96헌마246 결정)

그러나 예외적으로 다음의 경우에는 진정입법부작위에 대해서도 헌법소원이 인정된다. i) 헌법에서 기본권을 보장하기 위해 명시적으로 입법위임을 했음에도 불구하고 입법자가 이를 행하지 않은 경우, ii) 헌법해석상 특정인에게 구체적 기본권이 생겨 이를 보장하기 위한 국가의 작위의무 내지 보호의무가 발생하였음이 명백함에도 불구하고 입법자가 아무런 입법조치를 취하지 않은 경우.

판례 〈사법서사법시행규칙에 관한 헌법소원(일부기각, 일부각하)〉 "입법부작위에 대해서는 헌법에서 기본권보장을 위하여 법령에 명시적인 입법위임을 하였음에도 불구하고 입법자가 이를 이행하지 않는 경우 또는 헌법해석상 특정인에게 구체적인 기본권이 생겨 이를 보장하기 위하여 국가의 행위의무 내지 보호의무가 발생하였음에도 불구하고 입법자가 전혀 아무런 입법조치를 취하지 않은 경우 이외에는 원칙적으로 소구(헌법소원)가 인정되지 아니한다."(헌재 1989. 3. 17. 88헌마1 결정)[1]

판례 〈서훈추천부작위 등 위헌확인(각하)〉 "국가는 일제로부터 조국의 자주 독립을 위하여 공헌한 독립유공자와 그 유족에 대하여는 응분의 예우를 하여야 할 헌법적 의무를 지닌다고 보아야 할 것이다. 다만 그러한 의무는 국가가 독립유공자의 인정 절차를 합리적으로 마련하고 독립유공자에 대한 기본적 예우를 해주어야 한다는 것을 뜻할 뿐이며 당사자가 주장하는 특정인을 반드시 독립유공자로 인정하여야 하는 것을 뜻할 수는 없다 … 국가보훈처장이 독립유공자로 인정받기 위한 전제로서 요구되는 서훈추천을 거부한 것에 대하여 행정권력의 부작위에 대한 헌법소원으로서 다툴 수 없다."(헌재 2005. 6. 30. 2004헌마859 결정)

판례 〈「태평양전쟁 전후 국외강제동원 희생자 등 지원에 관한 법률」 제2조 등 위헌확인(기각)〉 "청구인의 이 사건 청구는 평등원칙의 관점에서 입법자가 구 국외강제동원지원법의 적용대상에 '국내' 강제동원자도 당연히 '국외' 강제동원자와 같이 포함시켰어야 한다는 주장에 지나지 아니하므로, 이는 헌법적 입법의무에 근거한 진정입법부작위에 해당하는 것이 아니라 단지 혜택부여규정의 인적 범위의 제한에 따른 결과에 지나지 아니하여 이른바 부진정입법부작위에 해당할 뿐이다. … 이 사건 법률조항에 대한 심판청구는 일제하 강제동원자의 범위를 불완전하게 규율하고 있는 부진정입법

---

1) 또한 헌재 1993. 3. 11. 89헌마79 결정〈의료법시행규칙에 관한 헌법소원(각하)〉도 참조.

부작위를 다투는 헌법소원에 해당한다고 할 것이다. …

[반대의견] 구 국외강제동원자지원법은 제1조에서 1965년에 체결된 한일협정과 관련하여 국가가 태평양전쟁 전후 '국외' 강제동원희생자와 그 유족 등에게 인도적 차원에서 위로금 등을 지원함으로써 이들의 고통을 치유하고 국민화합에 기여함이 이 법률의 목적임을 선언하고 있다. 즉 이 법률은 태평양전쟁 관련 강제동원자 일반을 그 적용대상으로 하지 않고 있다. 이 법률은 입법 당시부터 그 적용대상을 '국외'로 강제동원된 자로 한정하고 '국내' 강제동원자는 애초에 그 적용대상에서 제외하고 있는 것이다. 이 법률의 명칭 또한, '태평양전쟁 전후 국외 강제동원희생자 등 지원에 관한 법률'로서, '국내' 강제동원자는 이 법률의 적용대상이 아님을 밝히고 있다. 그렇다면 태평양전쟁 전후 국내 강제동원자에 대한 지원에 관하여는 이 법률과 무관하게 아직까지 전혀 그 입법이 이루어지지 않은 것이므로, 이 사건 심판청구는 진정입법부작위를 다투는 헌법소원으로 봄이 상당하다."(헌재 2011. 2. 24. 2009헌마94 결정)

③ 부진정입법부작위에 대한 헌법소원

부진정입법부작위란 입법자가 헌법상 입법의무가 있는 어떤 사항에 관하여 입법은 하였으나 그 입법의 내용·범위·절차 등이 당해사항을 불완전·불충분·불공정하게 규율함으로써 입법행위에 흠결이 있는 경우를 말한다.[1]

부진정입법부작위가 발생하는 경우로는 다음과 같은 경우를 들 수 있다. i) 헌법상 위임받은 법률규정에서 특정내용이 처음부터 배제된 경우,[2] ii) 법률의 개정·폐지로 입법의무불이행의 경우가 생긴 경우,[3] iii) 법률제정시에는 아무런 문제가

---

1) 이에 대하여는 "다수의견은 입법부작위를 진정·부진정의 두 경우로 나누고 있으며, 그 판단기준을 어떤 사항에 관하여 '입법이 있었느냐'의 여부에만 두고 있으나, 이와 같은 2분법적 기준은 애매모호하여 국민의 기본권 보호에 실효성이 없으며, 가사 2분법에 따른다 하더라도, 헌법상 입법의무의 대상이 되는 입법사항이 여러 가지로 나누어져 있을 때에 각 입법사항을 모두 규율하고 있으나 입법자가 질적·상대적으로 불완전·불충분하게 규율하고 있는 경우를 부진정입법부작위로, 위 입법사항들 중 일부의 입법사항에 대하여는 규율하면서 나머지 일부의 입법사항에 관하여서는 전혀 규율하고 있지 아니한 경우 즉 양적·절대적으로 규율하고 있지 아니한 경우에는 진정입법부작위로 보아야 한다"는 반대의견이 있다. 헌재 1996. 10. 31. 94헌마108 결정〈입법부작위 위헌확인(각하)〉.

2) 그러나 어떠한 사항을 규율할 입법의무를 규정하고 있는 헌법규정 그 자체에서 반드시 포함시켜야 할 집단을 명시하고 있는 경우에(예컨대 헌법 제32조 제6항) 법률에서 그 집단을 제외시켰다면 진정입법부작위가 된다고 보아야 할 것이다(김지형, "입법부작위에 관한 헌법소원(중)", 판례월보 261호(1992. 6.), 12쪽 이하; 정종섭, "국회의 입법부작위에 대한 헌법소원심판제도", 헌법재판의 이론과 실제(금랑 김철수 교수 화갑기념논문집) 1993, 460·467쪽).

3) 이러한 경우를 진정입법부작위로 볼 것이냐, 아니면 부진정입법부작위로 볼 것이냐라는 문제에 대하여는 견해가 대립하고 있다. 김지형, "입법부작위에 관한 헌법소원(상)", 판례월보 260호(1992. 3.), 15쪽 이하는 이러한 경우에는 법률조항의 삭제 또는 폐지를 규정하고 있는 입법행위가 존재하고 삭제 또는 폐지를 규정하고 있는 개정법률 자체의 위헌성에 대한 헌법재판이 가능할 것이므로 진정입법부작위의 경우에 해당되지 않는다고 본다. 그에 대하여 정종섭, "국회의 입법부작위에 대한 헌법소원심판제도", 466쪽은 개정에 의한 일부삭제의 결과 삭제된 부분과 삭제 후 남은 부분과의 관계가 질적인 관계에 있으면 부진정입법부작위의 문제가 되겠지만, 전부폐지와 같

없었으나, 상황의 변화로 인하여 법률을 개정하여야 하는 상황에서 법률개정이 없는 경우, iv) 경과규정을 두고 있지 않는 경우[1] 등이다. 따라서 부진정입법부작위는 적극입법의 위헌성을 부작위의 측면에서 다루고 있는 것이라고 할 수 있다.

부진정입법부작위는 해당 법률 자체를 대상으로 그것이 헌법위반이라는 적극적인 헌법소원(위헌확인소원)을 제기하여야 하고, 입법부작위 그 자체를 헌법소원의 대상으로 삼을 수는 없다.[2]

> **판례** 〈입법부작위 위헌확인(각하)〉 "부진정입법부작위를 대상으로 하여, 즉 입법의 내용·범위·절차 등의 결함을 이유로 헌법소원을 제기하려면, 결함이 있는 당해 입법규정 그 자체를 대상으로 하여 그것이 평등원칙 등의 원칙에 위배된다는 등 헌법위반을 내세워 적극적인 헌법소원(위헌확인소원)을 제기하여야 하며, 이 경우에는 헌법재판소법 소정의 제소기간(청구기간)을 준수해야 한다."(헌재 1996. 11. 28. 93헌마258 결정)

> **판례** 〈입법부작위 위헌확인(각하)〉 "구 도시계획법 제21조에 의하여 개발제한구역이 지정됨으로 인하여 재산권이 제한된 자에 대하여 정당한 보상을 지급하는 법률을 제정하지 아니한 것이 위헌이라는 헌법소원심판청구는 이른바 부진정입법부작위에 해당하는 것이므로, 헌법소원의 대상으로 할 수 없는 입법부작위를 그 대상으로 한 것으로 부적법하다."(헌재 1999. 1. 28. 97헌바9 결정)

그러나 입법부작위에 대한 이상과 같은 헌법재판소의 다수의견에 대해서는 국민의 기본권보호에 실효성이 없다는 이유로 그에 반대하는 의견도 있다. 도시계획법 제21조에 의한 개발제한구역을 지정하는 경우에 정당한 보상을 지급하는 법률을 제정하지 아니한 입법부작위로 인해 재산권을 침해받았다는 주장으로 제기된 헌법소원사건에서, 다수의견은 이를 부진정입법부작위로 간주하였으나, 반대의견(이재화·조승형)은 헌법상 입법의무의 대상이 되는 입법사항이 여러 가지로 나누어져 있을 때에 '각 입법사항을 모두 규율하고 있지만 입법자가 질적·상대적으로 불완전·불충분하게 규율하고 있는 경우'를 부진정입법부작위로, 위 입법사항들 중 '일부의 입법

이 양적 개념인 경우에는 원래의 입법의무를 이행하고 있지 않은 상태가 되므로 법률폐지효를 발하는 법률의 존재와는 관계없이 진정입법부작위로 보는 것이 타당하다고 한다. 그러나 진정입법부작위와 부진정입법부작위는 개념상 입법의무의 이행 여부를 기준으로 구별되기 때문에, 더 정확하게는 진정입법부작위에서는 입법의무의 불이행이, 부진정입법부작위에서는 입법개선의무의 불이행이 문제되는 것이기 때문에, 후자의 견해가 더 설득력 있다고 생각한다.

1) 헌재 1989. 7. 28. 89헌마1 결정〈사법서사법시행규칙에 관한 헌법소원(각하)〉.
2) 헌재 1989. 7. 28. 89헌마1 결정〈사법서사법시행규칙에 관한 헌법소원(각하)〉.

사항에 대해서는 규율하면서 나머지 일부사항에 대해서는 전혀 규율하고 있지 않은 경우(양적·절대적으로 규율하고 있지 아니한 경우)는 진정입법부작위로 보아야 한다는 견해를 제시하고 있다. 즉 개발제한구역의 지정은 '재산권의 제한'과 '정당한 보상'이라는 두 가지 입법사항에 관련된 것인 바, 도시계획법 제21조는 전자의 입법사항에 대해서만 규율할 뿐 후자의 입법사항에 대해서는 전혀 규율하고 있지 않으며, 따라서 후자에 관한 한 진정입법부작위로 보아야 한다는 것이다.[1]

④ 행정입법부작위

행정입법부작위에도 진정행정입법부작위와 부진정행정입법부작위가 있다.

진정행정입법부작위는 i) 행정청에게 행정입법에 관한 법적 의무가 있음에도 불구하고, ii) 상당한 기간이 경과하도록, iii) 행정입법의 법적 의무를 이행하지 않은 경우에만 헌법소원의 대상이 된다.[2] 그에 반하여 부진정행정입법부작위의 경우에는 행정입법부작위를 헌법소원의 대상으로 할 것이 아니라 불완전한 행정입법 그 자체가 위헌이라는 헌법소원을 제기해야 한다.[3]

> **판례** 〈전문의 자격시험 불실시 위헌확인 등(인용=위헌확인, 각하)〉 "보건복지부장관의 작위의무는 의료법 및 위 규정에 의한 위임에 의하여 부여된 것이고 헌법의 명문규정에 의하여 부여된 것은 아니다. 그러나 삼권분립의 원칙, 법치행정의 원칙을 당연한 전제로 하고 있는 우리 헌법 하에서 행정권의 행정입법 등 법집행의무는 헌법적 의무라고 보아야 한다. 왜냐하면 행정입법이나 처분의 개입 없이도 법률이 집행될 수 있거나 법률의 시행 여부나 시행시기까지 행정권에 위임된 경우는 별론으로 하고 이 사건과 같이 치과전문의제도의 실시를 법률 및 대통령령이 규정하고 있고 그 실시를 위하여 시행규칙의 개정 등이 행해져야 함에도 불구하고 행정권이 법률의 시행에 필요한 행정입법을 하지 아니하는 경우에는 행정권에 의하여 입법권이 침해되는 결과가 되기 때문이다. 따라서 보건복지부 장관에게는 헌법에서 유래하는 행정입법의 작위의무가 있다고 할 것이다."(헌재 1998. 7. 16. 96헌마246 결정)

> **판례** 〈전문의 자격시험 불실시 위헌확인 등(인용=위헌확인, 각하)〉 "행정권력의 부작위에 대한 헌법소원은 공권력의 주체에게 헌법에서 유래하는 작위의무가 특별히 구체적으로 규정되어 이에 의거하여 기본권의 주체가 행정행위를 청구할 수 있음에도 공권력의 주체가 그 의무를 해태하는 경우에 허용된다. 특히 행정명령의 제정 또는 개정의 지체가 위법으로 되어 그에 대한 법적 통제가 가능하기 위하여는 첫째, 행정청에게

---

1) 헌재 1999. 1. 28. 97헌바9 결정〈자연공원법 제16조 제1항 제4호 등 위헌소원(합헌)〉.
2) 헌재 1998. 7. 16. 96헌마246 결정〈전문의 자격시험 불실시 위헌확인 등(인용=위헌확인, 각하)〉.
3) 헌재 1998. 11. 26. 97헌마310 결정〈건축사면허증 및 면허수첩 재교부 거부처분 취소 등(각하)〉.

시행명령을 제정(개정)할 법적 의무가 있어야 하고 둘째, 상당한 기간이 지났음에도 불구하고 셋째, 명령제정(개정)권이 행사되지 않아야 한다."(헌재 1998. 7. 16. 96헌마 246 결정)

3) 대통령의 긴급명령

법률대위명령(=독립명령)인 대통령의 긴급명령(제76조 제2항), 긴급재정·경제명령(제76조 제1항)은 법률과 같은 효력을 가지므로 이에 대한 헌법소원심판의 경우 법률에 대한 헌법소원심판과 같이 취급된다.

4) 법규명령·규칙

실질적 의미의 법률이라고 할 수 있는 법규명령(대통령령·총리령·부령)과 규칙(국회규칙, 대법원규칙, 중앙선거관리위원회규칙)이 별도의 집행행위를 기다리지 않고 직접 기본권을 침해하는 경우에 헌법소원심판의 대상이 되는가가 문제된다. 이에 대해서는 부정설과 긍정설이 대립되고 있다. 부정설은 헌법 자체에 의한 위헌법률심사권의 이원적 분배, 재판권경합으로 인한 법적 안정성 우려, 재판의 전제성은 구체적 규범통제의 원칙을 정한 의미를 가질 뿐 다른 의미가 없다는 점 등을 들어 이를 부인한다.[1]

---

1) 이는 법원행정처 헌법재판연구반 연구보고서, 명령·규칙에 대한 위헌심사권, 1990의 입장이다. 이를 좀 더 자세하게 소개하면 다음과 같다. ① 헌법 제101조는 대법원이 사법권을 담당하는 최고법원임을 규정하고 제107조 제2항은 명령과 규칙에 대한 위헌여부심사권은 대법원을 비롯한 일반법원에 전속함을 명시한 것으로 우리나라 헌법은 위헌여부심사권을 둘로 나누어 법률은 헌법재판소가, 명령과 규칙은 대법원이 심사토록 하고 있다. 그런 점에서 헌법재판소의 관장사항으로 헌법소원심판을 새로 규정하였으나 헌법소원은 헌법상 권한분배범위 내에서 허용되는 것이지 헌법규정을 무시한 헌법소원의 허용은 있을 수 없다(동 9쪽 이하). ② 명령과 규칙이 국민의 권리를 직접 침해할 때에는 그 명령과 규칙을 대상으로 행정소송을 통해 다툴 수 있으며, 침해의 직접성이 인정되지 아니한다면 그 행정입법에 근거한 행정처분을 기다려 이에 대한 행정소송을 제기하면 되는 것으로 명령과 규칙의 위헌여부심사에 대해 헌법소원이 끼어들 여지는 없다(동 23쪽). ③ 만일 헌법재판소와 대법원이 명령·규칙의 위헌여부심사권을 가진다고 하면 재판권경합으로 인해 똑같은 사항에 대한 두 기관의 판단이 다를 수 있고, 또 관할기관과 상호 관계에 대한 혼돈이 생겨 국민과 행정기관에 감내하기 어려운 불편을 초래한다(동 23-25쪽). ④ 헌법 제107조 제2항에 있어 「재판의 전제가 된 경우에」라는 문구는 구체적 규범통제의 원칙을 규정한 것일 뿐 그 이상의 의미는 없다. 따라서 그 의미는 대법원이 최종적으로 심사하되 일반적·추상적으로 심사할 것이 아니라 구체적 쟁송으로 재판의 대상이 된 때에 한하여 심사한다는 취지이지 재판의 전제가 된 때에는 대법원이 심사하고 그렇지 않은 때에는 다른 기관이 심사한다든가, 또는 원칙적으로 다른 기관이 심사하되 재판의 전제가 된 때에 한하여 대법원도 심사할 수 있다는 취지는 아니다(동 13쪽). ⑤ 명령과 규칙의 위헌심사권을 헌법이 명문으로 규정하고 있는 오스트리아나 헌법재판소가 헌법상 최고사법기관으로서 법원의 재판에 대해서도 헌법심사를 하는 독일과 달라서 헌법재판소를 사법부 밖에 별도의 헌법기관으로 병렬적으로 설치하고 재판에 대한 헌법심사를 금지하고 있을 뿐 아니라 명령·규칙의 위헌여부심사권을 명문으로 대법원에 부여한 우리나라에서는 외국의 해석과 동일하게 해석할 수는 없다(동 16-17쪽).

그에 반하여 긍정설은 다음과 같은 논거를 든다. 첫째, 헌법에 대한 최종적 유권해석기관으로서의 헌법재판소를 두고 있는 이상 통일적인 헌법해석과 규범통제를 위하여 법률의 하위법규인 명령·규칙도 헌법재판소의 위헌심사의 대상이 되어야 한다. 즉 헌법 제101조가 사법권은 법원에 속하고 대법원은 최고법원이라 규정하고 있고, 헌법 제107조 제2항이 명령과 규칙이 헌법에 위반되는 여부가 재판의 전제가 된 경우에는 대법원 '최종적으로' 이를 심사할 권한을 가진다고 한 것은 사법부 내에서의 대법원의 위상을 명확히 한 것이지 헌법재판을 포함하는 모든 사법작용에서의 대법원의 지위를 규정한 것이라 볼 수 없다.[1] 둘째, 재판의 전제성 규정은 명령·규칙의 위헌여부가 재판의 전제가 되었을 경우에 한하여 대법원이 헌법재판소에 위헌제청할 것 없이 최종적으로 심사한다는 취지일 뿐 명령·규칙 자체에 의해 직접기본권이 침해된 경우의 헌법소원과는 무관하다. 셋째, 헌법 제107조 제2항이 규정하고 있는 대법원의 최종적 심사권은 최고의 독립행정법원을 금지시키려는 헌법제정자의 의도를 표현한 것일 뿐이다. 넷째, 법원의 재판만을 헌법소원의 대상에서 배제한 헌법재판소법 제68조 제1항의 취지와 대법원 판결과 헌법재판소 결정의 효력의 차이(개별효와 일반효) 등을 고려할 때[2] 법규명령도 헌법재판의 대상이 된다. 다섯째, 명령과 규칙을 헌법소원의 대상에서 배제하는 것은 재판만을 헌법소원의 대상에서 제외한 헌법재판소법 제68조 제1항의 취지에도 반한다.[3]

헌법재판소는 어떤 법규명령·규칙의 조항 또는 조례의 조항이 그 적용을 위한 집행행위 없이도 직접 기본권을 침해하는 경우에는 헌법소원의 대상성을 인정하고 있다. 그러므로 청구인의 법적 지위에 아무런 영향을 미치지 않는 법령조항은 헌법소원의 대상이 되지 않는다.[4]

> **판례** 〈제2국민역 편입처분 부결결정 취소(각하, 기각)〉 "헌법 제107조 제2항은 '명령·규칙 또는 처분이 헌법이나 법률에 위반되는 여부가 재판의 전제가 된 경우에는 대법원은 이를 최종적으로 심사할 권한을 가진다'고 규정하고 있다. 위 규정에 따른 '대법원의 명령·규칙에 대한 최종심사권은 구체적인 소송사건에서 명령·규칙의 위헌 여부가 재판의 전제가 되었을 경우 법률과는 달리 헌법재판소에 제청할 것 없이 대법원

---

1) 홍성방, "헌법 제107조와 헌법소원", 20쪽.
2) 김학성, 헌법소원에 관한 연구, 216쪽.
3) 헌재 1990. 10. 15. 89헌마178 결정〈법무사법시행규칙에 대한 헌법소원(위헌)〉. 헌재 1997. 6. 26. 94헌마52 결정〈「국가유공자예우 등에 관한 법률시행령」제23조 위헌확인(기각)〉도 참조.
4) 헌재 1999. 5. 27. 97헌마368 결정〈청원경찰법시행령 제19조 위헌확인(각하)〉.

이 최종적으로 심사할 수 있다는 것을 의미하고, 이러한 대법원의 명령·규칙에 대한 심사권은 명령·규칙 그 자체에 의하여 직접 기본권이 침해되었음을 이유로 헌법 제111조 제1항 제5호, 헌법재판소법 제68조 제1항에 근거하여 헌법소원심판청구를 하는 경우와 구별된다'는 것이 헌법재판소의 판례이어서(헌재 1996. 4. 25. 95헌마331 결정), 명령·규칙에 대한 헌법소원심판이 허용된다. 그리고 헌법재판소법 제68조 제1항에 규정된 헌법소원심판의 대상으로서의 공권력이란 입법권, 행정권 등 모든 공권력을 말하는 것으로서 행정부에서 제정한 명령·규칙은 별도의 집행행위를 기다리지 않고 직접 기본권을 침해하는 것일 때에는 모두 헌법소원심판의 대상이 될 수 있다. 따라서 행정부에서 제정한 대통령령의 일부 조항인 이 사건 법규정도 별도의 집행행위를 기다리지 않고 직접 기본권을 침해하는 것인 한 헌법소원심판의 대상이 된다고 할 것이다."(헌재 2007. 2. 22. 2005헌마548 결정)

5) 행정규칙·장관의 고시·지침·통보·공고

행정규칙은 행정조직 내부에서만 효력을 가지는 것이고 대외적인 구속력을 가지는 것이 아니므로 원칙적으로 헌법소원심판의 대상이 아니다.

그러나 예외적으로 행정규칙이 법령의 규정에 의하여 행정관청에 법령의 구체적 내용을 보충할 권한을 부여한 경우 또는 재량권행사의 준칙인 규칙이 그 정한 바에 따라 되풀이 시행되어 행정관행이 성립한 경우에는 평등의 원칙이나 신뢰보호의 원칙에 따라 행정기관이 그 상대방에 대한 관계에서 그 규칙에 따라야 할 자기구속을 당하게 되는 경우에는 대외적 구속력[1]이 생기므로 헌법소원이 가능하다고 보아야 한다.[2]

> 판례 〈계호근무규칙 제298조 등 위헌확인(인용=위헌확인)〉 "행정조직 내부에서만 효력을 갖는 행정규칙이라 하더라도 재량권행사의 준칙인 행정규칙이 그 정한 바에 따라 되풀이 시행되어 행정관행이 이룩되어 평등의 원칙 등에 따라 행정기관이 그 규칙에 따라야 할 자기구속을 당하게 되는 경우에는 대외적 구속력을 가지게 되어 헌법소원의 대상이 되는 경우가 있고, 한편 헌법소원심판의 대상이 되는 법령은 그 법령에 기한 다른 집행행위를 기다리지 않고 직접 국민의 기본권을 침해하는 법령이어야 하지만 예외적으로 법령이 일의적이고 명백한 것이어서 집행기관이 심사와 재량의 여지 없이 그 법령에 따라 일정한 집행행위를 하여야 하는 때에는 당해 법령을 헌법소원의 직접대상으로 삼을 수 있다."(헌재 2005. 5. 26. 2004헌마49 결정)

---

1) Ch. Gusy, Die Verfassungsbeschwerde, 1988, S. 20은 "행정규칙이 내용적으로나 기능적으로나 법규명령에 대하여 호환성을 지니는 한 그 행정규칙에는 대외적 효력이 인정될 수 있다"고 한다.
2) 헌재 1990. 9. 3. 90헌마13 결정〈전라남도 교육위원회의 1990학년도 인사원칙(중등)에 대한 헌법소원(각하)〉. 헌재 2000. 7. 20. 99헌마455 결정〈식품접객업소 영업행위 제한기준 위헌확인(기각)〉도 참조.

고시 · 계획도 상위법령과 결합하여 대외적 구속력을 갖거나 직접적 · 대외적 효
력을 가지는 경우에는 헌법소원의 대상이 된다. 공고의 경우 헌법재판소는 개별 공
고의 내용과 관련 법령의 규정에 따라 판단하여야 한다고 하면서 행정자치부장관의
지방고등고시 시험계획 공고[1]와 제42회 사법시험 시행일자 공고[2]를 헌법소원의 대
상이 되는 공권력으로 보았다. 그러나 2000년도 공무원 임용시험 시행계획 공고 중
4항 응시자격 나호의 응시연령기준[3]과 서울교육대총장의 운동장사용 불허가처분[4]
에 대해서는 헌법소원의 대상성을 부정하였다.

6) 자치법규

조례 자체로 인하여 직접 그리고 현재 자기의 기본권을 침해받은 자는 그 권리
구제의 수단으로서 조례에 대한 헌법소원을 제기할 수 있다.[5]

그러나 대법원은 이러한 경우 항고소송의 대상이 되는 행정처분에 해당된다고
판시한 바 있다.[6]

7) 입법기관의 기타 공권력작용

예컨대 국민은 국회에 대하여 청원할 권리를 가지며 국회는 심사할 의무를 진다
(제26조). 따라서 청원법이 정한 대로 문서로 제기한 청구인의 청원을 국회의장이 정
당한 이유 없이 심사하지 않은 청원심사부작위는 헌법소원의 대상이 될 수 있다.[7]

(3) 행정작용

행정작용에 대한 헌법소원심판의 경우 보충성요건과 재판소원의 금지 때문에
헌법소원에 의하여 침해된 기본권의 구제가 거의 불가능하다. 헌법소원의 가능한
경우는 검사의 불기소처분, 행정입법에 의한 직접적 기본권침해와 행정입법부작위
에 의한 침해, 권력적 사실행위 등 행정소송에 의한 권리구제가 불가능하거나 실효

---

1) 헌재 2001. 1. 27. 99헌마123 결정⟨1999년도 공무원 채용시험 시행계획 위헌확인(인용=취소)⟩.
2) 헌재 2001. 9. 27. 2000헌마159 결정⟨제42회 사법시험 제1차시험 시행일자 위헌확인(기각)⟩.
3) 헌재 2001. 9. 27. 2000헌마173 등 병합결정⟨2000년도 공무원 임용시험 시행계획공고 중 4항 응시
   자격 나호 응시연령 위헌확인(각하)⟩.
4) 헌재 2001. 9. 27. 2000헌마260 결정⟨서울교육대학교 운동장사용 금지결정 취소(각하)⟩.
5) 헌재 1995. 4. 20. 92헌마264 등 병합결정⟨부천시 담배 자동판매기 설치금지 조례 제4조 등 위헌확
   인, 강남구 담배 자동판매기 설치금지 조례 제4조 등 위헌확인(기각)⟩.
6) 대법원 1996. 9. 20. 95누8003 판결.
7) 헌재 2000. 6. 1. 2000헌마18 결정⟨입법부작위 위헌확인(기각, 각하)⟩. 그러나 국회의장의 단순한
   민원회신은 기본권을 직접 침해하는 공권력행사에 해당되지 않는다⟨헌재 2006. 11. 30. 2006헌마
   679 결정, 북한 한의사 자격불인정 위헌확인(각하)⟩ 참조.

성이 적은 경우에 국한된다.

1) 검사의 처분

헌법재판소는 검사의 불기소처분이 자의적으로 행해진 경우에 형사피해자는 헌법 제27조 제5항의 재판절차진술권과 제11조의 평등권을 침해당했다고 주장할 수 있다고 판시함으로써,[1] 검사의 불기소처분이 헌법소원심판의 대상이 됨을 인정하였다.

따라서 검사의 처분 중 협의의 불기소처분(혐의 없음 처분, 공소권 없음 처분 등)과 기소중지처분 또는 기소유예처분 등은 헌법소원의 대상이 된다. 그러나 범죄피의자가 죄가 안됨 처분[2]이나 공소권 없음 처분[3]에 대하여 헌법소원심판을 청구하는 것은 부적법하다. 그에 반하여 기소처분[4]이나 약식명령청구[5] 내지는 진정에 대한 내사종결처분 및 검사의 수사재기결정[6]은 헌법소원의 대상이 되지 않는다. 기소처분의 경우 본 재판에서 기본권침해를 다루게 되고, 약식명령청구는 기소에 해당하며, 진정의 경우 처리결과에 대한 불만은 따로 고소·고발이 가능하고 진정인의 권리행사와 무관하며, 검사의 수사재기결정은 수사기관 내부의 의사결정에 불과하기 때문이다.

한편 불기소처분취소 헌법소원심판청구가 인용되었을 경우 결정의 취지는 그 불기소처분을 취소하는 것이다. 즉 "다시 수사를 하여야 한다"는 취지, 즉 재기수사명령일 뿐 "다시 수사해서 기소하라"는 뜻은 아니다. 이는 기소독점주의에 따른 당연한 결과이다. 따라서 헌법재판소의 헌법소원심판에서 청구인용 결정 이후 검찰이 다시 수사하여 다시 불기소처분하는 것은 잘못이 아니다.

그러나 2008년부터 검사의 불기소처분 등에 대해서는 법원에 재정신청을 할 수 있게 되어(형사소송법 제260조) 보충성원칙에 따라 헌법소원을 제기할 수 없게 되었다. 또한 검사의 구형도 헌법소원심판의 대상이 되지 않는다.[7]

2) 권력적 사실행위

권력적 사실행위도 헌법소원의 대상이 된다.

---

1) 헌재 1989. 4. 17. 88헌마3 결정〈사회보호법의 위헌여부에 관한 헌법소원(각하)〉.
2) 헌재 1996. 11. 28. 93헌마229 결정〈불기소처분 취소 등(각하)〉.
3) 헌재 2003. 5. 30. 2000헌마323 결정〈형사소송법 제453조 제1호 위헌확인 등(각하)〉.
4) 헌재 1992. 12. 24. 90헌마158 결정〈판결의 저촉여부에 관한 헌법소원(각하)〉.
5) 헌재 1993. 6. 2. 93헌마104 결정〈신체의 자유 등 침해 위헌확인(각하)〉.
6) 헌재 1996. 2. 29. 96헌마32 등 결정〈검사의 공소권 행사 등 위헌확인(각하)〉.
7) 헌재 2004. 9. 23. 2000헌마453 결정〈검사의 피의자신문조서 일부내용 삭제제출행위 등 위헌확인(각하)〉.

일반적으로 어떤 행정상 사실행위가 권력적 사실행위에 해당하는지 여부는 당
해 행정주체와 상대방과의 관계, 그 사실행위에 대한 상대방의 의사·관여정도·태
도, 그 사실행위의 목적·경위, 법령에 의한 명령·강제수단의 발동가부 등 그 행
위가 행하여질 당시의 구체적 사정을 종합적으로 고려하여 개별적으로 판단하게
된다.1)

　　헌법재판소는 국제그룹해체를 위해 당시의 재무부장관이 제일은행에 대해 행했
던 일련의 지시행위,2) 교도소장이 미결수용자의 서신을 검열하고 지연발송·지연교
부한 행위,3) 검사의 소송기록송부행위,4) 유치장 내의 공개된 화장실 설치,5) 유치장
에서의 신체에 대한 과잉수색,6) 정밀신체검사,7) 소변채취,8) 대한민국이 1980. 11.
12.자 언론통폐합계획에 따라 동아일보사에게 한 일련의 공권력행사,9) 규제적·구속
적 성격을 상당히 강하게 갖는 행정지도인 교육인적자원부장관의 대학총장들에 대
한 학칙시정요구10) 등을 공권력에 해당하는 권력적 사실행위로서 헌법소원의 대상
성을 인정하고 있다.

　　그에 반하여 대한선주를 제3자에게 인수토록 한 재무부장관의 조치의 위헌여
부를 다툰 헌법소원사건에서는 "거래은행의 의사가 기본이 되고, 정부의 의사가 이
에 부합되어 기업의 정리가 관철된 경우"라면 특별한 사정이 없는 한 주거래은행의
정상화방안을 실현시키기 위하여 한 정부의 지시 등이 권력적 사실행위에 해당된다
고 보기 어렵다고 하였다.11) 또 헌법재판소는 공납금을 완전히 납부하지 않으면 졸
업장의 교부와 졸업증명서의 발급을 하지 않겠다고 한 공립중학교의 통지는 비권력
적 사실행위로서 헌법소원심판의 대상인 공권력에 해당하지 않는다고 판시했다.12)

---

　1) 헌재 1994. 5. 6. 89헌마35 결정〈공권력행사로 인한 재산권침해에 관한 헌법소원(각하)〉.
　2) 헌재 1993. 7. 29. 89헌마31 결정〈공소권행사로 인한 재산권 침해에 대한 헌법소원(위헌)〉.
　3) 헌재 1995. 7. 21. 92헌마144 결정〈서신검열 등 위헌확인(일부인용=위헌확인, 일부각하, 일부기
　　　각, 일부한정위헌)〉.
　4) 헌재 1995. 11. 30. 92헌마44 결정〈소송기록 송부지연 등에 대한 헌법소원(위헌)〉
　5) 헌재 2001. 7. 19. 2000헌마546 결정〈유치장내 화장실설치 및 관리행위 위헌확인(인용=위헌확인)〉.
　6) 헌재 2002. 7. 18. 2000헌마327 결정〈신체과잉수색행위 위헌확인(인용=위헌확인)〉.
　7) 헌재 2006. 6. 29. 2004헌마826 결정〈항문내 검사 위헌확인(기각)〉.
　8) 헌재 2006. 7. 27. 2005헌마277 결정〈소변강제채취 위헌확인(기각, 각하)〉.
　9) 헌재 2003. 3. 27. 2001헌마116 결정〈헌법재판소법 제68조 제1항 위헌확인 등(기각, 각하)〉.
　10) 헌재 2003. 6. 26. 2002헌마337 등 병합결정〈학칙시정요구 등 위헌확인(각하)〉.
　11) 헌재 1994. 5. 6. 89헌마35 결정〈공권력행사로 인한 재산권침해에 대한 헌법소원(각하)〉.
　12) 헌재 2001. 10. 25. 2001헌마113 결정〈교육기본법 제8조 제1항 등 위헌확인(각하)〉.

3) 행정부작위

행정부작위헌법소원은 기본권주체가 행정행위를 청구할 수 있음에도 불구하고 공권력의 주체가 그 의무를 해태한 경우에 한하여 허용된다. 따라서 부작위로 인해 피해를 입었다는 단순한 일방적인 주장만으로는 불충분하므로 기본권의 침해 없는 단순한 행정부작위에 대해서는 헌법소원을 제기할 수 없다.[1]

그러나 행정부작위도 헌법소원의 대상이 되는 경우가 있다. 즉 i) 행정청에게 헌법 또는 법률상의 작위의무가 있고, ii) 청구인에게 구체적인 행정행위청구권이 있음에도 불구하고, iii) 행정청이 작위의무를 해태해서, iv) 청구인의 기본권을 침해하는 경우이다.[2]

행정권력의 부작위에 대한 헌법소원은 공권력의 주체에게 헌법에서 유래하는 작위의무가 특별히 구체적으로 규정되어 이에 의거하여 기본권의 주체가 행정행위 내지 공권력의 행사를 청구할 수 있음에도 공권력의 주체가 그 의무를 해태한 경우에만 허용된다.[3] 그리고 '공권력의 주체에게 헌법에서 유래하는 작위의무가 특별히 구체적으로 규정'된 것이 의미하는 바는, 첫째, 헌법상 명문으로 공권력 주체의 작위의무가 규정되어 있는 경우, 둘째, 헌법의 해석상 공권력 주체의 작위의무가 도출되는 경우, 셋째, 공권력 주체의 작위의무가 법령에 구체적으로 규정되어 있는 경우 등을 포괄한다.[4]

> **판례** 〈공권력에 의한 재산권침해에 대한 헌법소원(인용(위헌확인), 기각)〉"이상 대법원의 판례를 종합해 보면 행정청 내부의 사실행위나 사실상의 부작위에 대하여 일관하여 그 행정처분성을 부인함으로써 이를 행정쟁송대상에서 제외시켜 왔음을 알 수 있어 본건과 같은 경우도 행정쟁송에서 청구인의 주장이 받아들여질 가능성은 종래의 판례 태도를 변경하지 않는 한 매우 희박함을 짐작하기에 어렵지 않는 것이다."(헌재 1989. 9. 4. 88헌마22 결정)

> **판례** 〈약사관리제도 불법운용과 한약업사업권침해에 대한 헌법소원(각하)〉"헌법소원은 헌법재판소법 제68조 제1항에 규정한 바와 같이 공권력의 불행사에 대하여서도 그 대상으로 할 수 있지만, 행정권력의 부작위에 대한 소원의 경우에 있어서는 공권력의

---

1) 헌재 1996. 11. 28. 92헌마237 결정〈도로예정지 미수용 위헌확인(각하)〉.
2) 헌재 1995. 7. 21. 94헌마136 결정〈고발권불행사 위헌확인(기각)〉; 헌재 1997. 3. 27. 94헌마277 결정 〈1995학년도 고신대학교 신입생지원자격 제한조치에 대한 부작위 위헌확인(각하)〉.
3) 헌재 2000. 3. 30. 98헌마206 결정〈중재요청불이행 위헌확인(각하)〉.
4) 헌재 2004. 10. 28. 2003헌마898 결정〈근로기회 제공 불이행 위헌확인(각하)〉.

주체에게 헌법에서 유래하는 작위의무가 특별히 구체적으로 규정되어 이에 의거하여 기본권의 주체가 행정행위를 청구할 수 있음에도 공권력의 주체가 그 의무를 해태하는 경우에 허용된다고 할 것이며 따라서 의무위반의 부작위 때문에 피해를 입었다는 단순한 일반적인 주장만으로서는 족하지 않다고 할 것으로 기본권의 침해 없이 행정행위의 단순한 부작위의 경우는 헌법소원으로서는 부적법하다고 할 것이다"(헌재 1991. 9. 16. 89헌마163 결정. 동지: 헌재 2007. 7. 26. 2005헌마501 결정〈토지보상 부작위 위헌확인(각하)〉.

판례Ⅱ 〈토지매수·보상 불이행 등 위헌확인(각하)〉 "행정권력의 부작위에 대한 헌법소원이 허용되기 위해서는 공권력의 주체에게 헌법에서 유래하는 작위의무가 특별히 구체적으로 규정되어 이에 의거하여 기본권의 주체가 행정행위를 청구할 수 있음에도 불구하고 공권력의 주체가 그 의무를 게을리 하는 경우이어야 한다. 그러므로 기본권의 침해 없는 행정행위의 단순한 부작위의 경우는 헌법소원으로 부적법하다."(헌재 2005. 9. 29. 2005헌마437 결정)

4) 국가 또는 공공단체의 사법상의 행위

국가 또는 공공단체의 사법상의 행위는 공권력의 행사로 볼 수 없으므로 헌법소원의 대상이 되지 않는다.[1] 헌법재판소는 「공공용지의 취득 및 손실보상에 관한 특별법」에 의한 토지 등의 협의취득에 따른 보상금의 지급행위,[2] 「공공요지의 취득 및 손실보상에 관한 특별법」에 의해 취득한 토지에 대한 보상용 대체토지의 공급조건 통보행위,[3] 하천법상의 폐천부지의 교환행위,[4] 정부투자기관이 출자한 회사가 한 인사상의 차별 및 해고[5] 등을 사법상의 행위에 해당된다고 판시하였다.

그러나 사경제주체로서의 행위처럼 보여도 공권력행사로서의 성질을 갖는 경우에는 헌법소원의 대상이 된다.[6]

5) 행정처분·법원의 재판을 거친 원행정처분

헌법소원과 관련해서 원행정처분이란 행정처분이 헌법에 위반된다는 등의 이

---

1) 헌재 2005. 2. 24. 2004헌마442 결정〈주권상장 폐지확정결정 취소(각하)〉; 헌재 2006. 11. 30. 2005헌마855 결정〈군미필자 응시자격 제한 위헌확인(각하)〉; 헌재 2008. 11. 27. 2006헌마1244 결정〈「국유림의 경영 및 관리에 관한 법률 시행령」 제21조 제2항 등 위헌확인(각하)〉.
2) 헌재 1992. 11. 12. 90헌마160 결정〈하천부지 교환에 대한 헌법소원(각하)〉.
3) 헌재 1994. 2. 24. 93헌마213 등 병합결정〈종교시설용지 공급처분 취소 등(각하)〉.
4) 헌재 1992. 11. 12. 90헌마160 결정〈하천부지 교환에 대한 헌법소원(각하)〉.
5) 헌재 2002. 3. 28. 2001헌마464 결정〈부당해고 등 취소(각하)〉.
6) 헌재 2007. 5. 31. 2003헌마579 결정〈「산업안전보건법 시행규칙」 제3조의2 제6호 위헌확인 등(기각, 각하)〉.

유로 그 취소를 구하는 행정소송을 제기하였으나 그 청구가 받아들여지지 아니하는
판결이 확정되어 법원의 소송절차로는 더 이상 그로 인한 권리침해를 다툴 수 없게
된 행정처분을 가리킨다.

　　법원의 재판을 거쳐 확정된 행정처분, 즉 원행정처분에 대하여 헌법소원심판을
제기할 수 있는가라는 문제에 대해서는 긍정설과 부정설이 나누어져 있다. 긍정설
은 다음과 같은 논거를 든다. ① 원행정처분도 공권력의 행사에 해당하고 모든 공권
력은 헌법의 통제를 받아야 한다. ② 원행정처분에 대한 헌법소원심판을 부정하면
헌법소원심판의 보충성원칙이 무의미해진다. ③ 법원의 재판을 헌법소원심판에서
제외함으로 인한 기본권보장의 공백을 해결할 필요가 있다. ④ 헌법재판소법 제75
조 제3항, 제4항, 제5항은 행정처분에 대한 헌법소원심판을 예정하고 있는 규정이
다. ⑤ 헌법 제107조 제2항은 명령, 규칙, 처분이 재판의 전제가 된 경우에 관한 규
정이므로 원행정처분에 대한 헌법소원심판을 배제할 근거가 되지 못한다.[1]

　　그에 대하여 부정설은 다음과 같은 논거를 든다. ① 헌법 제107조 제2항은 행
정처분에 대하여는 대법원의 재판이 최종적인 것임을 정하는 근거이다. ② 법원도
기본권보장의 의무를 지므로 원행정처분에 대한 헌법소원심판이 반드시 필요한 것
은 아니다. ③ 원행정처분에 헌법소원심판을 인정하면 법원의 확정재판이 가지는
기판력이 침해된다. ④ 원행정처분에 대한 헌법소원심판을 인정하는 것은 재판에
대한 헌법소원심판을 허용하지 않는 헌법재판소법 제68조 제1항에 저촉된다.[2]

　　행정처분에 대한 헌법소원 인정여부와 관련하여 헌법재판소는 행정처분에 대
한 행정쟁송절차를 거치고 난 후에 원행정처분에 대하여 제기한 헌법소원사건에서
"원행정처분의 기초가 되는 사실관계의 인정과 평가 또는 단순한 일반법규의 해석
과 적용의 문제는 원칙적으로 헌법소원의 심판이 될 수 없다"고 판시한바 있다.[3]

---

1) 김학성, 헌법소원에 관한 연구, 224쪽 이하; 원처분에 대한 헌법소원제도가 이론적으로는 가능하
　　나 그 실효성 면에서는 보잘 것 없는 것으로 판단하고 있는 황도수, "원처분에 대한 헌법소원",
　　헌법논총 제6집, 헌법재판소, 1995, 191쪽 이하(특히 207-226쪽); 황도수, 헌법재판실무연구, 지구
　　촌, 2003, 191쪽; 신봉기, "원행정처분의 헌법소원심판 대상성", 고시연구, 1995. 6., 88쪽 이하; 정
　　재황, 헌법재판개론, 박영사, 2001, 519쪽 이하; 전종익, 원행정처분에 대한 헌법소원, 헌법실무연
　　구 제12권, 박영사, 2011, 31쪽 이하.
2) 정태호, "원행정처분에 대한 헌법소원대상성에 관한 소고", 헌법논총 제6집, 헌법재판소, 1995,
　　249쪽 이하; 곽태철, "법원의 재판을 거친 행정처분의 헌법소원심판대상성", 헌법문제와 재판(상),
　　법원도서관, 1997, 357쪽 이하; 최완주, "원처분의 헌법소원 대상성에 관한 고찰", 헌법재판과 헌
　　법(상), 법원도서관, 1997, 438쪽 이하.
3) 헌재 1992. 6. 26. 90헌마73 등 병합결정〈한지의사면허증 교부신청 수리거부처분에 대한 헌법소원
　　(각하)〉.

판례 〈부가가치세법 제36조 등 위헌소원(각하)〉 "원행정처분에 대하여 법원에 행정소
송을 제기하여 패소판결을 받고 그 판결이 확정된 경우에는 당사자는 그 판결의 기판
력에 의한 기속을 받게 되므로, 별도의 절차에 의하여 위 판결의 기판력이 제거되지
아니하는 한, 행정처분의 위법성을 주장하는 것은 확정판결의 기판력에 어긋나므로
원행정처분은 헌법소원심판의 대상이 되지 아니한다. 뿐만 아니라 원행정처분에 대한
헌법소원심판청구를 허용하는 것은, '명령·규칙 또는 처분이 헌법이나 법률에 위반되
는 여부가 재판의 전제가 된 경우에는 대법원은 이를 최종적으로 심사할 권한을 가진
다.'고 규정한 헌법 제107조 제2항이나, 원칙적으로 헌법소원심판의 대상에서 법원의
재판을 제외하고 있는 헌법재판소법 제68조 제1항의 취지에도 어긋난다."(헌재 1998.
6. 25. 95헌바24 결정)

그러나 헌법재판소의 위헌결정에 의해 효력을 상실한 법률조항을 적용하여 한
처분에 대해서는 헌법소원대상성을 인정하여 그 처분을 취소하였다. 즉 헌법재판소
는 법원의 판결에 대한 헌법소원이 예외적으로 허용되는 경우에는 판결의 대상이
된 행정처분(원행정처분)에 대한 헌법소원도 허용될 수 있음을 선언한 바 있다.[1]

6) 대통령의 국민투표시행계획의 발표

대통령이 국회본회의에서 행한 시정연설을 통하여 자신에 대한 신임 여부를 묻
는 국민투표를 시행할 계획을 발표한 행위가 헌법소원의 대상이 되는가가 문제된
바 있다. 헌법재판소는 2003년 11월 결정에서 "대통령이 대통령으로서 국회 본회의
의 시정연설에서 자신에 대한 신임국민투표를 실시하고자 한다고 밝혔다 하더라도,
그것이 공고와 같이 법적인 효력이 있는 행위가 아니라 단순한 정치적 제안의 피력
에 불과하다고 인정되는 이상 이를 두고 헌법소원의 대상이 되는 '공권력의 행사'라
고 할 수는 없다"고 하여 헌법소원의 대상성을 부정하였다.[2]

이에 대하여 소수의견은 "국민투표의 실시는 일련의 단계적 행위들로 이루어지
는 복합적인 절차이다. 시간적 흐름에서 보면 국민투표실시계획의 공표, 정치적인
정지작업, 필요한 경우의 법률개정, 국민투표안의 공고, 국민투표에 관한 운동, 투표
인 명부의 작성, 투표와 개표 및 집계, 중앙선거관리위원회의 결과 공표, 대통령과
국회의장에 대한 통고, 대통령의 공포 등의 순서로 절차가 진행되는 일련의 모든 법
적·사실적 행위들이 모두 하나의 절차에 포괄되어 국민투표 실시라는 하나의 공권

---

1) 헌재 1997. 12. 24. 96헌마172 등 병합결정〈헌법재판소법 제68조 제1항 위헌확인 등(일부한정위헌,
   일부인용)〉.
2) 헌재 2003. 11. 27. 2003헌마694 등 병합결정〈대통령 신임투표를 국민투표에 붙이는 행위 위헌확
   인, 대통령 재신임 국민투표실시계획 위헌확인, 대통령 재신임을 국민투표에 붙이는 결정취소(각하)〉.

력 행사절차를 구성하므로 여기에 포괄되는 각 단계의 행위들은 전체로서 하나의 공권력 행사를 구성할 뿐만 아니라, 개별적으로도 그 성질에 명백히 반하는 것이 아닌 한, 각기 그 행위주체에 의한 하나의 공권력 행사에 해당한다. 이렇게 볼 때 피청구인의 공표행위는, 전체로서 하나의 공권력 행사에 해당하는 일련의 포괄적인 절차인, 국민투표실시라는 커다란 공적 절차의 도입부를 구성하는 것이고, 이것은 피청구인의 공적 권한에 터잡아 이루어지는 것이므로, 이는 헌법소원의 대상이 되는 공권력의 행사에 해당한다고 보아야 할 것이다"고 하여 헌법소원의 대상성을 인정하였다.

그러나 2004년 노무현대통령탄핵심판에서는 판례를 변경하여 대통령이 국회본회의에서 행한 시정연설을 통하여 자신에 대한 신임 여부를 묻는 국민투표를 시행할 계획을 발표한 행위가 '공권력의 행사'에 해당한다는 것을 인정하였을 뿐만 아니라 "대통령의 위헌적인 재신임국민투표를 단지 제안만 하였을 뿐 강행하지는 않았으나, 헌법상 허용되지 않는 재신임국민투표를 국민들에게 제안한 것은 그 자체로서 헌법 제72조에 반하는 것으로 헌법을 실현하고 수호해야 할 대통령의 의무를 위반한 것이다"라고 하여 본안판단까지 하였다.[1]

(4) 통치행위

이미 헌법재판의 본질적 한계를 다루면서 보았듯이 통치행위에 대하여 헌법소원 대상성을 부인할 이유가 없다.

> 판례 ▶ 〈긴급경제명령 등 위헌확인(기각, 각하)〉 (1993. 8. 12. 대통령이 발한 금융실명거래 및 비밀보장에 관한 긴급재정경제명령이 헌법 제76조 제1항에 규정된 요건을 갖추지 못한 것으로 청구인의 재산권 등의 기본권을 침해하였다는 이유로 제기된 헌법소원심판) "대통령의 긴급재정경제명령은 국가긴급권의 일종으로서 고도의 정치적 결단에 의하여 발동되는 행위이고 그 결단을 존중하여야 할 필요성이 있는 행위라는 의미에서 이른바 통치행위에 속한다고 할 수 있으나, 통치행위를 포함하여 모든 국가작용은 국민의 기본권적 가치를 실현하기 위한 수단이라는 한계를 반드시 지켜야 하는 것이고, 헌법재판소는 헌법의 수호와 국민의 기본권 보장을 사명으로 하는 국가기관이므로 그것이 국민의 기본권 침해와 직접 관련되는 경우에는 당연히 헌법재판소의 심판대상이 된다."(헌재 1996. 2. 29. 93헌마186 결정)

---

1) 헌재 2004. 5. 14. 2004헌나1 결정〈대통령(노무현)탄핵(기각)〉.

(5) 사법작용

1) 개   관

헌법재판소법 제68조 제1항은 법원의 재판을 헌법소원의 대상에서 제외시키고 있다. 따라서 법원의 판결이나 결정을 대상으로 제기한 헌법소원은 부적법하다.[1] 이때의 법원의 재판에는 종국판결 이외에 본안전 종국판결 및 중간판결이 모두 포함되고 기타 소송절차의 파생적·부수적 사항에 관한 공권적 사항도 포함된다.[2]

헌법재판소는 법원의 회사정리계획의 인가결정,[3] 재판장의 변론지휘권의 행사,[4] 미결구금일수의 본형 산입에 관한 대법원의 판결,[5] 법원의 재산관계명시명령에 대한 이의신청기각결정, 항고기각결정 및 재항고기각결정,[6] 법원의 경락허가결정 및 항고장 각하결정,[7] 법원의 소년불송치결정,[8] 재판장의 소장각하명령,[9] 재판장의 소송지휘 또는 재판진행[10] 등이 이러한 재판에 해당한다고 판시하였다.

2) 재판소원 배제(헌법재판소법 제68조 제1항)에 대한 헌법재판소의 입장

① 재판소원 배제의 위헌성이 문제된 경위

구 소득세법 규정들이 양도소득세 산정의 기초가 되는 양도가액과 취득가액을 '기준지가'에 의해 산정함을 원칙으로 하면서 그 예외로서 '실지거래가액'에 의할 수 있는 경우를 대통령령에 위임하고 있었는 바, 이 규정들에 대하여 헌법재판소가 헌재 1995. 11. 30. 94헌바40 등 병합결정에서 "실지거래가액에 의한 세액이 기준지가에 의한 세액을 초과하는 경우까지를 포함하여 대통령령인 것으로 해석하는 한 위헌"이라는 이른바 한정위헌결정을 내렸으나, 대법원은 "헌법재판소가 한정위헌결정을 통해 행한 법률해석은 법률의 의미·내용과 그 적용범위에 관한 헌법재판소의 입장표명에 불과하고, 법령의 해석·적용권은 법원에 전속되어 있으므로 법원에 대해

---

1) 헌재 1992. 6. 26. 89헌마132 결정〈재판청구권의 침해에 대한 헌법소원(각하)〉.
2) 헌재 1992. 12. 24. 90헌마158 결정〈판결의 접촉여부에 관한 헌법소원(각하)〉. 또한 헌재 1993. 3. 15. 93헌마36 결정〈기망 등에 의한 증거수집확인(각하)〉 참조.
3) 헌재 1992. 10. 1. 91헌마112 결정〈회사정리절차 개시결정에 대한 헌법소원(각하)〉.
4) 헌재 1992. 6. 26. 89헌마271 결정〈변론의 제한에 대한 헌법소원(각하)〉.
5) 헌재 1992. 1. 16. 91헌마232 결정〈구금일수 불산입에 대한 헌법소원(각하=1호 후단)〉.
6) 헌재 1993. 9. 27. 91헌마223 결정〈재산관계 명시명령에 대한 이의신청 기각결정에 대한 헌법소원(각하)〉.
7) 헌재 1993. 12. 23. 92헌마251 결정〈항고장 각하결정 취소(각하)〉.
8) 헌재 1994. 3. 18. 94헌마36 결정〈소년부 송치결정 취소(각하=1호 후단)〉.
9) 헌재 1994. 6. 8. 94헌마94 결정〈재판취소(각하=1호 후단)〉.
10) 헌재 1993. 6. 2. 93헌마104 결정〈신체의 자유 등 침해 위헌확인(각하=4호)〉.

기속력을 가질 수 없다"고 판시하면서 "헌법재판소의 결정으로 이미 법적용으로부터 배제된 부분까지 유효하다는 전제"에서 실지거래가액에 의한 양도차익산정을 적법한 것으로 간주하여 과세처분취소청구를 기각하였다.[1] 이에 과세처분당사자는 재판소원금지에 관한 헌법재판소법 제68조 제1항이 위헌이라고 주장하면서 헌법소원을 제기하였다.

이에 대하여 헌법재판소는 법원의 재판을 상대로 헌법소원을 제기하는 것은 현행법상 금지되나 일정한 예외적인 경우에는 재판소원도 허용되는 것으로 보아야 한다고 하면서 헌법재판소법 제68조 제1항에 대하여 한정위헌 결정을 내렸다.

> **판례** 〈헌법재판소법 제68조 제1항 위헌확인 등(일부 한정위헌, 일부 인용)〉 "헌법 제111조 제1항 제5호가 '법률이 정하는 헌법소원에 관한 심판'이라고 규정한 뜻은 결국 헌법이 입법자에게 공권력작용으로 인하여 헌법상의 권리를 침해받은 자가 그 권리를 구제받기 위한 주관적 권리구제절차를 우리의 사법체계, 헌법재판의 역사, 법률문화와 정치적·사회적 현황 등을 고려하여 헌법의 이념과 현실에 맞게 구체적인 입법을 통하여 구현하게끔 위임한 것으로 보아야 할 것이므로, 헌법소원은 언제나 '법원의 재판에 대한 소원'을 그 심판의 대상에 포함하여야만 비로소 헌법소원제도의 본질에 부합한다고 단정할 수 없다 할 것이다."(헌재 1997. 12. 24. 97헌마172 등 병합결정)

② 원칙적 합헌

그 근거로서 들고 있는 논거는 다음과 같다. 첫째, 헌법소원제도는 일반사법제도와 같이 보편화된 제도가 아니라서 나라마다 사정이 다를 수 있고 일반적으로 인정된 보편타당한 형태가 있는 것이 아니며, 헌법 제111조 제1항 제5호의 "법률이 정하는 헌법소원에 관한 심판"의 의미는 헌법이념과 현실에 맞게 구체적인 입법을 통해 권리구제절차를 구현하도록 위임한 것이다.

둘째, 법원도 재판절차를 통하여 기본권을 침해할 수 있으나 국회나 행정부보다는 상대적으로 침해가능성이 적고, 상급심법원은 하급심법원이 행한 재판의 기본권침해 여부를 다시 심사할 기회를 가진다는 점에서 다른 기관에 의한 기본권침해의 경우와는 본질적 차이가 있다.

셋째, 재판청구권이란 사실관계와 법률관계에 관하여 적어도 한 번의 재판을 받을 기회가 제공될 것을 국가에게 요구할 수 있는 절차적 기본권이므로 반드시 헌법소원을 요구하지는 않으며, 법원의 재판은 법률상 권리의 구제절차이자 동시에

---

[1] 대법원 1996. 4. 9. 95누11405 판결.

기본권의 구제절차이므로 이미 기본권영역에서의 재판청구권을 충족시키고 있다. 현재의 법적 상태에 개선의 여지가 있다는 것이 곧 위헌은 아닌 것이다.

③ 예외적 위헌

그러나 헌법재판소는 법원이 헌법재판소의 기속력 있는 위헌결정(단순위헌 결정은 물론 한정합헌, 한정위헌결정과 헌법불합치결정을 포함)에 반하여 그 효력을 전부 또는 일부 상실하거나 위헌으로 확인된 법률을 적용함으로써 국민의 기본권을 침해한 경우에는 예외적으로 법원의 재판도 헌법소원심판의 대상이 된다고 하였다.[1]

다만 위헌으로 결정된 법률은 그 결정이 있는 날로부터 효력을 상실하므로 원칙적으로 위헌결정일 이후의 재판만이 예외적인 헌법소원의 대상이 될 수 있다.[2]

헌법재판소의 결정은 헌법소원의 대상으로 삼을 수 없고, 자기기속력 때문에 이를 변경·취소할 수 없으며, 이는 법적 안정성을 위하여 불가피한 일이라는 것이[3] 헌법재판소의 일관된 입장이다.

④ 재판소원[4] 배제에 대한 학계의 입장

이에 대하여는 위헌론과 합헌론으로 견해가 나뉘어 있다. 위헌론의 논거는 다

---

1) 헌재 1997. 12. 24. 96헌마172 등 병합결정〈헌법재판소법 제68조 제1항 위헌확인 등(일부한정위헌, 일부인용)〉. 한수웅, "헌법재판소법 제68조 제1항의 위헌여부", 헌법논총 제10집, 헌법재판소, 1999, 283쪽 이하는 전적으로 헌법재판소와 논지를 같이하여 "헌법재판소법 제68조 제1항은 법원과 헌법재판소 사이의 헌법적 권한배분질서에 부합할 뿐이 아니라, 법원이 기본권보호의 일차적이고 중추적인 기관이라는 합리적이고 정당한 이유를 근거로 재판소원을 배제하고 법률소원을 헌법소원의 심판대상으로 함으로써, 헌법소원제도의 본질적인 내용을 보장하는 합헌적인 법률이다. 단지 위헌법률심사의 결과인 헌법재판소의 기속력 있는 결정을 존중하지 않는 법원의 재판에 대처하기 위하여 한정위헌결정이 고려될 수 있을 뿐"이라고 한다(336·337쪽).

2) 헌재 1998. 4. 30. 92헌마239 결정〈헌법재판소법 제68조 제1항 위헌확인 등(각하)〉.

3) 헌재 1989. 7. 24. 89헌마141 결정〈행정서사 허가취소에 관한 헌법소원(각하)〉.

4) 재판소원은 여러 가지 기준과 내용으로 분류할 수 있다. 독일의 경우 Chr. Gusy, *Die Verfass- ungsbeschwerde*, S. 26ff.는 ① 재판에 적용된 법규범의 위헌성 통제, ② 재판의 절차적 하자 통제, ③ 재판내용의 헌법위반통제로 분류하고 있고, K. Schlaich/S. Koiroth는 여기에 ④ 개별사건의 사실확인과 평가에 대한 통제를 추가하고 있으며(Das Bundesverfassungsgericht, 7. Aufl. 2007, Rdnrn. 287ff.), R. Alleweldt는 ① 헌법해석통제, ② 규범통제, ③ 법문통제, ④ 법적용통제, ⑤ 사실인정통제로 나누고 있다. 국내에서는 한수웅, "헌법재판소법 제68조 제2항에 의한 헌법소원심판에서 한정위헌결정의 문제점", 홍익법학 제8권 제2호(2007), 137쪽 이하, 특히 148쪽 이하는 재판소원에는 ① 법원의 재판이 위헌적인 법률에 기인할 때, 재판소원의 형태로 당해 재판에 적용된 법률의 위헌성을 묻는 재판소원(소위 '간접적 재판소원')과 ② 구체적 소송사건에서 법원이 적용법률에 미치는 기본권의 영향을 완전히 간과하든지 또는 근본적으로 오인하여 법률을 잘못 해석·적용함으로써 국민의 기본권을 침해한다는 주장으로 제기되는 재판소원이 있다고 하고, 김하열, "재판에 대한 헌법소원의 필요성과 범위: 재판소원의 부분적 도입을 위한 시론", 헌법실무연구

음과 같다. i) 헌법소원제도는 국민의 기본권보장을 주목표로 하기 때문에 법원의
재판에 대한 헌법소원을 부정할 경우, 보충성의 원칙과 관련하여 헌법소원의 대상
이 극히 제한될 수밖에 없어, 법원에 의해 침해된 국민의 기본권을 보장할 방법이
없다. 즉 헌법재판과 관련하여 볼 때 보충성의 원칙이라는 것은 일반 구제절차를 통
하여 사안에 대한 선행의 구제절차를 모두 거친 후에, 최종적으로는 헌법재판소가
마지막 심급의 재판을 대상으로 구제절차를 개시하겠다는 것을 전제하는 것이므로
법원의 재판을 헌법소원의 대상으로 하여야만 가능한 것인데도, 법원의 재판을 통
제대상에서 제외시킨 것은 보충성의 원칙의 왜곡을 초래하여 서로 상충·모순되는
것이다. 모든 사법적 절차를 경유한 후에도 기본권침해 현상이 완전히 제거되지 않
았을 때 제기할 수 있는 것이 헌법소원이라면 이 경우 사법적 구제절차는 통상 재
판절차를 의미하기 때문에, 헌법이론적으로 보아도 헌법소원의 대상에 법원의 재판
이 당연히 포함되어야 하므로, 법 제68조 제1항은 위헌이다.[1]

　　ii) 법 제68조 제1항은 헌법 제111조 제1항 제5호가 규정하는 헌법소원의 대상
과 절차를 법률로써 정하도록 한 입법형성권의 한계를 넘어서는 것이다.[2] 즉 행정
권에 의한 기본권침해에 대한 방어수단이 행정쟁송제도, 입법권에 의한 기본권침해
에 대한 방어수단이 규범통제제도라고 한다면, 헌법소원제도는 사법권에 대한 방어
수단으로 창안된 것이다. 따라서 헌법소원제도의 본질은 사법통제이며, 헌법소원의
제기요건으로 들고 있는 보충성의 원칙도 헌법소원제도가 사법통제를 그 본질로 한
다는 것을 전제로 하는 경우에만 요구될 수 있는 것이다. 따라서 헌법소원의 제기요
건으로서의 보충성의 원칙을 요구함으로써 다른 법률의 구제절차를 모두 거친 후에
만 헌법소원심판청구를 허용하면서, 다른 한편 사법작용을 처음부터 헌법소원의 대
상에서 제외시키고 있는 현행 헌법소원제도는 헌법소원제도 자체를 형해화시키고
본래의 헌법소원제도의 유래와 본질을 무시한 것으로서 헌법 제111조 제1항 제5호
및 체계정당성에 정면으로 반한다.[3]

　　제12권, 박영사, 2011, 1·8쪽은 ① 법원의 규범통제작용에 대한 통제, ② 법원의 직접적 헌법적용
통제(법원이 규범통제적 법령해석을 거침이 없이 행한 헌법의 해석·적용에 대한 통제, ③ 재판의
절차적 하자 통제로 분류하고 있다.
 1) 김철수, "헌법소원제도의 개선방안", 헌법재판연구 제1권, 헌법재판소, 1990, 548쪽.
 2) 허영, 헌법소송법론, 343쪽은 "독일의 헌법소원제도를 염두에 두고 단순히 '법률이 정하는 헌법소
원에 관한 심판'이라고 규정함으로써 입법권자에게 헌법소원심판의 대상과 절차를 모두 정하게
한 것은 헌법사항까지 입법에 위임하는 큰 잘못을 범한 것이다"라고 한다.
 3) 홍성방, "헌법재판소법 제68조 제1항 본문은 위헌이다", 판례월보(1998. 8.), 17쪽.

iii) 법원의 재판에 대한 헌법소원을 부정할 경우 헌법 제27조 제1항의 재판청 구권을 합리적 이유 없이 과도하게 제한하는 것이다. 즉 법원의 재판을 헌법소원의 대상에서 제외시킨 것은 헌법소원심판청구권을 부당하게 제한하여 그 본질적 내용을 침해하는 것으로, 헌법 제27조 제1항에 보장된 재판청구권을 합리적 이유 없이 과도하게 침해한 것이다. 따라서 이는 기본권의 본질적 내용 침해금지와 비례의 원칙을 규정한 헌법 제37조 제2항에도 위반된다.[1]

그에 반하여 합헌론의 논거는 다음과 같다. i) 어떤 국가기관의 행위를 헌법소원의 대상으로 할 것인가는 헌법상 입법정책의 문제이지, 헌법소원제도의 본질로부터 당연히 결론지어지는 것은 아니다. 즉 법원의 재판에 대한 헌법소원을 명시적으로 배제하고 있는 것은 오스트리아나 스위스, 스페인 등과 같이 헌법소원 대상을 모든 공권력이 아닌 특정한 유형의 공권력에 국한하는 예들에 비추어 볼 때, 헌법소원제도의 본질에 반하는 것이 아니며 입법정책에 맡겨진 것이다.[2]

ii) 사법권은 대법원을 최고법원으로 하는 법원에 귀속되는데, 법원의 재판에 대한 헌법소원을 인정한다면 헌법재판소가 사법권을 행사하게 되며 이는 결국 대법원의 상위에 제4심을 인정하는 결과가 되어 헌법 제101조 제2항의 취지에 반하게 된다. 독일의 경우는 헌법재판소가 사법부 내에 설치되어 있고 헌법재판소가 최상위의 사법기관이기 때문에, 법원의 재판을 심사한다 하더라도 이는 사법기관에 의한 사법기관의 통제로서 하나의 심급에 해당한다. 독일에서 재판소원을 인정하는 것은 헌법재판소가 사법부 내에 최고법원으로 규정된 데서 유래하는 독일 헌법재판제도의 독특한 현상이다.[3]

iii) 법원의 재판을 헌법소원의 대상으로 할 경우 헌법재판의 몰이해와 소송만능주의로 인한 남소현상으로 헌법재판소의 기능이 마비되고 헌법재판소의 업무부담

---

1) 정연주, "헌법재판소법 제68조 제1항에 대한 한정위헌결정의 문제점", 고시계(1998. 2.), 115쪽.
2) 장영수, "현행 헌법소원제도의 의의, 본질과 헌법소원의 대상", 현대헌법학이론(우제 이명구 박사 화갑기념논문집 1), 박영사, 1996, 657쪽; 계희열, "헌법재판과 국가기능-헌법재판의 기능적 및 제도적(관할권적) 한계를 중심으로-", 한국 헌법재판의 회고와 전망, 헌법재판소, 1998. 12., 257쪽; 한수웅, "헌법재판소법 제68조 제1항의 위헌 여부", 헌법논총 제10집, 헌법재판소, 1999, 336쪽; 김종빈, "헌법소원의 대상", 헌법재판자료 제2집, 헌법재판소, 1989, 216쪽; 유남석, "재판에 대한 헌법소원금지의 논리 및 정책적 이유", 헌법문제와 재판(상), 사법연수원 법관세미나 자료, 1996, 202쪽.
3) 이강국, "헌법재판소법의 제정에 관하여", 법무자료 제95집, 법무부, 1988, 51쪽; 장석권, "헌법소원의 대상으로서의 규범통제와 재판통제의 한계", 현대헌법학이론(우제 이명구 박사 화갑기념논문집 1), 박영사, 1996, 682쪽.

이 극도로 증대될 것이다.[1]

3) 사법입법

사법부의 자율적 입법권에 기한 대법원규칙의 제정이나 그 부작위는 헌법소원의 요건을 충족하는 한 헌법소원의 대상이 된다.[2]

4) 법원행정처장의 법령질의에 대한 회신

법원행정처장이 민원인에 대해서 행한 법령질의회신은 법규나 행정처분과 같이 법적 구속력을 가지는 것이 아니므로 헌법소원의 대상이 되는 공권력의 행사라 할 수 없다.[3]

5) 재판장의 소송지휘 또는 재판진행·지연

재판장의 소송지휘 또는 재판진행은 그 자체가 재판장의 명령인 경우 재판에 해당하며, 재판형식이 아닌 권력적 사실행위로 행해지는 경우에도 항소심 종국판결에 흡수되어 그 불복은 상고에 의해서만 가능하므로 어느 경우이든 헌법소원의 대상이 되지 아니한다.[4] 또한 헌법재판소는 재판지연과 같은 재판절차에 관한 판단도 '법원의 재판'에 해당되는 것으로 보아 헌법소원의 대상성을 부정하고 있다.

2. 청구인적격

헌법재판소법 제68조 제1항은 "헌법상 보장된 기본권을 침해받은 자"가 헌법소원심판을 청구할 수 있다고 규정하고 있다. 이는 헌법소원심판에서 청구인능력과 청구인적격의 요건과 기준이 된다.

그러나 정확하게는 헌법소원능력과 헌법소원청구능력(청구인적격) 및 헌법소원심판능력을 구별하여야 할 것이다. 헌법소원능력은 헌법소원심판의 청구인이 될 수 있는 능력이다. 기본권주체는 누구나 헌법소원심판의 청구인이 될 수 있다. 따라서 헌법소원능력은 기본권능력과 일치한다. 헌법소원청구능력은 헌법소원능력을 전제로 한다. 헌법소원청구능력은 기본권침해를 받은 기본권주체가 자신의 이름으로 헌

[1] 이 문제와 관련된 최근의 문헌으로는 재판소원의 배제를 현행 헌법상 위헌이라고 보기는 힘드나 헌법재판작용 중 가장 중요하고 본질적인 규범통제의 통일성 및 정상적 작동을 위해서 적어도 적용 법령의 위헌 여부를 잘못 판단한 법원의 재판에 대해서만큼은 재판소원이 인정되어야 한다는 김하열, "재판에 대한 헌법소원의 필요성과 범위: 재판소원의 부분적 도입을 위한 시론", 1쪽 이하와 그곳에 인용된 문헌 참조.
[2] 헌재 1990. 10. 15. 89헌마178 결정〈법무사법시행규칙에 대한 헌법소원(위헌)〉.
[3] 헌재 1992. 6. 26. 89헌마132 결정〈재판청구권의 침해에 대한 헌법소원(각하)〉.
[4] 헌재 1992. 6. 26. 89헌마271 결정〈변론의 제한에 대한 헌법소원(각하)〉.

법소원심판을 청구하며, 재판관의 기피신청을 하고, 헌법소원심판청구를 취하하는 등 기본권구제를 위한 일련의 소송행위를 할 수 있는 능력을 말한다. 예컨대 행위능력의 제한을 받는 한정치산자는 헌법소원능력은 가지고 있지만, 자신의 기본권을 침해받은 경우 헌법소원심판을 청구하려면 법정대리인의 도움을 받아야 한다. 그에 반하여 헌법소원심판능력은 자력으로 소송을 수행할 수 있는 능력을 말한다. 그런데 헌법재판소법은 변호사강제주의를 채택하고 있기 때문에(법 제25조 제3항) 헌법소원능력이 있더라도 스스로 헌법소원심판을 수행할 수는 없고 반드시 변호사인 대리인을 통해서만 헌법소원심판절차를 밟을 수 있다.

(1) 헌법소원심판의 청구인능력

헌법소원심판의 청구인능력이 있으려면 기본권의 주체이어야 한다. 이는 기본권주체능력(기본권능력, 기본권보유능력)과 기본권행사능력을 동시에 갖추어야 함을 의미한다.[1]

1) 자 연 인

대한민국 국적을 가진 모든 자연인은 기본권의 주체가 되고, 따라서 헌법소원의 청구인능력을 가진다. 출생 이전의 태아도 생명권과 신체적 완전성의 주체가 될 수 있고, 민법상 태아의 권리능력이 인정되는 경우로서 그 권리(불법행위로 인한 손해배상청구권)가 재산권적 성격을 지닌다면 헌법상 재산권의 주체도 될 수 있다.

> **판례** 〈민법 제3조 등 위헌소원(합헌, 각하)〉 "모든 인간은 헌법상 생명권의 주체가 되며, 형성 중의 생명인 태아에게도 생명에 대한 권리가 인정되어야 한다. 따라서 태아도 헌법상 생명권의 주체가 되며, 국가는 헌법 제10조에 따라 태아의 생명을 보호할 의무가 있다."(헌재 2008. 7. 31. 2004헌바81 결정)

> **판례** 〈「생명윤리 및 안전에 관한 법률」 제13조 제1항 등 위헌확인(기각, 각하)〉 "청구인 1, 2는 수정란 및 수정된 때부터 발생학적으로 모든 기관이 형성되는 시기까지의 분열된 세포군을 말하는 생명윤리법상의 '배아'(생명윤리법 제2조 제2호 참조)에 해당하며, 그 중에서도 수정 후 14일이 경과하여 원시선이 나타나기 전의 수정란 상태, 즉 일반적인 임신의 경우라면 수정란이 모체에 착상되어 원시선이 나타나는 그 시점의 배아 상태에 이르지 않은 배아들이다(이하에서 이 시기의 배아를 '초기배아'라고 약칭

---

[1] 기본권의 주체능력과 기본권의 행사능력에 대하여 자세한 것은 홍성방, 헌법학(상), 346쪽 이하 참조.

하기로 한다). …

초기배아들에 해당하는 청구인 1, 2의 경우 헌법상 기본권 주체성을 인정할 수 있을 것인지에 대해 살피건대, 청구인 1, 2가 수정이 된 배아라는 점에서 형성 중인 생명의 첫걸음을 떼었다고 볼 여지가 있기는 하나 아직 모체에 착상되거나 원시선이 나타나지 않은 이상 현재의 자연과학적 인식 수준에서 독립된 인간과 배아 간의 개체적 연속성을 확정하기 어렵다고 봄이 일반적이라는 점, 배아의 경우 현재의 과학기술 수준에서 모태 속에서 수용될 때 비로소 독립적인 인간으로의 성장가능성을 기대할 수 있다는 점, 수정 후 착상 전의 배아가 인간으로 인식된다거나 그와 같이 취급하여야 할 필요성이 있다는 사회적 승인이 존재한다고 보기 어려운 점 등을 종합적으로 고려할 때, 초기배아에 대한 국가의 보호필요성이 있음은 별론으로 하고, 청구인 1, 2의 기본권 주체성을 인정하기 어렵다.

그렇다면 청구인 1, 2는 기본권의 주체가 될 수 없으므로 헌법소원을 제기할 수 있는 청구인적격이 없다고 할 것이다."(헌재 2010. 5. 27. 2005헌마346 결정)

또한 헌법재판소는 인격권과 관련하여 사자(死者)의 기본권능력을 인정하는 듯한 입장을 표명한바 있다.[1]

판례　〈「일제강점하 반민족행위 진상규명에 관한 특별법」 제2조 제9호 위헌제청(합헌)〉"헌법 제10조로부터 도출되는 일반적 인격권에는 개인의 명예에 관한 권리도 포함되는바(헌재 1999. 6. 24. 97헌마265, 판례집 11-1, 768, 774; 헌재 2005. 10. 27. 2002헌마425, 판례집 17-2, 311, 319), 이 사건 법률조항에 근거하여 반민규명위원회의 조사대상자 선정 및 친일반민족행위결정이 이루어지면(이에 관하여 작성된 조사보고서 및 편찬된 사료는 일반에 공개된다), 조사대상자의 사회적 평가가 침해되어 헌법 제10조에서 유래하는 일반적 인격권이 제한받는다고 할 수 있다. 다만 이 사건 결정의 조사대상자를 비롯하여 대부분의 조사대상자는 이미 사망하였을 것이 분명하나, 조사대상자가 사자(死者)의 경우에도 인격적 가치에 대한 중대한 왜곡으로부터 보호되어야 하고, 사자(死者)에 대한 사회적 명예와 평가의 훼손은 사자(死者)와의 관계를 통하여 스스로의 인격상을 형성하고 명예를 지켜온 그들의 후손의 인격권, 즉 유족의 명예 또는 유족의 사자(死者)에 대한 경애추모의 정을 침해한다고 할 것이다. 따라서 이 사건 법률조항은 조사대상자의 사회적 평가와 아울러 그 유족의 헌법상 보장된 인격권을 제한하는 것이라고 할 것이다."(헌재 2010. 10. 28. 2007헌가23 결정)

2) 법   인

법인에는 사법인과 공법인이 있다. 사법인의 경우 권리능력 있는 사단이나 재단은 성질상 기본권주체가 될 수 있는 범위에서 청구인능력을 가진다. 또한 법인이

---

[1] 헌재 2010. 10. 28. 2007헌가23 결정〈「일제강점하 반민족행위 진상규명에 관한 특별법」 제2조 제9호 위헌제청(합헌)〉 참조.

아닌 사단1)이나 재단2)이라고 하더라도 대표자의 정함이 있고 독립된 사회적 조직
체로서 활동하는 때에는 그의 이름으로 헌법소원심판을 청구할 수 있다.3) 예컨대
정당4)5)이나 노동조합과 같은 법인격이 없는 단체의 경우에는 그 구성원과 독립하
여 집단적으로 단체 자신의 기본권을 행사하는 경우에는 청구인능력이 인정되지만,
단체의 부분기관에게는 청구인능력이 인정되지 않는다.

> **판례** 〈구 지방의회의원선거법 제36조 제1항(기탁금규정)에 대한 헌법소원(헌법불합치, 각하)〉
> "정당은 국민의 정치적 의사형성에 참여하는 국민의 자발적 조직으로서 공적 기능을
> 수행하며, 후보자의 추천과 후보자를 지원하는 선거운동의 지원을 통하여 소기의 목
> 적을 추구하는 바, 선거에 있어서의 기회균등은 후보자에 대해서는 물론 정당에 대해
> 서도 보장되는 것이다."(헌재 1991. 3. 11. 91헌마21 결정)

> **판례** 〈지방의회의원선거법 제36조 제1항에 대한 헌법소원(헌법불합치, 일부각하)〉 "민중당
> 은 헌법상의 정당이므로 시·도의회 선거에 있어서 직접적인 이해관계를 갖고 있다 할
> 것이며, 따라서 헌법소원심판에 대한 자기(관련)성이 있다."(헌재 1991. 3. 11. 91헌마
> 21 결정)

---

1) "일반적으로 법인 아닌 사단이라 함은 종중, 문중, 학회, 동창회, 수리계 등과 같이 계속적인 일정
한 목적하에 구성원들이 모여 대표를 두고 일정한 업무를 집행하도록 사회적 조직을 이루고 있는
다수인의 결합체를 말한다. 사단은 구성원의 가입·탈퇴 등의 일부변동이 있더라도 그에 관계없이
독립된 단체로서 계속 존속하여야 하며, 권리주체로서의 기능을 할 수 있게 내부적으로 단체의
의사결정과 목적달성을 위한 업무집행기관이 구성되어 있어야 하고, 대외적으로는 그 단체를 대
표할 수 있는 대표자나 관리인이 정해져 존재하고 있는 결합체라야 한다."(대법원 1967. 1. 31. 66
다2334 판결).
2) 법인 아닌 재단이라 함은 대학장학회, 육영회, 유치원, 감화원, 보육원 등과 같이 계속적인 일정한
목적을 위하여 결합된 재산의 집단으로서 재산출연자로부터 독립하여 하나의 재단이 존재하고 관
리운영되고 있는 것을 말한다. 다만 유의할 것은 재단이 운영하고 있는 영조물의 관리는 독립된
재단으로 보지는 않는다. 예컨대 학교에 관한 분쟁에 있어서 각종 학교는 교육을 위한 영조물의
이용관리에 불과한 것으로 보고 별도의 권리주체가 아니라고 하여 당사자능력을 부인하고 있으므
로 학교에 관한 분쟁은 그를 설립한 자치단체 또는 학교법인의 재단을 권리주체로서 당사자가 되
어야 한다는 것이 대법원판례이다(대법원 1977. 8. 23. 76다1478 판결).
3) 헌재 1991. 6. 3. 90헌마56 결정〈영화법 제12조 등에 대한 헌법소원(각하)〉.
4) 정당설립의 자유는 비록 헌법 제8조 제1항에서 규정되어 있지만, 국민개인과 정당의 기본권이라
할 수 있고 당연히 이를 근거로 하여 헌법소원심판을 청구할 수 있고〈헌재 2006. 3. 30. 2004헌마
246 결정-정당법 제25조 등 위헌확인(기각)〉, 정당의 내부사항에 대하여 정당원은 헌법소원을
제기할 수 있다〈헌재 2007. 10. 30. 2007헌마1128 결정-한나라당 대통령후보 경선시 여론조사 적
용 위헌확인(각하)〉.
5) 헌법재판소는 정당등록이 취소된 이후에도 등록정당에 준하는 권리능력 없는 사단으로서의 실질
을 유지하고 있는 단체에게도 헌법소원능력을 인정하고 있다〈헌재 1991. 3. 11. 91헌마21 결정-
지방의회의원선거법 제36조 제1항에 대한 헌법소원(헌법불합치, 일부각하)〉.

> **판례** 〈영화법 제12조 제1항에 대한 헌법소원심판사건(각하)〉 "한국영화인협회 감독위원회는 영화인협회로부터 독립된 별개의 단체가 아니고 영화인협회의 내부에 설치된 8개의 분과위원회 가운데 하나에 불과하며, 달리 단체로서의 실질을 갖추어 당사자능력이 인정되는 법인 아닌 사단으로서 볼 자료도 없으므로 단체의 부분기관인 감독위원회의 헌법소원심판 청구인능력이 없다."(헌재 1991. 6. 3. 90헌마56 결정)

> **판례** 〈불기소처분취소(기각)〉 "정당이나 그 지구당은 적어도 그 소유재산의 귀속관계에 있어서는 법인격 없는 사단으로 보아야 하므로 … 이 사건 심판청구 중 재물손괴죄 부분에 관하여 청구인적격을 갖추었다."(헌재 1993. 7. 29. 92헌마262 결정)

> **판례** 〈대통령선거법 제65조 위헌확인(일부각하, 일부기각)〉 "단체는 원칙적으로 단체자신의 기본권을 직접 침해당한 경우에만 그의 이름으로 헌법소원심판을 청구할 수 있을 뿐이고 그 구성원을 위하여 또는 구성원을 대신하여 헌법소원심판을 청구할 수 없다."(헌재 1995. 7. 21. 92헌마177 등 병합결정)[1]

> **판례** 〈교육공무원법 제24조 제4항 등 위헌확인(기각)〉 "대학의 자치의 주체를 기본적으로 대학으로 본다고 하더라도 교수나 교수회의 주체성이 부정된다고는 볼 수 없고, 가령 학문의 자유를 침해하는 대학의 장에 대한 관계에서는 교수나 교수회가 주체가될 수 있고, 또한 국가에 의한 침해에 있어서는 대학 자체 외에도 대학 전 구성원이 자율성을 갖는 경우도 있을 것이므로 문제되는 경우에 따라서 대학·교수·교수회 모두가 단독 혹은 중첩적으로 주체가 될 수 있다."(헌재 2006. 4. 27. 2005헌마1047 등 병합결정)

공법인이나 그 기관은 원칙적으로 기본권의 수범자이지 기본권의 주체가 아니므로 원칙적으로 청구인능력이 없다. 따라서 국가나 국가기관, 지방자치단체나 그 기관인 지방자치단체의 장, 지방자치단체의 의결기관인 지방의회 등은 기본권의 주체가 될 수 없다. 따라서 헌법재판소는 국회의 노동위원회[2]와 지방의회[3]의 기본권주체능력을 부인한 바 있다.

그러나 공권력의 주체라 하더라도 국·공립대학이나 공영방송국 등과 같이 국가나 지방자치단체로부터 독립적이며 독자적 기구로서 해당 기본권영역에서 개인

---

1) 또한 헌재 1991. 6. 3. 90헌마56 결정〈영화법 제12조 등에 대한 헌법소원(각하)〉 참조.
2) 헌재 1994. 12. 29. 93헌마120 결정〈불기소처분취소(각하)〉.
3) 헌재 1998. 3. 26. 96헌마345 결정〈「지방자치단체의 행정기구와 정원기준 등에 관한 규정」 제14조 제1항 등 위헌확인(각하)〉.

의 기본권실현에 이바지하는 경우에는 예외적으로 기본권의 주체가 된다. 또한 대통령도 발언내용이 직무 부문과 사적 부분이 경합하는 경우에는 기본권주체성이 인정된다.[1]

> **판례** 〈서울대학교의 '1994학년도 대학입시 주요요강'에 대한 헌법소원사건(기각)〉 "공법상의 영조물인 서울대학교는 학문의 자유의 주체이면서, 교육의 자주성과 대학의 자율성이라는 대학에게 부여된 헌법상의 기본권의 주체이다."(헌재 1992. 10. 1. 92헌마68 등 병합결정)

> **판례** 〈대통령의 선거중립의무 준수요청 등 조치취소(기각)〉 "원칙적으로 국가나 국가기관 또는 국가조직의 일부나 공법인은 공권력 행사의 주체이자 기본권의 '수범자'로서 기본권의 '소지자'인 국민의 기본권을 보호 내지 실현해야 할 책임과 의무를 지니고 있을 뿐이므로, 헌법소원을 제기할 수 있는 청구인적격이 없다(헌재 1994. 12. 29. 93 헌마120, 판례집 6-2, 477, 480; 헌재 2001. 1. 18. 2000헌마149, 판례집 13-1, 178, 185). 그러나 국가기관의 직무를 담당하는 자연인이 제기한 헌법소원이 언제나 부적법하다고 볼 수는 없다. 만일 심판대상 조항이나 공권력 작용이 넓은 의미의 국가 조직영역 내에서 공적 과제를 수행하는 주체의 권한 내지 직무영역을 제약하는 성격이 강한 경우에는 그 기본권 주체성이 부정될 것이지만, 그것이 일반 국민으로서 국가에 대하여 가지는 헌법상의 기본권을 제약하는 성격이 강한 경우에는 기본권 주체성을 인정할 수 있다(헌재 1995. 3. 23. 95헌마53, 판례집 7-1, 463; 헌재 1998. 4. 30. 97헌마100, 판례집 10-1, 480; 헌재 1999. 5. 27. 98헌마214, 판례집 11-1, 675; 헌재 2006. 7. 27. 2003헌마758등, 판례집 18-2, 190 참조). 결국 개인의 지위를 겸하는 국가기관이 기본권의 주체로서 헌법소원의 청구적격을 가지는지 여부는, 심판대상조항이 규율하는 기본권의 성격, 국가기관으로서의 직무와 제한되는 기본권 간의 밀접성과 관련성, 직무상 행위와 사적인 행위 간의 구별가능성 등을 종합적으로 고려하여 결정되어야 할 것이다. 그러므로 대통령도 국민의 한사람으로서 제한적으로나마 기본권의 주체가 될 수 있는바, 대통령은 소속 정당을 위하여 정당활동을 할 수 있는 사인으로서의 지위와 국민 모두에 대한 봉사자로서 공익실현의 의무가 있는 헌법기관으로서의 지위를 동시에 갖는데 최소한 전자의 지위와 관련하여는 기본권 주체성을 갖는다고 할 수 있다."(헌재 2004. 5. 14. 2004헌나1, 판례집 16-1, 609, 638 참조)(헌재 2008. 1. 17. 2007헌마700 결정)

청구인능력과 구별해야 할 개념으로 소송(수행)능력이 있다. 소송능력이란 스스로 유효하게 소송행위를 하거나 이를 받기 위한 능력이다.[2] 예컨대 헌법소원심판에서 변호사강제주의에 따라 청구인능력은 있으나 소송능력은 없는 경우가 있다.

---

1) 헌재 2008. 1. 17. 2007헌마700 결정〈대통령의 선거중립의무 준수요청 등 조치취소(기각)〉.
2) 정동윤·유병현, 민사소송법, 180쪽 이하 참조.

(2) 헌법소원심판의 적법요건

헌법소원심판을 청구하려면 기본권침해의 공권력작용과 헌법소원청구인 사이에 법적 관련성(자기관련성·직접성·현재성)이 있어야 한다.

1) 자기관련성

자기관련성은 공권력의 행사 또는 불행사에 의하여 청구인 자신이 침해받고 있는가, 아니면 다른 사람이 침해받고 있는데 불과한 것인가를 판단하는 개념이다. 즉 자기관련성에서는 침해받고 있는 청구인에 판단기준이 있다. 따라서 헌법소원심판에서 자기관련성의 요건을 충족시키기 위해서는 공권력의 행사 또는 불행사에 의하여 침해된 기본권이 청구인 자신의 것이어야 한다. 헌법재판소는 의료사고 피해자의 아버지가 제기한 헌법소원에 대해 자기관련성을 부인한 바 있다.[1]

> **판례** 〈국가배상법 제2조에 관한 헌법소원(각하)〉 "헌법소원심판청구인은 심판의 대상인 공권력작용에 대하여 자신이 스스로 법적인 관련을 가져야 한다."(헌재 1989. 7. 28. 89헌마61 결정)

자기관련성은 공권력의 행사 또는 불행사의 직접적인 상대방에게만 해당되므로[2] 간접적이고 사실적인 경제적 이해관계가 있을 뿐인 제3자의 경우에는 자기관련성이 없다.

> **판례** 〈연세대학교총장 해임불요구 위헌확인(각하)〉 "여기서 '기본권을 침해받은 자'란 공권력의 행사 또는 불행사로 인하여 기본권을 직접적으로 침해받은 자를 의미하는 것이지 간접적 또는 반사적으로 불이익을 받은 자를 의미하는 것이 아니다."(헌재 1992. 9. 4. 92헌마175 결정)

그러나 공권력작용의 직접적인 상대방이 아닌 제3자라 하더라도 공권력작용이 그 제3자의 기본권을 직접적이고 법적으로 침해하고 있는 경우에는 그 제3자에게 자기관련성이 있다.[3] 제3자의 자기관련성은 법규범의 목적, 실질적인 규율대상, 제한 또는 금지하는 법규범의 내용이 제3자에 미치는 효과 내지는 진지성 등을 종합

---

1) 헌재 1993. 11. 25. 93헌마81 결정〈불기소처분취소(일부각하, 일부기각)〉.
2) 헌재 1989. 7. 21. 89헌마12 결정〈형사소송법 개정 등에 관한 헌법소원(각하)〉.
3) 헌재 1993. 3. 11. 91헌마233 결정〈도로부지 점용 허가처분 등에 대한 헌법소원(각하)〉.

적으로 고려하여 판단하여야 한다.1)

헌법소원에 있어서 고발인의 청구인 적격여부와 관련하여 소극설과 적극설이 대립되어 있다. 소극설은 ① 현행 법제상 민중소송이 허용되지 않고, ② 고발은 고소와는 달리 범죄규제를 통한 국가적 이익의 보호를 주목적으로 하며, ③ 국민의 일원으로 국가의 수사권발동을 촉구하는 의미이므로 자기관련성이 부정된다고 한다.2)

이에 반하여 적극설은 ① 고발인은 평등권에 기하여 검사의 공정한 직무수행을 요구할 수 있고, ② 자기관련성은 고발내용인 범죄와의 관계에서가 아니라 검찰권의 작용과의 관계에서의 그것을 의미하며, ③ 현행 법제상 이유고지, 검찰항고, 재정신청 등에서 고소인과 고발인은 차별이 없으므로 청구인 적격이 인정된다고 본다(헌재소수의견).

최근 헌법재판소는 범죄피해자가 아닌 고발인의 경우 재판절차진술권(제27조 제5항)의 주체인 형사피해자가 아니므로 원칙적으로 검사의 불기소처분을 상대로 헌법소원을 제기할 수 없으나, 예외적으로 법률의 규율이 제3자에게 미치는 효과를 고려하여 제3자의 관련성이 인정될 수 있다고 한다.3)

자연인뿐만 아니라 공법인과 법인격 없는 단체에게도 기본권주체성이 인정되며, 따라서 자기관련성이 인정된다.

> **판례** 〈지방의회의원선거법 제36조 제1항에 대한 헌법소원(헌법불합치, 일부각하)〉 "민중당은 헌법상의 정당이므로 시·도의회 선거에 있어서 직접적인 이해관계를 갖고 있다 할 것이며, 따라서 헌법소원심판에 대한 자기(관련)성이 있다."(헌재 1991. 3. 11. 91헌마21 결정)

> **판례** 〈1994학년도 신입생선발입시안에 대한 헌법소원(기각)〉 "국립대학은 원칙적으로 공권력의 주체이지만, 학문의 자유와 대학의 자율성이라는 측면에서는 기본권주체로서의 지위를 갖는다"(헌재 1992. 10. 1. 92헌마68 등 병합결정)

> **판례** 〈불기소처분취소(기각)〉 "정당이나 그 지구당은 적어도 그 소유재산의 귀속관계에 있어서는 법인격 없는 사단으로 보아야 하므로 … 이 사건 심판청구 중 재물손괴죄 부분에 관하여 청구인적격을 갖추었다."(헌재 1993. 7. 29. 92헌마262 결정)

1) 헌재 1997. 9. 25. 96헌마133 결정〈「공직선거 및 선거부정방지법」제60조 제1항 제5호 등 위헌확인(각하)〉.
2) 헌재 1989. 12. 22. 89헌마145 결정〈검사의 공소권행사에 관한 헌법소원(각하)〉.
3) 헌재 2005. 6. 30. 2003헌마841 결정〈「뉴스통신진흥에 관한 법률」제10조 등 위헌확인(기각)〉.

법률에 의한 기본권침해의 경우 입법의 목적이나 실질적인 규율대상, 법규정의 제한이나 금지가 미치는 효과나 진지성 등을 종합적으로 자기관련성의 유무를 결정한다.[1]

2) 직접(관련)성

직접성은 심판대상이 된 공권력의 행사 또는 불행사 자체가 청구인의 권리를 침해하고 있는가, 아니면 그 이외의 다른 공권력의 행사 또는 불행사가 매개되어 그로 말미암아 비로소 청구인의 권리를 침해하고 있는가를 판단하는 개념이다. 즉 직접성은 침해하는 공권력행사에 판단기준이 있다. 따라서 헌법소원심판에서 직접성의 요건을 충족하려면 기본권의 침해를 받은 자는 심판대상이 된 공권력의 행사 또는 불행사에 의하여 기본권을 직접적으로 침해받았을 것이 요청된다. 따라서 간접적 또는 반사적으로 불이익을 받은 경우에는 직접성의 요건이 충족된다고 볼 수 없다.

> **판례** 〈농촌근대화촉진법 제94조 등에 대한 헌법소원(각하)〉 "헌법재판소법 제68조 제1항에 의하여 법령에 대한 헌법소원을 제기하기 위하여는 그 법령에 의하여 구체적인 집행행위를 기다리지 아니하고 직접, 현재의 자기의 기본권을 침해받아야 한다. 여기서 말하는 직접성이란 집행행위에 의하지 아니하고 법규범 그 자체에 의하여 자유의 제한, 의무의 부과, 권리 또는 법적 지위의 박탈이 생긴 경우를 뜻한다."(헌재 1992. 11. 12. 91헌마192 결정)

> **판례** 〈도로부지점용허가처분 등에 대한 헌법소원(각하)〉 "공권력작용의 직접적인 상대방이 아닌 제3자라 하더라도 공권력의 작용이 그 제3자의 기본권을 직접적이고 법적으로 침해하고 있으면 그 제3자에게도 자기관련성이 있다. 반대로 타인에 대한 공권력의 작용이 단지 간접적, 사실적 또는 경제적 이해관계로만 관련되어 있는 제3자에게는 자기관련성은 인정되지 않는다."(헌재 1993. 3. 11. 91헌마233 결정)

또한 법률이나 명령·규칙 등과 같은 규범이 구체적 집행행위[2]를 거치지 않고

---

1) 헌재 1997. 9. 25. 96헌마133 결정〈「공직선거 및 선거부정 방지법」 제60조 제1항 제5호 등 위헌확인(각하)〉.

2) 집행행위에 대하여 황도수, "법규범의 직접성에 관한 시론", 헌법재판의 이론과 실제(금랑 김철수 교수 화갑기념논문집), 1993, 377쪽 이하(400·401쪽)는 다음과 같이 말하고 있다. "직접성에서 말하는 집행행위는 아직 청구인의 권리관계를 변동시킬 수 있는 가능성만을 가진 법률에 근거하여 청구인의 법률관계를 구체적으로 변동시키는 행위라고 말할 수 있다. 그렇다면 법규범의 직접성을 부인하게 되는 매개행위로서의 집행행위는 '법률효과를 가져오는 법률요건의 하나로서 규정되어 있는 행위', '법률사실로서의 처분행위'로 이해하여야 한다. 그렇다면 직접성여부의 판단은 원

바로 개인에게 자유의 제한, 의무의 부과 내지 법적 지위의 박탈 등 일정한 법적 효과를 나타내는 경우에도 직접성이 인정된다.

> **판례** 〈농촌근대화촉진법 제94조 등에 대한 헌법소원(각하)〉 "법률 또는 법률조항 자체가 헌법소원의 대상이 될 수 있으려면 그 법률 또는 법률조항에 의하여 구체적인 집행행위를 기다리지 아니하고 직접·현재·자기의 기본권을 침해받아야 하는 것을 요건으로 하고, 여기서 말하는 기본권침해의 직접성이란 집행행위를 기다리지 않고 법률 그 자체에 의하여 자유의 제한, 의무의 부과, 권리 또는 법적 지위의 박탈이 생긴 경우를 뜻하므로, 구체적인 집행행위를 통하여 비로소 당해 법률 또는 법률조항에 의한 기본권침해의 법적 효과가 발생하는 경우에는 직접성의 요건이 결여된다."(헌재 1992. 11. 12. 91헌마192 결정)1)

이때 구체적인 집행행위를 거치지 않을 것이 요구되는 이유는 헌법소원의 성격상 구체적인 집행행위를 매개로 하여 기본권을 침해하는 경우에는 집행행위를 대상으로 먼저 구제절차를 밟는 것이 요청되기 때문이다(보충성의 원칙). 법률이 그 시행을 위하여 법률보다 하위의 규범정립(시행규칙의 제정 등)을 예정하고 있는 경우에는 직접성이 부인된다. 이런 경우에는 하위규범의 정립 자체가 상위규범인 법률의 구체적 집행행위로 간주될 수 있기 때문이다.

> **판례** 〈국가보안법 제19조에 대한 헌법소원(일부위헌)〉 "법규범의 내용이 구체적 집행행위를 예정하고 있다면, 대체로 그 집행행위를 대상으로 하여 구제절차를 밟을 수 있는 것이기 때문에 그 과정(집행행위에 대한 구제절차)에서 문제된 해당 법률의 적용 여부에 관련하여 전제된 사안의 사실적·법률적 관계를 심사하고 심판청구인의 권리보호이익 및 해당 법률의 위헌여부심판의 필요성 등을 판단토록 하기 위하여, 집행행위의 근거가 되는 법률을 직접 헌법소원의 대상으로 삼아서는 안 된다."(헌재 1992. 4. 14. 90헌마82 결정)

법령의 경우 구체적인 집행행위가 존재하더라도 그 집행행위를 대상으로 하는

칙적으로 입법규정의 내용에 의하게 된다. 즉 법규범의 내용이 집행행위를 법률사실로서 규정하고 있는가의 여부에 의하여 직접성여부를 결정하게 되는 것이다. 법규범이 법률효과를 발생시키기 위한 요건으로서 별개의 국가권력행사(법규범을 집행한다는 의미에서 집행행위 Vollzugsakt라고 불린다)를 요건으로 정하고 있는 경우와 그러하지 아니한 경우로 구분하여 후자의 경우에만 직접성을 인정하게 되는 것이다. 후자의 경우에는 집행행위를 요건으로 하지 아니하므로, 집행행위의 유무에 관계없이 일정한 사실관계만 확정되면 법률에 의하여 바로 청구인의 법률관계에 변동을 가져오게 되기 때문이다."

1) 또한 헌재 1991. 3. 11. 91헌마21 결정〈지방의회의원선거법 제36조 제1항에 대한 헌법소원(헌법불합치, 일부각하)〉도 참조.

구제절차가 없거나, 있다고 하더라도 권리구제의 기대가능성이 없고 다만 기본권침해를 당한 자에게 불필요한 우회절차를 강요하는 것 밖에 되지 않는 경우에는 헌법소원을 제기할 수 있다.[1] 원칙적으로 구체적인 집행행위가 존재하는 경우에는 헌법소원의 보충성의 원칙으로 인해 그러한 구제절차를 밟은 이후에야 헌법소원을 제기할 수 있으나, 구제절차가 없거나 있다 하더라도 불필요한 우회절차를 거치는 데 불과하다면[2] 바로 헌법소원을 허용하는 것이 청구인의 권리보호를 위해 바람직하기 때문이다. 나아가 집행행위가 예정된 경우라 하더라도 국민의 권리관계가 집행행위의 유무나 내용에 따라 결정되는 것이 아니라 법규범이 이미 확정하고 있는 바를 단순히 사실적으로 집행하는 데 불과한 정도인 경우에는 법령에 의해 직접적으로 기본권이 침해된 것으로 본다.

3) 현재(관련)성

일정한 공권력행사가 성립되었음을 전제로 하여 그 공권력행사가 존재한다는 것만으로 청구인이 권리가 이미 침해되었는가, 아니면 그 공권력행사가 있다는 것만으로는 아직 청구인의 권리가 침해되지 않았는가를 판단하는 기준이라는 점에서 직접성과 현재성의 판단은 비슷한 점이 있다. 그러나 직접성은 권리침해를 위하여 심판대상이 된 공권력행사 이외의 다른 공권력행사가 필요한가가 문제되는 경우인데 반하여, 현재성은 권리침해를 위하여 시간의 경과 또는 법령의 시행 여부가 문제된다는 점에서 구분된다.[3]

헌법소원심판에서 현재성의 요건이 충족되기 위해서는 공권력작용에 의하여 현재 권리침해를 받고 있는 자가 헌법소원을 제기하여야 한다. 따라서 폐지된 법률과 침해행위가 종료된 처분을 대상으로 한 헌법소원은 원칙적으로 소의 이익이 없어 각하된다. 그러나 다음의 경우에는 현재성이 인정된다. ① 폐지되었더라도 심판의 이익이 현존하는 경우 ② 그 해명이 헌법적으로 중요한 의미를 지니고 있는 경우 ③ 그러한 침해행위가 앞으로도 반복될 위험이 있는 경우 ④ 부분적으로는 미래의 침해의 현재성도 인정된다.

---

1) 헌재 1992. 4. 14. 90헌마82 결정〈국가보안법 제19조에 대한 헌법소원(일부위헌)〉.
2) 황도수, "법규범의 직접성에 관한 시론", 417쪽은 '불필요한 우회절차를 강요하는 것밖에 되지 않는 경우'를 '집행행위를 다툴 수 있는 기대가능성'이 없는 경우로 이해한다.
3) C. Gusy, Die Verfassungsbeschwerde, 1988, S. 76 참조.

> **판례** 〈국가보위입법회의법 등의 위헌여부에 관한 헌법소원(일부인용, 일부각하)〉 "… 그러나 폐지된 법률에 의한 권리침해가 있고 그것이 비록 과거의 것이라 할지라도 그 결과로 인하여 발생한 국민의 법익침해와 그로 인한 법률상태는 재판시까지 계속되고 있는 경우가 있을 것이며, 그 경우에는 헌법소원의 권리보호의 이익은 존속한다고 하여야 할 것이다."(헌재 1989. 12. 18. 89헌마32 등 병합결정)

> **판례** 〈수사기관의 기본권침해에 대한 헌법소원(각하)〉 "… 다만, 헌법소원제도는 청구인 자신의 주관적인 기본권구제를 위한 것일 뿐만 아니라 객관적인 헌법질서의 보호를 위하여도 있는 제도이기 때문에 침해행위가 종료하여서 이를 취소할 여지가 없기 때문에 주관적 권리구제에는 별 도움이 안 되는 경우라도 당해 사건에 대한 본안 판단이 헌법질서의 보호를 위하여 긴급한 사항이어서 그 해명이 헌법적으로 중요한 의미를 지니고 있는 경우 또는 그러한 침해행위가 앞으로도 반복될 위험이 있는 경우 등에는 예외적으로 심판청구의 이익을 인정하여 이미 종료한 행위가 위헌임을 확인할 필요가 있다."(헌재 1991. 7. 8. 89헌마181 결정)

> **판례** 〈1994학년도 신입생선발입시안에 대한 헌법소원(기각)〉 "… 현재의 시점에서 충분히 예측할 수 있는 이상 기본권침해의 현재성을 인정하여 헌법소원심판의 이익을 인정하는 것이 옳을 것이다. 기본권침해가 바로 눈앞에 닥쳐올 때를 기다렸다가 헌법소원을 하라고 요구한다면 기본권구제의 실효성을 기대할 수가 없기 때문이다(헌재 1992. 10. 1. 92헌마68 등 병합결정)[1]

> **판례** 〈공권력행사로 인한 재산권침해에 대한 헌법소원(위헌)〉 "당해 사건에 대한 헌법재판이 헌법질서의 수호·유지를 위하여 긴요한 사항이어서 헌법으로서 그 해명이 중요한 의미를 지니고 있는 경우에는 이미 종료된 기본권 침해행위가 위헌이었음을 선언적 의미에서 확인할 필요가 있다. 이 사건에서도 권력적 사실행위가 이미 종료되어 나름대로 새 질서가 형성되었다. 그러나 이 사건은 재산권보장과 사영기업의 자유를 골간으로 하는 시장경제질서하에서 사영기업의 생성·발전·소멸·정리청산 등 기업의 활동에 대한 공권력 개입의 헌법적 한계가 판시될 수밖에 없는 중요한 사안이고, 여기에서 아직 미결인 헌법상 중요한 문제가 해명될 것이라는 의미에서 그 심판의 필요성은 충분하다."(헌재 1993. 7. 29. 89헌마31 결정)

---

1) 또한 헌재 1999. 5. 27. 98헌마214 결정〈「공직선거 및 선거부정방지법」 제53조 제3항 등 위헌확인 (위헌, 일부기각)〉도 참조.

3. 권리보호이익

(1) 원　　칙

헌법소원심판은 기본권구제를 목적으로 하는 주관적 쟁송이기 때문에, 그 목적상 권리보호의 이익(권리보호의 필요)이 있는 경우에 제기할 수 있다. 자기관련성·직접관련성·현재관련성 등 법적 관련성이 있으면 권리보호이익도 대부분 긍정할 수 있다. 법적 관련성이 있다는 것은 청구인의 권리를 보호할 필요가 있다는 것을 시사하기 때문이다. 그렇지만 법적 관련성이 권리보호이익과 항상 일치하는 것은 아니다. 일반적으로 다음과 같은 경우에는 권리보호이익이 없는 것으로 판단된다. 즉 ① 소송 이외의 방법 또는 더 간편한 소송방법으로도 소송목적을 달성할 수 있거나, ② 소송을 통해서 소송과는 거리가 멀거나 법질서가 허용하지 않는 목적을 추구하거나, ③ 소송이 원고에게 유리하게 종결되더라도 권리보호를 원하는 원고에게 실익이 없다면 권리보호이익은 인정하기 어렵다.[1]

권리보호이익은 헌법재판소의 결정 당시에 존재하여야 한다. 따라서 심판청구시에 권리보호이익이 인정되더라도 심판계속 중에 사실관계 또는 법률관계의 변동으로 기본권침해가 종료된 경우에는 권리보호이익이 없다. 권리보호이익이 결여되면 일정한 예외사유에 해당하지 아니하는 한 부적법 각하된다.

예컨대 피고소인이 이미 사망한 경우에 검사의 불기소처분을 상대로 헌법소원을 제기하거나,[2] 친고죄인 강간미수·강제추행죄의 고소기간인 6월을 경과하여 피고소인을 고소한 후 검사의 불기소행위를 대상으로 헌법소원을 제기하는 것[3]은 권리보호의 이익이 없는 경우에 해당된다.

또한 헌법재판소는 검사의 불기소처분에 대한 헌법소원을 청구한 이후에 불기소처분의 대상인 피의사실의 공소시효가 완성된 경우에도 권리보호의 이익이 없다는 이유로 부적법 각하함으로써 헌법소원의 청구가 공소시효의 진행에 영향을 미치지 않는다는 입장을 취하고 있다.[4]

1) H. Posser, *Die Subsidiarität der Verfassungsbeschwerde*, 1993, S. 35.
2) 헌재 1992. 11. 12. 91헌마176 결정〈불기소처분에 대한 헌법소원(기각, 각하)〉.
3) 헌재 1998. 5. 28. 98헌마62 결정〈불기소처분취소(기각, 각하)〉.
4) 헌재 1997. 7. 16. 97헌마40 결정〈불기소처분취소(기각, 각하)〉.

판례 〈교도소 내의 변호인 접견실에 변호인석과 재소자석을 구분하는 칸막이가 설치되어(권력적 사실행위) 있는 탓으로 소송관계서류열람 등 변호인과의 접견교통이 충분히 이루어지지 못했다는 주장으로 재소자들에 의해 제기된 헌법소원(각하)〉"이 칸막이는 영등포교도소를 비롯한 3곳 교도소에서 시험적으로 설치·운영해 온 것이나, 그간 변호인들의 계속적인 불편호소로 모두 철거된 사실이 인정되므로 권리보호의 이익이 없다."(헌재 1997. 3. 27. 92헌마273 결정)

판례 〈「독립유공자에 관한 법률」 제16조 등 위헌확인(기각, 각하)〉"헌법재판소가 이미 위헌적인 법률조항에 대해 헌법불합치결정을 하면서 입법자의 법률개정 시한을 정하고 그 때까지는 잠정적용을 명한 경우, 별건의 헌법소원심판청구에서 동일한 법률조항의 위헌확인을 구하는 부분은 권리보호의 이익이 없다."(헌재 2006. 6. 29. 2005헌마44 결정)

(2) 예   외

헌법소원제도는 주관적으로 개인의 권리를 구제하는 것뿐만 아니라, 또한 객관적으로 헌법질서를 보장하는 것도 그 목적으로 한다. 따라서 헌법소원에 있어서의 권리보호이익은 일반법원의 소송사건에서처럼 주관적 권리를 기준으로 엄격하게 해석할 수는 없다.

따라서 헌법소원이 주관적 권리구제에 별 도움이 안 되는 경우라도 침해행위가 앞으로도 반복될 위험이 있거나 당해 분쟁의 해결이 헌법질서의 수호·유지를 위하여 긴요한 사항이어서 그 해명이 헌법적으로 중대한 의미를 가지는 경우에는 헌법소원의 이익이 인정된다. 이를 심판(청구)의 이익이라 한다.

판례 〈수사기관의 기본권침해에 대한 헌법소원(각하)〉" … 다만, 헌법소원제도는 청구인 자신의 주관적인 기본권구제를 위한 것일 뿐만 아니라 객관적인 헌법질서의 보호를 위하여도 있는 제도이기 때문에 침해행위가 이미 종료하여서 이를 취소할 여지가 없기 때문에 주관적 권리구제에는 별 도움이 안 되는 경우라도 당해 사건에 대한 본안판단이 헌법질서의 보호를 위하여 긴요한 사항이어서 그 해명이 헌법적으로 중요한 의미를 지니고 있는 경우 또는 그러한 침해행위가 앞으로도 반복될 위험이 있는 경우 등에는 예외적으로 심판청구의 이익을 인정하여 이미 종료한 침해행위가 위헌임을 확인할 필요가 있다."(헌재 1991. 7. 8. 89헌마181 결정)[1]

---

1) 헌재 1997. 7. 21. 92헌마144 결정〈서신검열 등 위헌확인(인용=위헌확인, 한정위헌, 기각, 각하)〉; 헌재 1998. 8. 27. 97헌마372 등 병합결정〈방송토론회 진행사항 결정행위 등 취소(기각)〉; 헌재 2002. 7. 18. 2000헌마707 결정〈평균임금결정고시 부작위 위헌확인(인용=위헌확인)〉; 헌재 2005.

4. 보충성의 원칙

(1) 보충성의 원칙

헌법소원심판청구는 기본권에 대한 다른 구제절차가 없을 때에만 인정된다(법 제68조 제1항 단서). 이를 보충성의 원칙이라고 한다. 따라서 원칙적으로 헌법소원은 전심절차의 이행과 구제절차의 경료 뒤에야 제기할 수 있다. 따라서 헌법소원은 원칙적으로 확정된 법원의 최종재판을 대상으로 할 수밖에 없다는 결론에 이른다. 우리 헌법재판소법 제68조 제1항 본문이 법원의 재판을 헌법소원의 대상에서 제외하고 있는 것은 이러한 보충성의 원리의 본질과도 조화될 수 없다.[1]

> **판례** 〈인사명령취소(각하)〉 "헌법재판소법 제68조 제1항 후단의 뜻은 헌법소원이 그 본질상 헌법상 보장된 기본권침해에 대한 예비적이고 보충적인 구제수단이므로 공권력작용으로 말미암아 기본권의 침해가 있는 경우에는 먼저 다른 법률이 정한 절차에 따라 침해된 기본권이 구제를 받기 위한 모든 수단을 다하였음에도 그 구제를 받지 못한 경우에 비로소 헌법소원심판을 청구할 수 있다는 것을 밝힌 것이다."(헌재 1993. 12. 23. 92헌마247 결정)

(2) 다른 구제절차

헌법재판소법 제68조 제1항 단서에서 말하는 다른 권리구제절차란 공권력의 행사 또는 불행사를 직접 대상으로 하여 그 효력을 다툴 수 있는 권리구제절차를 의미하는 것이지, 사후적·보충적 구제수단인 손해배상청구나 손실보상청구 또는 사후보충적 또는 우회적인 소송절차를 의미하는 것이 아니다.[2]

> **판례** 〈손실보상규정을 두지 아니한 채 개발제한구역을 지정할 수 있도록 한 도시계획법 제21조에 대해 제기된 헌법소원사건(각하)〉 "위 법률조항 자체에 의해 기본권이 침해되는 것이 아니라 건설부장관의 개발제한구역의 지정·고시라는 별도의 구체적인 집행행위에 의해 비로소 재산권침해여부의 문제가 발생한다 할 것인바, 개발제한구역의 지정행위에 대해서는 행정심판 및 행정소송을 제기할 수 있으므로 청구인으로서는 그러한 구제절차를 거친 후에 헌법소원을 청구하여야 한다."(헌재 1991. 6. 3. 89헌마46 결정)

---

5. 26. 2001헌마728 결정〈수갑 및 포승사용 위헌확인(인용=위헌확인)〉 등 참조.

1) 허영, 헌법소송법론, 395쪽.

2) 헌재 1989. 4. 17. 88헌마3 결정〈검사의 공소권행사에 대한 헌법소원(각하)〉.

> 판례 ▣ 〈불기소처분에 대한 헌법소원(각하)〉 "검찰항고 또는 재항고가 받아들여져 재기
> 수사명령이 내려졌으나 재기수사결과 다시 불기소처분이 있은 경우에도 보충성의 예
> 외에 해당하지 아니하고 역시 그에 대하여 항고·재항고를 거쳐야 헌법소원을 청구할
> 수 있다."(헌재 1991. 7. 8. 91헌마42 결정)

(3) 보충성의 원칙에 대한 예외

그러나 다음과 같은 경우에는 보충성의 원칙에 대한 예외가 인정되어 곧바로
헌법소원심판을 제기할 수 있다. 첫째, 헌법소원심판청구인이 그의 불이익으로 돌릴
수 없는 정당한 이유 있는 착오로 전심절차를 밟지 않은 경우, 둘째, 전심절차로 권
리가 구제될 가능성이 거의 없거나 권리구제절차가 허용되는지 여부가 객관적으로
불확실하여 전심절차이행의 기대가능성이 없을 때 등이다.

> 판례 ▣ 〈공권력에 의한 재산권침해에 대한 헌법소원(일부인용, 일부기각)〉 "… 헌법소원청구
> 인이 그의 불이익으로 돌릴 수 없는 정당한 이유 있는 착오로 전심절차를 밟지 않은
> 경우 또는 전심절차로 권리가 구제될 가능성이 거의 없거나 권리구제절차가 허용되
> 는지의 여부가 객관적으로 불확실하여 전심절차이행의 기대가능성이 없는 때에는 예
> 외적으로 헌법재판소법 제68조 제1항 단서소정의 전심절차이행의 요건은 배제된다."
> (헌재 1989. 9. 4. 88헌마22 결정)

또한 법령 자체에 의한 직접적인 기본권침해 여부가 문제되었을 경우에는 그
법률의 효력을 직접 다투는 것을 소송물로 하여 일반법원에 구제를 구할 수 있는
절차가 존재하지 아니하므로 이 경우에는 다른 구제절차를 거칠 필요없이 바로 헌
법소원을 청구할 수 있다.[1]

> 판례 ▣ 〈교수재임용 추천거부 등에 대한 헌법소원(기각)〉 "적용법령 자체에 대한 헌법소
> 원심판의 청구의 경우 법령 자체에 의한 직접적인 기본권침해 여부가 문제되었을 경
> 우에는 그 법령의 효력을 직접 다투는 것을 소송물로 하여 일반법원에 구제를 구할
> 수 있는 절차는 존재하지 아니하므로 이 경우에는 다른 구제절차를 거칠 필요없이 바
> 로 헌법소원을 청구할 수 있다"(헌재 1993. 5. 13. 91헌마190·89헌마 등 병합결정)

---

[1] 보충성의 예외란 다른 구제절차가 주어져 있으나 여러 가지 사정으로 경유하게 하는 것이 불가능
하거나 불필요한 경우에 직접 헌법소원심판을 청구하는 경우라고 하면서, 법규범에 대한 헌법소
원의 경우는 보충성의 원칙의 예외가 아니라 보충성원칙의 비적용이라는 적절한 지적이 있다(김
학성, 헌법소원에 관한 연구, 257·258쪽).

검찰청법에 따르면 검사의 불기소처분에 대한 항고·재항고는 피의사건의 고소·고발인만이 할 수 있으므로 그 사건의 피의자가 검사의 불기소처분에 대하여 헌법소원심판을 청구하는 경우도 보충성의 예외에 속한다.[1]

그밖에도 당사자가 권리구제를 받으리라고 기대하기 어려운 권력적 사실행위인 경우에도 보충성의 원칙에 대한 예외가 인정된다.

> **판례** 〈변호인의 조력을 받을 권리에 대한 헌법소원(위헌확인, 부분위헌)〉 "청구인이 1991. 6. 14. 17시부터 그날 18시경까지 국가안전기획부 면회실에서 그의 변호인과 접견할 때 피청구인 소속직원(수사관)이 참여하여 대화내용을 듣거나 기록한 것은 헌법 제12조 제4항이 규정한 변호인의 조력을 받을 권리를 침해한 것이다. 이러한 피청구인의 위헌적인 공권력행사는 위와 같은 위헌법률에 기인한 것이라고 인정된다. 따라서 헌법재판소법 제75조 제5항에 의하여 행형법 제62조의 준용규정 중 행형법 제18조 제3항을 미결수용자의 변호인접견에도 준용하도록 한 부분은 위헌이다."(헌재 1992. 1. 28. 91헌마111 결정)

> **판례** 〈공권력행사로 인한 재산권침해에 대한 헌법소원(위헌)〉 "이 사건 국제그룹해체와 그 정리조치가 형식상으로는 사법인인 제일은행이 행한 행위이므로 이 사건 당시 시행되던 구 행정소송법상의 행정소송의 대상이 된다고 단정하기 어렵고, 따라서 당사자에게 그에 의한 권리구제절차를 밟을 것을 기대하기는 곤란하므로 이와 같은 범주의 권력적 사실행위의 경우에는 보충성의 원칙의 예외로서 소원의 제기가 가능하다."(헌재 1993. 7. 29. 89헌마31 결정)

> **판례** 〈통신의 자유 침해 등 위헌확인(일부각하, 일부기각)〉 "수형자의 서신을 교도소장이 검열하는 행위는 이른바 권력적 사실행위로서 행정심판이나 행정소송의 대상이 되는 행정처분으로 볼 수 있으나, 위 검열행위가 이미 완료되어 행정심판이나 행정소송을 제기하더라도 소의 이익이 부정될 수밖에 없으므로 헌법소원심판을 청구하는 외에 다른 효과적인 구제방법이 있다고 보기 어렵기 때문에 보충성의 원칙의 예외에 해당한다."(헌재 1998. 8. 27. 96헌마398 결정)

> **판례** 〈재소자용 수의착용처분 위헌확인(인용)〉 "행형법 제6조의 청원제도는 그 처리기관이나 절차 및 효력면에서 권리구제절차로서는 불충분하고 우회적인 제도이므로 헌법소원에 앞서 반드시 거쳐야 하는 사전구제절차라고 보기는 어렵고, 미결수용자에 대하여 재소자용 의류를 입게 한 행위는 이미 종료된 권력적 사실행위로서 행정심판이나 행정소송의 대상으로 인정되기 어려울 뿐만 아니라 소의 이익이 부정될 가능성

---

[1] 헌재 1995. 3. 23. 94헌마254 결정〈기소유예처분취소(기각)〉.

이 많아 헌법소원심판을 청구하는 외에 달리 효과적인 구제방법이 없으므로 보충성의 원칙에 대한 예외에 해당한다."(헌재 1999. 5. 27. 97헌마137 등 병합결정)

제 2 항 헌법소원심판청구의 형식적·절차적 요건

헌법소원심판을 청구하기 위해서 갖추어야 할 형식적 요건으로는 청구형식의 구비·변호사선임 및 심판청구기간의 준수 등이다.

1. 청구형식의 구비

헌법소원심판의 청구는 서면으로써 하여야 하고, 심판청구서에는 청구인 및 대리인, 침해된 권리, 침해의 원인이 되는 공권력의 행사 또는 불행사, 청구이유 기타 필요한 사항을 기재하여야 한다(법 제71조 제1항).

이밖에도 헌법재판소법이 요구하는 필요적 기재사항에 속하지는 않지만, 헌법소원심판청구를 통해서 달성하려는 목적을 밝히라는 의미에서 실무상으로는 청구취지를 기재하도록 지도하고 있다. 예컨대 "… 법률조항은 청구인의 … 기본권을 침해하므로 헌법에 위반된다"는 등의 청구취지를 기재하게 된다.

> **판례** 〈검사의 공소권행사에 관한 헌법소원(취소의 인용)〉 "검사의 불기소처분에 대한 헌법소원심판청구에 있어서 피고소인의 기재는 헌법재판소법 제71조 제1항 소정의 헌법소원심판청구의 필요적 기재사항이라고 할 수 없다."(헌재 1990. 11. 19. 89헌마150 결정)

> **판례** 〈교통사고처리특례법 제4조 등에 대한 헌법소원(일부각하, 일부기각)〉 "헌법재판소법 제71조 제1항 제2호에 헌법소원의 심판청구서에는 침해된 권리를 기재할 것을 요구하고 있지만, 그 기재는 헌법재판소법 제68조 제1항에 비추어 헌법재판소로 하여금 헌법상 보장된 기본권의 침해가 있다는 주장인 것으로 인식할 수 있는 정도의 표시로 족하고, 헌법재판소의 심판에 있어서는 반드시 그 표시된 권리에 구애되는 것이 아니라 청구인이 주장하는 침해된 기본권과 침해의 원인이 되는 공권력의 행사를 직권으로 조사하여 판단할 수 있는 것이다."(헌재 1993. 5. 13. 91헌마190 결정 참조)(헌재 1997. 1. 16. 90헌마110 등 병합결정)

2. 변호사선임

(1) 변호사강제주의

헌법재판소법 제25조 제3항은 "각종 심판절차에 있어서 당사자인 사인은 변호사를 대리인으로 선임하지 아니하면 심판청구를 하거나 심판수행을 하지 못한다. 다만, 그가 변호사의 자격이 있는 때에는 그러하지 아니하다"라고 규정하고 있다. 이를 변호사강제주의라고 한다.

헌법소원의 심판청구서에는 대리인의 선임을 증명하는 서류를 첨부하여야 한다(법 제71조 제3항). 따라서 헌법소원심판을 청구하려면 변호사를 선임하여야 한다. 다만 당사자가 변호인의 자격이 있는 때에는 그러하지 아니하다(법 제25조 제3항).

대리인의 선임 없이 심판이 청구된 경우에 실무상으로는 지정재판부의 사전심사단계에서 상당한 기간(7-10일)을 정하여 대리인을 선임하도록 보정명령을 발하고 있다.[1] 변호사의 자격이 없는 사인인 청구인이 행한 헌법소원심판청구와 심판수행은 변호사인 대리인이 추인한 경우에는 적법한 헌법소원심판청구와 심판수행으로서 효력이 있고 헌법소원심판의 대상이 된다.[2] 또한 변호사인 대리인에 의한 헌법소원심판청구가 있었다면 그 이후 심리과정에서 대리인이 사임하고 다른 대리인을 선임하지 않았더라도 청구인이 그 후 자기에게 유리한 진술기회를 스스로 포기한 것에 불과할 뿐, 헌법소원심판청구를 비롯하여 기왕의 대리인의 소송행위가 무효로 되는 것은 아니다.[3]

이러한 변호사강제주의의 이점은 다음과 같다. ① 재판의 본질을 이해하지 못하고 재판자료를 제대로 정리하여 제출할 능력이 없는 당사자를 보호해주며 사법적 정의의 실현에 기여한다. ② 승소가망성이 없는 사건을 사전에 변호사를 통해 소거(消去)시키는 한 편, 재판자료를 법률적으로 가다듬고 정리하여 재판소에 제출함으로써 한층 효율적인 헌법재판제도의 운영을 기할 수 있다. ③ 당사자가 스스로 소송을 수행할 때 법률보나노 감성에 치우쳐 사실을 불투명하게 할 수 있으며 선별 없는 무리한 자료의 제출로 재판자료를 산적하게 하여 심리의 부담을 가중시키고 또 경직하게 하는 폐해가 생길 수 있는데, 변호사강제주의는 이러한 문제점을 해소시키

---

1) 헌법재판실무제요, 34·35쪽.
2) 헌재 1992. 6. 26. 89헌마132 결정〈재판청구권의 침해에 대한 헌법소원(각하)〉.
3) 헌재 1992. 4. 14. 91헌마156 결정〈불기소처분에 대한 헌법소원(기각)〉.

는 데 도움이 된다. ④ 재판관이나 법관과 기본적으로 공통된 자격을 갖추고 있는
변호사를 심리에 관여시키는 것이므로, 이로써 재판관의 관료적인 편견과 부당한
권위의식 또는 자의로부터 당사자가 보호될 수 있다.[1]

(2) 국선대리인제도

헌법소원심판을 청구하고자 하는 자가 변호사를 대리인으로 선임할 자력이 없
는 경우에는 헌법재판소에 국선대리인을 선임하여줄 것을 신청할 수 있다(법 제70조
제1항). 이에 해당하는 경우는 헌법소원의 심판청구서에 국선대리인선임신청서와 변
호사를 대리인으로 선임할 자력이 없음을 소명하는 서류를 첨부하여 헌법소원심판
을 신청하면 된다. 자력이 없는 자의 기준은 「헌법재판소 국선대리인의 선임 및 보
수에 관한 규칙」 제4조 제1항이 정하고 있다.

헌법소원심판을 청구하고자 하는 자가 무자력요건에 해당하지 아니하더라도
공익상 필요한 경우에는 국선대리인을 선임할 수 있다(법 제70조 제2항). 그러나 헌법
소원심판청구가 명백히 부적법하거나 이유 없는 경우 또는 권리의 남용이라고 인정
되는 경우에는 국선대리인을 선정하지 아니할 수 있다(법 제70조 제3항 단서).

국선대리인선임신청 기각결정에 대하여 대리인 없이 신청된 헌법소원은 부적
법하여 각하된다.

3. 심판청구기간의 준수

(1) 청구기간

청구기간이란 법정기간으로서 해당기간 내에 특정한 심판청구를 하여야 하는
것으로 정하여진 행위기간을 말한다. 청구인이 이 행위기간 중에 소정의 소송행위
를 하지 않고 그 기간이 도과된 경우에는 심판청구권이 상실된다. 이를 불가쟁력(형
식적 확정력)이라 한다.

이러한 청구기간을 두는 취지는 법률에 정하여진 기간 내에 헌법재판을 신속하
고 명확하게 처리함으로써 개인의 권리구제와 더불어 법적 안정성을 신속히 확보하
자는 것이라고 할 수 있다.

"헌법소원은 그 사유가 있음을 안 날로부터 90일 이내에, 그 사유가 있은 날로
부터 1년 이내에 청구하여야 한다. 다만, 다른 법률에 따른 구제절차를 거친 헌법소

---

1) 헌재 1990. 9. 3. 89헌마120 등 병합결정〈헌법재판소법 제25조 제3항에 관한 헌법소원(기각)〉.

원의 심판은 그 최종결정을 통지받은 날로부터 30일 이내에 청구하여야 한다."(법 제
69조 제1항) 여기서 '안 날'(이른바 주관적 기간)은 "적어도 공권력의 행사에 의한 기본권침
해의 사실관계를 특정할 수 있을 정도로 현실적으로 인식하여 심판청구가 가능해진
경우를 뜻한다."[1] 이때 '알았다'는 뜻은 공권력행사의 구체적 내용을 안 것을 의미하
는 것이 아니고, 통지, 공고, 공포 기타의 방법에 의하여 기본권을 침해하는 어떠한
종류의 공권력의 행사가 있었다는 사실을 알았으면 족하다고 할 것이다.[2] 그러나 공
권력의 행사에 관한 사실을 들어서 안 것만으로는 그 사유가 있음을 '안 것'이라고 할
수 없다 할 것이다.[3] 그리고 여기서 '그 사유가 있은 날'(이른바 객관적 기간)이란 당해
법령이 청구인의 기본권을 명백히 구체적·현실적으로 침해하였거나 그 침해가 확실
히 예상되는 등 실체적 제 요건이 성숙하여 헌법판단에 적합하게 된 때를 말한다(이른
바 성숙성설).[4] '안 날'규정과 '있은 날'규정의 관계문제에서 양자 중 어느 하나의 기간이
경과하면 그 심판청구는 청구기간을 도과하여 제기한 것이 되어 부적법 각하된다.[5]

　　그러나 헌법소원심판제도가 최종적으로 국민의 침해된 기본권을 구제하는 방
법이라면 국민의 그것에 접근하기 용이한 길을 열어놓는 것이 타당하다는 의미에서
'안 날'규정과 '있은 날'규정을 중첩적으로 규정하는 것보다 '있은 날'규정만을 두는
것으로 충분하다고 생각한다.[6]

(2) 청구기간의 계산

1) 일반원칙

　　청구기간의 계산은 헌법재판소법 제40조 제1항에 따라 기간계산에 관한 민법
의 규정들을 준용한다. 따라서 민법 제157조에 따라 기간이 오전 영시로부터 시작
하는 경우를 제외하고 일(日)로 정하여진 기간은 초일을 산입하지 아니하므로, 송달
을 받은 때에는 그 익일부터 기간이 진행된다. 청구기간의 기간말일의 종료로 만료

1) 헌재 1993. 7. 29. 89헌마31 결정〈공권력행사로 인한 재산권침해에 관한 헌법소원(인용＝위헌확인)〉.
2) 대법원 1964. 3. 31. 63누158 판결.
3) 대법원 1959. 5. 22. 4290행상183 판결.
4) 헌재 1993. 6. 15. 93헌마112 결정〈「특정범죄 가중처벌 등에 관한 법률」 등 위헌확인(각하)〉.
5) 헌재 1993. 7. 29. 89헌마31 결정 참조. 구 소원법(1951. 8. 3. 법률 제211호) 제3조 제1항은 "소원은
　행정처분이 있는 것을 안 날로부터 1월 이내, 행정처분이 있은 날로부터 3월 이내에 제기하여야
　한다"라고 규정하고 있었다. 이와 관련 대법원은 "행정처분을 안 날로부터 1월이 지나서 제기한
　소원은 비록 그 처분이 있은 날로부터 3월이 경과하지 아나하였더라도 부적법한 것"이라고 판시
　하였다(대법원 1971. 6. 30. 71누61 판결).
6) 정종섭, "헌법소원심판청구에 있어서의 청구기간에 관한 연구", 헌법논총 제4집, 헌법재판소,
　1993, 149쪽 이하(162·163쪽).

되고(민법 제159조), 기간의 말일이 일요일 기타 일반의 휴일에 해당되는 때에는 그 기간은 그 다음날에 만료된다(민사소송법 제157조 제2항). 일반의 휴일에는 임시공휴일, 신정의 공휴일도 포함된다.[1]

다만 공권력의 불행사로 인한 기본권침해의 경우 그 불행사가 계속되는 한 기본권침해의 부작위가 계속된다 할 것이므로, 공권력의 불행사에 대한 헌법소원의 심판은 그 불행사가 계속되는 한 기간의 제약 없이 적법하게 청구할 수 있다.[2] 그러나 부진정입법부작위의 경우에는 입법부작위헌법소원의 형식이 아니라 불완전한 입법규정 그 자체가 위헌이라는 적극적 헌법소원(작위헌법소원)의 형식으로 다투어야 하므로 청구기간이 제한된다.

2) 부득이한 상황

국가의 변란 등 부득이한 사태로 심판청구서의 제출이 늦어진 경우에는 그 기간은 제출할 수 있는 날까지 연장된다고 보아야 한다.[3] 예컨대 행정심판법 제18조 제2항은 "천재·지변·전쟁·사변 그 밖의 불가항력적인 사유"를 규정하고 있다.

3) 헌법재판소의 발족 이전

헌법재판소가 발족하기 전에 있었던 공권력 행사에 의한 기본권침해에 대한 헌법소원심판의 청구기간은 헌법재판소 재판관이 임명되어 재판부를 구성하여 재판을 개시할 수 있었던 날인 1988년 9월 19일부터 기산한다.[4]

4) 국선대리인선임을 신청하는 경우

헌법재판소에 국선대리인 선임을 신청하는 경우에는 국선대리인 선임신청이 있은 날을 기준으로 하여 청구기간을 계산한다(법 제70조 제1항 제2문). 한편 헌법재판소가 국선대리인을 선정하지 아니한다는 결정을 하고 이를 신청인에게 통지한 경우에는 신청인이 선임신청을 한 날로부터 그 통지를 받은 날까지의 기간은 청구기간에 산입되지 아니한다(법 제70조 제4항).

5) 보정명령을 받은 경우

청구기간 내에 청구인 본인 명의로 헌법소원심판청구를 하여 대리인을 선임하라는 보정명령을 받고 대리인을 선임하여 그 대리인명의의 심판청구서가 청구기간

---

1) 이시윤, 민사소송법, 박영사, 1992, 502쪽.
2) 헌재 1994. 12. 29. 89헌마2 결정〈조선철도(주) 주식의 보상금 청구에 관한 헌법소원(인용=위헌확인)〉.
3) 대법원 1991. 6. 28. 90누6521 판결.
4) 헌재 1991. 11. 25. 89헌마99 결정〈공립학교교원의 노동3권에 관한 헌법소원(각하)〉.

도과 후 다시 제출된 경우에는 그 사건 심판청구가 청구기간 내에 적법하게 청구된 것으로 본다.

(3) 다른 법률에 의한 구제절차가 있는 경우

다른 법률에 의한 구제절차가 있는 경우의 청구기간은 그 최종결정을 통지받은 날로부터 30일 이내에 청구하여야 한다(법 제69조 제1항 단서). 여기서 '통지받은 날'은 통지를 사실상 받은 날을 의미한다. 결정이 서면의 형식으로 우편에 의하여 배달된 때에는 특별한 사정이 없는 한 결정서의 등본이 송달된 날이 '통지받은 날'에 해당한다.

이 경우 다른 법률에 의한 구제절차는 적법한 구제절차여야 한다. 이는 부적법한 구제절차를 경유를 통하여 부당하게 청구기간을 연장하는 것을 막기 위한 것이다.

(4) 다른 법률에 의한 구제절차가 없는 경우

이 경우에는 그 사유가 있음을 "안 날로부터 90일 이내", 그 사유가 "있은 날로부터 1년 이내"에 청구하여야 한다. 사유가 있음을 안 날이란 공권력행사에 의한 기본권침해의 사실관계를 특정할 수 있을 정도로 현실적으로 인식하여 심판청구가 가능해진 경우를 말한다.[1]

그리고 "안 날로부터 90일 이내"와 "있은 날로부터 1년 이내"의 두 가지 청구기간을 모두 준수하여야 헌법소원심판청구가 적법한 것이며, 둘 중의 하나라도 기간이 지나면 부적법 각하된다.

> 판례 〈사형제도에 의한 생명권침해에 관한 헌법소원(각하)-사형판결이 확정된 자가 형법 제338조(강도살인·치사), 행형법 제57조 제1항(사형의 집행)에 대해 헌법소원을 청구한 사건(각하)〉 "청구인이 자신의 생명권침해의 자기관련성이 생긴 형법 제338조의 존재는 적어도 검사가 이를 적용법조로 하여 공소를 제기하고 공소장부본이 청구인에게 통지될 시점에 이를 알았다 할 것이고, 행형법 제57조 제1항의 존재는 적어도 대법원의 사형확정판결이 선고되고 사형집행을 전제로 한 수감상태에 들어가기 시작한 때에 알았다고 할 것인 바, 청구기간의 기산점인 '안 날'이라 함은 법령의 제정 등 공권력행사에 의한 기본권침해의 사실관계를 안 날을 뜻하는 것이지 법률적으로 평가하여 그 위헌성 때문에 헌법소원의 대상이 됨을 안 날을 뜻하는 것이 아니라 할 것이므로, 헌법소원의 대상이 됨을 안 날은 '청구기간을 도과한 헌법소원을 허용할 정당한 사유'의

---

1) 헌재 1993. 7. 29. 89헌마31 결정〈공권력행사로 인한 재산권침해에 대한 헌법소원(위헌)〉.

평가자료로 참작됨은 별론으로 하고 청구기간의 기산점과는 무관하다."(헌재 1993. 11. 25. 89헌마36 결정).

[판례 ▷] 〈기소유예처분 취소(기각)〉 "청구인이 고소인이나 고발인이 아니어서 검사의 불기소처분에 대하여 다른 법률에 구제절차가 인정되어 있지 아니한 경우나 형사피의자로 입건되어 기소유예처분이나 공소권 없음 처분을 받은 자는 법률상 구제절차가 없는 경우이므로, 그 불기소처분이 있은 사실을 안 날로부터 60일 이내에, 늦어도 불기소처분을 한 날로부터 180일 이내에 헌법소원을 청구하여야 한다."(헌재 1995. 3. 23. 94헌마254 결정)

(5) 법령에 대한 헌법소원심판의 청구기간

이에 대해서는 헌법재판소법에 명문의 규정이 존재하지 않는다. 헌법재판소는 이와 관련 다음과 같은 원칙을 확립하고 있다. 첫째, 법령의 시행과 동시에 기본권의 침해를 받게 된 경우에는 법령시행의 사실을 안 날로부터 90일 이내에, 그리고 그 시행일로부터 1년 이내에 청구하여야 한다.

둘째, 법령이 시행된 이후에 비로소 그 법령에 해당하는 사유가 발생하여 기본권의 침해를 받게 된 경우에는 그 사유발생을 안 날로부터 90일 이내, 그리고 사유발생일로부터 1년 이내에 청구하여야 한다. 여기서 그 사유발생일이라는 것은 당해 법률의 집행으로 청구인의 기본권을 명백히 구체적으로 현실적인 침해를 하였거나 그 침해가 확실히 예상되는 등 실체적 제 요건이 성숙하여 헌법판단에 적합하게 된 때를 말한다.[1]

일반인을 수범자로 하는 금지규정과 형벌규정을 둔 법률이 시행되는 경우, 법률시행과 동시에 모든 사람에 대하여 바로 법률에 해당하는 사유가 발생하였다고 볼 것은 아니며, 심판청구인에 대한 구체적·현실적인 침해사유가 있어야 비로소 법률에 해당하는 사유가 발생한 것으로 간주되며 그때로부터 청구기간이 진행된다.[2] 다만 기본권보장의 실효성을 높이기 위해서 구체적 기본권의 침해가 있기 이전이라도 그 침해가 확실히 예상될 때에는 미리 헌법소원을 청구할 수 있다. 즉 현재성이 인정될 수 있다.

한편 개정된 법령이 종전에 허용하던 영업을 금지하는 규정을 신설하면서 부칙

---

1) 헌재 1990. 6. 25. 89헌마220 결정〈지방공무원법 제35조, 제61조에 대한 헌법소원(기각)〉; 헌재 1990. 10. 8. 89헌마89 결정〈교육공무원법 제11조 제1항에 대한 헌법소원(위헌, 각하)〉.
2) 헌재 2000. 4. 27. 98헌가1 등 병합결정〈구 먹는물관리법 제28조 제1항 위헌제청(합헌)〉.

에서 유예기간을 두는 경우, 그 법령시행령 이전부터 영업을 해오던 사람은 그 법령
시행일에 이미 유예기간 이후부터는 영업을 할 수 없도록 기간을 제한받은 것이므로
그 법령시행일에(부칙에 의한 유예기간과 관계없이) 기본권의 침해를 받은 것으로 간주된
다. 따라서 청구기간의 기산도 법령시행일로부터 진행된다. 다만 법령 시행일 이후에
신고필증을 교부받아 영업을 해온 경우에는 신고필증 교부일이 기산점이 된다.[1]

(6) 정당한 사유가 있는 청구기간도과

헌법재판소법 제40조 제1항에 따라 준용되는 행정소송법 제20조 제2항 단서는
제소기간을 도과했더라도 정당한 사유가 있는 경우에는 제소를 허용하고 있다. 따
라서 정당한 사유가 있는 경우에는 청구기간이 지났어도 헌법소원심판청구를 적법
하게 할 수 있다.

> **판례** 〈이른바 국제그룹해체와 관련해 재무부장관이 195년 2월에 행한 일련의 공권력작용
> (권력적 사실행위)에 대한 헌법소원사건(인용=위헌확인)〉 "공권력이 대통령－재무장관－제
> 일은행장 순으로 극비리에 행사되는 등 적법절차가 무시되었고, 국회청문회 등을 통
> 해 청구인이 불법적인 공권력행사를 알았다 할지라도 검찰의 수사발표 시까지 심판
> 청구를 미루어 놓을 사정이 있었고, 이 사건 공권력행사의 특이성으로 인해 법률전문
> 가조차 헌법소원대상적격여부에 대한 혼선이 생길 수 있었던 점 등을 고려할 때, 이
> 사건 청구인이 공권력행사로 인한 기본권침해사실을 안 날이라고 할 1988. 12. 21부터
> 60일의 청구기간을 8일 도과하여 1989. 2. 27에 제기하였다 하여도 제소를 허용함이
> 사회통념상 타당하다."(헌재 1993. 7. 29. 89헌마31 결정)

4. 공탁금의 납부

헌법재판소는 헌법소원심판의 청구인에 대하여 헌법재판소규칙으로 정하는 공
탁금의 납부를 명할 수 있고(법 제37조 제2항), "헌법재판소는 다음 각호의 1에 해당하
는 경우에는 헌법재판소규칙이 정하는 바에 따라 공탁금의 전부 또는 일부의 국고
귀속을 명할 수 있다. 1. 헌법소원의 심판청구를 각하할 경우 2. 헌법소원의 심판청
구를 기각하는 경우에 그 심판청구가 권리의 남용이라고 인정되는 경우"(법 제37조 제
3항).

이는 헌법소원의 남소를 예방하기 위한 것이다.

---

1) 헌재 1999. 7. 22. 98헌마480 등 병합결정〈학교보건법시행령 제4조의2 제5호 등 위헌확인(기각,
   각하)〉.

5. 일사부재리의 원칙

헌법재판소법 제39조는 "헌법재판소는 이미 심판을 거친 동일한 사건에 대하여는 다시 심판할 수 없다"라고 규정하고 있다. 즉 헌법재판소는 이미 행한 결정에 대해서 자기기속력 때문에 이를 취소·변경할 수 없다. 이를 일사부재리의 원칙이라 하며, 법적 안정성을 위하여 불가피한 것이다. 따라서 헌법재판소의 결정은 원칙적 단심제이다.

다만 변호사인 대리인의 선임이 없어 각하된 경우와 다른 법률에 의한 구제절차를 거치지 아니하여 각하된 경우에는 대리인의 선임 또는 구제절차의 경료 등 그 흠결을 보정하여 재청구하면 일사부재리의 원칙이 적용되지 않는다.

제 4 절   헌법소원에 대한 심판과 결정

제 1 항   헌법소원에 대한 심판

1. 서면심리주의

헌법소원에 관한 심판은 서면심리를 원칙으로 한다. 다만 재판부가 필요하다고 인정하는 경우에는 변론을 열어 당사자·이해관계인 그리고 그 밖의 참고인의 진술을 들을 수 있다(법 제30조 제2항).

2. 헌법소원에 대한 사전심사

(1) 지정재판부

헌법재판소장은 재판소의 부담을 경감하기 위하여 3인으로 구성되는 지정재판부를 두어 헌법소원에 대한 사전심사를 하게 할 수 있다(법 제72조 제1항). 지정재판부는 헌법소원을 각하하거나 재판부에 심판회부결정을 한 때에는 14일 이내에 청구인에게 그 사실을 통지하여야 한다(법 제73조 제1항).

(2) 지정재판부의 각하결정

다음의 경우에는 지정재판부의 재판관전원이 일치된 의견에 의한 결정으로 심판청구를 각하하여야 한다. ① 다른 구제절차를 경유하지 않은 경우, ② 법원의 재판에 대하여 청구된 경우, ③ 청구기간이 경과한 경우, ④ 대리인의 선임이 없는 경우, ⑤ 심판청구가 부적법하고 그 흠결을 보정할 수 없는 경우 등(법 제72조 제3항).

(3) 지정재판부의 심판회부결정

지정재판부는 청구를 각하하지 않는 경우에는 결정으로 헌법소원을 재판부의 심판에 회부하여야 한다. 헌법소원심판청구 후 30일이 경과할 때까지 각하결정이 없으면 심판에 회부하는 결정이 있는 것으로 본다(법 제72조 제4항). 그 이유는 지정재판부가 사전심사를 빙자하여 심판을 지연시키려는 것을 막고자 함에 있다.[1] 이 경우 헌법재판소장은 법무부장관, 청구인이 아닌 당해 사건의 당사자에게 그 사실을 통지하여야 한다(법 제73조 제2항).

3. 전원재판부의 심판

지정재판부에서 헌법소원을 전원재판부에 회부하면 전원재판부는 기본권의 침해여부, 기본권의 의미 여하, 침해의 직접성과 현재성 여부 등을 심판한다. 이때 전원재판부는 심판청구서에 기재된 청구취지에 관계없이 청구인의 주장요지를 종합적으로 판단하여야 한다.

> 판례 〈공권력에 의한 재산권침해에 대한 헌법소원(일부인용, 일부기각)〉 "헌법소원심판이 청구되면 헌법재판소로서는 청구인의 주장에만 판단을 한정할 것이 아니라 가능한 모든 범위에서 헌법상의 기본권침해의 유무를 직권으로 심사하여야 한다."(헌재 1989. 9. 4. 89헌마22 결정)

제2항 헌법소원의 결정

1. 결정의 유형

헌법재판소가 심리를 마치면 결정을 한다. 헌법소원의 결정유형에는 심판절차종료선언결정·각하결정·기각결정 및 인용결정이 있다.

심판절차종료선언결정은 청구인이 사망하였으나 수계할 당사자가 없는 경우

---

[1] 헌재 1993. 10. 29. 93헌마222 결정〈헌법재판소법 제72조 제3항 제1호 위헌확인(각하=3호)〉.

민사소송법 제211조에 의하여 심판절차를 종료하거나 또는 청구인이 헌법소원청구를 취하하는 경우에 절차를 종료하는 결정이다.[1)

각하결정은 형식적·절차적 요건에 흠결이 있는 경우, 곧 심판청구가 부적법한 경우에 행해진다. 각하결정은 구체적으로 ① 기본권침해의 현재성·직접성 요건, 침해된 기본권의 자기관련성, 심판청구의 형식적 요건 등을 갖추지 못하였거나, ② 보충성의 요건을 충족하지 못하였거나, ③ 청구기간을 도과하여 청구하였거나, ④ 법원의 재판 등 헌법소원의 대상이 될 수 없는 사항에 대하여 심판을 청구하였거나, ⑤ 불기소처분의 대상이 된 피의사실의 공소시효완성 등으로 권리보호의 이익이 없거나, ⑥ 대리인으로 변호사를 선임하지 아니한 경우, ⑦ 심판청구를 취하한 경우, ⑧ 헌법재판소가 각하결정한 사안과 동일한 내용의 심판청구를 되풀이하는 경우 등에 하게 된다.

각하결정이 내려지는 경우 청구인이 납부한 공탁금의 전부 또는 일부가 헌법재판소의 명령으로 국고에 귀속될 수 있다(법 제37조 제3항). 또 각하결정이 내려진 경우 그 각하결정에서 판시한 요건의 흠결을 보정할 수 있는 때에 한하여 이를 보정하여 다시 심판청구를 하는 것은 허용된다. 그러나 요건의 흠결을 보정하지 않고 동일한 내용의 심판청구를 다시 되풀이하는 것은 허용되지 않는다.[2)

기각결정은 헌법소원심판청구가 이유 없는 경우에 내려진다. 그리고 5명의 재판관이 위헌의견이고 4명의 재판관이 기각의견인 경우에도 위헌의견이 과반수이지만, 인용결정의 정족수 6인에 미치지 못하여 기각결정을 하게 된다.[3)

헌법재판소는 청구기각결정시 그 심판청구가 권리의 남용이라고 인정되는 경우에는 청구인이 납부한 공탁금의 전부 또는 일부를 국고에 귀속시키도록 명할 수 있다(법 제37조 제3항). 기각결정에는 자기구속력, 형식적 확정력, 기판력이 발생하나, 기속력은 발생하지 않는다.

인용결정은 공권력의 행사 또는 불행사로 말미암아 헌법상 보장된 기본권이 침해되었음을 인정하는 결정형식이다.

---

1) 사망으로 인한 심판절차종료선언결정은 헌재 1992. 11. 12. 90헌마33 결정(불기소처분에 대한 헌법소원)과 헌재 1994. 12. 29. 90헌바13 결정(형법 제338조 등에 대한 헌법소원)에서 내려졌고, 청구인의 청구취하로 인한 심판절차종료선언결정은 헌재 1995. 12. 15. 95헌마221 등 병합결정(불기소처분취소)에서 내려진 바 있다.
2) 헌재 1989. 7. 1. 89헌마138 결정〈헌법소원심판청구 각하결정에 대한 헌법소원(각하)〉 이후 일관된 헌법재판소의 입장.
3) 헌재 2000. 2. 24. 97헌마13 등 병합결정〈상속세 경정청구 거부처분 취소 등(기각, 각하)〉.

2. 인용결정

헌법소원에 대한 인용결정을 하기 위해서는 헌법재판소 재판관 6인 이상의 찬성이 있어야 한다(제113조 제1항).

헌법재판소가 헌법소원을 인용할 때에는 인용결정서의 주문에서 침해된 기본권과 침해의 원인이 된 공권력의 행사 또는 불행사를 특정하고(법 제75조 제2항), 기본권침해의 원인이 된 공권력의 행사를 취소하거나, 그 불행사가 위헌임을 확인할 수 있다(법 제75조 제3항). 또한 헌법재판소는 공권력의 행사 또는 불행사가 위헌인 법률 또는 법률의 조항에 기인한 것이라고 인정할 때에는 인용결정에서 당해법률 또는 법률의 조항이 위헌임을 선고할 수 있다(법 제75조 제5항).

헌법재판소법은 명문의 규정을 두고 있지는 않으나, 같은 법 제68조 제1항 헌법소원심판절차에서도 가처분의 필요성이 있을 수 있고 또 이를 허용하지 아니할 상당한 이유를 찾아볼 수 없으므로, 가처분이 허용된다. 위 가처분의 요건은 헌법소원심판에서 다투어지는 '공권력 행사 또는 불행사'의 현상을 그대로 유지시킴으로 인하여 생길 회복하기 어려운 손해를 예방할 필요가 있어야 한다는 것과 그 효력을 정지시켜야 할 긴급한 필요가 있어야 한다는 것 등이 된다. 따라서 본안심판이 부적합하거나 이유없음이 명백하지 않는 한, 위와 같은 가처분의 요건을 갖춘 것으로 인정되면, 가처분을 인용한 뒤 종국결정에서 청구가 기각되었을 때 발생하게 될 불이익과 가처분을 기각한 뒤 청구가 인용되었을 때 발생하게 될 불이익을 비교 형량하여 후자가 전자보다 큰 경우에, 가처분을 인용할 수 있다.[1]

3. 인용결정의 효력

헌법소원이 인용되면 다음과 같은 효력을 발휘하게 된다. 첫째, 헌법소원에 대한 인용결정은 기속력을 갖는다. 곧 헌법소원에 대한 인용결정은 청구인과 피청구인을 비롯한 모든 국가기관과 지방자치단체를 기속한다(법 제75조 제1항).

> 판례 〈불기소처분취소(취소의 인용)〉 "헌법재판소법 제75조 제1항에는 헌법소원의 인용결정은 모든 국가기관과 지방자치단체를 기속한다고 규정되어 있다. 헌법재판소법 제75조 제1항이 헌법소원의 피청구인에게 가지는 뜻은 헌법소원의 인용결정이 있으

---

1) 헌재 2000. 12. 8. 2000헌사471 결정〈사법시험령 제4조 제3항 효력정지 가처분신청(인용)〉.

면 피청구인은 모름지기 그 인용결정의 취지에 맞도록 공권력을 행사하여야 한다는 데 있다. 헌법재판소법 제75조 제4항은 헌법재판소가 공권력의 불행사에 대한 헌법소원을 인용하는 결정을 한 때에는 피청구인은 결정취지에 따라 새로운 처분을 하여야 한다고 규정함으로써, 공권력의 불행사에 대한 헌법소원의 인용결정에 관하여는 이 뜻을 명백히 하고 있다. 따라서 검사의 불기소처분을 취소하는 헌법재판소의 결정이 있을 때에 그 결정에 따라 불기소한 사건을 재기수사하는 검사로서는 헌법재판소가 그 결정의 주문 및 이유에 설시한 취지에 맞도록 성실히 수사하여 결정을 하여야 할 것이다."(헌재 1993. 11. 25. 93헌마113 결정)

둘째, 헌법재판소가 법률 또는 법률조항의 위헌임을 선고한 경우에는 위헌법률심판에서의 위헌결정의 효력에 관한 규정이 준용된다(법 제75조 제6항).

셋째, 특히 헌법재판소가 공권력의 불행사에 대한 헌법소원을 인용하는 결정을 한 때에는 피청구인은 결정취지에 따라 새로운 처분을 하여야 한다(법 제75조 제4항).

넷째, 당해 헌법소원과 관련된 소송사건이 이미 확정된 때에는 당사자는 재심을 청구할 수 있다(법 제75조 제7항).

다섯째, 헌법재판소의 결정에 대하여 재심이 허용되는가에 대하여는 명문의 규정이 없다. 그러나 헌법재판소는 다음과 같은 경우에는 매우 제한적이지만 재심을 허용할 수 있다는 입장을 취하고 있다. "헌법재판소법 제68조 제1항에 의한 헌법소원(권리구제형헌법소원) 중 행정작용에 속하는 공권력작용을 대상으로 하는 권리구제형 소원절차에 있어서는, 사안의 성질상 헌법재판소의 결정에 대한 재심은 재판부의 구성이 위법한 경우 등 절차상 중대하고도 명백한 위법이 있어서 재심을 허용하지 아니하면 현저히 정의에 반하는 경우에 한하여 제한적으로 허용될 수 있다."1) 또 2001년의 결정에서는 판단유탈을 이유로 하는 재심은 허용된다고 함으로써 종래의 판례를 변경한 바 있다.

> 판례 〈불기소처분취소=재심(기각)〉 "공권력의 작용에 대한 권리구제형 헌법소원심판 절차에 있어서 '헌법재판소의 결정에 영향을 미칠 중대한 사항에 관하여 판단에 유탈한 때'를 재심사유로 허용하는 것이 헌법재판의 성질에 반한다고 볼 수는 없으므로, 민사소송법 제422조 제1항 제9호를 준용하여 '판단유탈'도 재심사유로 허용되어야 한다. 따라서 종전에 이와 견해를 달리하여 행정작용에 속하는 공권력작용을 대상으로 한 권리구제형헌법소원에 있어서 판단유탈은 재심사유가 되지 아니한다는 취지의 의

---

1) 〈불기소처분취소(재심)(각하)〉(헌재 1995. 1. 20. 93헌아1 결정). 그러나 위헌심사형헌법소원에 대한 재심은 구체적 타당성보다 법적 안정성을 우선하여 재심을 허용하지 않고 있다(헌재 1992. 6. 26. 90헌아1 결정).

견(헌재 1995. 1. 20. 93헌아1; 1998. 3. 26. 98헌아2)은 이를 변경하기로 한다."(헌재 2001. 9. 27. 2001헌아3 결정)

판례 〈불기소처분취소(재심)(취소, 각하, 기각)〉 "청구인이 청구기간을 준수하여 헌법소원심판청구를 하였음에도 우편집배원의 착오로 인해 잘못 기재된 우편송달보고서를 근거로 청구기간을 잘못 계산하여 헌법소원심판청구에 대한 본안 판단을 하지 아니한 채 심판청구가 청구기간을 도과하여 부적법하다는 이유로 각하하는 결정을 한 경우, 이러한 재심대상결정에는 헌법재판소 제40조 제1항에 의하여 준용되는 민사소송법 제151조 제1항 제9호의 '판결에 영향을 미칠 중요한 사항에 관하여 판단을 누락한 때'에 준하는 재심사유가 있다고 할 것이다."(헌재 2009. 6. 25. 2008헌아23 결정)

판례 〈불기소처분취소(재심)(재심취소, 기각)〉 "청구인이 적법한 사전구제절차를 거쳐 불기소처분의 취소를 구하는 헌법소원심판청구를 하였음에도 본안 판단을 하지 아니한 채 착오로 잘못 기재된 사실조회 결과를 근거로 적법한 사전구제절차를 거치지 아니한 것으로 잘못 판단하여 각하하는 결정을 한 경우, 이러한 재심대상결정에는 헌법재판소 제40조 제1항에 의하여 준용되는 민사소송법 제451조 제1항 제9호의 '판결에 영향을 미칠 중요한 사항에 관하여 판단을 누락한 때'에 준하는 재심사유가 있다."(헌재 2011. 2. 24. 2008헌아4 결정)

부 록

대한민국헌법
헌법재판소법

대한민국헌법

[시행 1988. 2. 25.]
[헌법 제10호, 1987. 10. 29., 전부개정]

유구한 역사와 전통에 빛나는 우리 대한국민은 3·1운동으로 건립된 대한민국임시정부의 법통과 불의에 항거한 4·19민주이념을 계승하고, 조국의 민주개혁과 평화적 통일의 사명에 입각하여 정의·인도와 동포애로써 민족의 단결을 공고히 하고, 모든 사회적 폐습과 불의를 타파하며, 자율과 조화를 바탕으로 자유민주적 기본질서를 더욱 확고히 하여 정치·경제·사회·문화의 모든 영역에 있어서 각인의 기회를 균등히 하고, 능력을 최고도로 발휘하게 하며, 자유와 권리에 따르는 책임과 의무를 완수하게 하여, 안으로는 국민생활의 균등한 향상을 기하고 밖으로는 항구적인 세계평화와 인류공영에 이바지함으로써 우리들과 우리들의 자손의 안전과 자유와 행복을 영원히 확보할 것을 다짐하면서 1948년 7월 12일에 제정되고 8차에 걸쳐 개정된 헌법을 이제 국회의 의결을 거쳐 국민투표에 의하여 개정한다.

제1장 총 강

제1조 ① 대한민국은 민주공화국이다.
② 대한민국의 주권은 국민에게 있고, 모든 권력은 국민으로부터 나온다.
제2조 ① 대한민국의 국민이 되는 요건은 법률로 정한다.
② 국가는 법률이 정하는 바에 의하여 재외국민을 보호할 의무를 진다.
제3조 대한민국의 영토는 한반도와 그 부속도서로 한다.
제4조 대한민국은 통일을 지향하며, 자유민주적 기본질서에 입각한 평화적 통일 정책을 수립하고 이를 추진한다.

제5조 ① 대한민국은 국제평화의 유지에 노력하고 침략적 전쟁을 부인한다.
② 국군은 국가의 안전보장과 국토방위의 신성한 의무를 수행함을 사명으로 하며, 그 정치적 중립성은 준수된다.
제6조 ① 헌법에 의하여 체결·공포된 조약과 일반적으로 승인된 국제법규는 국내법과 같은 효력을 가진다.
② 외국인은 국제법과 조약이 정하는 바에 의하여 그 지위가 보장된다.
제7조 ① 공무원은 국민전체에 대한 봉사자이며, 국민에 대하여 책임을 진다.
② 공무원의 신분과 정치적 중립성은 법률이 정하는 바에 의하여 보장된다.

제8조 ① 정당의 설립은 자유이며, 복수정당제는 보장된다.

② 정당은 그 목적·조직과 활동이 민주적이어야 하며, 국민의 정치적 의사형성에 참여하는데 필요한 조직을 가져야 한다.

③ 정당은 법률이 정하는 바에 의하여 국가의 보호를 받으며, 국가는 법률이 정하는 바에 의하여 정당운영에 필요한 자금을 보조할 수 있다.

④ 정당의 목적이나 활동이 민주적 기본질서에 위배될 때에는 정부는 헌법재판소에 그 해산을 제소할 수 있고, 정당은 헌법재판소의 심판에 의하여 해산된다.

제9조 국가는 전통문화의 계승·발전과 민족문화의 창달에 노력하여야 한다.

제 2 장 국민의 권리와 의무

제10조 모든 국민은 인간으로서의 존엄과 가치를 가지며, 행복을 추구할 권리를 가진다. 국가는 개인이 가지는 불가침의 기본적 인권을 확인하고 이를 보장할 의무를 진다.

제11조 ① 모든 국민은 법 앞에 평등하다. 누구든지 성별·종교 또는 사회적 신분에 의하여 정치적·경제적·사회적·문화적 생활의 모든 영역에 있어서 차별을 받지 아니한다.

② 사회적 특수계급의 제도는 인정되지 아니하며, 어떠한 형태로도 이를 창설할 수 없다.

③ 훈장등의 영전은 이를 받은 자에게만 효력이 있고, 어떠한 특권도 이에 따르지 아니한다.

제12조 ① 모든 국민은 신체의 자유를 가진다. 누구든지 법률에 의하지 아니하고는 체포·구속·압수·수색 또는 심문을 받지 아니하며, 법률과 적법한 절차에 의하지 아니하고는 처벌·보안처분 또는 강제노역을 받지 아니한다.

② 모든 국민은 고문을 받지 아니하며, 형사상 자기에게 불리한 진술을 강요당하지 아니한다.

③ 체포·구속·압수 또는 수색을 할 때에는 적법한 절차에 따라 검사의 신청에 의하여 법관이 발부한 영장을 제시하여야 한다. 다만, 현행범인인 경우와 장기 3년 이상의 형에 해당하는 죄를 범하고 도피 또는 증거인멸의 염려가 있을 때에는 사후에 영장을 청구할 수 있다.

④ 누구든지 체포 또는 구속을 당한 때에는 즉시 변호인의 조력을 받을 권리를 가진다. 다만, 형사피고인이 스스로 변호인을 구할 수 없을 때에는 법률이 정하는 바에 의하여 국가가 변호인을 붙인다.

⑤ 누구든지 체포 또는 구속의 이유와 변호인의 조력을 받을 권리가 있음을 고지받지 아니하고는 체포 또는 구속을 당하지 아니한다. 체포 또는 구속을 당한 자의 가족등 법률이 정하는 자에게는 그 이유와 일시·장소가 지체없이 통지되어야 한다.

⑥ 누구든지 체포 또는 구속을 당한 때에는 적부의 심사를 법원에 청구할 권리를 가진다.

⑦ 피고인의 자백이 고문·폭행·협박·구속의 부당한 장기화 또는 기망 기타의 방법에 의하여 자의로 진술된 것이 아니라고 인정될 때 또는 정식재판에 있어서 피

고인의 자백이 그에게 불리한 유일한 증거일 때에는 이를 유죄의 증거로 삼거나 이를 이유로 처벌할 수 없다.

제13조 ① 모든 국민은 행위시의 법률에 의하여 범죄를 구성하지 아니하는 행위로 소추되지 아니하며, 동일한 범죄에 대하여 거듭 처벌받지 아니한다.

② 모든 국민은 소급입법에 의하여 참정권의 제한을 받거나 재산권을 박탈당하지 아니한다.

③ 모든 국민은 자기의 행위가 아닌 친족의 행위로 인하여 불이익한 처우를 받지 아니한다.

제14조 모든 국민은 거주·이전의 자유를 가진다.

제15조 모든 국민은 직업선택의 자유를 가진다.

제16조 모든 국민은 주거의 자유를 침해받지 아니한다. 주거에 대한 압수나 수색을 할 때에는 검사의 신청에 의하여 법관이 발부한 영장을 제시하여야 한다.

제17조 모든 국민은 사생활의 비밀과 자유를 침해받지 아니한다.

제18조 모든 국민은 통신의 비밀을 침해받지 아니한다.

제19조 모든 국민은 양심의 자유를 가진다.

제20조 ① 모든 국민은 종교의 자유를 가진다.

② 국교는 인정되지 아니하며, 종교와 정치는 분리된다.

제21조 ① 모든 국민은 언론·출판의 자유와 집회·결사의 자유를 가진다.

② 언론·출판에 대한 허가나 검열과 집회·결사에 대한 허가는 인정되지 아니한다.

③ 통신·방송의 시설기준과 신문의 기능을 보장하기 위하여 필요한 사항은 법률로 정한다.

④ 언론·출판은 타인의 명예나 권리 또는 공중도덕이나 사회윤리를 침해하여서는 아니된다. 언론·출판이 타인의 명예나 권리를 침해한 때에는 피해자는 이에 대한 피해의 배상을 청구할 수 있다.

제22조 ① 모든 국민은 학문과 예술의 자유를 가진다.

② 저작자·발명가·과학기술자와 예술가의 권리는 법률로써 보호한다.

제23조 ① 모든 국민의 재산권은 보장된다. 그 내용과 한계는 법률로 정한다.

② 재산권의 행사는 공공복리에 적합하도록 하여야 한다.

③ 공공필요에 의한 재산권의 수용·사용 또는 제한 및 그에 대한 보상은 법률로써 하되, 정당한 보상을 지급하여야 한다.

제24조 모든 국민은 법률이 정하는 바에 의하여 선거권을 가진다.

제25조 모든 국민은 법률이 정하는 바에 의하여 공무담임권을 가진다.

제26조 ① 모든 국민은 법률이 정하는 바에 의하여 국가기관에 문서로 청원할 권리를 가진다.

② 국가는 청원에 대하여 심사할 의무를 진다.

제27조 ① 모든 국민은 헌법과 법률이 정한 법관에 의하여 법률에 의한 재판을 받을 권리를 가진다.

② 군인 또는 군무원이 아닌 국민은 대한민국의 영역안에서는 중대한 군사상 기밀·초병·초소·유독음식물공급·포로·군용물

에 관한 죄중 법률이 정한 경우와 비상계
엄이 선포된 경우를 제외하고는 군사법원
의 재판을 받지 아니한다.

③ 모든 국민은 신속한 재판을 받을 권리
를 가진다. 형사피고인은 상당한 이유가
없는 한 지체없이 공개재판을 받을 권리
를 가진다.

④ 형사피고인은 유죄의 판결이 확정될
때까지는 무죄로 추정된다.

⑤ 형사피해자는 법률이 정하는 바에 의
하여 당해 사건의 재판절차에서 진술할
수 있다.

제28조 형사피의자 또는 형사피고인으로서
구금되었던 자가 법률이 정하는 불기소처
분을 받거나 무죄판결을 받은 때에는 법
률이 정하는 바에 의하여 국가에 정당한
보상을 청구할 수 있다.

제29조 ① 공무원의 직무상 불법행위로 손
해를 받은 국민은 법률이 정하는 바에 의
하여 국가 또는 공공단체에 정당한 배상
을 청구할 수 있다. 이 경우 공무원 자신
의 책임은 면제되지 아니한다.

② 군인·군무원·경찰공무원 기타 법률이
정하는 자가 전투·훈련등 직무집행과 관
련하여 받은 손해에 대하여는 법률이 정
하는 보상외에 국가 또는 공공단체에 공
무원의 직무상 불법행위로 인한 배상은
청구할 수 없다.

제30조 타인의 범죄행위로 인하여 생명·신
체에 대한 피해를 받은 국민은 법률이 정
하는 바에 의하여 국가로부터 구조를 받
을 수 있다.

제31조 ① 모든 국민은 능력에 따라 균등하
게 교육을 받을 권리를 가진다.

② 모든 국민은 그 보호하는 자녀에게 적
어도 초등교육과 법률이 정하는 교육을
받게 할 의무를 진다.

③ 의무교육은 무상으로 한다.

④ 교육의 자주성·전문성·정치적 중립성
및 대학의 자율성은 법률이 정하는 바에
의하여 보장된다.

⑤ 국가는 평생교육을 진흥하여야 한다.

⑥ 학교교육 및 평생교육을 포함한 교육
제도와 그 운영, 교육재정 및 교원의 지위
에 관한 기본적인 사항은 법률로 정한다.

제32조 ① 모든 국민은 근로의 권리를 가진
다. 국가는 사회적·경제적 방법으로 근로
자의 고용의 증진과 적정임금의 보장에
노력하여야 하며, 법률이 정하는 바에 의
하여 최저임금제를 시행하여야 한다.

② 모든 국민은 근로의 의무를 진다. 국가
는 근로의 의무의 내용과 조건을 민주주
의원칙에 따라 법률로 정한다.

③ 근로조건의 기준은 인간의 존엄성을
보장하도록 법률로 정한다.

④ 여자의 근로는 특별한 보호를 받으며,
고용·임금 및 근로조건에 있어서 부당한
차별을 받지 아니한다.

⑤ 연소자의 근로는 특별한 보호를 받
는다.

⑥ 국가유공자·상이군경 및 전몰군경의
유가족은 법률이 정하는 바에 의하여 우
선적으로 근로의 기회를 부여받는다.

제33조 ① 근로자는 근로조건의 향상을 위
하여 자주적인 단결권·단체교섭권 및 단
체행동권을 가진다.

② 공무원인 근로자는 법률이 정하는 자
에 한하여 단결권·단체교섭권 및 단체행

동권을 가진다.

③ 법률이 정하는 주요방위산업체에 종사하는 근로자의 단체행동권은 법률이 정하는 바에 의하여 이를 제한하거나 인정하지 아니할 수 있다.

제34조 ① 모든 국민은 인간다운 생활을 할 권리를 가진다.

② 국가는 사회보장·사회복지의 증진에 노력할 의무를 진다.

③ 국가는 여자의 복지와 권익의 향상을 위하여 노력하여야 한다.

④ 국가는 노인과 청소년의 복지향상을 위한 정책을 실시할 의무를 진다.

⑤ 신체장애자 및 질병·노령 기타의 사유로 생활능력이 없는 국민은 법률이 정하는 바에 의하여 국가의 보호를 받는다.

⑥ 국가는 재해를 예방하고 그 위험으로부터 국민을 보호하기 위하여 노력하여야 한다.

제35조 ① 모든 국민은 건강하고 쾌적한 환경에서 생활할 권리를 가지며, 국가와 국민은 환경보전을 위하여 노력하여야 한다.

② 환경권의 내용과 행사에 관하여는 법률로 정한다.

③ 국가는 주택개발정책등을 통하여 모든 국민이 쾌적한 주거생활을 할 수 있도록 노력하여야 한다.

제36조 ① 혼인과 가족생활은 개인의 존엄과 양성의 평등을 기초로 성립되고 유지되어야 하며, 국가는 이를 보장한다.

② 국가는 모성의 보호를 위하여 노력하여야 한다.

③ 모든 국민은 보건에 관하여 국가의 보호를 받는다.

제37조 ① 국민의 자유와 권리는 헌법에 열거되지 아니한 이유로 경시되지 아니한다.

② 국민의 모든 자유와 권리는 국가안전보장·질서유지 또는 공공복리를 위하여 필요한 경우에 한하여 법률로써 제한할 수 있으며, 제한하는 경우에도 자유와 권리의 본질적인 내용을 침해할 수 없다.

제38조 모든 국민은 법률이 정하는 바에 의하여 납세의 의무를 진다.

제39조 ① 모든 국민은 법률이 정하는 바에 의하여 국방의 의무를 진다.

② 누구든지 병역의무의 이행으로 인하여 불이익한 처우를 받지 아니한다.

제3장 국 회

제40조 입법권은 국회에 속한다.

제41조 ① 국회는 국민의 보통·평등·직접·비밀선거에 의하여 선출된 국회의원으로 구성한다.

② 국회의원의 수는 법률로 정하되, 200인 이상으로 한다.

③ 국회의원의 선거구와 비례대표제 기타 선거에 관한 사항은 법률로 정한다.

제42조 국회의원의 임기는 4년으로 한다.

제43조 국회의원은 법률이 정하는 직을 겸할 수 없다.

제44조 ① 국회의원은 현행범인인 경우를 제외하고는 회기중 국회의 동의없이 체포 또는 구금되지 아니한다.

② 국회의원이 회기전에 체포 또는 구금된 때에는 현행범인이 아닌 한 국회의 요구가 있으면 회기중 석방된다.

제45조 국회의원은 국회에서 직무상 행한

발언과 표결에 관하여 국회외에서 책임을 지지 아니한다.

제46조 ① 국회의원은 청렴의 의무가 있다.

② 국회의원은 국가이익을 우선하여 양심에 따라 직무를 행한다.

③ 국회의원은 그 지위를 남용하여 국가·공공단체 또는 기업체와의 계약이나 그 처분에 의하여 재산상의 권리·이익 또는 직위를 취득하거나 타인을 위하여 그 취득을 알선할 수 없다.

제47조 ① 국회의 정기회는 법률이 정하는 바에 의하여 매년 1회 집회되며, 국회의 임시회는 대통령 또는 국회재적의원 4분의 1 이상의 요구에 의하여 집회된다.

② 정기회의 회기는 100일을, 임시회의 회기는 30일을 초과할 수 없다.

③ 대통령이 임시회의 집회를 요구할 때에는 기간과 집회요구의 이유를 명시하여야 한다.

제48조 국회는 의장 1인과 부의장 2인을 선출한다.

제49조 국회는 헌법 또는 법률에 특별한 규정이 없는 한 재적의원 과반수의 출석과 출석의원 과반수의 찬성으로 의결한다. 가부동수인 때에는 부결된 것으로 본다.

제50조 ① 국회의 회의는 공개한다. 다만, 출석의원 과반수의 찬성이 있거나 의장이 국가의 안전보장을 위하여 필요하다고 인정할 때에는 공개하지 아니할 수 있다.

② 공개하지 아니한 회의내용의 공표에 관하여는 법률이 정하는 바에 의한다.

제51조 국회에 제출된 법률안 기타의 의안은 회기중에 의결되지 못한 이유로 폐기되지 아니한다. 다만, 국회의원의 임기가 만료된 때에는 그러하지 아니하다.

제52조 국회의원과 정부는 법률안을 제출할 수 있다.

제53조 ① 국회에서 의결된 법률안은 정부에 이송되어 15일 이내에 대통령이 공포한다.

② 법률안에 이의가 있을 때에는 대통령은 제1항의 기간내에 이의서를 붙여 국회로 환부하고, 그 재의를 요구할 수 있다. 국회의 폐회중에도 또한 같다.

③ 대통령은 법률안의 일부에 대하여 또는 법률안을 수정하여 재의를 요구할 수 없다.

④ 재의의 요구가 있을 때에는 국회는 재의에 붙이고, 재적의원과반수의 출석과 출석의원 3분의 2 이상의 찬성으로 전과 같은 의결을 하면 그 법률안은 법률로서 확정된다.

⑤ 대통령이 제1항의 기간내에 공포나 재의의 요구를 하지 아니한 때에도 그 법률안은 법률로서 확정된다.

⑥ 대통령은 제4항과 제5항의 규정에 의하여 확정된 법률을 지체없이 공포하여야 한다. 제5항에 의하여 법률이 확정된 후 또는 제4항에 의한 확정법률이 정부에 이송된 후 5일 이내에 대통령이 공포하지 아니할 때에는 국회의장이 이를 공포한다.

⑦ 법률은 특별한 규정이 없는 한 공포한 날로부터 20일을 경과함으로써 효력을 발생한다.

제54조 ① 국회는 국가의 예산안을 심의·확정한다.

② 정부는 회계연도마다 예산안을 편성하여 회계연도 개시 90일전까지 국회에 제

출하고, 국회는 회계연도 개시 30일전까지 이를 의결하여야 한다.

③ 새로운 회계연도가 개시될 때까지 예산안이 의결되지 못한 때에는 정부는 국회에서 예산안이 의결될 때까지 다음의 목적을 위한 경비는 전년도 예산에 준하여 집행할 수 있다.

1. 헌법이나 법률에 의하여 설치된 기관 또는 시설의 유지·운영

2. 법률상 지출의무의 이행

3. 이미 예산으로 승인된 사업의 계속

제55조 ① 한 회계연도를 넘어 계속하여 지출할 필요가 있을 때에는 정부는 연한을 정하여 계속비로서 국회의 의결을 얻어야 한다.

② 예비비는 총액으로 국회의 의결을 얻어야 한다. 예비비의 지출은 차기국회의 승인을 얻어야 한다.

제56조 정부는 예산에 변경을 가할 필요가 있을 때에는 추가경정예산안을 편성하여 국회에 제출할 수 있다.

제57조 국회는 정부의 동의없이 정부가 제출한 지출예산 각항의 금액을 증가하거나 새 비목을 설치할 수 없다.

제58조 국채를 모집하거나 예산외에 국가의 부담이 될 계약을 체결하려 할 때에는 정부는 미리 국회의 의결을 얻어야 한다.

제59조 조세의 종목과 세율은 법률로 정한다.

제60조 ① 국회는 상호원조 또는 안전보장에 관한 조약, 중요한 국제조직에 관한 조약, 우호통상항해조약, 주권의 제약에 관한 조약, 강화조약, 국가나 국민에게 중대한 재정적 부담을 지우는 조약 또는 입법사항에 관한 조약의 체결·비준에 대한 동의권을 가진다.

② 국회는 선전포고, 국군의 외국에의 파견 또는 외국군대의 대한민국 영역안에서의 주류에 대한 동의권을 가진다.

제61조 ① 국회는 국정을 감사하거나 특정한 국정사안에 대하여 조사할 수 있으며, 이에 필요한 서류의 제출 또는 증인의 출석과 증언이나 의견의 진술을 요구할 수 있다.

② 국정감사 및 조사에 관한 절차 기타 필요한 사항은 법률로 정한다.

제62조 ① 국무총리·국무위원 또는 정부위원은 국회나 그 위원회에 출석하여 국정처리상황을 보고하거나 의견을 진술하고 질문에 응답할 수 있다.

② 국회나 그 위원회의 요구가 있을 때에는 국무총리·국무위원 또는 정부위원은 출석·답변하여야 하며, 국무총리 또는 국무위원이 출석요구를 받은 때에는 국무위원 또는 정부위원으로 하여금 출석·답변하게 할 수 있다.

제63조 ① 국회는 국무총리 또는 국무위원의 해임을 대통령에게 건의할 수 있다.

② 제1항의 해임건의는 국회재적의원 3분의 1 이상의 발의에 의하여 국회재적의원 과반수의 찬성이 있어야 한다.

제64조 ① 국회는 법률에 저촉되지 아니하는 범위안에서 의사와 내부규율에 관한 규칙을 제정할 수 있다.

② 국회는 의원의 자격을 심사하며, 의원을 징계할 수 있다.

③ 의원을 제명하려면 국회재적의원 3분의 2 이상의 찬성이 있어야 한다.

④ 제2항과 제3항의 처분에 대하여는 법원에 제소할 수 없다.

제65조　① 대통령·국무총리·국무위원·행정각부의 장·헌법재판소 재판관·법관·중앙선거관리위원회 위원·감사원장·감사위원 기타 법률이 정한 공무원이 그 직무집행에 있어서 헌법이나 법률을 위배한 때에는 국회는 탄핵의 소추를 의결할 수 있다.

② 제1항의 탄핵소추는 국회재적의원 3분의 1 이상의 발의가 있어야 하며, 그 의결은 국회재적의원 과반수의 찬성이 있어야 한다. 다만, 대통령에 대한 탄핵소추는 국회재적의원 과반수의 발의와 국회재적의원 3분의 2 이상의 찬성이 있어야 한다.

③ 탄핵소추의 의결을 받은 자는 탄핵심판이 있을 때까지 그 권한행사가 정지된다.

④ 탄핵결정은 공직으로부터 파면함에 그친다. 그러나, 이에 의하여 민사상이나 형사상의 책임이 면제되지는 아니한다.

제4장　정　부

제1절　대통령

제66조　① 대통령은 국가의 원수이며, 외국에 대하여 국가를 대표한다.

② 대통령은 국가의 독립·영토의 보전·국가의 계속성과 헌법을 수호할 책무를 진다.

③ 대통령은 조국의 평화적 통일을 위한 성실한 의무를 진다.

④ 행정권은 대통령을 수반으로 하는 정부에 속한다.

제67조　① 대통령은 국민의 보통·평등·직접·비밀선거에 의하여 선출한다.

② 제1항의 선거에 있어서 최고득표자가 2인 이상인 때에는 국회의 재적의원 과반수가 출석한 공개회의에서 다수표를 얻은 자를 당선자로 한다.

③ 대통령후보자가 1인일 때에는 그 득표수가 선거권자 총수의 3분의 1 이상이 아니면 대통령으로 당선될 수 없다.

④ 대통령으로 선거될 수 있는 자는 국회의원의 피선거권이 있고 선거일 현재 40세에 달하여야 한다.

⑤ 대통령의 선거에 관한 사항은 법률로 정한다.

제68조　① 대통령의 임기가 만료되는 때에는 임기만료 70일 내지 40일전에 후임자를 선거한다.

② 대통령이 궐위된 때 또는 대통령 당선자가 사망하거나 판결 기타의 사유로 그 자격을 상실한 때에는 60일 이내에 후임자를 선거한다.

제69조　대통령은 취임에 즈음하여 다음의 선서를 한다.

"나는 헌법을 준수하고 국가를 보위하며 조국의 평화적 통일과 국민의 자유와 복리의 증진 및 민족문화의 창달에 노력하여 대통령으로서의 직책을 성실히 수행할 것을 국민 앞에 엄숙히 선서합니다."

제70조　대통령의 임기는 5년으로 하며, 중임할 수 없다.

제71조　대통령이 궐위되거나 사고로 인하여 직무를 수행할 수 없을 때에는 국무총리, 법률이 정한 국무위원의 순서로 그 권한을 대행한다.

제72조　대통령은 필요하다고 인정할 때에는 외교·국방·통일 기타 국가안위에 관한 중

요정책을 국민투표에 붙일 수 있다.

제73조 대통령은 조약을 체결·비준하고, 외교사절을 신임·접수 또는 파견하며, 선전포고와 강화를 한다.

제74조 ① 대통령은 헌법과 법률이 정하는 바에 의하여 국군을 통수한다.

② 국군의 조직과 편성은 법률로 정한다.

제75조 대통령은 법률에서 구체적으로 범위를 정하여 위임받은 사항과 법률을 집행하기 위하여 필요한 사항에 관하여 대통령령을 발할 수 있다.

제76조 ① 대통령은 내우·외환·천재·지변 또는 중대한 재정·경제상의 위기에 있어서 국가의 안전보장 또는 공공의 안녕질서를 유지하기 위하여 긴급한 조치가 필요하고 국회의 집회를 기다릴 여유가 없을 때에 한하여 최소한으로 필요한 재정·경제상의 처분을 하거나 이에 관하여 법률의 효력을 가지는 명령을 발할 수 있다.

② 대통령은 국가의 안위에 관계되는 중대한 교전상태에 있어서 국가를 보위하기 위하여 긴급한 조치가 필요하고 국회의 집회가 불가능한 때에 한하여 법률의 효력을 가지는 명령을 발할 수 있다.

③ 대통령은 제1항과 제2항의 처분 또는 명령을 한 때에는 지체없이 국회에 보고하여 그 승인을 얻어야 한다.

④ 제3항의 승인을 얻지 못한 때에는 그 처분 또는 명령은 그때부터 효력을 상실한다. 이 경우 그 명령에 의하여 개정 또는 폐지되었던 법률은 그 명령이 승인을 얻지 못한 때부터 당연히 효력을 회복한다.

⑤ 대통령은 제3항과 제4항의 사유를 지체없이 공포하여야 한다.

제77조 ① 대통령은 전시·사변 또는 이에 준하는 국가비상사태에 있어서 병력으로써 군사상의 필요에 응하거나 공공의 안녕질서를 유지할 필요가 있을 때에는 법률이 정하는 바에 의하여 계엄을 선포할 수 있다.

② 계엄은 비상계엄과 경비계엄으로 한다.

③ 비상계엄이 선포된 때에는 법률이 정하는 바에 의하여 영장제도, 언론·출판·집회·결사의 자유, 정부나 법원의 권한에 관하여 특별한 조치를 할 수 있다.

④ 계엄을 선포한 때에는 대통령은 지체없이 국회에 통고하여야 한다.

⑤ 국회가 재적의원 과반수의 찬성으로 계엄의 해제를 요구한 때에는 대통령은 이를 해제하여야 한다.

제78조 대통령은 헌법과 법률이 정하는 바에 의하여 공무원을 임면한다.

제79조 ① 대통령은 법률이 정하는 바에 의하여 사면·감형 또는 복권을 명할 수 있다.

② 일반사면을 명하려면 국회의 동의를 얻어야 한다.

③ 사면·감형 및 복권에 관한 사항은 법률로 정한다.

제80조 대통령은 법률이 정하는 바에 의하여 훈장 기타의 영전을 수여한다.

제81조 대통령은 국회에 출석하여 발언하거나 서한으로 의견을 표시할 수 있다.

제82조 대통령의 국법상 행위는 문서로써 하며, 이 문서에는 국무총리와 관계 국무위원이 부서한다. 군사에 관한 것도 또한 같다.

제83조 대통령은 국무총리·국무위원·행정각부의 장 기타 법률이 정하는 공사의 직

290   부   록

을 겸할 수 없다.

제84조 대통령은 내란 또는 외환의 죄를 범한 경우를 제외하고는 재직중 형사상의 소추를 받지 아니한다.

제85조 전직대통령의 신분과 예우에 관하여는 법률로 정한다.

제 2 절   행 정 부

제 1 관   국무총리와 국무위원

제86조 ① 국무총리는 국회의 동의를 얻어 대통령이 임명한다.

② 국무총리는 대통령을 보좌하며, 행정에 관하여 대통령의 명을 받아 행정각부를 통할한다.

③ 군인은 현역을 면한 후가 아니면 국무총리로 임명될 수 없다.

제87조 ① 국무위원은 국무총리의 제청으로 대통령이 임명한다.

② 국무위원은 국정에 관하여 대통령을 보좌하며, 국무회의의 구성원으로서 국정을 심의한다.

③ 국무총리는 국무위원의 해임을 대통령에게 건의할 수 있다.

④ 군인은 현역을 면한 후가 아니면 국무위원으로 임명될 수 없다.

제 2 관   국무회의

제88조 ① 국무회의는 정부의 권한에 속하는 중요한 정책을 심의한다.

② 국무회의는 대통령·국무총리와 15인 이상 30인 이하의 국무위원으로 구성한다.

③ 대통령은 국무회의의 의장이 되고, 국무총리는 부의장이 된다.

제89조 다음 사항은 국무회의의 심의를 거쳐야 한다.

1. 국정의 기본계획과 정부의 일반정책
2. 선전·강화 기타 중요한 대외정책
3. 헌법개정안·국민투표안·조약안·법률안 및 대통령령안
4. 예산안·결산·국유재산처분의 기본계획·국가의 부담이 될 계약 기타 재정에 관한 중요사항
5. 대통령의 긴급명령·긴급재정경제처분 및 명령 또는 계엄과 그 해제
6. 군사에 관한 중요사항
7. 국회의 임시회 집회의 요구
8. 영전수여
9. 사면·감형과 복권
10. 행정각부간의 권한의 획정
11. 정부안의 권한의 위임 또는 배정에 관한 기본계획
12. 국정처리상황의 평가·분석
13. 행정각부의 중요한 정책의 수립과 조정
14. 정당해산의 제소
15. 정부에 제출 또는 회부된 정부의 정책에 관계되는 청원의 심사
16. 검찰총장·합동참모의장·각군참모총장·국립대학교총장·대사 기타 법률이 정한 공무원과 국영기업체관리자의 임명
17. 기타 대통령·국무총리 또는 국무위원이 제출한 사항

제90조 ① 국정의 중요한 사항에 관한 대통령의 자문에 응하기 위하여 국가원로로 구성되는 국가원로자문회의를 둘 수 있다.

② 국가원로자문회의의 의장은 직전대통령이 된다. 다만, 직전대통령이 없을 때에는 대통령이 지명한다.

③ 국가원로자문회의의 조직·직무범위 기타 필요한 사항은 법률로 정한다.

제91조 ① 국가안전보장에 관련되는 대외정책·군사정책과 국내정책의 수립에 관하여 국무회의의 심의에 앞서 대통령의 자문에 응하기 위하여 국가안전보장회의를 둔다.

② 국가안전보장회의는 대통령이 주재한다.

③ 국가안전보장회의의 조직·직무범위 기타 필요한 사항은 법률로 정한다.

제92조 ① 평화통일정책의 수립에 관한 대통령의 자문에 응하기 위하여 민주평화통일자문회의를 둘 수 있다.

② 민주평화통일자문회의의 조직·직무범위 기타 필요한 사항은 법률로 정한다.

제93조 ① 국민경제의 발전을 위한 중요정책의 수립에 관하여 대통령의 자문에 응하기 위하여 국민경제자문회의를 둘 수 있다.

② 국민경제자문회의의 조직·직무범위 기타 필요한 사항은 법률로 정한다.

제3관 행정각부

제94조 행정각부의 장은 국무위원 중에서 국무총리의 제청으로 대통령이 임명한다.

제95조 국무총리 또는 행정각부의 장은 소관사무에 관하여 법률이나 대통령령의 위임 또는 직권으로 총리령 또는 부령을 발할 수 있다.

제96조 행정각부의 설치·조직과 직무범위는 법률로 정한다.

제4관 감사원

제97조 국가의 세입·세출의 결산, 국가 및 법률이 정한 단체의 회계검사와 행정기관 및 공무원의 직무에 관한 감찰을 하기 위하여 대통령 소속하에 감사원을 둔다.

제98조 ① 감사원은 원장을 포함한 5인 이상 11인 이하의 감사위원으로 구성한다.

② 원장은 국회의 동의를 얻어 대통령이 임명하고, 그 임기는 4년으로 하며, 1차에 한하여 중임할 수 있다.

③ 감사위원은 원장의 제청으로 대통령이 임명하고, 그 임기는 4년으로 하며, 1차에 한하여 중임할 수 있다.

제99조 감사원은 세입·세출의 결산을 매년 검사하여 대통령과 차년도국회에 그 결과를 보고하여야 한다.

제100조 감사원의 조직·직무범위·감사위원의 자격·감사대상공무원의 범위 기타 필요한 사항은 법률로 정한다.

제5장 법 원

제101조 ① 사법권은 법관으로 구성된 법원에 속한다.

② 법원은 최고법원인 대법원과 각급법원으로 조직된다.

③ 법관의 자격은 법률로 정한다.

제102조 ① 대법원에 부를 둘 수 있다.

② 대법원에 대법관을 둔다. 다만, 법률이 정하는 바에 의하여 대법관이 아닌 법관을 둘 수 있다.

③ 대법원과 각급법원의 조직은 법률로 정한다.

제103조 법관은 헌법과 법률에 의하여 그 양심에 따라 독립하여 심판한다.

제104조 ① 대법원장은 국회의 동의를 얻어 대통령이 임명한다.

② 대법관은 대법원장의 제청으로 국회의

동의를 얻어 대통령이 임명한다.

③ 대법원장과 대법관이 아닌 법관은 대법관회의의 동의를 얻어 대법원장이 임명한다.

제105조 ① 대법원장의 임기는 6년으로 하며, 중임할 수 없다.

② 대법관의 임기는 6년으로 하며, 법률이 정하는 바에 의하여 연임할 수 있다.

③ 대법원장과 대법관이 아닌 법관의 임기는 10년으로 하며, 법률이 정하는 바에 의하여 연임할 수 있다.

④ 법관의 정년은 법률로 정한다.

제106조 ① 법관은 탄핵 또는 금고 이상의 형의 선고에 의하지 아니하고는 파면되지 아니하며, 징계처분에 의하지 아니하고는 정직·감봉 기타 불리한 처분을 받지 아니한다.

② 법관이 중대한 심신상의 장해로 직무를 수행할 수 없을 때에는 법률이 정하는 바에 의하여 퇴직하게 할 수 있다.

제107조 ① 법률이 헌법에 위반되는 여부가 재판의 전제가 된 경우에는 법원은 헌법재판소에 제청하여 그 심판에 의하여 재판한다.

② 명령·규칙 또는 처분이 헌법이나 법률에 위반되는 여부가 재판의 전제가 된 경우에는 대법원은 이를 최종적으로 심사할 권한을 가진다.

③ 재판의 전심절차로서 행정심판을 할 수 있다. 행정심판의 절차는 법률로 정하되, 사법절차가 준용되어야 한다.

제108조 대법원은 법률에 저촉되지 아니하는 범위안에서 소송에 관한 절차, 법원의 내부규율과 사무처리에 관한 규칙을 제정

할 수 있다.

제109조 재판의 심리와 판결은 공개한다. 다만, 심리는 국가의 안전보장 또는 안녕질서를 방해하거나 선량한 풍속을 해할 염려가 있을 때에는 법원의 결정으로 공개하지 아니할 수 있다.

제110조 ① 군사재판을 관할하기 위하여 특별법원으로서 군사법원을 둘 수 있다.

② 군사법원의 상고심은 대법원에서 관할한다.

③ 군사법원의 조직·권한 및 재판관의 자격은 법률로 정한다.

④ 비상계엄하의 군사재판은 군인·군무원의 범죄나 군사에 관한 간첩죄의 경우와 초병·초소·유독음식물공급·포로에 관한 죄중 법률이 정한 경우에 한하여 단심으로 할 수 있다. 다만, 사형을 선고한 경우에는 그러하지 아니하다.

제 6 장   헌법재판소

제111조 ① 헌법재판소는 다음 사항을 관장한다.

1. 법원의 제청에 의한 법률의 위헌여부 심판

2. 탄핵의 심판

3. 정당의 해산 심판

4. 국가기관 상호간, 국가기관과 지방자치단체간 및 지방자치단체 상호간의 권한 쟁의에 관한 심판

5. 법률이 정하는 헌법소원에 관한 심판

② 헌법재판소는 법관의 자격을 가진 9인의 재판관으로 구성하며, 재판관은 대통령이 임명한다.

③ 제2항의 재판관중 3인은 국회에서 선출하는 자를, 3인은 대법원장이 지명하는 자를 임명한다.

④ 헌법재판소의 장은 국회의 동의를 얻어 재판관중에서 대통령이 임명한다.

제112조 ① 헌법재판소 재판관의 임기는 6년으로 하며, 법률이 정하는 바에 의하여 연임할 수 있다.

② 헌법재판소 재판관은 정당에 가입하거나 정치에 관여할 수 없다.

③ 헌법재판소 재판관은 탄핵 또는 금고 이상의 형의 선고에 의하지 아니하고는 파면되지 아니한다.

제113조 ① 헌법재판소에서 법률의 위헌결정, 탄핵의 결정, 정당해산의 결정 또는 헌법소원에 관한 인용결정을 할 때에는 재판관 6인 이상의 찬성이 있어야 한다.

② 헌법재판소는 법률에 저촉되지 아니하는 범위안에서 심판에 관한 절차, 내부규율과 사무처리에 관한 규칙을 제정할 수 있다.

③ 헌법재판소의 조직과 운영 기타 필요한 사항은 법률로 정한다.

제 7 장 선거관리

제114조 ① 선거와 국민투표의 공정한 관리 및 정당에 관한 사무를 처리하기 위하여 선거관리위원회를 둔다.

② 중앙선거관리위원회는 대통령이 임명하는 3인, 국회에서 선출하는 3인과 대법원장이 지명하는 3인의 위원으로 구성한다. 위원장은 위원중에서 호선한다.

③ 위원의 임기는 6년으로 한다.

④ 위원은 정당에 가입하거나 정치에 관여할 수 없다.

⑤ 위원은 탄핵 또는 금고 이상의 형의 선고에 의하지 아니하고는 파면되지 아니한다.

⑥ 중앙선거관리위원회는 법령의 범위안에서 선거관리·국민투표관리 또는 정당사무에 관한 규칙을 제정할 수 있으며, 법률에 저촉되지 아니하는 범위안에서 내부규율에 관한 규칙을 제정할 수 있다.

⑦ 각급 선거관리위원회의 조직·직무범위 기타 필요한 사항은 법률로 정한다.

제115조 ① 각급 선거관리위원회는 선거인명부의 작성등 선거사무와 국민투표사무에 관하여 관계 행정기관에 필요한 지시를 할 수 있다.

② 제1항의 지시를 받은 당해 행정기관은 이에 응하여야 한다.

제116조 ① 선거운동은 각급 선거관리위원회의 관리하에 법률이 정하는 범위안에서 하되, 균등한 기회가 보장되어야 한다.

② 선거에 관한 경비는 법률이 정하는 경우를 제외하고는 정당 또는 후보자에게 부담시킬 수 없다.

제 8 장 지방자치

제117조 ① 지방자치단체는 주민의 복리에 관한 사무를 처리하고 재산을 관리하며, 법령의 범위안에서 자치에 관한 규정을 제정할 수 있다.

② 지방자치단체의 종류는 법률로 정한다.

제118조 ① 지방자치단체에 의회를 둔다.

② 지방의회의 조직·권한·의원선거와 지

방자치단체의 장의 선임방법 기타 지방자
치단체의 조직과 운영에 관한 사항은 법
률로 정한다.

제 9 장　경　제

제119조 ① 대한민국의 경제질서는 개인과
기업의 경제상의 자유와 창의를 존중함을
기본으로 한다.

② 국가는 균형있는 국민경제의 성장 및
안정과 적정한 소득의 분배를 유지하고,
시장의 지배와 경제력의 남용을 방지하며,
경제주체간의 조화를 통한 경제의 민주화
를 위하여 경제에 관한 규제와 조정을 할
수 있다.

제120조 ① 광물 기타 중요한 지하자원·수
산자원·수력과 경제상 이용할 수 있는 자
연력은 법률이 정하는 바에 의하여 일정
한 기간 그 채취·개발 또는 이용을 특허
할 수 있다.

② 국토와 자원은 국가의 보호를 받으며,
국가는 그 균형있는 개발과 이용을 위하
여 필요한 계획을 수립한다.

제121조 ① 국가는 농지에 관하여 경자유전
의 원칙이 달성될 수 있도록 노력하여야
하며, 농지의 소작제도는 금지된다.

② 농업생산성의 제고와 농지의 합리적인
이용을 위하거나 불가피한 사정으로 발생
하는 농지의 임대차와 위탁경영은 법률이
정하는 바에 의하여 인정된다.

제122조 국가는 국민 모두의 생산 및 생활
의 기반이 되는 국토의 효율적이고 균형
있는 이용·개발과 보전을 위하여 법률이
정하는 바에 의하여 그에 관한 필요한 제

한과 의무를 과할 수 있다.

제123조 ① 국가는 농업 및 어업을 보호·
육성하기 위하여 농·어촌종합개발과 그
지원등 필요한 계획을 수립·시행하여야
한다.

② 국가는 지역간의 균형있는 발전을 위
하여 지역경제를 육성할 의무를 진다.

③ 국가는 중소기업을 보호·육성하여야
한다.

④ 국가는 농수산물의 수급균형과 유통구
조의 개선에 노력하여 가격안정을 도모함
으로써 농·어민의 이익을 보호한다.

⑤ 국가는 농·어민과 중소기업의 자조조
직을 육성하여야 하며, 그 자율적 활동과
발전을 보장한다.

제124조 국가는 건전한 소비행위를 계도하
고 생산품의 품질향상을 촉구하기 위한
소비자보호운동을 법률이 정하는 바에 의
하여 보장한다.

제125조 국가는 대외무역을 육성하며, 이를
규제·조정할 수 있다.

제126조 국방상 또는 국민경제상 긴절한 필
요로 인하여 법률이 정하는 경우를 제외
하고는, 사영기업을 국유 또는 공유로 이
전하거나 그 경영을 통제 또는 관리할 수
없다.

제127조 ① 국가는 과학기술의 혁신과 정보
및 인력의 개발을 통하여 국민경제의 발
전에 노력하여야 한다.

② 국가는 국가표준제도를 확립한다.

③ 대통령은 제1항의 목적을 달성하기 위
하여 필요한 자문기구를 둘 수 있다.

제10장 헌법개정

제128조 ① 헌법개정은 국회재적의원 과반수 또는 대통령의 발의로 제안된다.

② 대통령의 임기연장 또는 중임변경을 위한 헌법개정은 그 헌법개정 제안 당시의 대통령에 대하여는 효력이 없다.

제129조 제안된 헌법개정안은 대통령이 20일 이상의 기간 이를 공고하여야 한다.

제130조 ① 국회는 헌법개정안이 공고된 날로부터 60일 이내에 의결하여야 하며, 국회의 의결은 재적의원 3분의 2 이상의 찬성을 얻어야 한다.

② 헌법개정안은 국회가 의결한 후 30일 이내에 국민투표에 붙여 국회의원선거권자 과반수의 투표와 투표자 과반수의 찬성을 얻어야 한다.

③ 헌법개정안이 제2항의 찬성을 얻은 때에는 헌법개정은 확정되며, 대통령은 즉시 이를 공포하여야 한다.

부칙〈제10호, 1987. 10. 29.〉

제1조 이 헌법은 1988년 2월 25일부터 시행한다. 다만, 이 헌법을 시행하기 위하여 필요한 법률의 제정·개정과 이 헌법에 의한 대통령 및 국회의원의 선거 기타 이 헌법시행에 관한 준비는 이 헌법시행 전에 할 수 있다.

제2조 ① 이 헌법에 의한 최초의 대통령선거는 이 헌법시행일 40일 전까지 실시한다.

② 이 헌법에 의한 최초의 대통령의 임기는 이 헌법시행일로부터 개시한다.

제3조 ① 이 헌법에 의한 최초의 국회의원선거는 이 헌법공포일로부터 6월 이내에 실시하며, 이 헌법에 의하여 선출된 최초의 국회의원의 임기는 국회의원선거후 이 헌법에 의한 국회의 최초의 집회일로부터 개시한다.

② 이 헌법공포 당시의 국회의원의 임기는 제1항에 의한 국회의 최초의 집회일 전일까지로 한다.

제4조 ① 이 헌법시행 당시의 공무원과 정부가 임명한 기업체의 임원은 이 헌법에 의하여 임명된 것으로 본다. 다만, 이 헌법에 의하여 선임방법이나 임명권자가 변경된 공무원과 대법원장 및 감사원장은 이 헌법에 의하여 후임자가 선임될 때까지 그 직무를 행하며, 이 경우 전임자인 공무원의 임기는 후임자가 선임되는 전일까지로 한다.

② 이 헌법시행 당시의 대법원장과 대법원판사가 아닌 법관은 제1항 단서의 규정에 불구하고 이 헌법에 의하여 임명된 것으로 본다.

③ 이 헌법중 공무원의 임기 또는 중임제한에 관한 규정은 이 헌법에 의하여 그 공무원이 최초로 선출 또는 임명된 때로부터 적용한다.

제5조 이 헌법시행 당시의 법령과 조약은 이 헌법에 위배되지 아니하는 한 그 효력을 지속한다.

제6조 이 헌법시행 당시에 이 헌법에 의하여 새로 설치될 기관의 권한에 속하는 직무를 행하고 있는 기관은 이 헌법에 의하여 새로운 기관이 설치될 때까지 존속하며 그 직무를 행한다.

헌법재판소법

[시행 2015. 7. 1.]
[법률 제12897호, 2014. 12. 30., 일부개정]

제1장 총 칙〈개정 2011. 4. 5.〉

제1조(목적) 이 법은 헌법재판소의 조직 및 운영과 그 심판절차에 관하여 필요한 사항을 정함을 목적으로 한다.

[전문개정 2011. 4. 5.]

제2조(관장사항) 헌법재판소는 다음 각 호의 사항을 관장한다.

1. 법원의 제청(提請)에 의한 법률의 위헌(違憲) 여부 심판
2. 탄핵(彈劾)의 심판
3. 정당의 해산심판
4. 국가기관 상호간, 국가기관과 지방자치단체 간 및 지방자치단체 상호간의 권한쟁의(權限爭議)에 관한 심판
5. 헌법소원(憲法訴願)에 관한 심판

[전문개정 2011. 4. 5.]

제3조(구성) 헌법재판소는 9명의 재판관으로 구성한다.

[전문개정 2011. 4. 5.]

제4조(재판관의 독립) 재판관은 헌법과 법률에 의하여 양심에 따라 독립하여 심판한다.

[전문개정 2011. 4. 5.]

제5조(재판관의 자격) ① 재판관은 다음 각 호의 어느 하나에 해당하는 직(職)에 15년 이상 있던 40세 이상인 사람 중에서 임명한다. 다만, 다음 각 호 중 둘 이상의 직에 있던 사람의 재직기간은 합산한다.

1. 판사, 검사, 변호사
2. 변호사 자격이 있는 사람으로서 국가기관, 국영·공영 기업체, 「공공기관의 운영에 관한 법률」 제4조에 따른 공공기관 또는 그 밖의 법인에서 법률에 관한 사무에 종사한 사람
3. 변호사 자격이 있는 사람으로서 공인된 대학의 법률학 조교수 이상의 직에 있던 사람

② 다음 각 호의 어느 하나에 해당하는 사람은 재판관으로 임명할 수 없다.

1. 다른 법령에 따라 공무원으로 임용하지 못하는 사람
2. 금고 이상의 형을 선고받은 사람
3. 탄핵에 의하여 파면된 후 5년이 지나지 아니한 사람

[전문개정 2011. 4. 5.]

제6조(재판관의 임명) ① 재판관은 대통령이 임명한다. 이 경우 재판관 중 3명은 국회에서 선출하는 사람을, 3명은 대법원장이 지명하는 사람을 임명한다.

② 재판관은 국회의 인사청문을 거쳐 임명·선출 또는 지명하여야 한다. 이 경우 대통령은 재판관(국회에서 선출하거나 대법원장이 지명하는 사람은 제외한다)을 임명하기 전에, 대법원장은 재판관을 지명하기 전에 인사청문을 요청한다.

③ 재판관의 임기가 만료되거나 정년이 도래하는 경우에는 임기만료일 또는 정년도래일까지 후임자를 임명하여야 한다.

④ 임기 중 재판관이 결원된 경우에는 결원된 날부터 30일 이내에 후임자를 임명하여야 한다.

⑤ 제3항 및 제4항에도 불구하고 국회에서 선출한 재판관이 국회의 폐회 또는 휴회 중에 그 임기가 만료되거나 정년이 도래한 경우 또는 결원된 경우에는 국회는 다음 집회가 개시된 후 30일 이내에 후임자를 선출하여야 한다.

[전문개정 2011. 4. 5.]

제7조(재판관의 임기) ① 재판관의 임기는 6년으로 하며, 연임할 수 있다.

② 재판관의 정년은 70세로 한다. 〈개정 2014. 12. 30.〉

[전문개정 2011. 4. 5.]

제8조(재판관의 신분 보장) 재판관은 다음 각 호의 어느 하나에 해당하는 경우가 아니면 그 의사에 반하여 해임되지 아니한다.

1. 탄핵결정이 된 경우
2. 금고 이상의 형을 선고받은 경우

[전문개정 2011. 4. 5.]

제9조(재판관의 정치 관여 금지) 재판관은 정당에 가입하거나 정치에 관여할 수 없다.

[전문개정 2011. 4. 5.]

제10조(규칙 제정권) ① 헌법재판소는 이 법과 다른 법률에 저촉되지 아니하는 범위에서 심판에 관한 절차, 내부 규율과 사무 처리에 관한 규칙을 제정할 수 있다.

② 헌법재판소규칙은 관보에 게재하여 공포한다.

[전문개정 2011. 4. 5.]

제10조의2(입법 의견의 제출) 헌법재판소장은 헌법재판소의 조직, 인사, 운영, 심판절차와 그 밖에 헌법재판소의 업무와 관련된 법률의 제정 또는 개정이 필요하다고 인정하는 경우에는 국회에 서면으로 그 의견을 제출할 수 있다.

[전문개정 2011. 4. 5.]

제11조(경비) ① 헌법재판소의 경비는 독립하여 국가의 예산에 계상(計上)하여야 한다.

② 제1항의 경비 중에는 예비금을 둔다.

[전문개정 2011. 4. 5.]

제2장 조 직〈개정 2011. 4. 5.〉

제12조(헌법재판소장) ① 헌법재판소에 헌법재판소장을 둔다.

② 헌법재판소장은 국회의 동의를 받아 재판관 중에서 대통령이 임명한다.

③ 헌법재판소장은 헌법재판소를 대표하고, 헌법재판소의 사무를 총괄하며, 소속 공무원을 지휘·감독한다.

④ 헌법재판소장이 궐위(闕位)되거나 부득이한 사유로 직무를 수행할 수 없을 때에는 다른 재판관이 헌법재판소규칙으로 정하는 순서에 따라 그 권한을 대행한다.

[전문개정 2011. 4. 5.]

제13조 삭제 〈1991. 11. 30.〉

제14조(재판관의 겸직 금지) 재판관은 다음 각 호의 어느 하나에 해당하는 직을 겸하거나 영리를 목적으로 하는 사업을 할 수 없다.

1. 국회 또는 지방의회의 의원의 직
2. 국회·정부 또는 법원의 공무원의 직
3. 법인·단체 등의 고문·임원 또는 직원의 직

[전문개정 2011. 4. 5.]

제15조(헌법재판소장 등의 대우) 헌법재판소장의 대우와 보수는 대법원장의 예에 따르며, 재판관은 정무직(政務職)으로 하고 그 대우와 보수는 대법관의 예에 따른다.

[전문개정 2011. 4. 5.]

제16조(재판관회의) ① 재판관회의는 재판관 전원으로 구성하며, 헌법재판소장이 의장이 된다.

② 재판관회의는 재판관 7명 이상의 출석과 출석인원 과반수의 찬성으로 의결한다.

③ 의장은 의결에서 표결권을 가진다.

④ 다음 각 호의 사항은 재판관회의의 의결을 거쳐야 한다.

1. 헌법재판소규칙의 제정과 개정, 제10조의2에 따른 입법 의견의 제출에 관한 사항
2. 예산 요구, 예비금 지출과 결산에 관한 사항
3. 사무처장, 사무차장, 헌법재판연구원장, 헌법연구관 및 3급 이상 공무원의 임면(任免)에 관한 사항
4. 특히 중요하다고 인정되는 사항으로서 헌법재판소장이 재판관회의에 부치는 사항

⑤ 재판관회의의 운영에 필요한 사항은 헌법재판소규칙으로 정한다.

[전문개정 2011. 4. 5.]

제17조(사무처) ① 헌법재판소의 행정사무를 처리하기 위하여 헌법재판소에 사무처를 둔다.

② 사무처에 사무처장과 사무차장을 둔다.

③ 사무처장은 헌법재판소장의 지휘를 받아 사무처의 사무를 관장하며, 소속 공무원을 지휘·감독한다.

④ 사무처장은 국회 또는 국무회의에 출석하여 헌법재판소의 행정에 관하여 발언할 수 있다.

⑤ 헌법재판소장이 한 처분에 대한 행정소송의 피고는 헌법재판소 사무처장으로 한다.

⑥ 사무차장은 사무처장을 보좌하며, 사무처장이 부득이한 사유로 직무를 수행할 수 없을 때에는 그 직무를 대행한다.

⑦ 사무처에 실, 국, 과를 둔다.

⑧ 실에는 실장, 국에는 국장, 과에는 과장을 두며, 사무처장·사무차장·실장 또는 국장 밑에 정책의 기획, 계획의 입안, 연구·조사, 심사·평가 및 홍보업무를 보좌하는 심의관 또는 담당관을 둘 수 있다.

⑨ 이 법에 규정되지 아니한 사항으로서 사무처의 조직, 직무 범위, 사무처에 두는 공무원의 정원, 그 밖에 필요한 사항은 헌법재판소규칙으로 정한다.

[전문개정 2011. 4. 5.]

제18조(사무처 공무원) ① 사무처장은 정무직으로 하고, 보수는 국무위원의 보수와 같은 금액으로 한다.

② 사무차장은 정무직으로 하고, 보수는 차관의 보수와 같은 금액으로 한다.

③ 실장은 1급 또는 2급, 국장은 2급 또는 3급, 심의관 및 담당관은 2급부터 4급까지, 과장은 3급 또는 4급의 일반직국가공무원으로 임명한다. 다만, 담당관 중 1명은 3급 상당 또는 4급 상당의 별정직국가공무원으로 임명할 수 있다.

④ 사무처 공무원은 헌법재판소장이 임면한다. 다만, 3급 이상의 공무원의 경우에는 재판관회의의 의결을 거쳐야 한다.

⑤ 헌법재판소장은 다른 국가기관에 대하여 그 소속 공무원을 사무처 공무원으로 근무하게 하기 위하여 헌법재판소에의 파견근무를 요청할 수 있다.

[전문개정 2011. 4. 5.]

제19조(헌법연구관) ① 헌법재판소에 헌법재판소규칙으로 정하는 수의 헌법연구관을 둔다. 〈개정 2011. 4. 5.〉

② 헌법연구관은 특정직국가공무원으로 한다. 〈개정 2011. 4. 5.〉

③ 헌법연구관은 헌법재판소장의 명을 받아 사건의 심리(審理) 및 심판에 관한 조사·연구에 종사한다. 〈개정 2011. 4. 5.〉

④ 헌법연구관은 다음 각 호의 어느 하나에 해당하는 사람 중에서 헌법재판소장이 재판관회의의 의결을 거쳐 임용한다. 〈개정 2011. 4. 5.〉

1. 판사·검사 또는 변호사의 자격이 있는 사람
2. 공인된 대학의 법률학 조교수 이상의 직에 있던 사람
3. 국회, 정부 또는 법원 등 국가기관에서 4급 이상의 공무원으로서 5년 이상 법률에 관한 사무에 종사한 사람
4. 법률학에 관한 박사학위 소지자로서 국회, 정부, 법원 또는 헌법재판소 등 국가기관에서 5년 이상 법률에 관한 사무에 종사한 사람
5. 법률학에 관한 박사학위 소지자로서 헌법재판소규칙으로 정하는 대학 등 공인된 연구기관에서 5년 이상 법률에 관한 사무에 종사한 사람

⑤ 삭제 〈2003. 3. 12.〉

⑥ 다음 각 호의 어느 하나에 해당하는 사람은 헌법연구관으로 임용될 수 없다. 〈개정 2011. 4. 5.〉

1. 「국가공무원법」 제33조 각 호의 어느 하나에 해당하는 사람
2. 금고 이상의 형을 선고받은 사람
3. 탄핵결정에 의하여 파면된 후 5년이 지나지 아니한 사람

⑦ 헌법연구관의 임기는 10년으로 하되, 연임할 수 있고, 정년은 60세로 한다. 〈개정 2011. 4. 5.〉

⑧ 헌법연구관이 제6항 각 호의 어느 하나에 해당할 때에는 당연히 퇴직한다. 다만, 「국가공무원법」 제33조 제5호에 해당할 때에는 그러하지 아니하다. 〈개정 2011. 4. 5.〉

⑨ 헌법재판소장은 다른 국가기관에 대하여 그 소속 공무원을 헌법연구관으로 근무하게 하기 위하여 헌법재판소에의 파견근무를 요청할 수 있다. 〈개정 2011. 4. 5.〉

⑩ 사무차장은 헌법연구관의 직을 겸할 수 있다. 〈개정 2011. 4. 5.〉

⑪ 헌법재판소장은 헌법연구관을 사건의 심리 및 심판에 관한 조사·연구업무 외의 직에 임명하거나 그 직을 겸임하게 할 수 있다. 이 경우 헌법연구관의 수는 헌법재

판소규칙으로 정하며, 보수는 그 중 고액의 것을 지급한다. 〈개정 2011. 4. 5., 2014. 12. 30.〉

[제목개정 2011. 4. 5.]

제19조의2(헌법연구관보) ① 헌법연구관을 신규임용하는 경우에는 3년간 헌법연구관보(憲法硏究官補)로 임용하여 근무하게 한 후 그 근무성적을 고려하여 헌법연구관으로 임용한다. 다만, 경력 및 업무능력 등을 고려하여 헌법재판소규칙으로 정하는 바에 따라 헌법연구관보 임용을 면제하거나 그 기간을 단축할 수 있다.

② 헌법연구관보는 헌법재판소장이 재판관회의의 의결을 거쳐 임용한다.

③ 헌법연구관보는 별정직국가공무원으로 하고, 그 보수와 승급기준은 헌법연구관의 예에 따른다.

④ 헌법연구관보가 근무성적이 불량한 경우에는 재판관회의의 의결을 거쳐 면직시킬 수 있다.

⑤ 헌법연구관보의 근무기간은 이 법 및 다른 법령에 규정된 헌법연구관의 재직기간에 산입한다.

[전문개정 2011. 4. 5.]

제19조의3(헌법연구위원) ① 헌법재판소에 헌법연구위원을 둘 수 있다. 헌법연구위원은 사건의 심리 및 심판에 관한 전문적인 조사·연구에 종사한다.

② 헌법연구위원은 3년 이내의 범위에서 기간을 정하여 임명한다.

③ 헌법연구위원은 2급 또는 3급 상당의 별정직공무원이나 「국가공무원법」 제26조의5에 따른 임기제공무원으로 하고, 그 직제 및 자격 등에 관하여는 헌법재판소규칙으로 정한다. 〈개정 2012. 12. 11.〉

[본조신설 2007. 12. 21.]

제19조의4(헌법재판연구원) ① 헌법 및 헌법재판 연구와 헌법연구관, 사무처 공무원 등의 교육을 위하여 헌법재판소에 헌법재판연구원을 둔다.

② 헌법재판연구원의 정원은 원장 1명을 포함하여 40명 이내로 하고, 원장 밑에 부장, 팀장, 연구관 및 연구원을 둔다. 〈개정 2014. 12. 30.〉

③ 원장은 헌법재판소장이 재판관회의의 의결을 거쳐 헌법연구관으로 보하거나 1급인 일반직국가공무원으로 임명한다. 〈신설 2014. 12. 30.〉

④ 부장은 헌법연구관이나 2급 또는 3급 일반직공무원으로, 팀장은 헌법연구관이나 3급 또는 4급 일반직공무원으로 임명하고, 연구관 및 연구원은 헌법연구관 또는 일반직공무원으로 임명한다. 〈개정 2014. 12. 30.〉

⑤ 연구관 및 연구원은 다음 각 호의 어느 하나에 해당하는 사람 중에서 헌법재판소장이 보하거나 헌법재판연구원장의 제청을 받아 헌법재판소장이 임명한다. 〈신설 2014. 12. 30.〉

1. 헌법연구관
2. 변호사의 자격이 있는 사람(외국의 변호사 자격을 포함한다)
3. 학사 또는 석사학위를 취득한 사람으로서 헌법재판소규칙으로 정하는 실적 또는 경력이 있는 사람
4. 박사학위를 취득한 사람

⑥ 그 밖에 헌법재판연구원의 조직과 운영에 필요한 사항은 헌법재판소규칙으로

정한다. 〈신설 2014. 12. 30.〉

[전문개정 2011. 4. 5.]

제20조(헌법재판소장 비서실 등) ① 헌법재판소에 헌법재판소장 비서실을 둔다.

② 헌법재판소장 비서실에 비서실장 1명을 두되, 비서실장은 1급 상당의 별정직국가공무원으로 임명하고, 헌법재판소장의 명을 받아 기밀에 관한 사무를 관장한다.

③ 제2항에 규정되지 아니한 사항으로서 헌법재판소장 비서실의 조직과 운영에 필요한 사항은 헌법재판소규칙으로 정한다.

④ 헌법재판소에 재판관 비서관을 둔다.

⑤ 재판관 비서관은 4급의 일반직국가공무원 또는 4급 상당의 별정직국가공무원으로 임명하며, 재판관의 명을 받아 기밀에 관한 사무를 관장한다.

[전문개정 2011. 4. 5.]

제21조(서기 및 정리) ① 헌법재판소에 서기(書記) 및 정리(廷吏)를 둔다.

② 헌법재판소장은 사무처 직원 중에서 서기 및 정리를 지명한다.

③ 서기는 재판장의 명을 받아 사건에 관한 서류의 작성·보관 또는 송달에 관한 사무를 담당한다.

④ 정리는 심판정(審判廷)의 질서유지와 그 밖에 재판장이 명하는 사무를 집행한다.

[전문개정 2011. 4. 5.]

제 3 장 일반심판절차
〈개정 2011. 4. 5.〉

제22조(재판부) ① 이 법에 특별한 규정이 있는 경우를 제외하고는 헌법재판소의 심판은 재판관 전원으로 구성되는 재판부에서 관장한다.

② 재판부의 재판장은 헌법재판소장이 된다.

[전문개정 2011. 4. 5.]

제23조(심판정족수) ① 재판부는 재판관 7명 이상의 출석으로 사건을 심리한다.

② 재판부는 종국심리(終局審理)에 관여한 재판관 과반수의 찬성으로 사건에 관한 결정을 한다. 다만, 다음 각 호의 어느 하나에 해당하는 경우에는 재판관 6명 이상의 찬성이 있어야 한다.

1. 법률의 위헌결정, 탄핵의 결정, 정당해산의 결정 또는 헌법소원에 관한 인용결정(認容決定)을 하는 경우

2. 종전에 헌법재판소가 판시한 헌법 또는 법률의 해석 적용에 관한 의견을 변경하는 경우

[전문개정 2011. 4. 5.]

제24조(제척·기피 및 회피) ① 재판관이 다음 각 호의 어느 하나에 해당하는 경우에는 그 직무집행에서 제척(除斥)된다.

1. 재판관이 당사자이거나 당사자의 배우자 또는 배우자였던 경우

2. 재판관과 당사자가 친족관계이거나 친족관계였던 경우

3. 재판관이 사건에 관하여 증언이나 감정(鑑定)을 하는 경우

4. 재판관이 사건에 관하여 당사자의 대리인이 되거나 되었던 경우

5. 그 밖에 재판관이 헌법재판소 외에서 직무상 또는 직업상의 이유로 사건에 관여한 경우

② 재판부는 직권 또는 당사자의 신청에 의하여 제척의 결정을 한다.

③ 재판관에게 공정한 심판을 기대하기 어려운 사정이 있는 경우 당사자는 기피(忌避)신청을 할 수 있다. 다만, 변론기일(辯論期日)에 출석하여 본안(本案)에 관한 진술을 한 때에는 그러하지 아니하다.

④ 당사자는 동일한 사건에 대하여 2명 이상의 재판관을 기피할 수 없다.

⑤ 재판관은 제1항 또는 제3항의 사유가 있는 경우에는 재판장의 허가를 받아 회피(回避)할 수 있다.

⑥ 당사자의 제척 및 기피신청에 관한 심판에는 「민사소송법」 제44조, 제45조, 제46조 제1항·제2항 및 제48조를 준용한다.

[전문개정 2011. 4. 5.]

제25조(대표자·대리인) ① 각종 심판절차에서 정부가 당사자(참가인을 포함한다. 이하 같다)인 경우에는 법무부장관이 이를 대표한다.

② 각종 심판절차에서 당사자인 국가기관 또는 지방자치단체는 변호사 또는 변호사의 자격이 있는 소속 직원을 대리인으로 선임하여 심판을 수행하게 할 수 있다.

③ 각종 심판절차에서 당사자인 사인(私人)은 변호사를 대리인으로 선임하지 아니하면 심판청구를 하거나 심판 수행을 하지 못한다. 다만, 그가 변호사의 자격이 있는 경우에는 그러하지 아니하다.

[전문개정 2011. 4. 5.]

제26조(심판청구의 방식) ① 헌법재판소에의 심판청구는 심판절차별로 정하여진 청구서를 헌법재판소에 제출함으로써 한다. 다만, 위헌법률심판에서는 법원의 제청서, 탄핵심판에서는 국회의 소추의결서(訴追議決書)의 정본(正本)으로 청구서를 갈음

한다.

② 청구서에는 필요한 증거서류 또는 참고자료를 첨부할 수 있다.

[전문개정 2011. 4. 5.]

제27조(청구서의 송달) ① 헌법재판소가 청구서를 접수한 때에는 지체 없이 그 등본을 피청구기관 또는 피청구인(이하 "피청구인"이라 한다)에게 송달하여야 한다.

② 위헌법률심판의 제청이 있으면 법무부장관 및 당해 소송사건의 당사자에게 그 제청서의 등본을 송달한다.

[전문개정 2011. 4. 5.]

제28조(심판청구의 보정) ① 재판장은 심판청구가 부적법하나 보정(補正)할 수 있다고 인정되는 경우에는 상당한 기간을 정하여 보정을 요구하여야 한다.

② 제1항에 따른 보정 서면에 관하여는 제27조 제1항을 준용한다.

③ 제1항에 따른 보정이 있는 경우에는 처음부터 적법한 심판청구가 있은 것으로 본다.

④ 제1항에 따른 보정기간은 제38조의 심판기간에 산입하지 아니한다.

⑤ 재판장은 필요하다고 인정하는 경우에는 재판관 중 1명에게 제1항의 보정요구를 할 수 있는 권한을 부여할 수 있다.

[전문개정 2011. 4. 5.]

제29조(답변서의 제출) ① 청구서 또는 보정서면을 송달받은 피청구인은 헌법재판소에 답변서를 제출할 수 있다.

② 답변서에는 심판청구의 취지와 이유에 대응하는 답변을 적는다.

[전문개정 2011. 4. 5.]

제30조(심리의 방식) ① 탄핵의 심판, 정당해

산의 심판 및 권한쟁의의 심판은 구두변
론에 의한다.

② 위헌법률의 심판과 헌법소원에 관한
심판은 서면심리에 의한다. 다만, 재판부
는 필요하다고 인정하는 경우에는 변론을
열어 당사자, 이해관계인, 그 밖의 참고인
의 진술을 들을 수 있다.

③ 재판부가 변론을 열 때에는 기일을 정
하여 당사자와 관계인을 소환하여야 한다.

[전문개정 2011. 4. 5.]

제31조(증거조사) ① 재판부는 사건의 심리
를 위하여 필요하다고 인정하는 경우에는
직권 또는 당사자의 신청에 의하여 다음
각 호의 증거조사를 할 수 있다.

1. 당사자 또는 증인을 신문(訊問)하는 일

2. 당사자 또는 관계인이 소지하는 문서·
장부·물건 또는 그 밖의 증거자료의
제출을 요구하고 영치(領置)하는 일

3. 특별한 학식과 경험을 가진 자에게 감
정을 명하는 일

4. 필요한 물건·사람·장소 또는 그 밖의
사물의 성상(性狀)이나 상황을 검증하
는 일

② 재판장은 필요하다고 인정하는 경우에
는 재판관 중 1명을 지정하여 제1항의 증
거조사를 하게 할 수 있다.

[전문개정 2011. 4. 5.]

제32조(자료제출 요구 등) 재판부는 결정으
로 다른 국가기관 또는 공공단체의 기관
에 심판에 필요한 사실을 조회하거나, 기
록의 송부나 자료의 제출을 요구할 수 있
다. 다만, 재판·소추 또는 범죄수사가 진
행 중인 사건의 기록에 대하여는 송부를
요구할 수 없다.

[전문개정 2011. 4. 5.]

제33조(심판의 장소) 심판의 변론과 종국결
정의 선고는 심판정에서 한다. 다만, 헌법
재판소장이 필요하다고 인정하는 경우에
는 심판정 외의 장소에서 변론 또는 종국
결정의 선고를 할 수 있다.

[전문개정 2011. 4. 5.]

제34조(심판의 공개) ① 심판의 변론과 결정
의 선고는 공개한다. 다만, 서면심리와 평
의(評議)는 공개하지 아니한다.

② 헌법재판소의 심판에 관하여는 「법원
조직법」 제57조 제1항 단서와 같은 조 제
2항 및 제3항을 준용한다.

[전문개정 2011. 4. 5.]

제35조(심판의 지휘와 법정경찰권) ① 재판장
은 심판정의 질서와 변론의 지휘 및 평의
의 정리(整理)를 담당한다.

② 헌법재판소 심판정의 질서유지와 용어
의 사용에 관하여는 「법원조직법」 제58조
부터 제63조까지의 규정을 준용한다.

[전문개정 2011. 4. 5.]

제36조(종국결정) ① 재판부가 심리를 마쳤
을 때에는 종국결정을 한다.

② 종국결정을 할 때에는 다음 각 호의 사
항을 적은 결정서를 작성하고 심판에 관
여한 재판관 전원이 이에 서명날인하여야
한다.

1. 사건번호와 사건명

2. 당사자와 심판수행자 또는 대리인의 표시

3. 주문(主文)

4. 이유

5. 결정일

③ 심판에 관여한 재판관은 결정서에 의
견을 표시하여야 한다.

④ 종국결정이 선고되면 서기는 지체 없이 결정서 정본을 작성하여 당사자에게 송달하여야 한다.

⑤ 종국결정은 헌법재판소규칙으로 정하는 바에 따라 관보에 게재하거나 그 밖의 방법으로 공시한다.

[전문개정 2011. 4. 5.]

제37조(심판비용 등) ① 헌법재판소의 심판비용은 국가부담으로 한다. 다만, 당사자의 신청에 의한 증거조사의 비용은 헌법재판소규칙으로 정하는 바에 따라 그 신청인에게 부담시킬 수 있다.

② 헌법재판소는 헌법소원심판의 청구인에 대하여 헌법재판소규칙으로 정하는 공탁금의 납부를 명할 수 있다.

③ 헌법재판소는 다음 각 호의 어느 하나에 해당하는 경우에는 헌법재판소규칙으로 정하는 바에 따라 공탁금의 전부 또는 일부의 국고 귀속을 명할 수 있다.

1. 헌법소원의 심판청구를 각하하는 경우
2. 헌법소원의 심판청구를 기각하는 경우에 그 심판청구가 권리의 남용이라고 인정되는 경우

[전문개정 2011. 4. 5.]

제38조(심판기간) 헌법재판소는 심판사건을 접수한 날부터 180일 이내에 종국결정의 선고를 하여야 한다. 다만, 재판관의 궐위로 7명의 출석이 불가능한 경우에는 그 궐위된 기간은 심판기간에 산입하지 아니한다.

[전문개정 2011. 4. 5.]

제39조(일사부재리) 헌법재판소는 이미 심판을 거친 동일한 사건에 대하여는 다시 심판할 수 없다.

[전문개정 2011. 4. 5.]

제39조의2(심판확정기록의 열람·복사) ① 누구든지 권리구제, 학술연구 또는 공익 목적으로 심판이 확정된 사건기록의 열람 또는 복사를 신청할 수 있다. 다만, 헌법재판소장은 다음 각 호의 어느 하나에 해당하는 경우에는 사건기록을 열람하거나 복사하는 것을 제한할 수 있다.

1. 변론이 비공개로 진행된 경우
2. 사건기록의 공개로 인하여 국가의 안전보장, 선량한 풍속, 공공의 질서유지나 공공복리를 현저히 침해할 우려가 있는 경우
3. 사건기록의 공개로 인하여 관계인의 명예, 사생활의 비밀, 영업비밀(「부정경쟁방지 및 영업비밀보호에 관한 법률」 제2조 제2호에 규정된 영업비밀을 말한다) 또는 생명·신체의 안전이나 생활의 평온을 현저히 침해할 우려가 있는 경우

② 헌법재판소장은 제1항 단서에 따라 사건기록의 열람 또는 복사를 제한하는 경우에는 신청인에게 그 사유를 명시하여 통지하여야 한다.

③ 제1항에 따른 사건기록의 열람 또는 복사 등에 관하여 필요한 사항은 헌법재판소규칙으로 정한다.

④ 사건기록을 열람하거나 복사한 자는 열람 또는 복사를 통하여 알게 된 사항을 이용하여 공공의 질서 또는 선량한 풍속을 침해하거나 관계인의 명예 또는 생활의 평온을 훼손하는 행위를 하여서는 아니 된다.

[전문개정 2011. 4. 5.]

제40조(준용규정) ① 헌법재판소의 심판절차
에 관하여는 이 법에 특별한 규정이 있는
경우를 제외하고는 헌법재판의 성질에 반
하지 아니하는 한도에서 민사소송에 관한
법령을 준용한다. 이 경우 탄핵심판의 경
우에는 형사소송에 관한 법령을 준용하고,
권한쟁의심판 및 헌법소원심판의 경우에
는 「행정소송법」을 함께 준용한다.

② 제1항 후단의 경우에 형사소송에 관한
법령 또는 「행정소송법」이 민사소송에 관
한 법령에 저촉될 때에는 민사소송에 관
한 법령은 준용하지 아니한다.

[전문개정 2011. 4. 5.]

제 4 장   특별심판절차
〈개정 2011. 4. 5.〉

제 1 절 위헌법률심판〈개정 2011. 4. 5.〉

제41조(위헌 여부 심판의 제청) ① 법률이 헌
법에 위반되는지 여부가 재판의 전제가
된 경우에는 당해 사건을 담당하는 법원
(군사법원을 포함한다. 이하 같다)은 직권
또는 당사자의 신청에 의한 결정으로 헌
법재판소에 위헌 여부 심판을 제청한다.

② 제1항의 당사자의 신청은 제43조 제2
호부터 제4호까지의 사항을 적은 서면으
로 한다.

③ 제2항의 신청서면의 심사에 관하여는
「민사소송법」 제254조를 준용한다.

④ 위헌 여부 심판의 제청에 관한 결정에
대하여는 항고할 수 없다.

⑤ 대법원 외의 법원이 제1항의 제청을
할 때에는 대법원을 거쳐야 한다.

[전문개정 2011. 4. 5.]

제42조(재판의 정지 등) ① 법원이 법률의
위헌 여부 심판을 헌법재판소에 제청한
때에는 당해 소송사건의 재판은 헌법재판
소의 위헌 여부의 결정이 있을 때까지 정
지된다. 다만, 법원이 긴급하다고 인정하
는 경우에는 종국재판 외의 소송절차를
진행할 수 있다.

② 제1항 본문에 따른 재판정지기간은
「형사소송법」 제92조 제1항·제2항 및 「군
사법원법」 제132조 제1항·제2항의 구속
기간과 「민사소송법」 제199조의 판결 선
고기간에 산입하지 아니한다.

[전문개정 2011. 4. 5.]

제43조(제청서의 기재사항) 법원이 법률의
위헌 여부 심판을 헌법재판소에 제청할
때에는 제청서에 다음 각 호의 사항을 적
어야 한다.

1. 제청법원의 표시

2. 사건 및 당사자의 표시

3. 위헌이라고 해석되는 법률 또는 법률의
   조항

4. 위헌이라고 해석되는 이유

5. 그 밖에 필요한 사항

[전문개정 2011. 4. 5.]

제44조(소송사건 당사자 등의 의견) 당해 소
송사건의 당사자 및 법무부장관은 헌법재
판소에 법률의 위헌 여부에 대한 의견서
를 제출할 수 있다

[전문개정 2011. 4. 5.]

제45조(위헌결정) 헌법재판소는 제청된 법률
또는 법률 조항의 위헌 여부만을 결정한
다. 다만, 법률 조항의 위헌결정으로 인하
여 해당 법률 전부를 시행할 수 없다고 인
정될 때에는 그 전부에 대하여 위헌결정

을 할 수 있다.

[전문개정 2011. 4. 5.]

제46조(결정서의 송달) 헌법재판소는 결정일 부터 14일 이내에 결정서 정본을 제청한 법원에 송달한다. 이 경우 제청한 법원이 대법원이 아닌 경우에는 대법원을 거쳐야 한다.

[전문개정 2011. 4. 5.]

제47조(위헌결정의 효력) ① 법률의 위헌결 정은 법원과 그 밖의 국가기관 및 지방자 치단체를 기속(羈束)한다.

② 위헌으로 결정된 법률 또는 법률의 조 항은 그 결정이 있는 날부터 효력을 상실 한다. 〈개정 2014. 5. 20.〉

③ 제2항에도 불구하고 형벌에 관한 법률 또는 법률의 조항은 소급하여 그 효력을 상실한다. 다만, 해당 법률 또는 법률의 조항에 대하여 종전에 합헌으로 결정한 사건이 있는 경우에는 그 결정이 있는 날 의 다음 날로 소급하여 효력을 상실한다. 〈신설 2014. 5. 20.〉

④ 제3항의 경우에 위헌으로 결정된 법률 또는 법률의 조항에 근거한 유죄의 확정 판결에 대하여는 재심을 청구할 수 있다. 〈개정 2014. 5. 20.〉

⑤ 제4항의 재심에 대하여는 「형사소송 법」을 준용한다. 〈개정 2014. 5. 20.〉

[전문개정 2011. 4. 5.]

제 2 절 탄핵심판〈개정 2011. 4. 5.〉

제48조(탄핵소추) 다음 각 호의 어느 하나에 해당하는 공무원이 그 직무집행에서 헌법 이나 법률을 위반한 경우에는 국회는 헌 법 및 「국회법」에 따라 탄핵의 소추를 의

결할 수 있다.

1. 대통령, 국무총리, 국무위원 및 행정각 부(行政各部)의 장
2. 헌법재판소 재판관, 법관 및 중앙선거 관리위원회 위원
3. 감사원장 및 감사위원
4. 그 밖에 법률에서 정한 공무원

[전문개정 2011. 4. 5.]

제49조(소추위원) ① 탄핵심판에서는 국회 법제사법위원회의 위원장이 소추위원이 된다.

② 소추위원은 헌법재판소에 소추의결서 의 정본을 제출하여 탄핵심판을 청구하며, 심판의 변론에서 피청구인을 신문할 수 있다.

[전문개정 2011. 4. 5.]

제50조(권한 행사의 정지) 탄핵소추의 의결 을 받은 사람은 헌법재판소의 심판이 있 을 때까지 그 권한 행사가 정지된다.

[전문개정 2011. 4. 5.]

제51조(심판절차의 정지) 피청구인에 대한 탄핵심판 청구와 동일한 사유로 형사소송 이 진행되고 있는 경우에는 재판부는 심 판절차를 정지할 수 있다.

[전문개정 2011. 4. 5.]

제52조(당사자의 불출석) ① 당사자가 변론 기일에 출석하지 아니하면 다시 기일을 정하여야 한다.

② 다시 정한 기일에도 당사자가 출석하지 아니하면 그의 출석 없이 심리할 수 있다.

[전문개정 2011. 4. 5.]

제53조(결정의 내용) ① 탄핵심판 청구가 이 유 있는 경우에는 헌법재판소는 피청구인 을 해당 공직에서 파면하는 결정을 선고

한다.

② 피청구인이 결정 선고 전에 해당 공직에서 파면되었을 때에는 헌법재판소는 심판청구를 기각하여야 한다.

[전문개정 2011. 4. 5.]

제54조(결정의 효력) ① 탄핵결정은 피청구인의 민사상 또는 형사상의 책임을 면제하지 아니한다.

② 탄핵결정에 의하여 파면된 사람은 결정 선고가 있은 날부터 5년이 지나지 아니하면 공무원이 될 수 없다.

[전문개정 2011. 4. 5.]

제 3 절　정당해산심판〈개정 2011. 4. 5.〉

제55조(정당해산심판의 청구) 정당의 목적이나 활동이 민주적 기본질서에 위배될 때에는 정부는 국무회의의 심의를 거쳐 헌법재판소에 정당해산심판을 청구할 수 있다.

[전문개정 2011. 4. 5.]

제56조(청구서의 기재사항) 정당해산심판의 청구서에는 다음 각 호의 사항을 적어야 한다.

1. 해산을 요구하는 정당의 표시
2. 청구 이유

[전문개정 2011. 4. 5.]

제57조(가처분) 헌법재판소는 정당해산심판의 청구를 받은 때에는 직권 또는 청구인의 신청에 의하여 종국결정의 선고 시까지 피청구인의 활동을 정지하는 결정을 할 수 있다.

[전문개정 2011. 4. 5.]

제58조(청구 등의 통지) ① 헌법재판소장은 정당해산심판의 청구가 있는 때, 가처분결정을 한 때 및 그 심판이 종료한 때에는 그 사실을 국회와 중앙선거관리위원회에 통지하여야 한다.

② 정당해산을 명하는 결정서는 피청구인 외에 국회, 정부 및 중앙선거관리위원회에도 송달하여야 한다.

[전문개정 2011. 4. 5.]

제59조(결정의 효력) 정당의 해산을 명하는 결정이 선고된 때에는 그 정당은 해산된다.

[전문개정 2011. 4. 5.]

제60조(결정의 집행) 정당의 해산을 명하는 헌법재판소의 결정은 중앙선거관리위원회가 「정당법」에 따라 집행한다.

[전문개정 2011. 4. 5.]

제 4 절　권한쟁의심판〈개정 2011. 4. 5.〉

제61조(청구 사유) ① 국가기관 상호간, 국가기관과 지방자치단체 간 및 지방자치단체 상호간에 권한의 유무 또는 범위에 관하여 다툼이 있을 때에는 해당 국가기관 또는 지방자치단체는 헌법재판소에 권한쟁의심판을 청구할 수 있다.

② 제1항의 심판청구는 피청구인의 처분 또는 부작위(不作爲)가 헌법 또는 법률에 의하여 부여받은 청구인의 권한을 침해하였거나 침해할 현저한 위험이 있는 경우에만 할 수 있다.

[전문개정 2011. 4. 5.]

제62조(권한쟁의심판의 종류) ① 권한쟁의심판의 종류는 다음 각 호와 같다.

1. 국가기관 상호간의 권한쟁의심판 국회, 정부, 법원 및 중앙선거관리위원회 상호간의 권한쟁의심판
2. 국가기관과 지방자치단체 간의 권한쟁의심판

가. 정부와 특별시·광역시·도 또는 특별
    자치도 간의 권한쟁의심판

나. 정부와 시·군 또는 지방자치단체인
    구(이하 "자치구"라 한다) 간의 권한
    쟁의심판

3. 지방자치단체 상호간의 권한쟁의심판

가. 특별시·광역시·도 또는 특별자치도
    상호간의 권한쟁의심판

나. 시·군 또는 자치구 상호간의 권한쟁
    의심판

다. 특별시·광역시·도 또는 특별자치도와
    시·군 또는 자치구 간의 권한쟁의심판

② 권한쟁의가 「지방교육자치에 관한 법
률」 제2조에 따른 교육·학예에 관한 지방
자치단체의 사무에 관한 것인 경우에는
교육감이 제1항 제2호 및 제3호의 당사자
가 된다.

[전문개정 2011. 4. 5.]

제63조(청구기간) ① 권한쟁의의 심판은 그
사유가 있음을 안 날부터 60일 이내에, 그
사유가 있은 날부터 180일 이내에 청구하
여야 한다.

② 제1항의 기간은 불변기간으로 한다.

[전문개정 2011. 4. 5.]

제64조(청구서의 기재사항) 권한쟁의심판의
청구서에는 다음 각 호의 사항을 적어야
한다.

1. 청구인 또는 청구인이 속한 기관 및 심
   판수행자 또는 대리인의 표시

2. 피청구인의 표시

3. 심판 대상이 되는 피청구인의 처분 또
   는 부작위

4. 청구 이유

5. 그 밖에 필요한 사항

[전문개정 2011. 4. 5.]

제65조(가처분) 헌법재판소가 권한쟁의심판
의 청구를 받았을 때에는 직권 또는 청구
인의 신청에 의하여 종국결정의 선고 시
까지 심판 대상이 된 피청구인의 처분의
효력을 정지하는 결정을 할 수 있다.

[전문개정 2011. 4. 5.]

제66조(결정의 내용) ① 헌법재판소는 심판
의 대상이 된 국가기관 또는 지방자치단
체의 권한의 유무 또는 범위에 관하여 판
단한다.

② 제1항의 경우에 헌법재판소는 권한침
해의 원인이 된 피청구인의 처분을 취소
하거나 그 무효를 확인할 수 있고, 헌법재
판소가 부작위에 대한 심판청구를 인용하
는 결정을 한 때에는 피청구인은 결정 취
지에 따른 처분을 하여야 한다.

[전문개정 2011. 4. 5.]

제67조(결정의 효력) ① 헌법재판소의 권한
쟁의심판의 결정은 모든 국가기관과 지방
자치단체를 기속한다.

② 국가기관 또는 지방자치단체의 처분을
취소하는 결정은 그 처분의 상대방에 대
하여 이미 생긴 효력에 영향을 미치지 아
니한다.

[전문개정 2011. 4. 5.]

제 5 절   헌법소원심판〈개정 2011. 4. 5.〉

제68조(청구 사유) ① 공권력의 행사 또는
불행사(不行使)로 인하여 헌법상 보장된
기본권을 침해받은 자는 법원의 재판을
제외하고는 헌법재판소에 헌법소원심판을
청구할 수 있다. 다만, 다른 법률에 구제
절차가 있는 경우에는 그 절차를 모두 거

친 후에 청구할 수 있다.

② 제41조 제1항에 따른 법률의 위헌 여부 심판의 제청신청이 기각된 때에는 그 신청을 한 당사자는 헌법재판소에 헌법소원심판을 청구할 수 있다. 이 경우 그 당사자는 당해 사건의 소송절차에서 동일한 사유를 이유로 다시 위헌 여부 심판의 제청을 신청할 수 없다.

[전문개정 2011. 4. 5.]

[한정위헌, 96헌마172,173(병합) 1997. 12. 24. 헌법재판소법 제68조 제1항 본문의 '법원의 재판'에 헌법재판소가 위헌으로 결정한 법령을 적용함으로써 국민의 기본권을 침해한 재판도 포함되는 것으로 해석하는 한도내에서, 헌법재판소법 제68조 제1항은 헌법에 위반된다.]

제69조(청구기간) ① 제68조 제1항에 따른 헌법소원의 심판은 그 사유가 있음을 안 날부터 90일 이내에, 그 사유가 있는 날부터 1년 이내에 청구하여야 한다. 다만, 다른 법률에 따른 구제절차를 거친 헌법소원의 심판은 그 최종결정을 통지받은 날부터 30일 이내에 청구하여야 한다.

② 제68조 제2항에 따른 헌법소원심판은 위헌 여부 심판의 제청신청을 기각하는 결정을 통지받은 날부터 30일 이내에 청구하여야 한다.

[전문개정 2011. 4. 5.]

제70조(국선대리인) ① 헌법소원심판을 청구하려는 자가 변호사를 대리인으로 선임할 자력(資力)이 없는 경우에는 헌법재판소에 국선대리인을 선임하여 줄 것을 신청할 수 있다. 이 경우 제69조에 따른 청구기간은 국선대리인의 선임신청이 있는 날을 기준으로 정한다.

② 제1항에도 불구하고 헌법재판소가 공익상 필요하다고 인정할 때에는 국선대리인을 선임할 수 있다.

③ 헌법재판소는 제1항의 신청이 있는 경우 또는 제2항의 경우에는 헌법재판소규칙으로 정하는 바에 따라 변호사 중에서 국선대리인을 선정한다. 다만, 그 심판청구가 명백히 부적법하거나 이유 없는 경우 또는 권리의 남용이라고 인정되는 경우에는 국선대리인을 선정하지 아니할 수 있다.

④ 헌법재판소가 국선대리인을 선정하지 아니한다는 결정을 한 때에는 지체 없이 그 사실을 신청인에게 통지하여야 한다. 이 경우 신청인이 선임신청을 한 날부터 그 통지를 받은 날까지의 기간은 제69조의 청구기간에 산입하지 아니한다.

⑤ 제3항에 따라 선정된 국선대리인은 선정된 날부터 60일 이내에 제71조에 규정된 사항을 적은 심판청구서를 헌법재판소에 제출하여야 한다.

⑥ 제3항에 따라 선정한 국선대리인에게는 헌법재판소규칙으로 정하는 바에 따라 국고에서 그 보수를 지급한다.

[전문개정 2011. 4. 5.]

제71조(청구서의 기재사항) ① 제68조 제1항에 따른 헌법소원의 심판청구서에는 다음 각 호의 사항을 적어야 한다.

1. 청구인 및 대리인의 표시
2. 침해된 권리
3. 침해의 원인이 되는 공권력의 행사 또는 불행사
4. 청구 이유

5. 그 밖에 필요한 사항

② 제68조 제2항에 따른 헌법소원의 심판청구서의 기재사항에 관하여는 제43조를 준용한다. 이 경우 제43조 제1호 중 "제청법원의 표시"는 "청구인 및 대리인의 표시"로 본다.

③ 헌법소원의 심판청구서에는 대리인의 선임을 증명하는 서류 또는 국선대리인 선임통지서를 첨부하여야 한다.

[전문개정 2011. 4. 5.]

제72조(사전심사) ① 헌법재판소장은 헌법재판소에 재판관 3명으로 구성되는 지정재판부를 두어 헌법소원심판의 사전심사를 담당하게 할 수 있다. 〈개정 2011. 4. 5.〉

② 삭제 〈1991. 11. 30.〉

③ 지정재판부는 다음 각 호의 어느 하나에 해당되는 경우에는 지정재판부 재판관 전원의 일치된 의견에 의한 결정으로 헌법소원의 심판청구를 각하한다. 〈개정 2011. 4. 5.〉

1. 다른 법률에 따른 구제절차가 있는 경우 그 절차를 모두 거치지 아니하거나 또는 법원의 재판에 대하여 헌법소원의 심판이 청구된 경우

2. 제69조의 청구기간이 지난 후 헌법소원심판이 청구된 경우

3. 제25조에 따른 대리인의 선임 없이 청구된 경우

4. 그 밖에 헌법소원심판의 청구가 부적법하고 그 흠결을 보정할 수 없는 경우

④ 지정재판부는 전원의 일치된 의견으로 제3항의 각하결정을 하지 아니하는 경우에는 결정으로 헌법소원을 재판부의 심판에 회부하여야 한다. 헌법소원심판의 청구후 30일이 지날 때까지 각하결정이 없는 때에는 심판에 회부하는 결정(이하 "심판회부결정"이라 한다)이 있는 것으로 본다. 〈개정 2011. 4. 5.〉

⑤ 지정재판부의 심리에 관하여는 제28조, 제31조, 제32조 및 제35조를 준용한다. 〈개정 2011. 4. 5.〉

⑥ 지정재판부의 구성과 운영에 필요한 사항은 헌법재판소규칙으로 정한다. 〈개정 2011. 4. 5.〉

[제목개정 2011. 4. 5.]

제73조(각하 및 심판회부 결정의 통지) ① 지정재판부는 헌법소원을 각하하거나 심판회부결정을 한 때에는 그 결정일부터 14일 이내에 청구인 또는 그 대리인 및 피청구인에게 그 사실을 통지하여야 한다. 제72조 제4항 후단의 경우에도 또한 같다.

② 헌법재판소장은 헌법소원이 제72조 제4항에 따라 재판부의 심판에 회부된 때에는 다음 각 호의 자에게 지체 없이 그 사실을 통지하여야 한다.

1. 법무부장관

2. 제68조 제2항에 따른 헌법소원심판에서는 청구인이 아닌 당해 사건의 당사자

[전문개정 2011. 4. 5.]

제74조(이해관계기관 등의 의견 제출) ① 헌법소원의 심판에 이해관계가 있는 국가기관 또는 공공단체와 법무부장관은 헌법재판소에 그 심판에 관한 의견서를 제출할 수 있다.

② 제68조 제2항에 따른 헌법소원이 재판부에 심판 회부된 경우에는 제27조 제2항 및 제44조를 준용한다.

[전문개정 2011. 4. 5.]

제75조(인용결정) ① 헌법소원의 인용결정은 모든 국가기관과 지방자치단체를 기속한다.

② 제68조 제1항에 따른 헌법소원을 인용할 때에는 인용결정서의 주문에 침해된 기본권과 침해의 원인이 된 공권력의 행사 또는 불행사를 특정하여야 한다.

③ 제2항의 경우에 헌법재판소는 기본권 침해의 원인이 된 공권력의 행사를 취소하거나 그 불행사가 위헌임을 확인할 수 있다.

④ 헌법재판소가 공권력의 불행사에 대한 헌법소원을 인용하는 결정을 한 때에는 피청구인은 결정 취지에 따라 새로운 처분을 하여야 한다.

⑤ 제2항의 경우에 헌법재판소는 공권력의 행사 또는 불행사가 위헌인 법률 또는 법률의 조항에 기인한 것이라고 인정될 때에는 인용결정에서 해당 법률 또는 법률의 조항이 위헌임을 선고할 수 있다.

⑥ 제5항의 경우 및 제68조 제2항에 따른 헌법소원을 인용하는 경우에는 제45조 및 제47조를 준용한다.

⑦ 제68조 제2항에 따른 헌법소원이 인용된 경우에 해당 헌법소원과 관련된 소송사건이 이미 확정된 때에는 당사자는 재심을 청구할 수 있다.

⑧ 제7항에 따른 재심에서 형사사건에 대하여는 「형사소송법」을 준용하고, 그 외의 사건에 대하여는 「민사소송법」을 준용한다.
[전문개정 2011. 4. 5.]

제 5 장 전자정보처리조직을 통한 심판절차의 수행
〈신설 2009. 12. 29.〉

제76조(전자문서의 접수) ① 각종 심판절차의 당사자나 관계인은 청구서 또는 이 법에 따라 제출할 그 밖의 서면을 전자문서(컴퓨터 등 정보처리능력을 갖춘 장치에 의하여 전자적인 형태로 작성되어 송수신되거나 저장된 정보를 말한다. 이하 같다)화하고 이를 정보통신망을 이용하여 헌법재판소에서 지정·운영하는 전자정보처리조직(심판절차에 필요한 전자문서를 작성·제출·송달하는 데에 필요한 정보처리능력을 갖춘 전자적 장치를 말한다. 이하 같다)을 통하여 제출할 수 있다.

② 제1항에 따라 제출된 전자문서는 이 법에 따라 제출된 서면과 같은 효력을 가진다.

③ 전자정보처리조직을 이용하여 제출된 전자문서는 전자정보처리조직에 전자적으로 기록된 때에 접수된 것으로 본다.

④ 제3항에 따라 전자문서가 접수된 경우에 헌법재판소는 헌법재판소규칙으로 정하는 바에 따라 당사자나 관계인에게 전자적 방식으로 그 접수 사실을 즉시 알려야 한다.
[전문개정 2011. 4. 5.]

제77조(전자서명 등) ① 당사자나 관계인은 헌법재판소에 제출하는 전자문서에 헌법재판소규칙으로 정하는 바에 따라 본인임을 확인할 수 있는 전자서명을 하여야 한다.

② 재판관이나 서기는 심판사건에 관한 서류를 전자문서로 작성하는 경우에 「전

자정부법」제2조 제6호에 따른 행정전자
서명(이하 "행정전자서명"이라 한다)을 하
여야 한다.

③ 제1항의 전자서명과 제2항의 행정전자
서명은 헌법재판소의 심판절차에 관한 법
령에서 정하는 서명·서명날인 또는 기명
날인으로 본다.

[본조신설 2009. 12. 29.]

제78조(전자적 송달 등) ① 헌법재판소는 당
사자나 관계인에게 전자정보처리조직과
그와 연계된 정보통신망을 이용하여 결정
서나 이 법에 따른 각종 서류를 송달할 수
있다. 다만, 당사자나 관계인이 동의하지
아니하는 경우에는 그러하지 아니하다.

② 헌법재판소는 당사자나 관계인에게 송
달하여야 할 결정서 등의 서류를 전자정
보처리조직에 입력하여 등재한 다음 그
등재 사실을 헌법재판소규칙으로 정하는
바에 따라 전자적 방식으로 알려야 한다.

③ 제1항에 따른 전자정보처리조직을 이
용한 서류 송달은 서면으로 한 것과 같은
효력을 가진다.

④ 제2항의 경우 송달받을 자가 등재된
전자문서를 헌법재판소규칙으로 정하는
바에 따라 확인한 때에 송달된 것으로 본
다. 다만, 그 등재 사실을 통지한 날부터
2주 이내에 확인하지 아니하였을 때에는
등재 사실을 통지한 날부터 2주가 지난
날에 송달된 것으로 본다.

⑤ 제1항에도 불구하고 전자정보처리조직
의 장애로 인하여 전자적 송달이 불가능
하거나 그 밖에 헌법재판소규칙으로 정하
는 사유가 있는 경우에는 「민사소송법」에
따라 송달할 수 있다.

[전문개정 2011. 4. 5.]

제6장 벌 칙〈개정 2011. 4. 5.〉

제79조(벌칙) 다음 각 호의 어느 하나에 해
당하는 자는 1년 이하의 징역 또는 100만
원 이하의 벌금에 처한다.

1. 헌법재판소로부터 증인, 감정인, 통역
   인 또는 번역인으로서 소환 또는 위촉
   을 받고 정당한 사유 없이 출석하지
   아니한 자

2. 헌법재판소로부터 증거물의 제출요구
   또는 제출명령을 받고 정당한 사유 없
   이 이를 제출하지 아니한 자

3. 헌법재판소의 조사 또는 검사를 정당한
   사유 없이 거부·방해 또는 기피한 자

[전문개정 2011. 4. 5.]

부칙〈제4017호, 1988. 8. 5.〉

제1조(시행일) 이 법은 1988년 9월 1일부터
시행한다. 다만, 이 법에 의한 헌법재판소
장·상임재판관 및 재판관의 임명 기타 이
법 시행에 관한 준비는 이 법 시행전에 할
수 있다.

제2조(폐지법률) 법률 제2530호 헌법위원회
법은 이를 폐지한다.

제3조(계속사건에 대한 경과조치) 이 법 시행
당시 헌법위원회에 계속중인 사건은 헌법
재판소에 이관한다. 이 경우 이미 행하여
진 심판행위의 효력에 대하여는 영향을
미치지 아니한다.

제4조(종전의 사항에 관한 경과조치) 이 법은
이 법 시행전에 생긴 사항에 관하여도 적
용한다. 다만, 이 법 시행전에 헌법위원회

법에 의하여 이미 생긴 효력에는 영향을
미치지 아니한다.

제5조(종전 직원에 관한 경과조치) 이 법 시
행당시 헌법위원회 사무국공무원은 헌법
재판소사무처소속공무원으로 임용된 것으
로 본다.

제6조(예산에 관한 경과조치) 이 법 시행당시
헌법위원회의 소관예산은 헌법재판소의
소관예산으로 본다.

제7조(권리의무의 승계) 이 법 시행당시 헌
법위원회가 가지는 권리 및 의무는 헌법
재판소가 이를 승계한다.

제8조(다른 법률의 개정) ① 법원조직법중 다
음과 같이 개정한다.
제7조 제1항 제4호를 삭제한다.
② 행정소송법중 다음과 같이 개정한다.
제3조 제4호에 단서를 다음과 같이 신설
한다.
　　다만, 헌법재판소법 제2조의 규정에 의
하여 헌법재판소의 관장사항으로 되는 소
송은 제외한다.
③ 국가공무원법중 다음과 같이 개정한다.
제2조 제3항 제1호 나목중 "헌법위원회의
상임위원"을 "헌법재판소의 상임재판관 및
사무처장"으로 한다.
④ 정당법중 다음과 같이 개정한다.
제40조, 제41조 제3항, 제42조 및 제43조
제2항중 "헌법위원회"를 각각 "헌법재판
소"로 한다.
⑤ 행정심판법중 다음과 같이 개정한다.
제5조 제2항 제2호중 "헌법위원회"를 "헌
법재판소"로 한다.
⑥ 예산회계법중 다음과 같이 개정한다.
제22조중 "헌법위원회"를 "헌법재판소"로

한다.
⑦ 공무원연금법중 다음과 같이 개정한다.
제77조중 "헌법위원회"를 "헌법재판소"로
한다.
⑧ 집회및시위에관한법률중 다음과 같이
개정한다.
　　제3조 제1항 제1호중 "헌법위원회"를
"헌법재판소"로 한다.
⑨ 민방위기본법중 다음과 같이 개정한다.
제2조 제2호중 "헌법위원회 사무국장"을
"헌법재판소 사무처장"으로 한다.
⑩ 상훈법중 다음과 같이 개정한다.
제5조 제1항중 "법원행정처장"을 "법원행
정처장·헌법재판소사무처장"으로 한다.
⑪ 공직자윤리법중 다음과 같이 개정한다.
제5조 제1항 제4호중 "제3호외의"를 "제4
호외의"로 하여 이를 동조동항 제5호로
하고, 동조동항 제4호를 다음과 같이 신설
한다.
4. 헌법재판소장·상임재판관 및 헌법재판
　　소소속공무원은 헌법재판소사무처

　　　　부칙〈제4408호, 1991. 11. 30.〉

제1조(시행일) 이 법은 공포한 날부터 시행
한다.

제2조(경과조치) 이 법 시행 당시 상임재판
관 및 상임재판관이 아닌 재판관은 이 법
에 의하여 재판관으로 임명된 것으로 보
며, 그 임기는 이 법 시행전의 상임재판관
또는 재판관으로 임명된 때부터 기산한다.

제3조(다른 법률의 개정) ① 행정심판법중 다
음과 같이 개정한다.
제5조 제2항 제2호중 "헌법재판소"를 "헌
법재판소사무처장"으로 한다.

제6조 제3항 단서중 "대법원규칙으로" 다음에 ",헌법재판소사무처장의 경우에는 헌법재판소규칙으로"를 삽입한다.

② 국가공무원법중 다음과 같이 개정한다.

제2조 제3항 제1호 나목중 "헌법재판소의 상임재판관 및 사무처장"을 "헌법재판소의 재판관 및 사무처장"으로 한다.

③ 공직자윤리법중 다음과 같이 개정한다.

제5조 제1항 제4호중 "상임재판관"을 "헌법재판소재판관"으로 한다.

제9조 제1항 본문중 "대법원" 다음에 "·헌법재판소"를 삽입하고, 동조 제2항 제3호중 "제1호 및 제2호"를 "제1호 내지 제3호"로 하여 이를 동항 제4호로 하며, 동항에 제3호를 다음과 같이 신설하고, 동조 제3항중 "대법원규칙" 다음에 "·헌법재판소규칙"을 삽입한다.

3. 헌법재판소공직자논리위원회는 헌법재판소재판관 기타 헌법재판소소속공무원과 그 퇴직공직자에 관한 사항

제17조 제2항중 "대법원규칙" 다음에 "·헌법재판소규칙"을 삽입한다.

제18조중 "대법원규칙" 다음에 "·헌법재판소규칙"을 삽입한다.

제19조 제1항중 "법원행정처장" 다음에 ", 헌법재판소에 있어서는 헌법재판소사무처장"을 삽입한다.

제21조중 "대법원규칙" 다음에 "·헌법재판소규칙"을 삽입한다.

④ 민사소송법중 다음과 같이 개정한다.

제275조 제2항중 "국회의 의장과 대법원장"을 "국회의장·대법원장 및 헌법재판소장"으로 한다.

⑤ 집회및시위에관한법률중 다음과 같이 개정한다.

제11조 제1호중 "각급법원" 다음에 ", 헌법재판소"를 삽입하고, 동조 제2호중 "대법원장공관" 다음에 ",헌법재판소장공관"을 삽입한다.

⑥ 예산회계법중 다음과 같이 개정한다.

제14조 제2항 전단중 "국회의장과 대법원장"을 "국회의장·대법원장 및 헌법재판소장"으로, "국회의 사무총장과 대법원의 법원행정처장"을 "국회의 사무총장·대법원의 법원행정처장 및 헌법재판소의 사무처장"으로 하고, 동항 후단중 "국회의 사무총장과 대법원의 법원행정처장"을 "국회의 사무총장·대법원의 법원행정처장 및 헌법재판소의 사무처장"으로 하며, 동조 제3항중 "국회의장과 대법원장"을 "국회의장·대법원장 및 헌법재판소장"으로 한다.

⑦ 물품관리법중 다음과 같이 개정한다.

제16조 제1항 단서중 "국회와 대법원"을 "국회·대법원 및 헌법재판소"로 한다.

⑧ 국가채권관리법중 다음과 같이 개정한다.

제2조 제2항중 "대법원장" 다음에 ",헌법재판소장"을 삽입한다.

부칙〈제4815호, 1994. 12. 22.〉

이 법은 공포한 날부터 시행한다.

부칙〈제4963호, 1995. 8. 4.〉

이 법은 공포한 날부터 시행한다.

부칙〈제5454호, 1997. 12. 13.〉
(정부부처명칭등의변경에따른건축법등의
정비에관한법률)

이 법은 1998년 1월 1일부터 시행한다.

〈단서 생략〉

부칙〈제6622호, 2002. 1. 19.〉
(국가공무원법)

제1조(시행일) 이 법은 공포한 날부터 시행
한다. 〈단서 생략〉

제2조 생략

제3조(다른 법률의 개정) ① 및 ② 생략
③ 헌법재판소법중 다음과 같이 개정한다.
제15조 제1항중 "대법원장의 예에, 재판
관의 대우와 보수"를 "대법원장의 예에 의
하며, 재판관은 정무직으로 하고 그 대우
와 보수"로 한다.
④ 내지 ⑥ 생략

부칙〈제6626호, 2002. 1. 26.〉(민사소송법)

제1조(시행일) 이 법은 2002년 7월 1일부터
시행한다.

제2조 내지 제5조 생략

제6조(다른 법률의 개정) ① 내지 〈25〉 생략
〈26〉 헌법재판소법중 다음과 같이 개정
한다.
제24조 제6항중 "민사소송법 제40조,
제41조, 제42조 제1항·제2항 및 제44조"
를 "민사소송법 제44조, 제45조, 제46조
제1항·제2항 및 제48조"로 한다.
제41조 제3항중 "민사소송법 제231조"
를 "민사소송법 제254조"로 한다.
제42조 제2항중 "민사소송법 제184조"
를 "민사소송법 제199조"로 한다.
〈27〉 내지 〈29〉 생략

제7조 생 략

부칙〈제6861호, 2003. 3. 12.〉

① (시행일) 이 법은 공포후 3월이 경과한 날
부터 시행한다.

② (경과조치) 이 법 시행 당시 일반직국가공
무원 또는 별정직국가공무원인 헌법연구
관 및 헌법연구관보는 이 법에 의하여 각
각 특정직국가공무원인 헌법연구관과 별
정직국가공무원인 헌법연구관보로 임용
된 것으로 본다. 다만, 이 법 시행전에 헌
법연구관 및 헌법연구관보로 근무한 기간
은 이 법 및 다른 법령에 규정된 헌법연
구관 및 헌법연구관보의 재직기간에 산입
하고, 국가기관에서 4급공무원으로 근무
한 기간은 호봉획정시 헌법연구관보로 근
무한 기간으로 본다.

③ (다른 법률의 개정) 공직자윤리법중 다음
과 같이 개정한다.
제3조 제1항에 제5호의2를 다음과 같
이 신설한다.
5의2. 헌법재판소 헌법연구관

부칙〈제7427호, 2005. 3. 31.〉(민법)

제1조(시행일) 이 법은 공포한 날부터 시행
한다. 다만, … 생략 … 부칙 제7조(제2항
및 제29항을 제외한다)의 규정은 2008년
1월 1일부터 시행한다.

제2조 내지 제6조 생략

제7조(다른 법률의 개정) ① 내지 〈25〉 생략
〈26〉 헌법재판소법 일부를 다음과 같이
개정한다.
제24조 제1항 제2호중 "친족·호주·가
족"을 "친족"으로 한다.
〈27〉 내지 〈29〉 생략

부칙〈제7622호, 2005. 7. 29.〉

이 법은 공포한 날부터 시행한다.

부칙〈제8729호, 2007. 12. 21.〉

이 법은 2008년 1월 1일부터 시행한다.

부칙〈제8893호, 2008. 3. 14.〉

이 법은 공포 후 3개월이 경과한 날부터
시행한다.

부칙〈제9839호, 2009. 12. 29.〉

이 법은 2010년 3월 1일부터 시행한다.
다만, 제28조 제5항의 개정규정은 공포한
날부터 시행한다.

부칙〈제10278호, 2010. 5. 4.〉

이 법은 공포한 날부터 시행한다. 다만,
제19조의4의 개정규정은 공포 후 6개월이
경과한 날부터 시행한다.

부칙〈제10546호, 2011. 4. 5.〉

이 법은 공포한 날부터 시행한다.

부칙〈제11530호, 2012. 12. 11.〉
(국가공무원법)

제1조(시행일) 이 법은 공포 후 1년이 경과
한 날부터 시행한다. 〈단서 생략〉

제2조부터 제5조까지 생략

제6조(다른 법률의 개정) ①부터 〈26〉까지
생략

〈27〉 헌법재판소법 일부를 다음과 같이
개정한다.

제19조의3 제3항 중 "계약직공무원"을
「국가공무원법」 제26조의5에 따른 임기제
공무원"으로 한다.

제19조의4 제3항을 삭제한다.

제7조 생 략

부칙〈제12597호, 2014. 5. 20.〉

이 법은 공포한 날부터 시행한다.

부칙〈제12897호, 2014. 12. 30.〉

이 법은 공포 후 6개월이 경과한 날부터
시행한다. 다만, 제7조 제2항의 개정규정
은 공포한 날부터 시행한다.

판례색인

사항색인

저자약력

홍 성 방

1952년 제주 출생
고려대학교 법과대학 및 동 대학원 석사·박사과정 수료
독일 Köln대학교에서 법학박사학위(Dr. iur.) 취득
한림대학교 교수(1988-1997)
독일 Köln대학교 법과대학 '국가철학 및 법정책연구소' 객원교수(1994-1995)
제7회 한국헌법학회 학술상 수상(2005)
사법시험 및 각종 국가시험위원, 한국공법학회 부회장, 한국헌법학회 부회장,
  한독법률학회 부회장, 안암법학회 부회장, 한국가톨릭사회과학연구회 회장,
  한국환경법학회 부회장 역임
현재 서강대학교 법학전문대학원 교수

주요저서 및 논문

Soziale Rechte auf der Verfassungsebene und auf der gesetzlichen Ebene, Diss. Köln(1986)
해방과 정치계몽주의, 도서출판 새남, 1988(M. Kriele, Befreiung und politische Aufklärung, 1980)
민주주의 세계혁명, 도서출판 새남, 1990(M. Kriele, Die demokratische Weltrevolution, 1987)
법과 실천이성, 한림대학교출판부, 1992(M. Kriele, Recht und praktische Vernunft, 1979)
법발견론, 한림대학교출판부, 1994(M. Kriele, Theorie der Rechtsgewinnung, 2. Aufl. 1976)
마르크스주의와 수정사회주의, 도서출판 새남, 1996(B. Gustaffson, Marxismus und Revisionismus, 1972)
국가론, 민음사, 1997(H. Heller, Staatslehre, 6. Aufl. 1983)
헌법 I, 현암사, 1999
헌법정해, 신영사, 1999
헌법요론, 신영사, 1999(2005: 제4판)
환경보호의 법적문제, 서강대학교출판부, 1999
헌법 II, 현암사, 2000
객관식헌법, 신영사, 2000(2005: 제4판)
헌법재판소결정례요지(편), 법문사, 2002
헌법학, 현암사, 2002(2009: 개정 6판)
헌법과 미래(공저), 인간사랑, 2007
법학입문, 신론사, 2007
헌법국가의 도전, 두성사, 2007(M. Kriele, Die Herausforderungen des Verfassungsstaates, 1970)
7급객관식헌법, 두성사, 2008
헌법학(상), 박영사, 2010(2013: 제2판)
헌법학(중), 박영사, 2010
헌법학(하), 박영사, 2010(2014: 제3판)
프롤레타리아 계급독재, 신론사, 2011(Karl Kautsky, Die Diktatur des Proletariats, 1918)

국가의 법적 기본질서로서의 헌법, 유로, 2011(Werner Kägi, Die Verfassung als rechtliche Grundordnung des Staates, 2. Aufl. 1971)

국가형태, 유로, 2011(Max Imboden, Die Staatsformen, 1959)

소외론, 유로, 2011(Friedrich Müller, Entfredung, 2. Aufl. 1985)

법발견의 이론, 유로, 2013(M. Kriele, Theorie der Rechtsgewinnung, 2. Aufl. 1976)

법과 실천이성, 유로, 2013(M. Kriele, Recht und praktische Vernunft, 1979)

정의의 판단기준, 유로, 2014(M. Kriele, Kriterien der Gerechtigkeit, 1963)

법률과 판결, 유로, 2014(Carl Schmitt, Gesetz und Urteil, 1912, 2. Aufl. 1969)

법관법, 유로, 2014(Friedrich Müller, Richterrecht, 1986)

'사회국가 해석모델에 관한 비판적 검토', '자연의 권리주체성', '독일의 헌법과 행정법에 있어서 환경보호'등 논문 다수

헌법소송법

초판인쇄	2015년 3월 10일
초판발행	2015년 3월 20일
지은이	홍성방
펴낸이	안종만
편 집	김선민 · 배우리
기획/마케팅	박세기
표지디자인	최은정
제 작	우인도 · 고철민
펴낸곳	(주) 박영사
	서울특별시 종로구 새문안로3길 36, 1601
	등록 1959. 3. 11. 제300-1959-1호(倫)
전 화	02)733-6771
f a x	02)736-4818
e-mail	pys@pybook.co.kr
homepage	www.pybook.co.kr
ISBN	979-11-303-2710-5 93360

정 가   25,000원